あの偉人たちにも黒歴史!?

日本史100人の履歴書

矢部 健太郎 監修

宝島社

まえがき

もしも歴史上の人物が「履歴書」を書いたら

何百年も昔のことを知ろうとするときに、歴史関係のさまざまな本を手に取る方は多いことだろう。人間は、文字を発明したことによってその生活を記録してきた。現代に生きるわれわれは、そうした文字史料や、そのほかのさまざまな資料を収集し、その意味を読み解くことによって、はるか昔の人々の生きざまをある程度再現することができる。その役割を担うのが、歴史学である。

歴史学の実証作業においてつねに重視されるのは、史資料の量と質である。たとえば織田信長の人生について考えようとすれば、まずは信長本人の名で発給された文書（手紙類）やその周囲の人々が作成した文書、日記類などを収集する。そして、それらが信頼できるものか否か、書かれた内容が正しいかウソかなどを考え、使用できる史料を選別するのである。ただし、そうした史料は、たいてい他者との交渉であるとか、他者から見たイメージが描かれたりしているので、その評価がまちまちであることも多い。一方で、当の信長自身が、自分はこのような人間だと明確に記しているような史料は、とても少ないのである。そのため歴史学者たちは、できる限り客観的に史料と向き合いながら、彼らは本当はどのような人物だったのか、さまざまな史料を駆使しながら考えようとしているのである。

そうした苦労はともかくとして、この本では、歴史上の人物100人を選び、そのプロフィールを彼ら自身が書いた「履歴書」の形で紹介している。長い日本史上の100人といえば、まさに選りすぐりの人物たちである。彼らがみずから「履歴書」を作成したというのだから、それだけで興味をひかれてしまう。そして、その「履歴書」の体裁は、まさに現在の就職活動などで使用する履歴書そのものだから、社会人の方などは、もしもこんな履歴書を書いた人物と一緒に働くことになったらどうしようか……などと想像してみるのも一興ではないだろうか。

もちろん、そうした「履歴書」自体はフィクションではあるけれども、このような形式で紹介することによって、歴史を考える際に最も重要な「時間」の流れが把握しやすくなっている。すなわち、何歳のときにどのような出来事があり、趣味や性格、家族や恋愛関係はどうであったかなど、彼らの人間像が手に取るようにわかるのである。

この「履歴書」を受けて、個々の人物にまつわるエピソードなどを紹介する本文部分が続けてあらわれる。履歴書と本文を併せて読むことにより、歴史上の人物が立体的に浮き上がってくるような感覚を体感できるのではないだろうか。

ちなみに、歴史上の人物の場合、年齢は「数え年」で記すのが普通だが、本書では、現在の履歴書の書き方にならってすべて満年齢で示している。もとより、前近代までの日本においては、誕生日がわかる人物は天皇・公家衆や将軍家など、ほんの一部の人々に限られていたから、年齢自体もあくまで仮の指標と思っていただいてかまわない。

エンターテイメントとしての歴史を楽しむ一つの方法として、本書の試みを楽しんでいただき、さらに深い歴史の世界を知るきっかけにしていただければ幸いである。

監修者　國學院大學文学部教授　矢部健太郎

あの偉人たちにも黒歴史!?

日本史100人の履歴書

目次

まえがき　もしも歴史上の人物が「履歴書」を書いたら……2

第一章　古代

卑弥呼……12
30の国をまとめた邪馬台国の女王は重度の引きこもり!?

聖徳太子……16
聞きたいことがあるならまとめて来い！律令政治の基礎を築いた飛鳥の超人

推古天皇……22
あれよあれよという間に皇位継承 日本の歴史上、初の女性天皇の誕生

蘇我馬子……26
対立していた物部氏との争いに終止符を打ったキングメーカー

蘇我入鹿……30
天皇家を自在に操ろうとした一族 蘇我氏宗家の最後の一人

天智天皇……34
中臣鎌足と共に蘇我氏を滅ぼし大化の改新を成した偉大な天皇

中臣鎌足……38
天智天皇から最も信頼を寄せられた盟友 のちに栄華を極める藤原氏の始まり

天武天皇……42
武力で甥っ子から天皇の座を勝ち取り、律令国家の成立に力を注いだ

持統天皇……46
父に母と祖父を殺された少女 家族のために非情になった母

藤原不比等……50
中臣鎌足の息子にして藤原氏繁栄の礎を築いた男

聖武天皇……54
災いから逃げるため遷都をくり返し、東大寺の大仏を建立した天皇

道鏡……58
最も天皇に近づいた一般人!? 孝謙上皇をたぶらかした怪僧

第二章　平安時代

桓武天皇 …… 64
母の出自のために低く見られつつも
現在まで続く平安京の基礎を建設

坂上田村麻呂 …… 68
宿敵の命をあえて救おうとしたが
「武士の情け」を踏みにじられる

最澄 …… 72
キャラは地味でも宗派は一大勢力
比叡山延暦寺を構えた天台宗の開祖

空海 …… 76
宮中のハートをがっちりつかんだ
唐帰りのカリスマお祓い師

菅原道真 …… 80
平安時代きっての大秀才ながら
死後には恐怖の怨霊と呼ばれることに

藤原道長 …… 84
当人の努力ほぼゼロで権力の頂点を極め
争いを好まず風流を愛したバブル紳士

平将門 …… 90
菅原道真の生まれ変わりと恐れられた
幻の関東新帝国の帝王

白河上皇 …… 94
40年以上も朝廷の実権を握り続け
「院政」の礎を築いたゴッドファーザー

紫式部 …… 98
センスは一流だが意外に辛辣な
「宮中女子文芸クラブ」のボス

平清盛 …… 102
「武士の時代」を先取りしながら没落した
イケイケのベンチャー商社「平家」社長

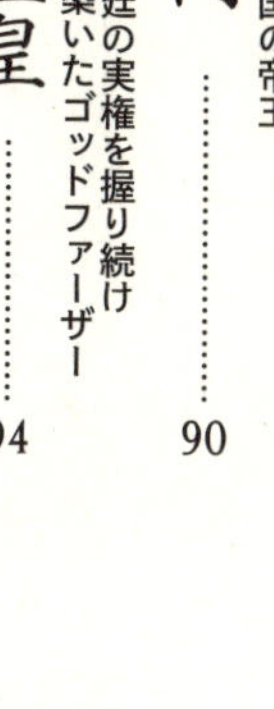

第三章　鎌倉時代

後白河法皇 …… 108
源氏と平氏の間を渡り歩き
武家政権の誕生に最後まで抵抗

源頼朝 …… 112
戦わずして勝利した鎌倉幕府初代将軍は
兄弟さえも粛清する冷徹なプリンス

源義経 …… 118
驚異の戦術で平氏を倒した功労者
ルール破りの天才がルールに敗れる

西行……122
突然出家したエリート武士が
新たな歌の潮流をつくる放浪詩人に

法然……126
南無阿弥陀仏と唱えるだけでいい
専修念仏で鎌倉仏教の隆盛を築く

北条政子……130
夫を亡くし子供も亡くしながら
鎌倉幕府の存続に尽くした尼将軍

親鸞……134
信じる者は救われる
日本最大の仏教宗派の開祖

日蓮……138
死んだ後よりも今こそが大事
国を救おうとしたカリスマ教祖

北条時宗……142
生まれながらに執権の座を約束され
蒙古襲来に立ち向かった若きプリンス

第四章 室町時代

足利尊氏……148
室町幕府を成立させた謎多き初代将軍
本当の「顔」は誰も知らない⁉

楠木正成……154
後醍醐天皇の忠臣として知られる英雄
前半生は謎に包まれる知略の英雄

後醍醐天皇……158
打倒鎌倉幕府を掲げ、南朝を創設
天皇の世をつくるため、戦い続けた

新田義貞……162
足利氏と同じ源氏の血を引く名門
強烈なライバル心が身を滅ぼす

足利義満……166
室町幕府の最盛期をつくりあげた将軍
華やかな「北山文化」の生みの親

足利義政……170
芸術だけが生きがいの日和見将軍
優柔不断が「応仁の乱」の原因に

細川勝元……174
すべては「お家のために！」
「応仁の乱」東軍総大将は意外と趣味人

山名宗全……178
政治下手だが戦じょうず、
激しやすい人情家は武闘派集団の惣領

世阿弥……182
「能楽」を完成させた天才
能の理論書『風姿花伝』は今に通じる

一休宗純……186
無頼に生きて、愛に死んだ
とんち小僧「一休さん」は奇行三昧

第五章　戦国時代

北条早雲 ……192
最初の戦国武将はとんでもない遅咲きおじいちゃんの知恵袋で領土を支配

武田信玄 ……196
家臣団が結束力の強さを誇るのは、心身共に結びついていたから?

織田信長 ……200
自分以外は何も信じない時代にあるまじき生粋の能力主義者

足利義昭 ……206
信長の傀儡と化した室町幕府最後の将軍「信長を討つべし」と突っ走る

明智光秀 ……210
本能寺の変で信長を殺した天下の反逆者謎多き人物を巡る学説花盛り

豊臣秀吉 ……214
異例の大出世を成し遂げた戦国最大の成り上がり男

黒田官兵衛 ……220
名軍師でありながら天下も狙う秀吉をも警戒させた才能と野心の塊

伊達政宗 ……224
どこまでも天下統一にこだわった隻眼の「伊達男」

千利休 ……228
武力を使わずに信長、秀吉の側近にまで上がった伝説の「茶聖」

前田利家 ……232
血気さかんなかぶき者から安定を求める堅実な男へ転身!

徳川家康 ……236
我慢だけのメタボ親父だと思ったら多趣味で多才な華々しい経歴

石田三成 ……242
政治面で豊臣政権を支え、最期まで忠義を貫き通す

服部半蔵 ……246
徳川家が誇る伊賀忍者のトップはじつは忍者ではなかった!?

井伊直政 ……250
戦場でも政治でもソツなく功績アップ徳川譜代の代表となった初代彦根藩主

真田信繁 ……254
家康を追い詰めて大阪人気ナンバー1真田の名を世に知らしめた日本一の兵

フランシスコ・ザビエル ……258
日本におけるキリスト教の開拓者イエズス会を結成した聖人

第六章　江戸時代

徳川秀忠 …… 264
真面目、実直、律儀で知られる2代目将軍は女性関係も真面目だった

豊臣秀頼 …… 268
天下人秀吉の遅くに生まれたかわいい息子はマザコンか、それとも好青年か

江 …… 272
将軍の妻、将軍の母、天皇の祖母「浅井三姉妹」末娘の数奇な運命

保科正之 …… 276
将軍秀忠の隠し子は家光以上にデキる男朱子学と神道を愛する「名君」

天草四郎 …… 280
島原の乱を率いたカリスマ少年「神の御使い」が奇跡を見せる

徳川光圀 …… 284
最先端グルメが大好きな「水戸黄門」諸国漫遊どころか、ほぼ引きこもり

徳川綱吉 …… 288
「生類憐れみの令」で知られる犬公方愚政か賢政か、後世の評価は真っ二つ

徳川吉宗 …… 292
紀州から差し向けられた刺客は幕府立て直しに奔走する暴れん坊将軍

田沼意次 …… 296
「賄賂政治家」で名高い江戸幕府老中金の力で江戸の経済を立て直したキレ者

松平定信 …… 300
白河藩で「名君」と呼ばれたエリート「寛政の改革」を行なうも成果は限定的

シーボルト …… 304
日本と欧州をつなぐ「架け橋」詳細な研究が「スパイ疑惑」を生む

平賀源内 …… 308
なんでもできる天才だが、器用貧乏日本のレオナルド・ダ・ビンチ

緒方洪庵 …… 312
多くの才能を世に出した「適塾」の先生天然痘治療に貢献した近代医学の祖

第七章 幕末

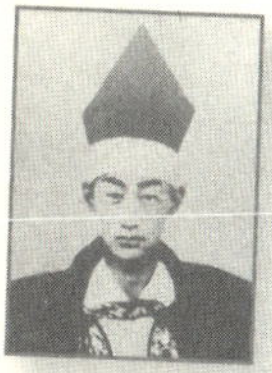

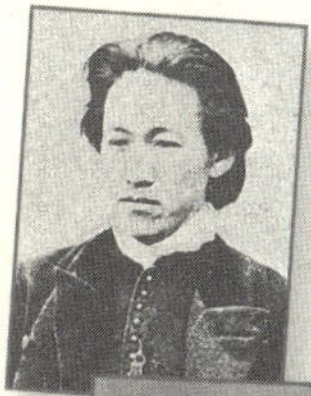

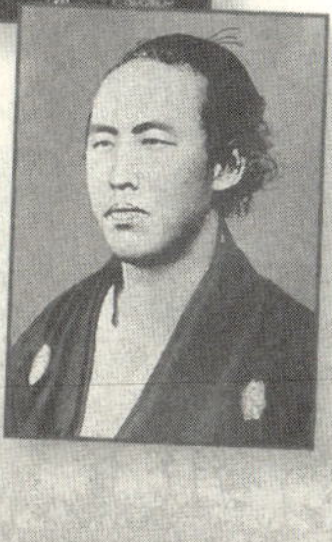

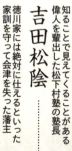

第八章 近代

明治天皇……378
西洋風の君主として振る舞いつつも
意外に古風だった好みや私生活

伊藤博文……382
長州が生んだ日本の立憲政治の父は
公職のトップにして好色のトップ

福沢諭吉……388
西洋の思想と文化を広めつつも
武士の生き方にこだわった教育者

大隈重信……392
薩長藩閥との衝突にもテロにも屈せず
じつに80歳手前で政権の座に返り咲く

板垣退助……396
土佐が生んだ自由民権運動の指導者は
もともとはバリバリの武闘派だった

陸奥宗光……400
政府を敵に回した「出戻り大臣」
ケンカは苦手でも外交交渉は強かった

東郷平八郎……404
ツッコミ屋から寡黙な将軍に転じた
日露の天王山「日本海海戦」の立役者

乃木希典……408
名将とも愚将ともいわれる人格者
多くの無念を抱えたまま死を遂げた軍神

岩崎弥太郎……412
ビールから戦艦武蔵までつくった
大財閥「三菱」を一代で築いた海運王

渋沢栄一……416
500以上の企業設立を手がけ
財界に君臨した「日本資本主義の父」

高橋是清……420
借金と事業失敗で磨いた経済感覚で
昭和恐慌と戦った苦労性の大蔵大臣

夏目漱石……424
立身出世にも博士号にも背を向けて
文筆だけで生きた江戸っ子の個人主義者

西園寺公望……428
「ノーブレス・オブリージュ」を実践
軍部に抵抗した最後のキングメーカー

山本五十六……432
部下には「やってみせ」の精神を体現
最前線で最期を遂げた非運の提督

東条英機……436
私欲はないが几帳面すぎてウザがられた
ブラック企業「帝国陸軍」の経営者

吉田茂……440
憲兵隊にも占領軍にも屈しなかった
貴族的な高慢さが売りの遅咲き宰相

人物索引……446

参考文献……447

編集・構成・DTP●クリエイティブ・スイート
執筆●菅野秀晃、佐藤賢二、菊池昌彦、
目片雅絵、村岡真千子
似顔絵●池田悠高
本文・カバーデザイン●小河原 德

※履歴書にある「歳」は、一般的な履歴書の書き方に則り、事件などが起こった時点での年齢ではなく、示した年に迎える年齢を示しています。

履歴書

第一章
古代

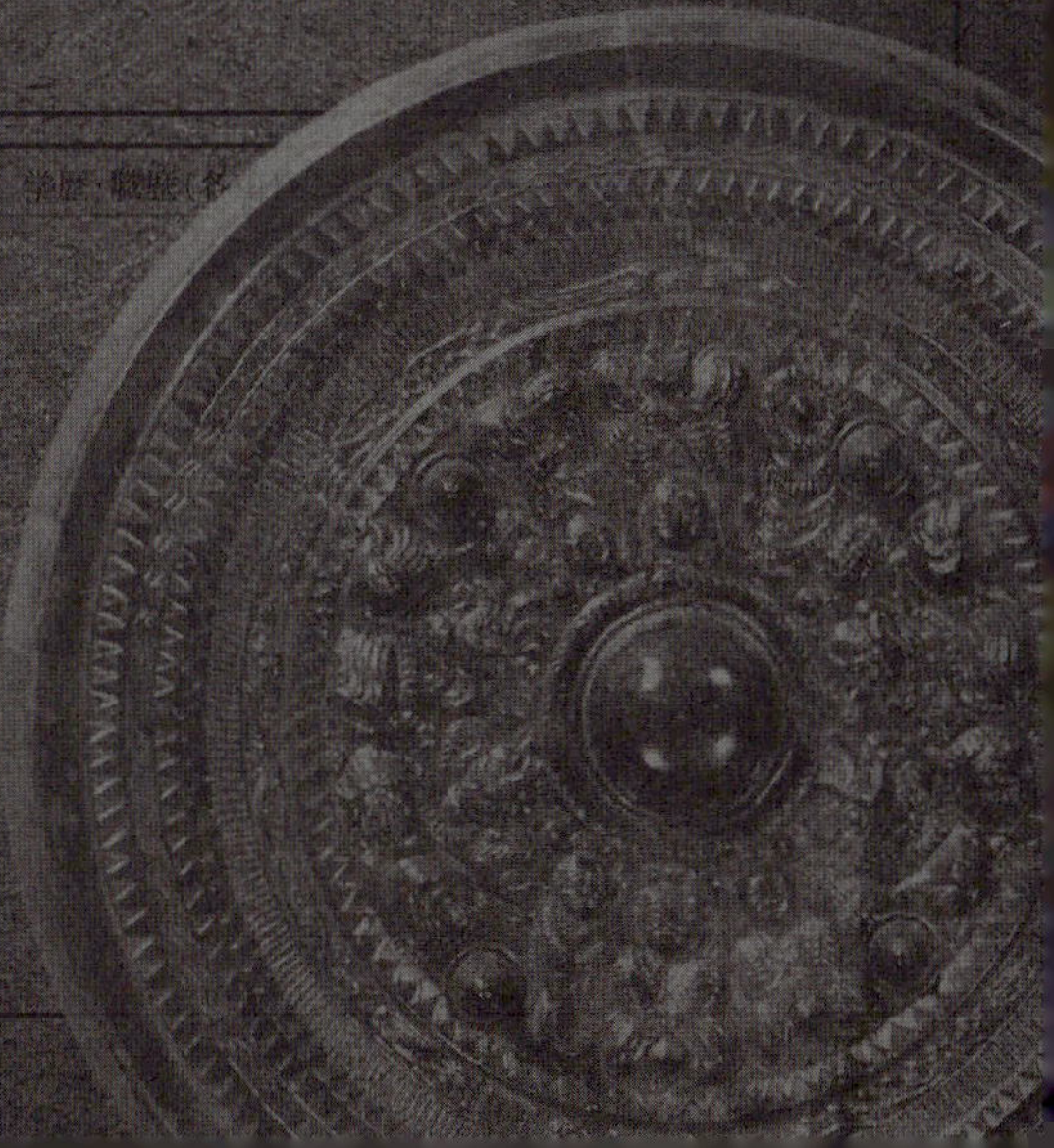

卑弥呼

Himiko

30の国をまとめた邪馬台国の女王は重度の引きこもり!?

ファッション 不明。漫画では白装束に首から勾玉をぶら下げた姿で描かれます。	
幼少期の様子 弟とは仲がよかったと思います。	
性格 女王として国を束ねるぐらいですから、創作では凛々しい性格で描かれることが多いですね。	
トラウマ 女王になってからは一人ぼっちで友達もいないのがトラウマです。	**交友関係** 1000人の従者と男の給仕が一人。
家庭環境 弟が一人。血族の娘に台与（とよ）[壱与]がいます。	**趣味** 占いは趣味……というより、もはや生活の一部ですね。
恋愛関係 生涯独身。	**仕事ぶり** 女王になってからは人前に出ることもほとんどなく、国を治めることに専念しました。
人生の目標 邪馬台国の発展と平和。	**死因** 不明。

特技・得意技等

鬼道。占いや、神の言葉を聞くのが得意です。

本人希望記入欄

夫ももたず、国のために尽くしました。身近な男性といえば弟だけなので……男性に免疫がありません。

記入上の注意　1：数字はアラビア数字で、文字はくずさず正確に書く。
2：※印のところは、該当するものを○で囲む。

履歴書

ふりがな　ひ　み　こ		
氏　名　**卑弥呼**		
生年月日 ?年?月?日	没年月日 ?年?月?日(満?歳)	※ 男・㊛
出身 不明		
立場　邪馬台国の女王	あだ名　親魏倭王	

※似顔絵はイメージです。

概要

30の国ぐにをまとめる邪馬台国の女王として共立されました。私が女王になる前はかなりの内乱がありましたが、それを終わらせしっかりと邪馬台国を統治しました。

家族

弟が一人います。私の支えとしてよく働いてくれるできた弟です。

外交への意欲

積極的に外国へと使者を送り、交流を図りました。おかげで魏とはとてもいい関係を築けたと思っています。親魏倭王の称号と金印をいただき、倭の国王として認められました。

プライベート

すみません、仕事の都合上、プライベートに関しては秘密にさせていただいています。

年	歳	学歴・職歴(各項目ごとにまとめて書く)
189?	?歳	邪馬台国の女王となり、国同士の争いを鎮める。
239	?歳	魏の皇帝・曹叡から金印と親魏倭王の称号を与えられる。
243	?歳	ふたたび魏に使いを送って貢物をする。
247	?歳	魏の帯方郡に使いを送り、狗奴国との戦いについて知らせる。

●日本一有名な女王に関する資料は日本に存在せず

日本人なら一度は耳にしたことがある邪馬台国の女王、卑弥呼。かなり有名な人物だが、じつはわかっていることは思いのほか少ない。というのも、卑弥呼について書かれた書物は日本には存在しないからだ。その存在は、中国の歴史書『三国志』にのみ登場する。

『三国志』のなかには、日本列島に住んでいた倭人について書かれた箇所がある。これを『魏《ぎ》志《し》倭《わ》人伝《じんでん》』といい、そのなかに30の国からなる倭国の都「邪馬台国」の女王、卑弥呼の記述が存在する。しかしその記述箇所は2000字程度しかない。400字詰め原稿用紙ならたった5枚だ。これだけでどのような人物だったのか、邪馬台国とはどのようなものだったのかを完全に知るのは無理というものだ。

「じゃあ、なんで当時の日本人は記録を残してなかったんだ?」というツッコミが入るだろうが、じつは当時の日本人は固有の文字をもっていなかったのだ。日本の歴史を知るうえで重要な書物とされる『日本書紀』や『古事記』の成立は、卑弥呼の時代よりずっと後のこと(『古事記』が712年、『日本書紀』が720年成立)。編纂《へんさん》者のさまざまな思惑があったのか、それらの書物にも卑弥呼については書かれていない。対して『魏志倭人伝』は、卑弥呼が生きた弥生時代の後期、3世紀末に成立している。このことから信ぴょう性は高く、卑弥呼が実在したこと自体は間違いないと見られている。

●女性アイドルに統治させたほうが戦乱は起きない？

「私は国とか女王とか興味なかったんですけど、弟が勝手に応募しちゃったみたいで」とアイドルのようなことをいったかどうか定かではないが、卑弥呼は女王となった。それ以前は男の王が国を治めていたようだが、戦乱が絶えなかったようだ。そこで女子を王として立てることにした。それだけで国がまとまるものだろうかと思うが、いかついおっさんに上に立たれるより、かわいい（かどうかは不明だが）女子に統治されたほうがみんなの共感を得られたのかもしれない。事実、卑弥呼が亡くなった後は男性の王が立ったものの、内乱が始まったのでもう一度女性、しかも今度は13歳の娘を王にしたという話もある。やはり国の統治には、かわいいアイドルが必要ということか。

卑弥呼は呪術によって、国を治めていたそうだ。『魏志倭人伝』には卑弥呼が鬼道に長《た》けているという記述がある。鬼道が示すものがはっきりとはわかっていないものの、おそらく占いのようなものだろうと推測されている。占いによってもたらされた言葉はイコール神の言葉なので、それを伝えられる卑弥呼は絶大な権力を有していた。その神秘性を保つためかはわからないが、めったに人前に顔を見せることはなく、その言葉はつねに弟によって伝えられていたらしい。「プライベートは見せないほうがミステリアスで人気が出る……」と考えた大物プロデューサーがいたのかも。

聖徳太子

Shoutokutaishi

聞きたいことがあるならまとめて来い！
律令政治の基礎を築いた飛鳥の超人

ファッション 冠をかぶり、手には笏をもっていました。肖像画なんかでよく見かけると思います。私といえばこの笏ですね。全体的にゆったりした服装で過ごしていました。	
幼少期の様子 2歳の頃にはもう念仏を唱え、6歳の頃にはお経を読み始めたりと当時から才能は発揮していました。	
性格 煬帝からの返書をなくした小野妹子を許したり、行き倒れの旅人へ慈悲を施したりと、自分でいうのもなんですが、優しい性格をしていたと思います。	
トラウマ 14歳のときに父である用明天皇が亡くなったこと。	**交友関係** 蘇我馬子、推古天皇は盟友です。飼っていた馬の黒駒も友と呼べるかもしれません。
家庭環境 天皇家の血筋。	**趣味** 木で仏像を彫るのが好きでした。
恋愛関係 刀自古郎女、菟道貝蛸皇女（うじのかいたこのひめみこ）、位奈部橘王（いなべのたちばなのおう）、膳菩岐岐美郎女（かしわでのほききみのいらつめ）の4人が妻です。	**仕事ぶり** 蘇我馬子と連携して推古天皇をサポートし、それまでとは違う数かずの仕組みをつくり上げました。
人生の目標 律令政治の成立。	**死因** 病死。

特技・得意技等

行き倒れの旅人に服と食料を分け与えたことがあります。亡くなってしまったのでその場に墓をつくり葬りましたが、後日、確認すると墓のなかには与えたはずの服がきれいに折りたたまれていただけでした。あれは聖人だったのではと思います。

本人希望記入欄

若い頃にはさまざまな仕組みをつくり上げましたが、晩年には仏教の経典に関する注釈書を記しました。当時としては仏教は最先端のものでしたので、かなり熱心にやりましたね。

記入上の注意　1：数字はアラビア数字で、文字はくずさず正確に書く。
2：※印のところは、該当するものを○で囲む。

履歴書

ふりがな　しょうとくたいし		
氏　名　**聖徳太子**		
生年月日 574年2月7日	没年月日 622年2月22日（満48歳）	※ ㊚・女
出身 飛鳥地方（奈良県）		
立場　推古天皇の摂政	あだ名　厩戸王（うまやとおう）、豊聡耳命（とよとみみのみこと）	

©Chris 73

概要

生まれた頃から神童と呼ばれ、皇太子になってからは叔母である推古天皇の摂政として活躍しました。自分一人の力ではありませんが、冠位十二階や憲法十七条の制定などを行ないました。

家族

用明天皇を父、穴穂部間人皇女（あなほべのはしひとのひめみこ）を母として生まれました。母は蘇我氏の出身で、妻の刀自古郎女（とじこのいらつめ）は蘇我馬子の娘です。また叔母には推古天皇がいます。

年	歳	学歴・職歴（各項目ごとにまとめて書く）
603	29歳	蘇我馬子、推古天皇らと共に冠位十二階を制定。翌年には憲法十七条も制定する。
607	33歳	小野妹子を大使として、隋の皇帝、煬帝（ようだい）へと宛てた親書をもたせ、遣隋使を派遣する。
608	34歳	小野妹子ら遣隋使が帰還。隋の皇帝、煬帝からの返書をなくしてしまった妹子を蘇我馬子が流罪に処す。しかし同年、推古天皇と共にその罪を許すことにした。
615	41歳	『法華義疏』を執筆。611年の『勝鬘経義疏』、613年の『維摩経義疏』の三つをまとめて『三経義疏』と呼ぶ。
620	46歳	蘇我馬子と協力して、天皇家の系図や歴史をまとめた『天皇記』と、歴史書や地理書ともいわれる『国記』の編纂を行なう。
622	48歳	死去。

●キリストと釈迦の伝説を合成した和製超人

聖徳太子には、「豊聡耳命《とよとみみ》」という別称がある。これは「10人の話を聞き分けた」という有名な逸話が由来だ。落語のCDなどを10枚同時に再生した場合を想像してほしい。すべてをきちんと聞き分けることなんて、まず無理だ。

じつはこの逸話には、「同時ではなく、大勢の訴えを順番に聞いたうえで、それらを忘れることがない記憶力をもっていた」という解釈もある。確かに考えてみると、10人が同時に話し出したところで、「一人ずつお願い」と返すのがふつうだろう。なので、こっちの解釈のほうが理にかなっている気がする。

聖徳太子に関する伝説はほかにもある。たとえば生まれたときの話だ。ある日、聖徳太子の母は、救世観音菩薩《ぐぜかんのんぼさつ》と出会い「お腹を借りたい」といわれて口のなかに入り込まれる……という夢を見た。やがて母は厩の前で産気づき、その場で聖徳太子を出産。このことから聖徳太子は「厩戸王《うまやとおう》」と名付けられることになる。そして生まれたときにはもう言葉をしゃべり、2歳で東方に向かって念仏を唱えた。5歳の頃には1日で数千字の文字を覚え、6歳になるとお経を読み始めたといわれている。

勘のいい人なら気付いたかもしれないが、厩の近くで生まれたエピソードはイエス・キリストに、生まれたそのときから言葉をしゃべったエピソードは釈迦に似ている。じつは、これらの超人的エピソードは、のちの人々が聖徳太子に箔を付けるために創作したものとされている。このせいで「聖徳太子なんて人物、存在しないんだ！」という主張も出てきたが、確かに存在したというのが今の定説だ。

●「日出づる処の天子」で、隋の皇帝を怒らせる

聖徳太子が18歳のときの５９２年、叔母が天皇の座に就いた。それが推古天皇（22ページ）だ。そして聖徳太子は天皇に代わり政治を行なう摂政の地位に就く。ここに蘇我馬子（26ページ）も加わり、３人で政治改革を進めていくことになる。馬子も推古天皇の叔父にあたるので、３人とも血のつながりがある親族経営みたいなものだ。

推古天皇のもとで、聖徳太子はいくつもの偉業を成し遂げた。その一つが遣隋使の派遣だ。遣隋使の一団にいた小野妹子《おののいもこ》に「日出《ひい》づる処《ところ》の天子、書を日没する処の天子に致す」と書いた手紙をもたせて、隋の皇帝を激怒させた話は有名だろう。

当時の隋は、日本よりずっと大きな国だった。それなのに聖徳太子は日本を「日の出る国」、隋を「日の落ちる国」と表現したのだ。そりゃ怒るに決まっている。また、隋の皇帝にとって、小国の日本が「天子」という言葉を使っているのも気に入らなかった。天子とは皇帝という意味で、皇帝が存在するのは世界に隋だけと考えていたのだ。聖徳太子は「今後、隋とは対等な関係でいきますよ」という意味を込めて、あえてこういった手紙を

書いたといわれている。

余談だが、妹子はこのとき、隋の皇帝から返書を受け取っている。しかしそれは、聖徳太子の手に渡ることはなかった。妹子はいう。「日本に帰ってくる途中で、なくしちゃいました」これには、ブチ切れた隋の皇帝の返書がとても見せられるものではなかったので、こっそり処分したという説がある。この罪で妹子は流罪になるが、すぐに許されて、また遣隋使として隋に渡っている。

●能力も血筋もバッチリなのに、天皇にならなかった

603年(推古天皇11年)、聖徳太子は冠位十二階を制定する。これは、生まれや家柄に関係なく、実力のある者を役人として登用するという制度だ。能力に応じて12の位に分け、わかりやすいように冠の色で位を区別した。

604年(推古天皇12年)には、十七条憲法を制定。憲法とはいっても、役人が守らなければならない決まりや心得を定めたものだ。

叔母の推古天皇のそばで数々の実績を積んだ聖徳太子は、用明天皇の息子でもあった。しかし彼は最後まで天皇の座に就いていない。推古天皇には息子がいたので、そちらを優先したという説や、政界を牛耳《ぎゅうじ》る蘇我馬子にとって、都合よく動く人物ではなかったから忌避されたという説もある。あるいは聖徳太子自身が天皇の立場に興味がなく、より自

由に動きやすい摂政という地位にこだわったのかもしれない。いずれにせよ真相は不明で、聖徳太子の謎の一つとなっている。

●超人が愛した名馬・黒駒《くろこま》は、空さえも飛んでしまう

当時の役人たちの多くは、政治の中心地である飛鳥《あすか》（奈良県高市郡明日香村）に住んでいたが、聖徳太子はそこから20キロも離れた斑鳩《いかるが》（生駒郡斑鳩町）に住んでいた。その理由はよくわかっていないが、とにかく聖徳太子は「黒駒」と名付けた愛馬に乗って毎日飛鳥まで通っていたらしい。現在、その道は「太子道」と呼ばれており、観光名所となっている。奈良県の観光ウェブサイトにも載っているので、お近くの方は足を運んでみるのもいいだろう。

この黒駒にもおもしろい伝説が残っている。ある日、聖徳太子が黒駒にまたがると、いきなり空へと舞い上がり、富士山の上まで飛んで行ったというのだ。そして北陸地方を経由して、3日後に戻ってきたらしい。ものすごい話だが、このおかげで聖徳太子が仕事を休むことになっていたら、どう説明するつもりだったのか。まさか「馬が勝手に飛んだので」なんていえるはずもないし……。

黒駒は聖徳太子が亡くなったとき、両目から血の涙を流して一緒に死んだともいわれている。おたがいの絆《きずな》を感じられるエピソードだ。

推古天皇

Suiko Tennou

あれよあれよという間に皇位継承
日本の歴史上、初の女性天皇の誕生

ファッション
『日本書紀』には「姿色端麗」と書かれています。自分では美人かどうかはわかりませんが……穴穂部皇子も私の顔にひかれていたのかも？

幼少期の様子
穴穂部皇子の件でもわかるとおり、負けず嫌いというか……やられっぱなしは性に合いません。

性格
お飾りの天皇では終わらない、切れ者だと自負しております。

トラウマ 腹違いの兄妹にあたる穴穂部皇子に襲われそうになったこと。	**交友関係** 聖徳太子、蘇我馬子。
家庭環境 欽明天皇を父にもつ天皇家の血筋。	**趣味** とくにありません。
恋愛関係 異母兄である敏達天皇へ嫁ぎました。	**仕事ぶり** 聖徳太子を摂政として、冠位十二階や憲法十七条を制定。ほかに遣隋使の派遣や新羅侵攻など積極的に政治に関わりました。
人生の目標 息子に皇位を継承すること。	**死因** 不明。

特技・得意技等
とくにこれといった特技はありません。
でも、私を犯そうとした穴穂部皇子を、皇位継承争いと絡めて蘇我馬子に殺させたことはあります。胸がスッとしました。

本人希望記入欄
本当は天皇になる気なんてなかったんですよね。それでもまわりがしつこく勧めてくるので、仕方なく皇位に就きましたが、意外とやれるものですね。

記入上の注意　1：数字はアラビア数字で、文字はくずさず正確に書く。
2：※印のところは、該当するものを○で囲む。

履歴書

ふりがな　すいこてんのう

氏名　**推古天皇**

生年月日	没年月日	※
554年？月？日	628年3月7日(満74歳)	男・㊛

出身
不明

立場　33代天皇

あだ名　豊御食炊屋姫尊(とよみけかしきやひめのみこと)、額田部(ぬかたべ)皇女

概要

欽明(きんめい)天皇の娘として生まれ、異母兄である敏達(びだつ)天皇に嫁ぎました。そのうちに皇后となり、夫が死去してからややあって仕方なく皇位を継承することになりました。そうして初の女性天皇として即位しました。

家族

私の父は第29代の欽明天皇で、夫になった第30代の敏達天皇の父も同じ欽明天皇です。つまり異母兄と結婚しました。男兄弟は敏達天皇のほかに、第31代用明天皇、第32代崇峻(すしゅん)天皇、穴穂部(あなほべ)皇子がいます。息子に竹田皇子がいましたが、私より先に亡くなってしまいました。

年	歳	学歴・職歴(各項目ごとにまとめて書く)
571	17歳	異母兄である敏達天皇のもとへ嫁ぐ。
575	21歳	敏達天皇の皇后が亡くなり、翌年から皇后として扱われる。
586	32歳	穴穂部皇子に強姦されそうになる。
587	33歳	物部守屋を滅ぼす。
592	38歳	推古天皇に即位。4カ月後に聖徳太子を皇太子にする。同時に摂政に任命。
594	40歳	「三宝(仏、法、僧の三つ)を敬うべし」という三宝興隆の詔を発する。
603	49歳	冠位十二階を制定。また翌年、憲法十七条も制定する。
607	53歳	小野妹子を使者として遣隋使を派遣する。
624	70歳	蘇我馬子に天皇の直轄領である葛城を下賜するよう請われるが、これを断る。
628	74歳	死去。

●異母兄と結婚したのち、弟からレイプされそうになる

のちに第33代天皇、推古天皇となる額田部《ぬかたべ》皇女には、4人の男兄弟がいた。父である第29代天皇、欽明《きんめい》天皇が崩御《ほうぎょ》すると、最初は長兄が第30代敏達《びだつ》天皇として即位する。額田部皇女はこの敏達天皇と18歳のときに結婚している。異母兄にあたる人物だが、この時代では、近親婚はふつうのことだったのだ。

敏達天皇が妻であり妹でもある額田部皇女を残して崩御した後も、通例どおり男子が皇位を継ぐことになった。生年月日がわからないため、どちらが年上かは不明だが、やはり額田部皇女の兄妹にあたる大兄《おおえ》皇子が、第31代天皇、用明《ようめい》天皇として即位した。

と、ここで朝廷を震撼《しんかん》させる事件が起こる。敏達天皇の弟の穴穂部《あなほべ》皇子が、額田部皇女をレイプしようとしたのだ。兄が亡くなったのをいいことに、その嫁を襲うなんてとんでもない人だ。いや、その前に額田部皇女と穴穂部皇子は、どちらも欽明天皇の子供なので兄妹の間柄。姉にあたるか妹にあたるかは不明だが、いずれにせよ兄妹をレイプしようとするのは、わけがわからなすぎる。この背景には、第31代の用明天皇が病弱だったため、早く次の天皇を決めておかなければならないという事情があった。穴穂部皇子は、敏達天皇の妻だった額田部皇女をわが物とすれば自分が天皇になれると考えたのだろう。

これを好機と見た蘇我馬子（26ページ）は、次期天皇に額田部皇女の弟、泊瀬部《はつせべ》皇子を

押して、穴穂部皇子を討ってしまう。穴穂部皇子のバックには馬子と対立している物部守屋《もののべもりや》がついており、守屋を排除するいい機会を得たと思ったのだ。

●蘇我馬子の策略で最後の男兄弟を失ってしまう

レイプ騒動が収束した頃には、用明天皇も病没していた。こうして最初は4人いた額田部皇女の男兄弟は、泊瀬部皇子だけになってしまっていた。この泊瀬部皇子が第32代天皇、崇峻《すしゅん》天皇として即位する。

しかし崇峻天皇は、すぐに暗殺されてしまう。その黒幕は、彼を第32代天皇に推した馬子自身。一説だが、崇峻天皇は馬子を嫌っており、「このままだと、朝廷でデカい顔できないじゃん」と考えた末での行動だったといわれている。これで男の後継者がいなくなってしまったため、馬子は自分の姪っ子でもある額田部皇女に「お前が天皇になってみない？」と声をかけた。これまで女性天皇はいなかったため、かなり思い切った申し出だ。馬子はそれほどまでに、朝廷での権力を確保したかったのだろう。

こうして額田部皇女は日本で最初の女性天皇、第33代推古天皇として即位した。これで馬子はデカい顔ができるかと思いきや、推古天皇は甥っ子の聖徳太子を側近に置く。馬子の力を少しでも抑えるためだったともいわれている。なし崩し的に即位したとはいえ、推古天皇は切れ者だったのだ。その後は聖徳太子と馬子の3人で政治を行なった。

蘇我馬子

Soga no Umako

対立していた物部氏との争いに終止符を打ったキングメーカー

ファッション
小柄な体格でした。大きな刀を差していたら、物部守屋にまるで矢に射られた雀だと笑われてしまいました。

幼少期の様子
父・稲目の代から物部氏とのやり取りを見ていましたから、ああ、自分も将来は同じように物部氏と張り合うことになるんだろうなとは思ってました。

性格
敵対する人間には容赦しません。たとえそれが天皇でも。

トラウマ	交友関係
仏像を破壊されたことで病気になって倒れたこと。なかなか治らなくて死ぬんじゃないかと思いました。	聖徳太子、推古天皇。 物部守屋とは心底仲が悪いです。
家庭環境	**趣味**
蘇我稲目の息子。	仏像や寺の建立。
恋愛関係	**仕事ぶり**
妻は物部守屋の妹、物部太姫。	仏教を取り入れることを邪魔してきた物部一族を滅ぼした後、聖徳太子や推古天皇と連携して新しい国の仕組みをつくり上げました。
人生の目標	**死因**
仏教をこの国に広めること。この国の権力者になること。	不明。

特技・得意技等
謀略、暗殺など。皇位継承争いで穴穂部皇子を殺害し、私に歯向かうそぶりを見せた崇峻天皇も暗殺しました。 仏教などをいち早く取り入れようとしたのも私の一族です。

本人希望記入欄
天が味方したのか、それとも実力か。政敵と呼べるものを次々と始末して、みずからの理想とする政治に邁進してきました。おおむね実現できたと思います。それにしても『日本書紀』での私に関する記述は、悪者扱いしすぎだと思います。

記入上の注意　1：数字はアラビア数字で、文字はくずさず正確に書く。
2：※印のところは、該当するものを○で囲む。

履歴書

ふりがな	そがのうまこ
氏名	蘇我 馬子
生年月日	551?年?月?日
没年月日	626年5月20日（満75?歳）
※	男・女（男に丸）
出身	不明
立場	大臣（おおおみ）
あだ名	嶋大臣

※似顔絵はイメージです。

概要

蘇我稲目の息子として生まれ、父の代から続く物部氏との因縁に決着を付けて、権力を得ることに成功しました。聖徳太子や推古天皇をサポートして仏教をもとにした国づくりを始めました。

家族

息子に蘇我蝦夷（えみし）、孫に蘇我入鹿がいます。娘の刀自古郎女（とじこのいらつめ）は聖徳太子の妻となりました。

年	歳	学歴・職歴（各項目ごとにまとめて書く）
572	21?歳	大臣に就く。朝廷への貢ぎ物を保管する大蔵を管理して、朝廷の財政を任される。
585	34?歳	塔を建てて法会（僧侶が集まり、説法を行なう会のこと）を行なう。同年、敏達天皇が亡くなった際の葬式で、物部守屋と喧嘩をする。
587	36?歳	推古天皇の命により、穴穂部（あなほべ）皇子を殺害。その後、天皇家の皇子や豪族たちを味方に付けて物部守屋（もりや）を滅ぼす。
588	37?歳	法興寺（飛鳥寺）の建立を始める。8年後の596年に完成する。
592	41?歳	崇峻天皇が献上された猪を前に「この猪の首を落とすように、嫌いな奴の首も落としたい」といったことを自分への牽制ととり、部下の東漢駒（やまとのあやのこま）を使って暗殺する。
620	69?歳	聖徳太子と共に歴史書といわれる『天皇紀』『国記』を編纂する。
626	75?歳	死去。

●親の代から続いていた仏教を巡る論争

蘇我氏は武内宿禰《たけうちのすくね》を始祖とする豪族の一つとされている。渡来人と深い関わりがあるといわれ、当時の日本でいち早く仏教に触れる機会を得た。蘇我馬子もその一族の出身だ。蘇我氏は大陸で流行している仏教を日本に根付かせようとしていた。先進国の宗教を取り入れることが、日本の発展につながると思っていたのだ。

それをよしとしなかったのが、蘇我氏と並ぶ強い力をもっていた豪族の物部《もののべ》氏だ。物部氏は、「日本には古来より祀《まつ》ってきた神様がいるのに、外国の神様をあがめたらダメだろ」といって猛反対。仏教を巡る蘇我氏と物部氏の対立は馬子の親の代から始まっており、それはそっくりそのまま馬子の世代まで引き継がれることになる。

585年（敏達天皇14年）、馬子は病気にかかった。占い師に相談したところ、「父の世代に仏像を破壊されたからだ」といわれた。もちろん破壊したのは物部氏だ。ずっとした馬子は敏達天皇に仏法を祀っていいか相談し、その許可をもらった。しかし馬子とライバル関係にあった物部守屋《もりや》は、当時の日本で疫病が流行していたことを挙げて、「仏像なんてあがめるから、神がお怒りになったのだ！」と声高らかに叫ぶ。その勢いに飲まれた敏達天皇は、仏法を祀る許可を撤回してしまう。

納得できない馬子は、もう一度敏達天皇に掛け合い、ひとまず自分だけは仏法を祀ってもいいという許可をあらためて得た。そのいっぽうで守屋は、寺を焼いたり、仏像を海に捨てたりとやりたい放題。「あいつがいると、日本に仏教は根付かないぞ……」なかなか病気が治らない馬子は、相当ストレスがたまっていた。

●敏達天皇の葬儀の場で子供のようなケンカをする

その後すぐに、敏達天皇が亡くなる。その葬儀の場でも馬子と守屋は、おたがいを激しく罵倒しあった。守屋は小柄な馬子が大きな刀を差していた姿を見て、「その格好って、矢で射抜かれた雀みたいな恰好してるよね」と笑う。今度は守屋が緊張で震えながらお悔やみの言葉を述べていると、馬子が「鈴でもつけておけばよかったんじゃないの？」と返した。この嘆かわしいやりとりは、ちゃんと記録に残っている。

二人のケンカは、587年（用明天皇2年）いよいよ軍事衝突にまで発展した（丁未《ていび》の乱）。相手が嫌いだからという理由もあるだろうが、もちろん馬子の最大の目的は、物部氏を滅ぼして仏教を日本に根付かせることだ。しかし朝廷で軍事を担当していた物部氏の力は想像以上に強く、馬子の軍は何度も退却させられた。そのとき戦闘に参加していた聖徳太子が四天王の像を彫り、「勝たせてくれたら寺を建てて祀りましょう」と願を掛けたところ、一気に逆転勝利する。因縁の対決は蘇我氏の勝利で幕を閉じ、物部氏が滅んだことで日本に仏教が広まっていくのだ。

蘇我入鹿

Soga no Iruka

天皇家を自在に操ろうとした一族
蘇我氏宗家の最後の一人

ファッション 父親からゆずられた紫の冠は大切にしていました。	
幼少期の様子 私塾に通い、優秀な成績を残していました。傲慢な一族だと思われていますが、きちんと能力もあったんですよ。	
性格 自分では傲慢に振る舞っているつもりはないですが、まわりから見るとそう見えたかもしれません。	
トラウマ 皇極天皇の目の前で斬り付けられたこと。直後に死んでしまいますが。	**交友関係** 中臣鎌足とは私塾で同じでした。まさか殺されることになるとは……。
家庭環境 蘇我氏宗家の生まれ。	**趣味** 祖父の世代から仏教には接してましたから、法会などは好きですね。
恋愛関係 不明。	**仕事ぶり** 父から大臣を受け継ぎ、国政に携わりました。
人生の目標 蘇我氏をより発展させること。	**死因** 中大兄皇子、中臣鎌足による暗殺。

特技・得意技等

暗殺されたときに斬り落とされた首が、御簾（みす）にかみついたり飛び跳ねたりといった伝説が残っています。まあ、それほど悔しかったんですよ。奈良県には私の首塚も残っています。

本人希望記入欄

蘇我氏は相当な恨みを買ってしまっていたようですね。まさか天皇の目前で暗殺されるとは思いませんでした。父は私が殺されたと知って自殺したとか。申しわけない気持ちでいっぱいです。

記入上の注意　1：数字はアラビア数字で、文字はくずさず正確に書く。
2：※印のところは、該当するものを○で囲む。

履歴書

ふりがな　そがのいるか 氏名　蘇我入鹿		
生年月日 610?年?月?日	没年月日 645年6月12日(満35?歳)	※ 男・女（男に丸）
出身 飛鳥地方(奈良県)		
立場 大臣(おおおみ)	あだ名 不明	

※似顔絵はイメージです。

概要

祖父が築いた権力を父、私と引き継ぎ政権に関わっていましたが、どうやらそれが気に食わない人が多かったようですね。最後には衆人環視のもとで殺されてしまいました。

家族

祖父がかの有名な蘇我馬子、父は蘇我蝦夷(えみし)です。

仕事への意欲

蘇我氏は権力を握っていましたが、だからといって天皇になり代わりたかったわけでは……。仕事は真面目にやっていましたよ。

年	歳	学歴・職歴(各項目ごとにまとめて書く)
643	33?歳	父親である蘇我蝦夷から大臣の地位と、最高の位を表す紫の冠を授けられる。ただしこれは天皇が関係していない、無許可のもの。
643	33?歳	いとこである古人大兄(ふるひとのおおえ)皇子を次の天皇へと擁立したかったが、そのときに邪魔になる聖徳太子の息子、山背大兄(やましろのおおえ)王と、その一族を滅ぼす。
644	34?歳	甘樫丘(あまかしのおか)に「谷の宮門」と呼んだ邸宅を構える。この邸宅には武器庫や、火災に備えた水桶なども備え付けられていた。
645	35?歳	中臣鎌足、中大兄皇子らの策略によって武器を奪われ、丸腰のところを斬りつけられる。目の前にいた皇極天皇はそれを止めず、亡くなる。

●自分の家を天皇の宮殿になぞらえる怖いもの知らず

みずからの血縁者を天皇へ嫁がせることで、その権力を強めていった蘇我氏。蘇我蝦夷《えみし》と入鹿の親子が活躍する時代には、その権力もピークに達していた。

628年（推古天皇36年）に推古天皇が崩御すると、次の天皇を誰にするかという話がもち上がった。このとき聖徳太子の息子である山背大兄王《やましろのおおえ》を推す声が多かったのだが、入鹿の父の蝦夷は、自分の妹（姉？）と結婚させた田村《たむら》皇子を強引に第34代舒明《じょめい》天皇として即位させた。みずからの傀儡《かいらい》として扱いやすいほうを選んだのだろう。

643年（皇極天皇2年）、天皇の許可もなく、入鹿は父の蝦夷から大臣の地位と、最高の位である紫の冠を授けられている。親バカここに極まれりといった感じだが、実際に入鹿の能力は相当高かったようだ。豪族たちが子息を通わせていた私塾に入鹿も通っていたが、そこで教えていた僧が入鹿のことを「優秀な人物だった」とほめている。

644年（皇極天皇3年）、蘇我親子は大きな邸宅を築いたのだが、それは天皇の住居である板蓋宮《いたぶきのみや》を見下ろすような場所にあった。その屋敷は柵で囲まれ、門の脇には武器庫があり、火災に備えてところどころに用水桶が用意されていた。いつ戦いになってもいいように備えていたのだ。しかも入鹿はこの邸を「谷の宮門」と呼んでいた。宮門とは天皇の宮殿になぞらえたもので、「わが家は天皇の宮殿と同格なのだ」という意味を込めていたのだ。朝廷で絶大な権力をもつ蘇我親子は、まさに怖いものなしといった状況だった。

●古代史を塗り替えた「乙巳《いっし》の変」勃発

こうした行動の数々は、周囲の反感をおおいに買った。そのうえ、蘇我親子は次期天皇さえ自由に選べるほどの権力をもっている。やがて人々は「あの親子をこのまま放っておくと、まずいんじゃないのか」という恐れを抱き始める。

そうして中臣鎌足《なかとみのかまたり》と、のちに天智天皇となる中大兄皇子《なかのおおえ》を筆頭に、蘇我入鹿を討つ計画が立てられた。鎌足と中大兄皇子は入念に準備を整え、ついに作戦を決行する。これを「乙巳の変」という。

二人の策略により蘇我入鹿は、皇極《こうぎょく》天皇の目の前で襲撃された。入鹿は中大兄皇子に斬り付けられたとき、「私が何をしたというのだ!」と叫んだそうだ。皇極天皇も目の前で起きた事態に戸惑い、中大兄皇子に何事かと尋ねる。中大兄皇子は入鹿を指して、「この男は皇族を滅ぼし、天皇の地位を狙っているのです」と答えた。

それを聞いた皇極天皇は、入鹿を残して奥に退いた。もはや逃げることも、抵抗することもできない蘇我入鹿はそこで首を斬られて、殺されてしまう。そして、父である蝦夷は息子の訃報を聞くとみずからの屋敷に火をつけ自害した。こうして長らく朝廷を支配していた蘇我氏はついに滅んだのだ。

古代
平安
鎌倉
室町
戦国
江戸
幕末
近代

天智天皇

Tenji Tennou

中臣鎌足と共に蘇我氏を滅ぼし
大化の改新を成した偉大な天皇

ファッション

ひげを生やした姿で描かれたりしますね。皇太子時代が長かったもので、少しでも威厳を出そうとしてみました。

幼少期の様子

両親が共に天皇を経験していましたから、私もいずれは天皇に即位したいとは思っていました。

性格

地位によって態度を変えるようなことはせず、誰とでも平等に接しました。穏やかな性格をしていると思います。

トラウマ 蘇我入鹿を殺したこと。後悔はしていませんが、学友だった男の首を斬り落とした感触は忘れられそうにありません。	**交友関係** 中臣鎌足は生涯の友でした。
家庭環境 両親が共に天皇を経験している家庭でした。息子の大友皇子をかわいがりすぎて、弟の大海人皇子と少し仲が悪くなってしまいました。	**趣味** 蹴鞠。
恋愛関係 倭姫王(やまとのひめおおきみ)、蘇我遠智娘(そがのおちのいらつめ)、蘇我姪娘(そがのめいのいらつめ)、蘇我常陸娘 (そがのひたちのいらつめ)などの女性を妻としました。	**仕事ぶり** 乙巳 (いっし) の変以後は、長い間、皇太子として、鎌足と共に政治に関わりました。この辺りのことを「大化の改新」と呼ばれているみたいですね。
人生の目標 新しい国づくり。	**死因** 不明。

特技・得意技等

「漏刻(ろうこく)」という、水を使った時計をつくらせました。これは唐の技術を取り入れたもので、この国初の時計といわれています。役人の勤務時間を守らせようとして導入しました。この時計を読み取る「漏刻博士」という役人もいましたよ。

本人希望記入欄

国のためとはいえ、同じ私塾で学んだ入鹿を討つのは辛かったですね。中臣鎌足が支えてくれなければ、ここまでやってこれたかどうか。

記入上の注意　1:数字はアラビア数字で、文字はくずさず正確に書く。
2:※印のところは、該当するものを○で囲む。

履歴書

ふりがな　てんじてんのう 氏名　天智天皇		
生年月日 626年?月?日	没年月日 671年12月3日(満45?歳)	※ 男・女
出身 飛鳥地方(奈良県)		
立場 38代天皇	あだ名 天命開別尊(あめみことひらかすわけのみこと)	

概要

舒明天皇の息子として生まれました。母も父の没後に皇極天皇として即位しました。中臣鎌足と一緒に蘇我一族をうち倒し、政治を天皇へと取り戻しました。その後も鎌足と一緒に大化の改新を推し進めていきました。

家族

父は舒明天皇、母は皇極天皇。妻は蘇我倉山田石川麻呂(そがのくらやまだのいしかわまろ)の娘で、息子に大友皇子がいます。この息子はのちに私の弟である大海人(おおあま)皇子と争って、最終的に自害してしまいました。

年	歳	学歴・職歴(各項目ごとにまとめて書く)
645	19歳	中臣鎌足と協力して蘇我入鹿を暗殺する。同年、叔父の軽皇子が即位して孝徳天皇になり、自分も皇太子になる。
663	37歳	唐・新羅連合軍によって攻め込まれた百済を助けるため援軍を送るが、敗北。朝鮮半島の西海岸にある白村江(はくそんこう)でくり広げられた戦闘から「白村江の戦い」と呼ばれる。
665	39歳	唐・新羅連合軍を警戒して筑紫の大野城などの山城を築く。同時に九州の地に国を守る兵士である防人(さきもり)を設置する。
667	41歳	都を近江大津宮(滋賀県)に移す。
668	42歳	何度も即位する機会があったが、このときについに天智天皇として即位する。
669	43歳	病床の中臣鎌足に大織冠と藤原の姓(かばね)を授ける。
670	44歳	全国的な戸籍である庚午年籍(こうごねんじゃく)をつくる。
671	45歳	死去。

●乙巳《いっし》の変から続く中臣鎌足との信頼関係

のちに天智天皇となる中大兄皇子と中臣鎌足の出会いは、皇子の脱げた靴がきっかけだった。打毬《だきゅう》（のちの蹴鞠《けまり》）の催しで脱げてしまった靴を、鎌足がすばやく拾って差し出したことから二人の交流が始まる。鎌足は蘇我入鹿を倒し、天皇中心の政治を取り戻すことを願っていた。そして中大兄皇子もそれに協力することにしたのだ。

二人は多武峰《とうのみね》の山中に密かに集まり、国の未来や蘇我入鹿の暗殺計画を語り合った。このことから、その場所に談山（かたらいやま）という名前が付いた。

そして645年（皇極天皇4年）6月12日、二人の悲願だった蘇我入鹿の暗殺が成功する。しかし皇子は単純に「蘇我入鹿をついに打倒したぞ、やったー！」とはならなかっただろう。こうするしかなかったとはいえ、入鹿は同じ私塾で学んだ友だったからだ。

ともあれ、これで天皇中心の政治を取り戻せる。さっそく中大兄皇子が次の天皇に即位……しなかった。叔父である軽《かる》皇子を譲位させ、孝徳天皇を誕生させた。年長者である軽皇子を立てるという意味もあったが、そうすることで中大兄皇子の異母兄であり、蘇我氏の血を引いている古人大兄《ふるひとのおおえ》皇子に同情が集まらないようにするという狙いもあった。さらに、蘇我氏を打倒して、すぐに自分が即位すると「けっきょくあいつも権力目的なんじゃないの」と思われかねない。それを避ける意味があったともいわれている。

じつはこの一連の流れは、なんと中臣鎌足の策だといわれている。中大兄皇子は中臣鎌足を自分の参謀としてそばに置いておいたのだ。二人の関係は蘇我入鹿打倒で途切れることなく、この後、中臣鎌足が亡くなるまで続いた。

その後、654年（白雉5年）に孝徳天皇が崩御したときも中大兄皇子は即位することがなかった。皇極天皇があらためて即位して斉明天皇となり、その斉明天皇が661年（斉明天皇7年）に崩御した7年後になってやっと、天智天皇として即位することになる。

●有能な人物だったが、わが子を愛する親バカな一面も

天智天皇にはのちに天武天皇となる弟・大海人《おおあま》皇子がいた。668年（天智天皇7年）天智天皇は自分が即位したとき、弟の大海人皇子を次の天皇継承者として皇太弟《こうたいてい》とした。しかし息子である大友《おおとも》皇子が成長するにつれて、どうやら彼を次の天皇にしたいと思ってしまったらしい。まあ天皇とはいっても、やはり人の親。かわいい息子に跡を継がせたいという気持ちはわからなくもない。そして671年（天智天皇10年）には、大友皇子を最高位の官職、太政大臣に任命している。

こうしたことから大海人皇子は「私は本当に天皇になれるのだろうか？」と不安になってしまった。この確執が原因で、のちに弟と息子は戦う羽目になる。有能な人だったが、はっきりしなかったために、余計な火種を生んでしまったのだ。

中臣鎌足

Nakatomi no Kamatari

天智天皇から最も信頼を寄せられた盟友
のちに栄華を極める藤原氏の始まり

ファッション
黒い服と冠をまとい、笏をもった姿で描かれることが多いですね。亡くなる直前にいただいた冠帽は、一緒に墓に入れてもらいました。

幼少期の様子
小さい頃から本を読むことは好きだったのかもしれません。

性格
一度尽くす相手を決めると、とことんまで尽くします。その相手が天智天皇で本当によかったと思っています。

トラウマ 政治の面では活躍しましたが、軍略関係で天智天皇の力になれなかったこと。	**交友関係** 天智天皇は身分が違えども生涯の友です。
家庭環境 古くから朝廷の神事を行なう家系、中臣家に生まれました。	**趣味** 中国の史書を読むこと。『六韜（りくとう）』などは丸暗記するほど読みました。
恋愛関係 鏡王女を正妻にもち、ほかに車持国子君の娘・車持与志古娘とも結婚していました。	**仕事ぶり** 天智天皇と共につくり上げたムーブメントは、のちに大化の改新と呼ばれて歴史に名を残すほどでした。公地公民制など、天皇家にかなり貢献できたのではないかと思います。
人生の目標 天皇中心の政治を行なうこと。	**死因** 病死。

特技・得意技等
幼少期には鎌子と名乗っていました。その由来ですが、私が生まれたときにどこからともなく鎌をくわえた白い狐が現れたから、と聞いています。

本人希望記入欄
身分が違うのによくしてくれた天智天皇には本当に頭が上がりません。彼と共に活躍できたこと、それ自体が私の宝物です。

記入上の注意　1:数字はアラビア数字で、文字はくずさず正確に書く。
2:※印のところは、該当するものを○で囲む。

履歴書

ふりがな　なかとみの　かまたり		
氏名　**中臣 鎌足**		
生年月日 614年？月？日	没年月日 669年10月16日(満55歳)	※ 男・女
出身 飛鳥地方(奈良県)		
立場 内臣(うちつおみ)のちに大臣(おおおみ)	あだ名 藤原鎌足	

概要

のちの天智天皇である中大兄皇子を味方につけて蘇我氏の野望を阻止しました。天智天皇は私をかなり重用してくれて、死の間際には大織冠(たいしょくかん)と藤原の姓をいただきました。藤原氏の祖となったのが私です。

家族

朝廷の神事を担当する中臣家の生まれです。鏡(かがみ)王女と車持与志古娘(くるまもちのよしこのいらつめ)を妻にもち、息子には僧になった定恵、そして天皇のそばで大活躍することになる藤原不比等(ふひと)がいます。

仕事への意欲

それまでの政治を改革する気力は誰にも負けません。何せ身分の違う方へ接触したり、政敵を暗殺したりと……かなりのことまでやってきましたから。

プライベート

死の間際まで天智天皇が気にかけてくれて身に余る光栄でした。死んだ後には、僧として出家していた息子が帰ってきてお堂を建て、妙楽寺と名付けてくれたようです。

年	歳	学歴・職歴(各項目ごとにまとめて書く)
645	31歳	中大兄皇子と協力して蘇我入鹿の暗殺を果たす。
646	32歳	中大兄皇子に「内臣」の位を与えられる。そして共につくり上げた「公地公民制」「班田収授法」などの新しい政策を発表する。
669	55歳	病床で大織冠と大臣の地位、藤原姓を賜る。翌日死去。

●中大兄皇子の靴を拾い、運命的な出会いを果たす

中臣氏は古代の日本で神事をつかさどってきた有力な豪族。その血筋にあたる中臣鎌足は、蘇我入鹿と共に秀才といわれていた男だった。若い頃には、中国の兵法書『六韜《りくとう》』を丸暗記したという話が残っている。

鎌足は中臣氏の家業である祭官（祭祀を取り仕切る人）に就くことを勧められたが、それを断っている。祭官になるよりも、強い志があったのだ。それは朝廷で絶大な権力をもつようになっていた蘇我氏を滅ぼして、天皇中心の政治に切り替えることだった。

当時の蘇我氏の中心人物といえば、蘇我入鹿。このとき入鹿は大臣《おおおみ》の位に就いているのに対して、鎌足は何の役職にも就いていない無力な身。このままでは蘇我氏を倒すどころではないと考えた鎌足は、まず味方を探すことにした。

彼が目を付けたのは、第35代皇極《こうぎょく》天皇を母にもつ、中大兄皇子だった。法興寺《ほうこうじ》の蹴鞠《けまり》の催しに中大兄皇子も参加するという情報を得た鎌足は、それを見に行くことにした。とはいっても、皇子と自分では身分が違いすぎる。声をかけようとしたところで、まわりに止められるに違いない。どうしようか考えあぐねていると、ちょうど蹴鞠に熱中していた中大兄皇子の靴が脱げて、鎌足の近くまで飛んできた。

鎌足はこの好機を見逃さなかった。すぐさま靴を拾って、ひざまずきながら「どうぞ」

と差し出す。すると中大兄皇子も「ありがとう」といいながら、同じようにひざまずいて靴を受け取ったのだ。その謙虚な姿勢を見た鎌足は、「やはりこの人は、真の君主になれるお方だ！」と思い、入鹿のことを打ち明けた。そこで中大兄皇子は力になることを約束してくれたのだ。これがのちに盟友となる二人の出会いだった。異性同士なら恋が芽生えそうな、運命的な出会い方だ。

●死の前日に天皇みずからお見舞いに来て、藤原姓を授与

こうして知り合った二人は「乙巳《いっし》の変《へん》」で入鹿を暗殺し、蘇我氏を滅ぼした。そして６４６年（大化2年）に「大化の改新」といわれる政治改革を行なった。

中大兄皇子は鎌足に「内臣《うちつおみ》」という位を与えた。内臣とは天皇の最高顧問だ。鎌足は出会いに恵まれたおかげで、一気に天皇の側近にまでのぼりつめたのだ。中大兄皇子が第38代天智天皇となってからも、鎌足はよく仕えた。天智天皇が弟である大海人《おおあま》皇子と関係が悪くなりそうになると、間に入って仲を取りもつこともあった。

６６９年（天智天皇8年）、鎌足が病に臥《ふ》せると、天智天皇はみずから見舞いに訪れ、これまでの功績をたたえて、藤原の姓を与えた。天智天皇がどれほど鎌足を大事に思っていたのかわかるエピソードだ。残念ながら鎌足は、この翌日に亡くなってしまう。死の前日に与えられた藤原の名は、この後、長らく天皇の右腕として名を轟かせていく。

天武天皇

Tenmu Tennou

武力で甥っ子から天皇の座を勝ち取り、律令国家の成立に力を注いだ

ファッション 力づくで天皇の座を得たことが関係してるのか、力強そうな顔で描かれることが多いですね。出家したときはキチンと髪を剃(そ)りました。	
幼少期の様子 小さい頃は兄とは別に仲は悪くなかったと思うんですけどね。皇位継承問題でまさかここまでこじれるとは。	
性格 ついカッとなってしまう性格のせいで、一度兄の天智天皇に殺されそうになりました。	
トラウマ 兄に殺されそうになったこと。	**交友関係** 中臣鎌足。兄と険悪になったときに仲を取りもってくれたので感謝しています。
家庭環境 兄である天智天皇とは同じ母から生まれました。兄には殺されかけましたが、私も甥を自殺に追い込んだので引き分けです。	**趣味** 占星術が好きです。
恋愛関係 鸕野讃良と結婚しました。	**仕事ぶり** それまでの姓を改めたり、新たな律令を制定したりと精力的に働きました。貨幣の導入も私が初めてのはずです。
人生の目標 律令国家の成立。	**死因** 病死？

特技・得意技等

占星術が好きで、壬申の乱の際には式盤(ちょくばん)というものを使って吉凶を占いました。また、気象観測などを行なう陰陽寮を創設して、天文を観測して吉凶を占う「占星台」を設置しました。

本人希望記入欄

天皇の地位を実力で勝ち取りました。だからといって権力に酔うこともなく、新しい律令をつくり、『古事記』や『日本書紀』の編纂も始めました。最初こそ強引だったものの、しっかりと天皇をやりきれたと思います。ただ、妻には苦労をかけてしまいましたが。

記入上の注意　1：数字はアラビア数字で、文字はくずさず正確に書く。
2：※印のところは、該当するものを○で囲む。

履歴書

ふりがな　てんむてんのう		
氏名　天武天皇		
生年月日 631?年?月?日	没年月日 686年9月9日(満55?歳)	※ (男)・女
出身 飛鳥地方(奈良県)		
立場 40代天皇	あだ名　天渟中原瀛真人天皇(あまのぬなはらおきのまひとのすめらみこと)	

概要

一度は皇位継承を約束されたのに反故にされかけたので、兄が亡くなった後に皇位継承予定の甥の軍を討ちました。兄の目指した政治を推し進め、新たな律令を制定しました。

家族

兄に天智天皇がいます。妻は鸕野讚良(うののさらら)。のちの持統天皇です。

年	歳	学歴・職歴(各項目ごとにまとめて書く)
671	40?歳	兄である天智天皇に「次の天皇を任せたい」といわれるがこれを辞退。出家して吉野に移る。
672	41?歳	天智天皇の没後、次の天皇の座を巡って甥の大友皇子と武力衝突する「壬申の乱」が起こる。これに勝利し、甥の大友皇子は自害する。同年、都を飛鳥浄御原宮(あすかきよみはらのみや)へと移す。
673	42?歳	即位して天武天皇になる。
681	50?歳	飛鳥浄御原令の編纂に着手。完成するまでに時間がかかり、没後、689年に持統天皇が施行することになる。
681	50?歳	記憶力に優れていた稗田阿礼(ひえだのあれ)を使い『古事記』を、天智天皇の第二皇子、川島皇子たちに『日本書紀』の編纂を命じる。
684	53?歳	それまでの身分制度を改め、新しく八色の姓(やくさのかばね)を定める。
686	55?歳	死去。

●大海人《おおあま》皇子の吉野行きで「野に虎を放った」

のちの天武天皇である大海人皇子。その兄は中大兄皇子、つまり天智天皇だ。天智天皇は、自分の次の天皇を任せようと大海人皇子を皇太弟《こうたいてい》とした。年齢的にも順当な配慮だ。しかし天智天皇は、自分の息子である大友《おおとも》皇子が成長するにつれ、息子を天皇にしたいという欲が湧いてきてしまった。668年（天智天皇7年）、これを知った大海人皇子は宴会の席で大暴れ。床に槍を突き刺すという狼藉《ろうぜき》を働いてしまったため、天智天皇に殺されかけてしまう。このときは兄の盟友である中臣鎌足によって間を取りもってもらい、なんとか窮地を脱した。

671年（天智天皇10年）、天智天皇は病気に臥せると大海人皇子を呼び「次の天皇になってほしい」といった。しかし大海人皇子はこれを素直に受け取らず、自分を試しているのだと考えた。天智天皇はかつて蘇我入鹿を暗殺したように、邪魔者は容赦なく始末する人物。うかつな返答をすると自分も殺されかねない、と思っていたのだ。

「いえ、私は出家して僧侶となり、兄上の回復を祈ることにします」といって、その場で髪を切り、家族を連れてそそくさと吉野（奈良県吉野町）へと去っていく。天智天皇の本心がどうだったかはともかく、出て行った大海人皇子を見て朝廷の人間は「野に虎を放ったようなものだ」といい、自由にしたことを恐れたといわれている。

●甥っ子との壮大な内輪もめの末に、天皇となる

そして翌年の672年（天智天皇元年）、天智天皇が亡くなると、最悪の事態が起こってしまう。大海人皇子を恐れた大友皇子は密かに軍備を整えたり、大海人皇子がいる吉野への食料運搬を邪魔したりするなどして、圧力をかけた。これに対し大海人皇子は、自分に同調する豪族をまとめ、大友皇子を討つ覚悟を決める。こうして両者の軍は激突。「壬《じん》申《しん》の乱」が始まる。結果、大海人皇子が勝利する。負けた大友皇子は自害を選んだ。

大海人皇子は武力で天皇の座を勝ち取ったことから、673年（天武天皇2年）に「天武」天皇として即位した。天武天皇は聖徳太子が目指し、天智天皇が進めていた律令体制に基づく政治をさらに推し進めた。681年（天武天皇10年）には唐の律令制を手本にした「飛鳥浄御原令《あすかきよみはらりょう》」という体系的な法律を制定しようとした。

684年（天武天皇13年）にはそれまでの臣《おみ》や連《むらじ》といった姓《かばね》（階級）をあらためて、朝臣《あそん》や真人《まひと》といった八種類の姓（八色《やくさ》の姓《かばね》）に定め直し、天皇を頂点とする身分制度を整えた。これまで天皇のことは「大王《おおきみ》」と呼ばれていたが、初めて天皇という称号を名乗ったといわれている。また『日本書紀』の683年（天武天皇12年）に「今より以後、かならず銅銭を用いよ」という記述があることから、日本初の貨幣を導入した人物だとも伝えられている。

持統天皇

Jitou Tennou

父に母と祖父を殺された少女
家族のために非情になった母

ファッション 不明。	
幼少期の様子 小さい頃に、父のせいで祖父の蘇我倉山田石川麻呂(そがのくらやまだのいしかわまろ)と母を亡くしました。仕方のなかったことなのか、私にはわかりませんが、恨んでいないといえば嘘になるかもしれません。	
性格 夫には出会った頃から亡くなるまで甲斐甲斐しく尽くしました。大切な人を失う怖さを知っているので、家族を大切にしました。	
トラウマ 息子が病死してしまったこと。	**交友関係** 藤原不比等にはだいぶ助けられました。さすがは鎌足の息子ですね。
家庭環境 天智天皇の娘であり、夫とは叔父と姪の関係でした。	**趣味** 和歌。
恋愛関係 姉と共に夫である天武天皇に嫁ぎました。	**仕事ぶり** 夫の遺志を継ぎ、天皇へと即位しました。日本初の本格的な都をつくったことは誇りに思っています。
人生の目標 孫に皇位を継承すること。	**死因** 病死。

特技・得意技等

和歌が好きです。
「春過ぎて　夏来たるらし　白妙の　衣乾したり　天の香具山」というのが有名だと思います。

本人希望記入欄

天皇としては初の火葬を経験しました。夫である天武天皇のお墓に一緒に葬ってもらいました。

記入上の注意　1:数字はアラビア数字で、文字はくずさず正確に書く。
2:※印のところは、該当するものを○で囲む。

履歴書

ふりがな　じとうてんのう

氏名　持統天皇

生年月日	没年月日	※
645年？月？日	702年12月22日（満57?歳）	男・㊛

出身
不明

立場	あだ名
41代天皇	高天原広野姫尊（たかまのはらひろのひめのみこと）

※似顔絵はイメージです。

概要

幼少の頃から祖父と母を父によって亡くし、家族の大切さを思い知らされました。その後は夫の即位を助け、兄弟である大友皇子の軍と戦いました。夫亡き後はみずから即位して仕事を継ぎ、藤原京を完成させました。

家族

天智天皇を父に、天武天皇を夫にもち、息子に草壁（くさかべ）皇子がいました。

仕事への意欲

夫が亡くなってしまったので、その政策などを引き継ぎ、藤原京を完成させました。やるとなった以上、しっかりとやり遂げました。

年	歳	学歴・職歴（各項目ごとにまとめて書く）
657	12歳	叔父である大海人皇子のもとへと嫁ぐ。姉の大田皇女も同じく大海人皇子の妻となる。
672	27歳	「壬申の乱」で夫をサポートし、弟である大友皇子の軍を破る。
686	41歳	天武天皇の崩御に伴い称制（即位せずに政治を行なうこと）を開始。同年、大津皇子が反乱を企てているという情報を得てこれを即座に鎮圧。大津皇子は自害する。
690	45歳	即位。
694	49歳	都を藤原京（奈良県橿原市）へと移す。
697	52歳	軽（かる）皇子へ譲位して、文武天皇が誕生する。
702	57?歳	死去。

●家族を巡る壮絶な半生。弟と夫の死闘に巻き込まれる

645年（皇極天皇4年）、大化の改新が始まった年に持統天皇は生まれた。4歳の頃、家族に悲劇が起こる。彼女の祖父であり蘇我氏の血を引いている蘇我倉山田石川麻呂《そがのくらやまだのいしかわまろ》が、天皇に謀反をたくらんでいるといううわさが流れてきた。それが事実だったかはわからないが、石川麻呂はそのせいで天智天皇によって、自殺にまで追い込まれる。

そしてそのショックのせいで石川麻呂の娘であり持統天皇の母、遠智《おち》娘は病に臥せり亡くなってしまう。父が祖父と母を死に追いやったようなものだ。幼かった彼女の心の内はどのようなものだったか。

そして12歳のときに父である天智天皇の弟、のちに天武天皇になる叔父の大海人《おおあま》皇子へと嫁ぐことになる。天武天皇には同様に持統天皇の姉も嫁いでいたが、気に入られたのは持統天皇のほうだったようだ。672年（天武天皇元年）に「壬申の乱」が起きたときには夫と共に弟にあたる大友皇子軍を討っている。母と祖父を殺した父の血縁を憎んだのか、それとも天武天皇にほれ込んだのか……あるいはその両方か。年若い頃に嫁いでいるため、年の離れた大海人皇子の大人の包容力に魅せられたのかもしれない。

天武天皇が即位すると、持統天皇は皇后となった。先に嫁いでいた姉が亡くなっていたなどの要因もあるものの、天武天皇にとってはそれほど大切な人物だったのだろう。

●天皇の位はほかには渡さない。女性天皇の策謀か？

天武天皇は即位したが、後継者問題に頭を悩ませた。弟などがいないため、次の天皇は世代が変わる。天武天皇と皇后との息子、草壁《くさかべ》皇子のほかに5人の後継者候補となる皇子がいたが、このままではまた継承問題で争いが起きるかもしれない。そこで草壁皇子を次期天皇とすることをほかの皇子にいい渡し、争わないことを誓わせた。

686年（天武天皇15年）、天武天皇が亡くなってしまう。すると誓いも虚しく、天武天皇の息子の一人である大津《おおつ》皇子が反乱を企てているといううわさが流れた。皇后の息子である草壁皇子は病弱で、大津皇子は才能あふれ人にも好かれている男だったようだ。大津皇子のほうが次期天皇にふさわしいという声が上がっていたのかもしれない。

この謀反は即座に鎮圧される。陣頭指揮にあたったのは皇后だった。このことからじつは謀反の計画などなく、息子を確実に天皇にするために合法的に大津皇子を葬ろうとした皇后の策略だったのではないかともいわれている。息子のこととなると母は怖い。

しかしその草壁皇子も、病に倒れて亡くなってしまった。このままでは天皇の地位がまったく別の者のものとなってしまう。そこで当時7歳だった草壁皇子の息子であり孫の軽《かる》皇子へと引き継がせることを決意。彼が大人になるまでの間、みずからが天皇となることを選んだ。ここに歴代3人目の女性天皇、持統天皇が誕生したのだ。

藤原不比等

Fujiwara no Fuhito

中臣鎌足の息子にして
藤原氏繁栄の礎を築いた男

ファッション 黒い服に黒い冠、そして笏……父と同じような恰好でしたね。大織冠画像と呼ばれる父と兄と一緒に描かれている肖像画ではそんな感じです。しかしこれ、親子とはいえ父と似すぎではないでしょうか……？	
幼少期の様子 文筆関係で朝廷に仕えた田辺史（ふひと）のもとで育てられたので、文筆・法律関係の教育を受け、そちらの方面に強くなりました。	
性格 育った環境のせいか、真面目な性格だと思います。	
トラウマ 文武天皇が亡くなったこと。孫を天皇にする計画が水の泡になるかと思いました。	**交友関係** 文武天皇とはかつての父と天武天皇のような仲だったのではといわれることもあります。
家庭環境 多くの妻と、よくできた息子たちに囲まれました。	**趣味** 読書。
恋愛関係 蘇我武羅自古の娘の娼子（しょうし）、異母妹の五百重娘（いおえのいらつめ）、加茂朝臣比売（かものあそんひめ）、縣犬養宿禰三千代（あがたいぬかいのすくねみちよ）。以上、4人の妻を娶りました。	**仕事ぶり** 天皇からの信頼も厚く、判事から大納言、右大臣まで昇進を果たしました。
人生の目標 家系を皇族の外戚として繁栄させること。	**死因** 病死。

特技・得意技等

文筆・法律関係は幼少期にたたき込まれたため得意です。のちに就いた仕事におおいに役立ったと思います。もとの名前は史ですが、「ほかに並ぶものがいない」という意味になる不比等という漢字表記に変えました。読みは同じです。

本人希望記入欄

持統・文武など多くの天皇から信頼され、みずからの孫も天皇へと即位させました。私の死後のことでしたけどね。

記入上の注意　1：数字はアラビア数字で、文字はくずさず正確に書く。
　　　　　　　2：※印のところは、該当するものを○で囲む。

履歴書

ふりがな　ふじわらの　ふひと

氏名　**藤原 不比等**

生年月日	没年月日	※
659年？月？日	720年8月3日（満61歳）	㊚・女

出身
大原（奈良県高市郡明日香村小原）

立場	あだ名
大納言、 のちに右大臣	不明

概要

中臣鎌足の血を引く直系の子孫で、のちに私の家系だけが藤原氏を名乗ることを許されました。天皇家とも深いつながりをもち、藤原家を繁栄へと導きました。

家族

中臣鎌足を父にもち、4人の妻を娶りました。息子たちもそれぞれ活躍し藤原四兄弟と呼ばれました。また、娘を文武天皇に嫁がせて、孫には聖武天皇がいます。

年	歳	学歴・職歴（各項目ごとにまとめて書く）
672	13歳	大海人（おおあま）皇子と大友皇子による皇位継承争い「壬申の乱」が起こる。直接は関与していない。
689	30歳	判事に任命される。
700	41歳	刑部（おさかべ）親王らと共に大宝律令の選定を完了させる。
707	48歳	文武天皇が崩御。孫の首（おびと）皇子を即位させたかったがまだ7歳だったため、『不改常典』によって、首皇子から見て祖母にあたる元明天皇をつなぎの天皇として即位させる。
708	49歳	右大臣に任命される。それと同時に平城京への遷都を勧め、710年に遷都が完了する。
718	59歳	養老律令の編纂を行なう。孫である藤原仲麻呂（なかまろ）の代になってようやく施行される。
720	61歳	病没。

●没落の危機に陥るも、天武、持統から信頼を得る

中臣鎌足は死の直前に天智天皇から藤原姓を賜ったので、息子の不比等も藤原を名乗ることになる。いっぽう、「壬申の乱」のとき大友皇子側に付いていた中臣氏は、大友皇子の敗北に伴い、その多くが没落していくことになった。不比等自身は当時13歳と若かったため、壬申の乱には関わっていないとされている。

不比等は天武天皇、持統天皇のもとでバリバリと働いた。判事（裁判官）の役職から始まり、大宝律令の選定を刑部親王《おさかべしんのう》らと共に任される。その功績で大納言という高い地位を得た。不比等自身が優秀だったのもあるだろうが、天武天皇はかつて天智天皇から殺されそうになったとき、不比等の父である中臣鎌足に命を救われたことを覚えていた。そのこともあって信頼され、重宝されたのかもしれない。

驚くことに、不比等がもっていた黒作懸佩刀《くろづくりのかけはきのたち》という刀は、もともと持統天皇の息子・草壁皇子が身に着けていたものだ。文武天皇が即位すると不比等から文武天皇へ受け継ぎ、文武天皇が亡くなるとふたたび不比等に戻された。そして不比等が亡くなると、聖武天皇へと受け継がれる。歴代天皇が身に着けた刀を授けられているので、不比等が天皇家から絶大な信頼を得ていたのは間違いないだろう。

698年（文武天皇2年）、文武天皇が「藤原姓を受け継ぐのは、鎌足の子である不比

等だけで、ほかの者は元の姓に戻しなさい」と詔《みことのり》を出した。これにより、鎌足の娘婿の藤原意美麻呂《おみまろ》らは、中臣姓に戻ることになる。こうして残った藤原不比等から、のちの世に名を轟かせる藤原氏が発展していくのだ。

●孫の即位を確実にするためにもち出した『不改常典』

不比等が42歳になった頃、文武天皇に嫁いだ娘の宮子が首皇子《おびと》を生んだ。不比等はこれを「やったぜ！」と喜んだに違いない。やがて首皇子は天皇になる。そうなれば、みずからの血筋から天皇が生まれることになるのだ。

しかし予想外の事態が起きる。707年（慶雲4年）に文武天皇が25歳の若さで亡くなってしまったのだ。このとき首皇子はまだ7歳。即位するには早すぎる。そこで祖母である阿閉皇女《あべのひめみこ》が首皇子の即位までのつなぎとして元明天皇となった。この即位に説得力を与えるために不比等がもち出したのが『不改常典《ふかいのじょうてん》』という法だ。天智天皇が定めた法で、直系・嫡系の皇位継承についてのルールが決められている。これで首皇子が生きている間、ほかの皇位継承者の即位を阻んだのだ。しかしこの『不改常典』、天智天皇が定めたはずなのに、ここに至るまで歴史上に登場することはなかった。本当に存在したものなのか、不比等によってねつ造されたものなのか……真相はわからないが、おかげで首皇子は無事に聖武天皇として即位する。

古代 平安 鎌倉 室町 戦国 江戸 幕末 近代

聖武天皇

Syoumu Tennou

災いから逃げるため遷都をくり返し、東大寺の大仏を建立した天皇

ファッション 冕冠(べんかん)と呼ばれる、天皇が用いる冠を私も使っていました。原形はとどめていませんが、正倉院には私の使ったものが残っているようですね。	
幼少期の様子 母の宮子が心の病を患っていたので、幼少期には母と会うことなく過ごしました。	
性格 責任感が強いといわれますが、実際は何でもかんでも背負いすぎなだけという気もします。	
トラウマ 地震やはやり病など自分ではどうしようもできないことが立て続けに起こったこと。	**交友関係** 妻である光明子とは小さい頃から知り合いでした。公私共に支えてもらいました。
家庭環境 生まれたばかりの息子を皇太子にして次期天皇を任せようと思いましたが1年後に亡くなってしまいました。のちに娘が天皇になります。	**趣味** 狩り、和歌。
恋愛関係 幼少期より知っている光明子とひかれあい妻に迎えました。ほかに縣犬養広刀自も娶りました。	**仕事ぶり** 天変地異を治めるために仏教の力を頼り、最終的には大仏まで建立しましたが、そのせいで民に重税を課してしまいました。本末転倒だったと思います。
人生の目標 世の平穏。	**死因** 病死。

特技・得意技等

744年(天平16年)に遷都をするとき、じつは多くの人に「恭仁京と難波宮のどちらがよいか?」とアンケートをとって決めました。

本人希望記入欄

天皇として即位したものの、次々と天変地異に襲われました。なんとか治めようと仏教の力にも頼ったんですが、やり方がまずかったですね。無能といわれても仕方ないと思います。

記入上の注意　1:数字はアラビア数字で、文字はくずさず正確に書く。
2:※印のところは、該当するものを○で囲む。

履歴書

ふりがな　しょう む てんのう 氏名　**聖武天皇**		
生年月日 701年？月？日	没年月日 756年5月2日（満55歳）	※ ㊚・女
出身 飛鳥地方（奈良県）		
立場 45代天皇	あだ名　天璽国押開豊桜彦天皇（あめしるしくにおしはらきとよさくらひこのすめらみこと）	

概要

次代の天皇として渇望されて生まれましたが、幼い頃に父が死に、長い間皇太子として過ごしました。無事に天皇に即位しましたが、天変地異に頭を悩ませ、仏教の教えを世に広めようと尽力しました。それがよかったのかはわかりませんが……。

家族

父親の文武天皇も、祖父の草壁（くさかべ）皇子も早くに亡くなりました。そういう家系なのか、生まれた息子もすぐに亡くなってしまい……けれど妻である光明皇后や、もう一人の妻である縣犬養広刀自（あがたのいぬかいのひろとじ）、娘でありのちの孝謙天皇などに恵まれました。

年	歳	学歴・職歴（各項目ごとにまとめて書く）
707	6歳	父である文武天皇が亡くなり、祖母である元明天皇が即位。
714	13歳	皇太子になる。
719	18歳	元正天皇の摂政に就く。
724	23歳	元正天皇から譲位され天皇に即位。聖武天皇となる。
740	39歳	藤原広嗣（ひろつぐ）が反乱を起こす。都を恭仁（くに）京へと移す。
741	40歳	妻である光明皇后に勧められて国分寺・国分尼寺の建立を命じる。
743	42歳	大仏づくりを命じるが、たび重なる遷都などで財政が悪化。税収を増やすために、墾田永年私財法の詔を発布する。
752	51歳	9年にわたって続けられた大仏づくりが完了。大仏開眼式を行なう。
756	55歳	病によって亡くなる。

●即位した後災難に見舞われ続けるついてない人

聖武天皇は724年（神亀元年）に、第45代天皇として即位した。その頃、すでに藤原不比等は亡くなっており、朝廷では長屋王《ながやおう》がその権力を強めていた。これをおもしろくないと思っていたのが不比等の息子たち、藤原四兄弟だ。

四兄弟によって長屋王は謀反の疑いをかけられ、自殺に追い込まれた。これにより藤原氏の権力は安泰かと思われたが、大陸から伝わってきた天然痘の大流行によって、四兄弟すべてが亡くなってしまう。

ほかにも多くの臣下が犠牲になったので、政情は不安定になった。732年（天平4年）には近畿地方で干ばつが続く。やっと雨が降ったかと思えば洪水になり農作物は全滅。四国、近畿地方を中心に大飢饉を引き起こし、大勢の餓死者が出た。

さらに734年（天平6年）、近畿地方で大地震が起きる。じつは即位した翌年の725年（神亀2年）にも平城京の近くで地震が起こっていた。

在位中にこれほど災難に見舞われた天皇もほかに類を見ない。おそらく聖武天皇自身も「なんで私のときだけ、こんなにいろいろ起こるんだ……」と気落ちしたに違いない。この時代、地震やはり病などの天変地異が起こるのは、為政者の徳が足りないせいだと思われていた。つまり気の毒なことに、すべて聖武天皇のせいにされてしまったのだ。

●災難を回避するには、大仏を建てるしかない

そして740年（天平12年）、臣下の藤原広嗣《ひろつぐ》が九州で反乱を起こす。立て続けに起きた天変地異や政情不安に疲れたのか、聖武天皇は反乱の最中に平城京から恭仁京《くにきょう》（京都府）、紫香楽宮《しがらきのみや》（滋賀県）など何度も遷都をくり返した。遷都の理由はたび重なる災難から逃げるためだったとか、そのルートが壬申の乱のときの天武天皇の道のりと重なることから、臣下たちに壬申の乱の追体験をさせて緊急事態と思わせるためだったとかいわれているが、実際のところは定かではない。

やがて聖武天皇はその救いを大仏建立に求める。たび重なる災難は自分の徳が足りないせいだと思っていたので、大仏を建てて拝めば平和が訪れると考えたのだ。しかし都を何度も遷都したことで、財政は思わしくない。土地を耕してもいずれは国に没収される「三《さん》世一身法《ぜいっしんほう》」のせいで、税収も少なくなっていた。そこで聖武天皇は「耕したらその土地は一生自分のものにしていいですよ」という墾田永年私財法《こんでんえいねんしざいほう》をつくる。しかし潤ったのは、人を使って田を耕す地方豪族や貴族ばかりだった。これがのちの荘園制度へとつながり、それまでの公地公民制度が崩壊するきっかけになってしまう。ともあれ、この法のおかげで金を出し渋っていた貴族たちも協力するようになり、752年（天平勝宝4年）に東大寺の大仏をひとまず完成させることができたのだ。

道鏡

Doukyou

最も天皇に近づいた一般人!?
孝謙上皇をたぶらかした怪僧

ファッション 僧でしたからね。質素な服で過ごしていました。	
幼少期の様子 少年時代の記録はいっさい残しておりません。	
性格 抜け目がない、と思います。	
トラウマ 清麻呂の一言。もう少しで天皇になれるところだったのに……天国から地獄にたたき落とされたような気持ちでした。	**交友関係** 僧正の義淵(ぎえん)が師匠です。
家庭環境 弓をつくる一族、弓削(ゆげ)氏の生まれといわれています。	**趣味** セックス?
恋愛関係 孝謙上皇(称徳天皇)とはずっと一緒でしたね。結婚とかはしてないんですけど。	**仕事ぶり** 弓削一族を重用して、高官に就けました。それと貴族を抑圧する政策も行ないました。
人生の目標 一般人初の天皇になること。	**死因** 不明。

特技・得意技等

性技には自信がありますね。
あ、あと祈禱などももちろん。これでも僧ですので。

本人希望記入欄

僧としてより、孝謙上皇と恋仲になってからのほうが有名になっちゃってるんですよね。いちおうちゃんとした僧なので、そこを評価してもらいたいなと思います。

記入上の注意　1：数字はアラビア数字で、文字はくずさず正確に書く。
　　　　　　　2：※印のところは、該当するものを○で囲む。

履歴書

ふりがな　どうきょう 氏名　道鏡		
生年月日 700?年?月?日	没年月日 772年4月7日(満72?歳)	※ 男(○)・女
出身 河内国(大阪府八尾市)		
立場 法王	あだ名 弓削(ゆげ)氏(俗姓)	

※似顔絵はイメージです。

概要

孝謙上皇の病気を治すために呼ばれてから人生が変わりました。それまではただの僧だったんですが、最終的には法王の地位まで上り詰めました。

家族

弟に弓削清人(ゆげのきよんど)がいます。

仕事への意欲

これでも僧ですから、最初に呼ばれたときは本気で病気の治癒を祈りました。手を抜くようなことはしませんよ。

年	歳	学歴・職歴(各項目ごとにまとめて書く)
761	61?歳	看病禅師として呼ばれ、孝謙上皇の病気を治癒する。このことから上皇に気に入られるようになり、寵愛を受ける。
764	64?歳	太政大臣禅師に任命される。
766	66?歳	法王に任命される。これは僧としては最高の位で、天皇と同程度の権力をもつことになる。
769	69?歳	和気清麻呂(わけのきよまろ)に「道鏡を天皇にすれば天下泰平になる」という神託の真偽を確かめさせる。このとき自分に都合のいいように結果を操ろうとするが、和気清麻呂の裏切りによってそれを阻止される。
772	72?歳	死去。

●看病していた女性天皇をいろんなことで喜ばせる

749年（天平勝宝元年）、聖武天皇は娘である阿倍内親王《あべのないしんのう》に皇位をゆずった。この阿倍内親王が、第46代孝謙天皇となる。推古天皇から数えて、史上6人目の女性天皇だ。

そして758年（天平宝字2年）、孝謙天皇は淳仁天皇に譲位して「孝謙上皇」になった。上皇とは「太上天皇《だいじょうてんのう》」の略で、天皇の位を後継者にゆずった天皇の称号だ。この3年後、43歳のときに孝謙上皇は、病気になって寝込んでしまう。

ここで登場するのが法相宗《ほっそうしゅう》の僧侶、道鏡だ。孝謙上皇の病気を治療するための看病禅師として招かれた道鏡は、上皇に寄り添って手厚く看病した。このときから上皇は道鏡を強く愛するようになり、回復してからも自分のそばにずっと置いていた。

孝謙天皇はどうして道鏡を好きになってしまったのか。そこにはすごい理由が伝わっている。道鏡はとても大きなイチモツのもち主で、なんとそれで夜な夜な上皇を喜ばせていた、というものだ。有名な川柳として「道鏡は　座ると膝が　三つでき」と詠まれたものがある。三つ目の膝というのは……まあ、いわなくてもいいだろう。

●天皇に返り咲いた愛人から、法王に任命される

この話を耳にした淳仁《じゅんにん》天皇は、「上皇ともあろう人が、どこの馬の骨ともわからない一

介の僧にほれるなど……」といって、孝謙上皇を強く批判した。これを聞いた孝謙上皇は、もちろんおもしろくない。上皇と淳仁天皇の間には険悪なムードが漂い始めていた。

これを好機と見たのが、朝廷の最高権力者だった恵美押勝《えみのおしかつ》だ。押勝はこのスキャンダルを使い、孝謙上皇を排除して自分の権力をさらに強めようとした。

しかし孝謙上皇のほうが上手だった。かつて押勝と対立していた吉備真備《きびのまきび》を中心とした軍を用意したことで、押勝の反乱はたったの7日で鎮圧される。その最期は、名もない兵士に首をはねられたという。もちろん押勝の家族も皆殺しにされてしまった。

押勝と深い仲にあった淳仁天皇も、共犯者としてその地位を追われ、淡路国（兵庫県）へ流刑にされてしまう。こうして孝謙上皇は第48代称徳天皇として、ふたたび皇位に返り咲いた。そして愛する道鏡に法王の地位を与えたのだ。法王とは僧としての最高の地位だ。

「これで私たちの関係をとやかくいう輩《やから》は、誰もいなくなりましたね」称徳天皇は道鏡にしなだれかかって、にっこりと笑う。すべては道鏡をそばに置いておく口実をつくるためだったのかもしれない。そこまで愛されると、なんだか怖い気もするが。

●「彼を天皇にしたい！」という思いが込められた神託事件

769年（神護景雲3年）、衝撃の知らせが朝廷に届いた。大宰府の神官が、「宇佐八幡宮の神から、道鏡を天皇にすれば天下泰平になるっていう神託がありましたけど」といってきたのだ。それを聞いた称徳天皇は、神託が本物かどうかを確かめるため、和気清麻呂《わけのきよまろ》という人物を宇佐八幡宮に派遣した。もちろんこれには裏がある。その神託を伝えた神官は、道教の弟とつながっていたのだ。さらに道鏡は出発する前の清麻呂に「いい報告をしてくれたら、後で重要な地位に就けてやるぞ」なんて伝えたという話もある。

しかし清麻呂はそんなささやきには惑わされず、称徳天皇にきちんと「嘘だったみたいです」と報告した。さらに「天皇家は神の末裔。天皇にはかならずその血筋の人間を立てよ、と神はおっしゃっています」と付け加えた。これを聞いた称徳天皇は激怒。「もうお前は『清麻呂』じゃない。『穢麻呂《きたなまろ》』だ！」といって改名させて流刑に処した。

「え、なんで清麻呂が怒られたの？」と思った方もいるだろう。称徳天皇は例の神託を聞かされたとき、愛する道教を天皇にできると喜んでいたのだ。天皇家の人間なのに、血筋と関係ない男を天皇にしたがるなんて、どれだけぞっこんだったのか。もちろん道鏡は処罰されなかった。しかし優遇され続けた時代も、やがては終わりを迎える。770年（神護慶雲4年）、後ろ盾だった称徳天皇が崩御すると、道鏡はさっそく下野国《しもつけ》（栃木県）へ左遷されてしまう。もう少しで天皇になれたかもしれないのにな、と思ったかどうかはわからないが、その地で生涯を閉じることになった。もっとも、道鏡が愛人だったという話は死後50年近くたってから成立した『日本霊異記』という説話集が初出。ここまで悪く書かれると、かえってウソ臭い気もする。

第二章
平安時代

桓武天皇

Kanmu Tennou

母の出自のために低く見られつつも現在まで続く平安京の基礎を建設

ファッション	
けっして派手好みではないですが、最新の唐風ファッションがわりと好きです。大陸の皇帝にならった冠や黄色の服を愛用してます。	

幼少期の様子

もともと皇位を継ぐ予定はなかったので、宮廷の官人となるため勉学に励みました。その頃親しかった人たちは、母の親類の百済系の渡来人が多かったですね。

性格

実務能力に長け、臨機応変です。宮中の敵対派閥は断固やっつけましたが、晩年には許して放免したり流刑から戻してやりました。

トラウマ 早良親王のたたり。死後に崇道天皇の号を贈ってあげたから成仏してほしい。	**交友関係** 腹心の廷臣は藤原緒嗣、菅野真道（まみち）など。
家庭環境 皇子ながら傍流でしたので、母方の親族のもとで育ちました。	**趣味** 鷹狩り。
恋愛関係 皇后のほか、夫人、妃、など嫁は多いです。	**仕事ぶり** 平安京建設と蝦夷征伐の二大事業をあえて中断。民の生活のほうを取りました。
人生の目標 新たな都を築き、最新の外来文化を取り入れる。	**死因** 病死。崩御した日には血の雨が降ったともいわれます。

特技・得意技等

趣味の鷹狩りは60代になっても続けました。崩御の少し前にも廷臣の鷹狩りを楽しく見物しています。鷹狩りのことを詠んだ和歌もあります。

本人希望記入欄

身分が低くても母のことを悪くいわないでください。

記入上の注意　1：数字はアラビア数字で、文字はくずさず正確に書く。
2：※印のところは、該当するものを○で囲む。

履歴書

ふりがな　かんむてんのう

氏名

桓武天皇

生年月日	没年月日	※
737年？月？日	806年3月17日（満69歳）	㊚・女

出身
平城京（奈良県奈良市）あるいは山城国（京都府）

立場	あだ名
第50代天皇	柏原《かしわばら》天皇

概要

第49代光仁天皇の皇子として生まれ、44歳で即位しました。新首都の長岡京、続いて平安京の建設を進め、同時に蝦夷の征伐を図りましたが、無理がたたってどちらも中断しました。また、遣唐使を通じて進んだ外来文化を取り入れ、最澄の創始した天台宗を保護するなど仏教を振興させています。

家族

母の高野新笠（たかののにいがさ）は百済から渡来した武寧王（ぶねいおう）の子孫で、母の身分が低いため皇室では傍流でした。しかし、光仁天皇の皇后だった井上内親王と皇太子の他戸（おさべ）親王の失脚により皇太子となりました。即位後は弟の早良（さわら）親王を皇太子にしたのですが、政争のため淡路に追放しました。

年	歳	学歴・職歴（各項目ごとにまとめて書く）
764	27歳	従五位以下の官人となる。皇子ながら嫡子ではなかったので役人コースを邁進。
773	36歳	皇后の井上内親王が光仁天皇を呪おうとしたという嫌疑のため失脚、その息子の他戸親王も廃太子にされたため、代わって皇太子の地位に就く。
781	44歳	父である光仁天皇からの譲位により、平城京で即位。
785	44歳	山城国の長岡京に遷都。
794	57歳	長岡京を放棄して平安京に遷都。坂上田村麻呂らを蝦夷討伐に派遣する。
805	68歳	蝦夷討伐と平安京建設を中断。
806	69歳	崩御。山城国の柏原山陵に葬られた。

●地味な役人コースから一転、天皇に

白紙の土地に自分の都を築くのは、権力者にとっておおいなるロマンだろう。桓武天皇は平安京を築かせた人物だが、この遷都、じつは怨霊《おんりょう》から逃れるためだった。

2001年（平成13年）12月、天皇陛下は「桓武天皇の生母が百済の武寧王《ぶねいおう》の子孫」と発言された。そう、桓武天皇の母の高野新笠《たかののにいがさ》は朝鮮半島の百済《くだら》王族の血を引く和《やまと》氏の出身だ。これは当時としても異色の血統で、少年期の桓武天皇こと山部王は、皇族のなかでも「アイツの母は渡来人系だし」と、主流から外れたポジションだった。

ところが、古代の宮中では一寸先は闇だ。先帝である光仁天皇の皇后だった井上内親王は、よりによって夫を呪おうとしたという疑いをかけられ、その息子で皇太子だった他戸《おさべ》親王と共に失脚。おかげで急遽、山部王が皇太子に浮上した……じつのところ、山部王を次期天皇に推していた藤原百川《ももかわ》の陰謀という説もあるが定かではない。

ときに山部王は36歳、「ま、どうせ皇位には就けないから官僚になるか」と、地味ぃ〜に勉学に励んで役人コースを歩んでいたところだった。もっとも、この皇子時代に積み重ねた実務経験が即位後のさまざまな事業に役だったともいわれる。

そんな山部王が桓武天皇として即位すると、「なんであんなポッと出が帝《みかど》なんだよ？」と反発する人間は多かった。そこで桓武天皇は、守旧派の多い平城京を捨てて長岡京ニュー

タウンを築く。だが、建設中に監督役の藤原種継《たねつぐ》が暗殺され、桓武天皇の弟の早良親王《さわら》は首謀者との関係を疑われて追放されたのち非業の死を遂げた。以後、皇后や夫人、天皇の母の高野新笠がバタバタと死んだり、大雨や洪水が起きる。人々は「早良親王のたたりだ!」とうわさして、長岡京は完成を迎えるまでなく呪われた都となってしまったのだ。

●公共事業費のムダ遣いをみずからやめた英断

桓武天皇はやむなく、長岡京を捨てて新たに平安京の建設を始めた。なんたる公共事業費のムダ遣い……しかし、怨霊が本気で恐れられていた時代だから、呪われた都というイメージが定着してしまった以上は遷都するほかにない。

しかも、同時期には東北地方で蝦夷《えぞ》との争いが激化する。新しい都を建設するいっぽうで戦争ときては、その負担の重さはオリンピックと原発廃炉の同時進行どころではない。結局、桓武天皇は腹心の藤原緒嗣《おつぐ》から「陛下、このままでは民の身がもちませぬぞ」と説かれ、いさぎよく平安京の建設と蝦夷討伐をどちらも途中で打ち切った。

もともと二大事業の同時進行はムリがあったともいえるが、桓武天皇は「退く勇気」をもつ男だったのだ。のちに昭和の日本人が、戦局はすっかり左前で国民はジリ貧になっても「ここで退けば今までの英霊の死がムダになる……」という思いから、ダラダラと結果的にますます傷を広げてしまったのに比べれば英断ではないか。

坂上田村麻呂

Sakanoue no Tamuramaro

宿敵の命をあえて救おうとしたが「武士の情け」を踏みにじられる

ファッション 身長175センチほどの長身で、黄金色のあごひげが自慢です。武人らしく、最期も武具姿で棺に入りました。	
幼少期の様子 不明。	
性格 怒れば猛獣も倒れるが、笑えば幼児もなつくといわれました。	
トラウマ 好敵手の阿弖流為を不本意な形で死なせたこと。	**交友関係** 同じ渡来人系氏族の血を引く桓武天皇からは深く信頼されていました。
家庭環境 武人の家柄で、子供らも朝廷の武臣となってます。	**趣味** 不明。しいていえば、各地の寺社に武具を奉納するなど信心深いほうです。
恋愛関係 後世の伝承では田村将軍と女賊の鈴鹿御前のロマンスもありますが、妻は一人です。	**仕事ぶり** 希代の名将と呼ばれています。
人生の目標 東北の平定。	**死因** 病死。王城に向かい、立ったまま棺に入りました。

特技・得意技等

戦闘で勇猛果敢なだけでなく、投降した敵は手なずけて働かせるなど懐柔策も得意です。ただし、他地域へ追放した蝦夷の虜囚があちこちで現地住民とトラブルを起こしたとの話もあるそうですが……。

本人希望記入欄

占領行政のためには、降伏した相手をいじめすぎちゃダメ。

記入上の注意　1：数字はアラビア数字で、文字はくずさず正確に書く。
2：※印のところは、該当するものを○で囲む。

履歴書

ふりがな	さかのうえの　たむらまろ
氏名	坂上 田村麻呂
生年月日	758年？月？日
没年月日	811年5月23日（満53歳）
※	㊚・女
出身	奈良県奈良市にあった平城京の田村里と推定される
立場	大納言、征夷大将軍
あだ名	田村将軍、毘沙門の化身

概要

大伴弟麻呂（おおとものおとまろ）の副官として東北の蝦夷征伐に参加、のちに大伴の後任として征夷大将軍になります。陸奥に拠点となる胆沢城を築き、蝦夷の指導者である阿弖流為（あてるい）を降伏させました。京都では清水寺の創建にも関わっています。

家族

実家の坂上氏は、中国大陸から渡来した阿智使主（あちのおみ）の子孫です。父の苅田麻呂は、朝廷に背いた藤原仲麻呂（なかまろ）の鎮圧で名を上げましたが、母のことは伝わっていません。9人兄妹の3男として生まれ、男の兄弟はいずれも朝廷の官人となり、妹の一人は桓武天皇の後宮に入りました。

年	歳	学歴・職歴（各項目ごとにまとめて書く）
780	22歳	宮中の警護などを担当する近衛府の将監となる。
791	33歳	征東副使として蝦夷討伐に参加。
795	37歳	蝦夷討伐の軍功により従四位下となり、木工頭も兼任。
797	39歳	征夷大将軍に就任する。
802	44歳	現在の岩手県奥州市に東北支配の拠点となる胆沢城を建設。宿命のライバルだった蝦夷の阿弖流為、盤具公母礼（いわぐのきみもれ）らを降伏させる。
810	52歳	大納言に昇進。藤原薬子と藤原仲成による「薬子の変」を鎮圧。
811	53歳	平安京の郊外にあった栗田の別邸で死去。

●漢の皇帝の末裔を自称した「武士の祖」

世に「初代より有名な2代目」というのは少ないものだ。しかし、2代目の征夷大将軍となった坂上田村麻呂は、前任者であった大伴弟麻呂《おおとものおとまろ》より名高い。

中世以降、実質的に「武士の総大将」を指すことになったこの役職、もともとは東北地方に住む蝦夷《えぞ》討伐の司令官を意味していた。つまり、本来なら臨時の肩書きだ。田村麻呂は初代の征夷大将軍だった弟麻呂の副官の一人だったが、途中からその任を引き継ぎ、数十年にわたる蝦夷討伐の手柄を最終的に独り占めした形になる。

田村麻呂の出身の坂上氏は、応神天皇の治世に中国大陸から渡来した阿智使主《あちのおみ》の子孫で、その血統は『三国志』にも登場する後漢の霊帝につらなるといわれる。渡来人系というのは見下される場合もあったが、坂上氏は「ウチのご先祖、じつは海の向こうの皇帝だったんだぜ」とばかりに、この血筋を誇ったらしい。桓武天皇も母方が百済系の渡来人だったので、同じく渡来人の血筋の田村麻呂を深く信頼したといわれる。

●マッカーサー元帥ばりの寛大な占領政策を提案

791年（延暦10年）に蝦夷討伐に参加した田村麻呂は、11年をかけて蝦夷のリーダーの阿弖流為《あてるい》らを降伏させた。このとき田村麻呂は、あえて阿弖流為の助命を嘆願する。阿弓流為を生かしたまま蝦夷の民を支配下に置いたほうが、占領行政がすんなり行くと考えたようだ。いわば、昭和天皇を助けたマッカーサー元帥のような判断だった。

武人らしい田村麻呂は「阿弖流為のヤツ、官軍よりずっと兵の数も少ないのによく戦ったんだから、敵ながら惜しい男じゃねえか」と思っていたのではないか。しかし、都の公卿らは「バカをいうな、コイツらを放しておけばまた反乱を起こすぞ」とバッサリ、あえなく阿弖流為らはいっぽう的に処刑されてしまったという。

ときを同じくして畿内では平安京の建設が進められていた。「やっぱ、遷都と蝦夷征伐を同時にやるのはムリ」という桓武天皇の判断でこれ以上の東北平定はとりやめられる。

しかし、その後も武人としての覇気は衰えなかったらしい。810年（弘仁元年）に、平城上皇の寵愛を受けていた藤原薬子《くすこ》とその兄の藤原仲成《なかなり》によるクーデター「薬子の変」が起きると、すぐさま鎮圧に動いた。田村麻呂としては「蝦夷征伐はお役ご免になっても、ワシはまだまだ現役だぞ！」という思いだったのかもしれない。

もう一つ田村麻呂の事績として有名なのは、法相宗の僧だった延鎮《えんちん》と共に、京都の清水寺を築いたといわれることだろう。このほか、奥州三観音、奥州六ヶ寺など田村麻呂が創建に関わったとされる寺社は多い。これは討伐した蝦夷の賊徒の怨霊を鎮める意図もあったようだ。当時は怨霊が恐れられていた時代だけに、勇猛果敢で知られた田村麻呂も倒した敵にたたられるのは怖かったのかもしれない。

最澄

Saichou

キャラは地味でも宗派は一大勢力
比叡山延暦寺を構えた天台宗の開祖

ファッション
袈裟は唐への留学時の恩師にいただいたものを愛用しました。比叡山の僧侶の服装は、唐の僧衣をもとに拙僧が定めたものです。

幼少期の様子
国分寺に入って以降は学業に集中しました。それ以前のことはよく覚えていませんが、出家前の姿とされる「伝教大師童形像」は女の子の服装になっています。

性格
向学心旺盛。それまでの奈良仏教に飽きたらず、法華経などを徹底的に学びました。

トラウマ 法相宗など既存の奈良仏教からの攻撃には、いささか苦労しました。	**交友関係** 弟子の円澄（えんちょう）とは天台宗創建のため力を合わせました。
家庭環境 出家後は実家とも縁がありません。	**趣味** 経典の研究。
恋愛関係 出家僧なので妻子はいません。	**仕事ぶり** 祈禱も他宗派との論争も、請われれば断りません。
人生の目標 新興の宗派だった天台宗の独立。	**死因** 病死。

特技・得意技等
書も得意でしたし、自作の仏像もいくつも残しています。しかし、空海に比べると拙僧の作品はあまり話題にならないんですね。

本人希望記入欄
拙僧が空海に嫉妬していたという人がいるのは不快です。

記入上の注意　1：数字はアラビア数字で、文字はくずさず正確に書く。
2：※印のところは、該当するものを○で囲む。

履歴書

ふりがな	さいちょう
氏名	最澄
生年月日	767年?月?日
没年月日	822年6月4日(満55歳)
※	㊚・女
出身	近江国滋賀郡古市郷(滋賀県大津市)
立場	僧侶、日本天台宗の開祖
あだ名	伝教大師、叡山大師

概要

仏門に入る前の名は三津首広野(みつのおびとひろの)といいました。12歳で出家したのちの法名が最澄です。京都の比叡山で修行を重ね、桓武天皇の命により空海らと共に遣唐使に参加し、唐の天台宗を学びました。帰国後は日本天台宗を創始し、日本で初めての「大師」の号を贈られました。

家族

近江の豪族だった三津首氏に生まれました。三津首氏は後漢の献帝の末裔にあたる渡来人の血統です。当時の一族の戸主は三津首百枝(ももえ)といいますが、拙僧の実父ではなかった可能性もあるといわれます。母や兄弟のことはよく覚えていません。

年	歳	学歴・職歴(各項目ごとにまとめて書く)
778	11歳	近江国分寺に入り、大国師行表(ぎょうひょう)の弟子となる。
785	18歳	東大寺で具足戒を受けたのち、比叡山に入って修行する。
788	21歳	比叡山に延暦寺を創建。
804	37歳	桓武天皇の勅命により遣唐使に参加して唐に留学。天台山で学ぶ。
805	38歳	帰国して朝廷に報告。
806	39歳	桓武天皇の認可を受け、日本天台宗を開く。
817	50歳	法相宗の僧である徳一との間で宗門論争が激化。
822	55歳	比叡山にて死去。

●南都六宗に対抗し、大名と並ぶ勢力となる教団を設立

日本史の本では最澄といえば空海とセットでよく登場する。空海は書家としても名高く、日本各地で温泉を掘ったなどの伝説があるのに、最澄のほうはイマイチ地味だ。空海がスティーブ・ジョブスなら最澄はビル・ゲイツといったイメージか。

とはいえ、後世への影響では最澄の築いた天台宗と比叡山延暦寺《ひえいざんえんりゃくじ》は侮《あなど》れない。広大な寺領をもつ天台宗は、中世を通じて各地の大名に匹敵する勢力となり、延暦寺の僧兵軍団は織田信長にもしぶとく抵抗した。

また、のちに浄土宗を開いた法然《ほうねん》、浄土真宗を開いた親鸞《しんらん》、法華宗を開いた日蓮などもみんな比叡山で学んだ。これは天台宗が、経典、座禅、密教、戒律など多くの分野を扱う仏教の総合大学みたいな存在だったからだ。

そんな日本仏教の大派閥を築いた最澄も、最初は新興勢力だった。平安時代の初期、日本の仏教界の主流は、奈良時代から続いた法相宗《ほっそうしゅう》などの南都六宗と呼ばれる宗門だったが、最澄はそれに飽きたらず比叡山に延暦寺を築き、独自に修行を進める。

最澄が着目したのが、仏陀が晩年に説いたといわれる法華経を根本経典とする天台宗で、唐での天台宗の成立は法相宗などよりも古かった。いわば「南都六宗なんか学んでる連中はニワカ、こっちこそ本物の仏教！」というわけだ。

●旧来の宗派との論争は「結果的に勝利」？

最澄は仏教の振興を図った桓武天皇に、「やっぱ、唐で本場の天台宗を究めたいです」と要望。かくして、８０４年（延暦23年）、最澄は遣唐使の一員として唐に渡った。ちなみに同時に唐に留学した最澄と空海は対照的で、空海が都の長安の青龍寺で学んだのに対し、最澄は長安には一度も立ち入らず、明州《めいしゅう》（現在の寧波《ねいは》市）にあった天台宗の本家たる天台山にこもり、経典や戒律などの学習に励んだ。

翌年に帰国した最澄は宮中で桓武天皇の病気平癒を祈りアピール。日本天台宗の創建を認可される。ところが、南都六宗からすれば、新参者の台頭はおもしろくない。そこで法相宗の僧だった徳一《とくいつ》と最澄の間に「三一権実諍論《さんいちごんじつのそうろん》」という論争が起きる。これを無理やり要約すると、法相宗は仏法で人が救われるために「三乗」という三つの条件を掲げたが、最澄は「いや、もっとシンプルに一つのルート（一乗）で行ける」と唱えたのだ。

結局、この争いは決着が付かないまま徳一も最澄も死去してしまったのだが、のちに最澄の弟子たちはいっぽう的に勝利宣言している……なんとも虫のいい話だが、実際にその後、都の貴族たちの支持を集めた天台宗は多くの寺領を寄進され、旧弊な南都六宗に代わって日本仏教の主流になっていった。いっけんキャラ立ちは目立たない印象の最澄も、後継者の育成は巧みだったのかもしれない。

空海

Kuukai

宮中のハートをがっちりつかんだ
唐帰りのカリスマお祓い師

ファッション	
袈裟は唐への留学中に恩師にいただいたものなど複数あります。真言密教は金剛杵など儀式の小道具も多いので、法具には結構こだわっています。	
幼少期の様子 幼児期のことはよく覚えていません。向学心旺盛なほうでしたが、最初は僧になる気はありませんでした。	
性格 独立心旺盛。若い頃は大きな寺に入らず、山林で独自に修行しました。	
トラウマ とくにありません。	**交友関係** 最澄先輩とは途中まで協力関係だったのですが、晩年は険悪になりました。
家庭環境 兄弟には同じく真言宗の僧となった者もいます。	**趣味** 書道。
恋愛関係 出家僧なので妻子はいません。	**仕事ぶり** 祈禱の要望があれば次々と応じ、著作もいろいろ残しています。
人生の目標 真言宗を日本仏教の最高位に。	**死因** 即身仏になったと伝えられています。

特技・得意技等

日本各地には拙僧が杖で地面を突いたら温泉が出たと呼ばれる土地がたくさんありますが、これは唐への留学時に土木技術も学んでいたことから話が広まったみたいですね。そもそも当時の僧侶は、経典の勉強だけでなく、書道や仏像づくりや寺院の建築なども基礎知識でしたから。

本人希望記入欄

じつは幕末まで皇室は真言宗の信徒だったんですよ。ところが、廃仏毀釈(はいぶつきしゃく)のときには一転して真言宗はひどく弾圧されたんですね……。何事も極端から極端に行くのはいけないですよ。

記入上の注意　1:数字はアラビア数字で、文字はくずさず正確に書く。
2:※印のところは、該当するものを○で囲む。

履歴書

ふりがな　くうかい

氏　名　**空海**

生年月日	没年月日	※
774年?月?日	835年3月21日(満61歳)	㊚・女

出身
讃岐国多度郡屏風浦(香川県善通寺市)

立場	あだ名
僧侶、真言宗の開祖	弘法大師、空海上人

© 663highland

概要

仏門に入る前の名は佐伯眞魚(さえきまお)といいました。初めは役人を志望しましたが、18歳の頃から仏道の修行を重ね、以降は空海と名乗っております。僧の世界では先輩だった最澄と共に遣唐使に参加し、密教を学びました。帰国後は真言宗を創始し、死後には弘法大師の号を贈られました。

家族

父は讃岐国多度郡を治めていた佐伯直田公(あたいたぎみ)です。母の玉依御前は阿刀(あと)氏の出身だったといいます。兄も役人になりました。弟は拙僧と同じく真言宗の僧となっています。ほかにも多くの兄弟がいたのですが、くわしいことは覚えていません。

年	歳	学歴・職歴(各項目ごとにまとめて書く)
788	14歳	上京して母方の叔父の阿刀大足(あとのおおたり)のもとで学ぶ。
791	17歳	官僚となるため大学の明経科に入るが中退し、仏道の修行を始める。
804	30歳	遣唐使に参加して唐に留学。長安の青龍寺で密教を学ぶ。
806	32歳	唐より帰国。
816	42歳	嵯峨天皇より高野山を修行場として賜り、金剛峯寺を創建。
822	48歳	平城(へいぜい)上皇に授戒の儀式を行なう。
830	56歳	淳和天皇の勅命により、真言密教の体系を論じた『十住心論』を執筆。
835	61歳	高野山で眠りにつく。即身仏になったともいわれる。

●最終学歴は「大学中退」だった弘法大師

「空海さまは死んでいない。即身仏となられて今も高野山にいる」――中世の高野山では、こんな伝説がまことしやかに語られていたという。空海の没後、49日を過ぎても遺体の髪やひげが伸び続けたともいわれる。ほかにも、空海が杖を突いた場所から温泉が出た、空海が善女龍王を呼び出して雨を降らせたなどの伝説は数多い。

ところが、おかげで戦国時代に日本に来たキリスト教の宣教師の間では、空海はすっかり異教徒の怪しい妖術使いか何かと思われたようだ。フランス人の神学者クラッセが著した『日本教会史』では、コーボダーン（弘法大師）こと空海について、「人間カ魔物カ未ダ判然」としない、「モットモ凶悪ナル僧」などと書かれてしまっている。

そんな空海の前半生は謎が多い。父親は讃岐（香川県）の多度郡《たどのこうり》を治めていた役人で、空海も初めは役人コースを志して大学に入る。ここでいう大学とは平安時代の官僚養成機関のことだ。しかし、途中で「オレ、やっぱ坊さんになるわ」とドロップアウトした。それも奈良の有名な寺に入ったわけではなく、独自に吉野山などで修行していたという。

空海の大きな転機になったのが、30歳のときに遣唐使に参加したことだ。だが、同時に唐に渡った最澄がすでに名声ある僧だったのに対し、空海はまったく無名の人物だった。それが遣唐使のメンバーに選ばれた理由もはっきりしていない。

●20年かけて学ぶ予定をわずか2年で修了!?

804年（延暦23年）に空海は唐に渡り、長安の青龍寺で密教を学んだ。密教とはインドのヒンドゥー教の要素を取り入れた仏教宗派だ。その後、本家のインドでは衰退してしまったが、現在も続くチベット仏教も密教の一派といえる。

空海は、驚くべきことに20年の留学予定を2年で済ませた。手を抜いたのではない。それだけの期間で学ぶべきことは全部学んでしまったというのだ。

密教は病気治療や悪霊退散などの加持祈禱を得意としたので、帰国後の空海はたちまち朝廷や貴族に引っ張りだこのカリスマお祓《はら》い師になった。何しろ当時は、怨霊が本気で恐れられていた時代だから、あちこちの貴族や皇族が「最近具合が悪いのは、出世競争でオレに負けたあいつのたたりかも……」などと考えていたのだろう。

都のセレブの間で密教が注目されると、僧としては先輩格で一足先に唐から帰国していた最澄も「空海君、拙僧にも密教を教えてくれ」と頭を下げるようになった。しかし、結局、おたがいに「自分の宗派こそ真の仏教！」と考えていた両者は決裂している。

朝廷の支持を得た空海は、嵯峨《さが》天皇から賜った高野山を拠点にして真言宗を確立させた。あまり知られていない事実だが、じつは日本の天皇家は幕末まで真言宗の門徒だった。真言宗に属する京都の泉涌寺《せんにゅうじ》は、江戸時代まで皇室の菩提寺とされていた。

古代 平安 鎌倉 室町 戦国 江戸 幕末 近代

菅原道真

Sugawara no Michizane

平安時代きっての大秀才ながら
死後には恐怖の怨霊と呼ばれることに

ファッション 黒い衣冠束帯を着ていました。このためか、後世には私の通称を冠した「カンコー(菅公)学生服」というブランドができました。	
幼少期の様子 幼児期は病弱でしたが、10代になる頃から漢文の古典を読みあさり、漢詩をつくっていました。当時の詩文の師匠は島田忠臣(ただおみ)先生です。	
性格 理路整然がモットー。漢学者ですが、とにかく唐かぶれというわけではありません。	
トラウマ 藤原氏の連中は嫌いです。	**交友関係** 同僚の源能有(よしあり)とは力を合わせて宇多天皇のもとで働きました。
家庭環境 実家は中流貴族です。兄が二人いましたが、よく覚えていません。	**趣味** 漢詩と和歌。大宰府に来てからは、梅の木をよく愛でました。
恋愛関係 恩師の島田先生の娘と結婚しました。ほかにも妻はいましたが、くわしいことは秘密です。	**仕事ぶり** 博識なだけでなく、遣唐使の廃止など現実的な判断もできる男です。
人生の目標 実力だけで位を極めたい。	**死因** 病死。左遷後はすっかり衰えて健康を悪くしてしまいました。

特技・得意技等

中国語を習っていたわけではないですが、漢文の知識があるので筆談で外国人ともスラスラ話ができます。当時は唐だけでなく渤海(ぼっかい)国や新羅(しらぎ)も漢文が共通言語でしたからね。

本人希望記入欄

天満宮では大学受験合格だけでなく、就職祈願も受けつけています。

記入上の注意　1:数字はアラビア数字で、文字はくずさず正確に書く。
2:※印のところは、該当するものを○で囲む。

履歴書

ふりがな　すがわらの　みちざね

氏　名　**菅原 道真**

生年月日	没年月日	※
845年8月1日	903年2月25日（満57歳）	㊚・女

出身
奈良県奈良市（京都生まれとされる場合もある）

立場	あだ名
右大臣、大宰権帥	菅公、天神さま

概要

学者の家系だった菅原氏の三男として生まれました。若い頃から漢学の才能を認められて文章博士になり、宇多天皇に重用されて右大臣にまでなります。しかし、藤原時平（ときひら）に妬まれて大宰府に左遷されてしまいました……。死後には都で怨霊として恐れられましたが、今では学問の神様と呼ばれています。

家族

父の菅原是善（これよし）も文章博士を経て参議になりました。子供は20人以上いました。子孫も優秀な学者や文人が多いです。なかでも、ひ孫の孫にあたる菅原孝標女（たかすえのむすめ）は文学少女で、エッセイの『更級日記』が有名です。

年	歳	学歴・職歴（各項目ごとにまとめて書く）
855	10歳	初めて漢詩をつくる。
870	25歳	官吏選抜の方略試に合格。従六位上となる。
877	32歳	文官を養成する式部少輔と文章博士を兼任。
891	46歳	宇多天皇の信任を受けて、天皇の秘書ともいうべき蔵人頭に就任。
894	49歳	遣唐大使となるが、唐の衰退から遣唐使の廃止を進言。
899	54歳	右大臣、右大将に昇進。
901	56歳	謀反の疑いをかけられて大宰府に左遷される。
903	57歳	大宰府で死去。その後、天満宮に祀られ、太政大臣の地位を追贈された。

●天皇にゴネた藤原氏の大物をズバっと説得

菅原道真といえば「学問の神様」だ。それゆえ勉強嫌いの人にはとっつきにくい人物かもしれない。しかし、血筋ではなく漢学の才で地位を得た道真は、藤原氏が天皇との血縁で地位を独占していた平安時代、唯一の「実力で成り上がった男」といえる。

幼少期から神童だった道真は、26歳で官吏登用試験の方略試《ほうりゃくし》にパスする。この方略試、ひと頃の司法試験より難しく、合格者枠はなんと2名しかない。武道のほうでもデキる男だったようで、「道長はガリ勉だから、どうせ運動は苦手だろ」と思った連中が、道真に恥をかかせるつもりで弓を射させてみたら、百発百中だったという。

その後、式部少輔や讃岐守などを務めた道真は、887年（仁和3年）の「阿衡《あこう》事件」で注目される。関白就任を求めた藤原基経《もとつね》に宇多天皇が「阿衡の任に就くべし」と伝えたところ、基経は「阿衡って何やねん？　中身のない職じゃねえの」とゴネた。このとき、漢学の教養豊かな道真は、宇多天皇を助けるため「阿衡ってのは、古代の中国王朝で摂政と関白をまとめたような職でね……」と説明してやったのだ。

●平安時代のホリエモン。栄光の頂点からの急転落

藤原氏と姻戚関係のなかった宇多天皇は、基経の没後、道真を重用するようになる。道

真は唐が内乱状態に陥っていたことから遣唐使を廃止するなどの重要な決定をくだし、順調に出世を重ねて、娘を宇多天皇の皇子の斉世《ときよ》親王に嫁がせた。

だが、当然ながら藤原氏は不満タラタラだ。897年（寛平9年）には基経の長男だった藤原時平《ときひら》が左大臣となり、右大臣の道真と並び立つ。宇多天皇の次に即位した醍醐《だいご》天皇は、父にひいきされた道真にちょっと反発心があったのか、時平を重用した。

こうしたなか、901年（昌泰4年）には、道真は「クーデターを起こして醍醐天皇を廃位し、自分の娘婿である斉世親王を皇位に就けようとしている」という容疑をかけられて失脚してしまう。時平と醍醐天皇の意向による陰謀だった。まさに栄光の頂点からの転落、ライブドア事件のときのホリエモンこと堀江貴文のようだ。そういえば堀江貴文も東大に入るぐらい頭はよかったのに、財界にコネのない新参者だった。

道真は九州の大宰府に左遷され、失意のまま2年後に世を去る。しかし、ほどなく都では落雷や疫病が多発して時平も38歳で急死。朝廷では「道真のたたりだ！」と恐れられ、道真の霊を鎮めるため京都の北野と大宰府には道真を祀《まつ》る天満宮が築かれた。

余談だが、落雷のとき「くわばらくわばら」というのは、桑原（滋賀県高島市）が道真の所領だったので、同地の名を唱えれば道真も「よし、ウチの領地には雷を落とさないでやろう」と思うと考えられたためだといわれる。そんな道真が「学問の神様」とあがめられるようになったのは、室町時代以降のことだ。

藤原道長

Fujiwara no Michinaga

当人の努力はほぼゼロで権力の頂点を極め争いを好まず風流を愛したバブル紳士

ファッション 官僚として現役の時期もオシャレに気を遣いましたが、出家後は金箔押しの経筒など仏教グッズにこだわりました。	
幼少期の様子 父の藤原兼家が一族内の有力者だった藤原公任（きんとう）を引き合いにして「ウチの子は公任の影さえ踏めなくて情けない」と嘆いたところ、兄たちは黙ってしまったので、「影など踏まず顔を踏んでやります」といってやりました。	
性格 政敵とは正面きって争わない。宮中の人脈（とくに女官）を大事にする。	
トラウマ 後年に病を患ったときは、兄の道隆の怨霊のせいかと疑いました。	**交友関係** 陰陽師の安倍晴明、鬼退治で有名な源頼光、娘の彰子に仕えた紫式部など。
家庭環境 摂政・関白を務めた藤原北家の一族。子供は10人以上います。	**趣味** 和歌、漢詩。
恋愛関係 妻が二人のほかに妾もいました。『源氏物語』の主人公である光源氏のモデルとも呼ばれます。	**仕事ぶり** 政務では争いを避け、国風文化を保護して平安文学の最盛期を築きました。
人生の目標 栄華を極める。	**死因** 病死。長らく糖尿病を患っていました。

特技・得意技等

派手な生活を送っていたと思われがちですが、けっこう信心深いほうです。夢見が悪いときは、縁起をかついでよく仕事をとりやめました。引退して出家した後は、5日間で70万回も念仏を唱えたことがあります。

本人希望記入欄

私の死後も摂政・関白の仕事はうちの子孫が継いでいたのに、あの豊臣って成り上がり者は何なのかね。

記入上の注意　1：数字はアラビア数字で、文字はくずさず正確に書く。
2：※印のところは、該当するものを○で囲む。

履歴書

ふりがな　ふじわらの　みちなが		
氏　名　藤原 道長		
生年月日 966年?月?日	没年月日 1027年12月4日(満61歳)	※ ㊚・女
出身 平安京(京都府京都市)		
立場　藤原氏の氏長者、摂政	あだ名　御堂関白	

概要

藤原北家の5男に生まれましたが、運よく藤原氏の氏長者(当主)となり、藤原氏の最盛期を築きました。一部では誤解されていますが「御堂関白」というのはあくまで通称で、実際には長く内覧という職を務め、引退する少し前に摂政、太政大臣になっています。

家族

父の藤原兼家(かねいえ)も氏長者で摂政を務めたセレブ家系でしたが、自分は兄が多かったので、当初はなかなか地位に恵まれませんでした。しかし、兄の道隆(みちたか)と道兼(みちかね)が早世したことに加え、円融(えんゆう)天皇に嫁いでいた姉の詮子(せんし)の後押しで氏長者になりました。娘を3人も天皇に嫁がせたのが自慢です。

年	歳	学歴・職歴(各項目ごとにまとめて書く)
986	20歳	少納言兼左少将になる。
995	29歳	内覧に就任。藤原氏の氏長者となる。
999	33歳	娘の彰子(しょうし)を一条天皇に嫁がせる。
1010	44歳	娘の妍子(けんし)を居貞(おきさだ)親王(三条天皇)に嫁がせる。
1016	50歳	摂政に就任。
1018	52歳	娘の威子(いし)を後一条天皇に嫁がせる。栄華を極めた記念に「此の世をば　我が世とぞ思ふ　望月の　虧(かけ)たる事も　無しと思へば」の和歌を詠む。
1019	53歳	息子の頼通(よりみち)に実権をゆずり、出家する。
1027	61歳	病気療養のため滞在していた法成寺で死去。

●ほとんど何もせずに最高ランクの官職に就く

世に「織田信長になりたい」とか「徳川家康になりたい」という人はいても、「藤原道長になりたい」という人はなかなかいないだろう。そもそも、なりようがない。何しろ血筋や家柄、皇室との姻戚関係で地位が決まってしまう時代の人間だ。

しかも、道長は日本史上の権力者のなかでも珍しいほどに、当人の努力によらず頂点を極めてしまった。男の子があこがれるヒロイックな天下取りとはほど遠い経歴だ。

道長は摂政を務めた兼家《かねいえ》の子として生まれたが、五男だったので本来なら氏長者（当主）になれる立場ではなかった。なお、四男は早世してしまったのか記録がない。990年（永祚《えいそ》2年）に兼家が死去すると、長男の道隆《みちたか》が関白になる。ところが、道隆は病のため5年ほどで急死。次男の道綱《みちつな》はできが悪かったので、三男の道兼《みちかね》が関白を継いだのだが、道兼も病のため関白就任からわずか数日で死去してしまう。

「ラッキー！　これでオレが関白になれる」と思った道長だが、じつはもう一人ライバルがいた、道隆の息子の伊周《これちか》だ。しかし、道長の姉で円融《えんゆう》天皇に嫁いでいた詮子《せんし》（東三条院）が道長を猛プッシュし、摂政・関白に準じる内覧に任じられる……要するに、本人はほとんど何もせず、兄の死と姉のひいきだけで要職にありついたのだ。

しかも、最大の政敵になりかけた伊周は、ほどなく失脚して大宰府に左遷された。その理由はマヌケな話で、自分が目を付けていた女性を花山法皇が狙っていると勘違いして、よりによって上皇を弓で射ようとしたのだ。まるで自爆としかいいようがない。

●日本の伝奇ファンタジーの2大ヒーローをしたがえる

以降の道長は、次々と娘を天皇に嫁がせて皇子を産ませた。娘の彰子《しょうし》は一条天皇の皇后、妍子《けんし》は三条天皇の皇后、威子《いし》は後一条天皇の皇后となっている。

有名な「此の世をば　我が世とぞ思ふ　望月の　虧《かけ》たる事も　無しと思へば」（現代語訳＝「まさにワールド　イズ　マインだぜ！」）という和歌は、一代で3人の娘を皇后にさせるという前人未踏の記録をつくった記念に詠まれたものだ。でもさ、それってつまり、自分の政務能力ではなく娘のおかげで得た地位じゃないの？

以上のように自分自身の努力ではなく、有力なライバルの病死や自爆、姉のコネ、娘の政略結婚で権勢を極めた道長だが、暗愚な指導者だったわけではない。少なくとも、道長は暴君ではなかった。結果的に一条天皇が許さなかったが、後年にはみずから伊周の復権を提案するなど、政敵を過度にいじめることはしなかった。

そんな道長の忠臣の一人だったのが源頼光《よりみつ》だ。後世の伝承では、渡辺綱《つな》、坂田金時らと共に大江山の鬼こと酒呑童子《しゅてんどうじ》を退治したと伝えられる頼光だが、実際には武人として戦場に出ることはほとんどなく、道長の側近として平安京のなかで働いていた。

古代　平安　鎌倉　室町　戦国　江戸　幕末　近代

同じく道長に重用された人物に陰陽師《おんみょうじ》の安倍晴明がいる。宮中お抱えの占い師といえる晴明も数々の伝説をもつが、『宇治拾遺物語』には、道長の愛犬が主の外出を止めようとするのを見て、道長に呪いがかけられていたのを見やぶったという話が出てくる。

●紫式部など宮中の女官を大事にしたワケ

こうした道長をとりまくエピソード豊富な人脈関係のなかでも、一番の華は紫式部だろうか。『源氏物語』の作者として知られる紫式部は、道長の娘の彰子に仕えていた。彼女は日記で道長をベタベタにほめているので、紫式部も道長の愛人の一人だったという説もある。また、希代のプレイボーイ光源氏は道長をイメージしたとよくいわれる。

実際のところはどうだったのか？　道長は源氏出身の倫子と明子という二人の妻がいたほか、紫式部と同じような宮中の女官のなかに複数の妾がいたらしい。

ただし、これは単なるスケベ心のためだけでもなかったようだ。道長の地位は、娘たちが皇后ということに支えられている。そこで、娘たちや天皇が機嫌を損ねたり健康状態を悪くしていないかなど、宮中の出来事や人間関係をきっちり把握しておくことが大事だった。このため多くの女官を手なずけて宮中の情報収集に活用していたらしい。

『源氏物語』が書かれたのとほぼ同時期には、一条天皇のもう一人の皇后である定子《ていし》に仕えた清少納言が『枕草子』を記している。宮中で貴族生活の赤裸々な実態を描いたラブロマンスやらエッセイが堂々と書かれていたのだから、有名セレブがモデルの不倫小説や著名人の私生活を暴露したブログのようなものだ。堅苦しい武士の道徳観がタテマエだった江戸時代なら、幕府が「こんなもん発禁じゃ！」とお触れを出しただろう。だが、道長は紫式部や清少納言らの表現活動にいっさい口を挟まなかった。道長の太っ腹な態度こそが、優雅でフリーダムな平安文学の黄金期を築いたといえる。

●全盛期にはすでに身体がボロボロだった？

『源氏物語』では平安貴族といえば色恋沙汰にばかり興じていたように見えるが、それは仕事のシーンを書いてないだけの話。実際は休みなく宮中のさまざまな儀式や役人の監督業務などがあるため忙しく、しかも慢性的に運動不足なので不健康だった。道長も、先に触れた「此の世をば〜」の和歌を詠んだ頃には、人生の絶頂期でありながら、糖尿病による白内障や心臓神経痛ですっかり体を悪くしている。

現代のような医療技術もなかった当時、病を治すには神仏に祈るしかないと思われていたので、道長は意外と信心深かった。もとより自分が数々のラッキーチャンスのおかげで地位を得たことを自覚していた道長は、それを神仏の加護と考えていたようだ。1019年（寛仁3年）に息子の頼通《よりみち》に実権をゆずって出家すると、金色の阿弥陀像を9体も御堂に安置した法成寺を造営させ、読経や念仏に明けくれたという。

平将門

Taira no Masakado

菅原道真の生まれ変わりと恐れられた
幻の関東新帝国の帝王

ファッション
私の世代ぐらいが騎馬での戦闘に適した大鎧を使う武士のはしりです。同じく馬上での戦闘に適した反りのある日本刀を広めたのは私だという人もいます。

幼少期の様子
正確な生年などは覚えていませんが、一部では903年(延喜3年)とされます。同年に亡くなった菅原道真の生まれ変わりとも呼ばれました。

性格
即断即決がモットー。義侠心には厚いですが、カッとなりやすいほうです。

トラウマ
若い頃は都で働きましたが、藤原氏にはあまり評価してもらえませんでした。

交友関係
武蔵武芝や藤原玄明など、同じ関東の武士たち。

家庭環境
房総平氏の一族。子供の多くは反乱の鎮圧後に殺されてしまいました。

趣味
とくにありません。

恋愛関係
妻は同じ関東の平氏出身です。ほかに側室もいました。

仕事ぶり
新皇政権は短命でしたが、それまでの国司の支配を嫌った民には支持されました。

人生の目標
関東に都の貴族から自由な王国を。

死因
戦死。眉間を弓で射られた。

特技・得意技等
7人の影武者がいましたが、影があるのは本物だけだったので、見破られて討ち取られてしまいました。この7人という数字は、下総で信仰されていた妙見菩薩を象徴する北斗七星に由来します。

本人希望記入欄
秋葉原にお越しの際は、神田明神にお参りください。

記入上の注意　1:数字はアラビア数字で、文字はくずさず正確に書く。
2:※印のところは、該当するものを○で囲む。

履歴書

ふりがな	たいらのまさかど	
氏名	平 将門	
生年月日 ?年?月?日	没年月日 940年2月 ? 日(満?歳)	※ ㊚・女
出身 下総国佐倉(千葉県佐倉市)		
立場 下総の武将、新皇政権の首魁	あだ名 新皇	

概要

桓武天皇の血を引く桓武平氏の一族に生まれました。一族内でおじの平国香(くにか)およびその息子の平貞盛(さだもり)との抗争を続けているうちに国司を敵にまわしてしまいましたが、一念発起して関東に独立王国を築きます。同時期に瀬戸内海で挙兵した藤原純友(すみとも)と共に、都の貴族をおおいに恐れさせました。

家族

父の平良将(よしまさ)(良持という説も)は下総の鎮守府将軍でした。10人兄弟の三男で、兄のことは覚えていませんが、弟たちは反乱の同志となりました。

年	歳	学歴・職歴(各項目ごとにまとめて書く)
???	10代	京に出て藤原忠平(ただひら)に仕え、下級の官人となる。
???	20代	下総へ帰り、父の領地で働く。
936	30代?	もう一人のおじの平良兼(よしかね)、平国香の息子の貞盛らと衝突するが、撃退。
938	30代?	郡司の武蔵武芝(むさしのたけしば)と国司代理の興世王(おきよおう)の争いを和解させる。
939	30代?	国司と衝突した藤原玄明(はるあき)を助ける。常陸国府が玄明の免罪を受け入れなかったため、国府を襲撃。そのまま関東一円を占拠して新皇政権を樹立。
940	30代?	朝廷が派遣した討伐軍の藤原秀郷(ひでさと)に討ち取られる。

●昭和の大蔵官僚を震え上がらせた「将門の首」

オタクの町として有名な東京・秋葉原の神田明神には平将門が祀《まつ》られている。関東に独立王国を築こうとしながら逆賊として討たれた将門は、のちに、菅原道真、崇徳《すとく》上皇と共に「日本三大怨霊」として恐れられた。その怨念は21世紀まで尾を引いている。

将門の首は京でさらされたのちに東国に飛び去り、現在の東京都千代田区大手町に落ちたといわれる。その場所はかつての大蔵省の敷地内だった。１９２３年（大正12年）の関東大震災で将門の首塚が損壊すると、大蔵省では死傷者が多発し、「将門のたたりに違いない！」とうわさされた。将門討伐から一千年にあたる１９４０年（昭和15年）にも大蔵省では落雷による被害があり、盛大な鎮魂の一千年祭が行なわれたという。

そのように将門が恐れられたのは、長い日本の歴史上、本気で天皇家と別の王朝を築こうとした唯一の男だったからかもしれない。将門が生まれた当時の関東は都から遠く離れた開拓地だった。朝廷からは国司が派遣されていたが、「都の貴族なんか関係ねえ、俺らは俺らで好きにやらせてもらうぜ」というアウトローが少なくなかったようだ。

●計画性ゼロだった行き当たりばったりの大反乱

将門が反逆者となった最初のきっかけは、９３５年（承平5年）に一族内の抗争でおじの平国香《くにか》を殺したことだ。抗争の原因は将門の父の遺産相続だったといわれるが、詳細はよくわからない。ともあれ、以降の将門は国香の息子の貞盛《さだもり》に付け狙われる。

その後、反骨心の強い将門は、同じ関東の武士である武蔵武芝《むさしのたけしば》と国司代理の争いに割って入ったり、国司と衝突した郡司の藤原玄明《はるあき》を助けてやった。

９３９年（天慶２年）、玄明の弁護のため常陸国府に来た将門は、宿敵の貞盛と出くわして戦闘になり、国府を焼き払ってしまう。そのまま将門は「こうなりゃヤケだ！」とばかりに関東の国府を次々と攻め落とした……つまり、なりゆきからの計画性も何もない反乱だったのだが、それぐらい国司の東国支配はもろかったといえる。

みずから「新皇《しんのう》」を名乗った将門は、配下の武将たちを新たな国司に任命。都のエラそうな貴族による支配に不満を抱いていた東国の民も、将門の新政権を支持した。ときを同じくして、西日本の瀬戸内海でも海賊を率いた藤原純友《すみとも》が決起する。東西２カ所で同時に大反乱が起きたのだから、都のおごった権力者たちはおおいに震えあがった。

しかし、貞盛は都から派遣された藤原秀郷《ひでさと》（のちの奥州藤原氏の祖）らの討伐軍と共に将門の本拠地を襲撃。将門は弓の名手だった秀郷に討ち取られた。

伝説によれば、将門の体は鉄でできていたが、秀郷に射抜かれた眉間《みけん》のみが唯一の弱点だったという……。まるで、ギリシア神話に出てくる「アキレスのかかと」の話にそっくりではないか！

古代
平安
鎌倉
室町
戦国
江戸
幕末
近代

白河上皇

Sirakawa Joukou

「院政」の礎を築いたゴッドファーザー
40年以上も朝廷の実権を握り続け

ファッション 早くに出家したので、人生の半分以上は袈裟を着ていました。	
幼少期の様子 弟の実仁親王が生まれて以降は弟のほうが父にひいきされたので、若い頃は将来への不安が大きかったです。	
性格 専制君主みたいに思われていますが、庶民の娯楽やユーモアを愛するほうです。	
トラウマ 比叡山の僧兵にはずいぶん苦しめられました。	**交友関係** 藤原氏の連中のいいなりにはなりませんでした。
家庭環境 息子の堀河天皇とは良好でしたが、孫の鳥羽天皇とは険悪になりました。	**趣味** 田楽見物、すごろく。
恋愛関係 ここだけの話ですが、老いてからも孫の嫁に手を出したとうわさされてます。	**仕事ぶり** 六勝寺の建設など、仏教の振興に力を入れました。
人生の目標 生涯現役	**死因** 病死。食中毒だったようです。

特技・得意技等

逆らう者は相手が何だろうと容赦はしません。法勝寺を行幸しようとしたのに雨のせいで行けないことが3度も続いたので、4度目にはついに、雨水を器に入れて牢屋にぶち込んでやりました。

本人希望記入欄

生前退位によくないイメージがあるのは、ひょっとして私のせいですか？

記入上の注意　1：数字はアラビア数字で、文字はくずさず正確に書く。
2：※印のところは、該当するものを○で囲む。

履歴書

ふりがな　しらかわじょうこう 氏名　**白河上皇**		
生年月日 1053年6月19日	没年月日 1129年7月7日（満76歳）	※ ㊚・女
出身 平安京（京都府京都市）		
立場　第72代天皇、上皇	あだ名　白河院	

※似顔絵はイメージです。

概要

後三条天皇の第1皇子として生まれました。即位後は早めに退位して幼い息子を堀河天皇として即位させ、自分は上皇として実権を握りました。堀河天皇が早世したのちは、孫の鳥羽天皇、ひ孫の崇徳天皇を即位させ、引き続き政務を指導しました。後世では「院政」の創始者と呼ばれます。

家族

父の後三条天皇は、170年ぶりに藤原氏と姻戚関係をもたない天皇でした。父は、私の母が藤原氏の出身だったのを警戒して、私の次には源氏出身の母をもつ弟の実仁（さねひと）親王を皇位に就ける予定でした。そこで私は、自分の血統を安定させるため院政を始めたわけです。

年	歳	学歴・職歴（各項目ごとにまとめて書く）
1069	16歳	前年に父の後三条天皇が即位したことから皇太子となる。
1073	20歳	父の退位により即位。後三条天皇は退位から間もなく死去。
1086	33歳	退位して上皇となり、息子の善仁（たるひと）親王（当時7歳）を即位させて堀河天皇とする。
1096	43歳	出家して法皇となる。
1107	54歳	堀河天皇の急逝により、孫の宗仁（むねひと）親王（当時4歳）を即位させて鳥羽天皇とする。
1120	67歳	関白の藤原忠実（ただざね）と衝突し、忠実を罷免。
1123	70歳	ひ孫の顕仁（あきひと）親王（当時4歳）を即位させて崇徳天皇とする。
1129	76歳	院御所で崩御。

●存命中に孫どころかひ孫まで即位させる

天皇が生前に退位する例は古く、最初の上皇となったのは7世紀の持統天皇だ。だが、会長に退いた経営者が社長にあれこれ指示するように、上皇が天皇の頭越しに実権を握る「院政」を確立させたのは白河上皇（出家後は法皇）だといわれている。

白河上皇は退位後、まず7歳の息子（堀河天皇）の後見人になる、まあ、ここまではふつうだろう。だが、堀河天皇が早世すると今度は4歳の孫（鳥羽天皇）を皇位に就け、成長した鳥羽天皇が反抗的になると、次は4歳のひ孫（崇徳《すとく》天皇）を皇位に就け、なんと43年間も政治の実権を握る。これは自分の血統を安定させ、藤原氏のような外戚の横やりを避けるためで、源氏の武士や院近臣《いんのきんしん》と呼ばれた直属の部下で脇を固めた。

白河上皇といえば、「鴨川の水、スゴロクのサイコロの目、山法師」の三つだけは自由にできないと語った「天下三不如意」の話が有名だ。ここでの山法師とは、比叡山延暦寺の僧兵のことだ。平安時代の後期、延暦寺の僧は寺領への朝廷の介入などがあるたびに、「文句があるなら仏罰くだすぞ！」とばかりに集団で強訴《ごうそ》をくり返した。だが、逆にいえば白河上皇はこの三つ以外は何でも支配できるほどの権力者だったのだ。

そんないっぽう、田植え祭の踊りから発展した田楽《でんがく》を愛好し、宮中で公卿に田楽をやらせて楽しんだという庶民的な面もある。さしずめ「なんか最近、ハロウィンってはやってるみたいだから、宮中でもやろうぜ！」といったノリだったのではないか。

●孫の嫁に手を出して生まれたとされた崇徳天皇

世には老いてからも息子の嫁に手を出したというスケベ親父がたまにいるが、白河上皇は、なんと「孫の嫁に手を出した」とうわさされている。白河上皇の孫の鳥羽天皇は、藤原公実《きんざね》の娘の璋子《しょうし》を皇后に迎えたが、この璋子、幼児期から白河上皇の養女としてかわいがられていたので、璋子の産んだ崇徳天皇は白河上皇の子だといわれた。

ちなみに崇徳天皇の誕生時に白河上皇は66歳、しかもタテマエ上は出家後だ。ついでに、崇徳天皇より1歳年上の平清盛も白河上皇の隠し子だったという説が根強い。
うわさが本当だったかは定かでないが、おかげで崇徳天皇はおおいに割を食った。鳥羽天皇は、崇徳天皇のことを「叔父子」と呼んで邪険にしたという。
白河上皇の死後、今度は鳥羽上皇が院政を始め、崇徳天皇を退位させてその弟を近衛天皇として即位させる。崇徳上皇は自分の皇子を即位させたいと願っていたが、鳥羽天皇の死後には、もう一人の弟が後白河天皇として即位。不遇続きだった崇徳上皇はついにブチ切れて「保元の乱」を起こすが、平清盛に鎮圧され、讃岐（香川県）に追放されたのちに死を遂げる。その後の血なまぐさい源平の戦乱は崇徳上皇の怨霊が引き起こしたともうわさされたが、この一連の非運の元凶は白河上皇だったといえるのではないだろうか。

古代
平安
鎌倉
室町
戦国
江戸
幕末
近代

紫式部

Murasaki Shikibu

センスは一流だが意外に辛辣な「宮中女子文芸クラブ」のボス

ファッション
容姿についてはヒミツです。あと、別に紫の衣を愛用していたわけではありません。

幼少期の様子
兄に代わって難しい漢詩をスラスラと暗唱してみせたので、父から「お前が男の子だったらなあ……」といわれました。

性格
向学心旺盛。請われれば喜んで文学の講義をしますが、知識をひけらかすのはキライです。

トラウマ 亭主の宣孝は20歳ほども年上でしたが、女好きで困ったものでした。	**交友関係** 同僚は和泉式部、赤染衛門などです。
家庭環境 藤原北家のお嬢様。娘も宮中女官となっています。	**趣味** 和歌、漢詩、宮中のうわさ話。
恋愛関係 宣孝のほかにも結婚歴があったといわれてますがヒミツです。	**仕事ぶり** 彰子さまには頼りにされました。『源氏物語』は執筆当時から宮中で愛読されてます。
人生の目標 宮中女官のトップに立つ。	**死因** ヒミツです。

特技・得意技等
父の影響で多くの漢籍を読みましたので、宋の商人とも筆談で話ができました。ただし、当時の女性の習慣から文章はもっぱらひらがなで書いています。清少納言がドヤ顔で『史記』や『晋書』の引用をしていた件は日記で思い切りコケに……いえ、少し辛辣に評してます。

本人希望記入欄
定子さまより彰子さまのほうが断然カワイイです！

記入上の注意　1：数字はアラビア数字で、文字はくずさず正確に書く。
2：※印のところは、該当するものを○で囲む。

履歴書

ふりがな　むらさきしきぶ

氏名　**紫式部**

生年月日	没年月日	※
973?年?月?日	1019?年?月?日(満46?歳)	男・㊛

出身
平安京(京都府京都市)

立場	あだ名
宮中女官、小説家	紫式部(これが通称・本名は不詳)

概要

越前守を務めた藤原為時(ためとき)の娘として生まれました。親類で大宰少弐を務めた藤原宣孝(のぶたか)に嫁ぎましたが、早くに夫に先立たれてしまいました。その後、一条天皇の中宮(皇后)となられた藤原彰子(しょうし)さまに女官としてお仕えします。この女官生活の頃に執筆した『源氏物語』はベストセラーになりました。

家族

父の藤原為時も文才に優れた人物で、菅原道真の孫にあたる菅原文時(ふみとき)の教え子でした。男の兄弟が何人かいましたが、文学の教養では私が一番、父から高く評価していただきました。娘の賢子(かたいこ)ものちに私と同じく彰子さまにお仕えしています。

年	歳	学歴・職歴(各項目ごとにまとめて書く)
???	0歳	誕生年は970年、973年、978年など諸説ありますがヒミツ。
???	10代	父の影響で漢詩や和歌を学ぶ。
996	20代	越前守となった父に同行して越前国(福井県)に行く。
998	20代	京に帰り、またいとこの藤原宣孝と結婚。
999	20代	この頃に娘の賢子(大弐三位)を出産。
1001	20代?	夫の宣孝が死去。この前後に『源氏物語』の執筆を始める。
1006	30代?	一条天皇の中宮(皇后)彰子に仕える。
1010	30代?	この頃『紫式部日記』を執筆。
1019	40代?	この頃に死去したと推定される。死去年は1014年、1016年など諸説ありますがヒミツ。

●『源氏物語』はみんな知ってても作者の本名は不明のまま

藤原香子《たかこ》――と書かれても誰のことやらわからないだろうが、これが紫式部の本名だったらしい。もっとも、本当にこの名だったという証拠はない。近代以前の日本の歴史では、とにかく女性の個人情報は少ない。紫式部という有名な呼び名は、父親の藤原為時《ためとき》が式部の職に就いていたことと、『源氏物語』のヒロイン紫の上に由来する。

よく紫式部とセットで語られるのが『枕草子』の清少納言だ。彼女も清原氏の出身で親族が少納言だったことから付いた呼び名といわれ、やはり本名はわかっていない。

平安文学の黄金期を築いた紫式部と清少納言は、ライバル関係だったと目されることが少なくないが、実際のところはどうだったのか？『紫式部日記』では清少納言のことを「文才をひけらかす不粋な女ですわねえ」といった調子で評しているが、どうやら両者に直接の面識はなかったようだ。清少納言の生年は９６６年（康保3年）頃と推定され、紫式部のほうが10歳ほど年下だったと考えられている。

ただし、紫式部と清少納言の立場は潜在的に対立関係だった。紫式部は一条天皇の中宮（皇后）の彰子《しょうし》に女官として仕え、清少納言は同じく一条天皇の中宮だった藤原定子《ていし》に仕えた。ちなみに彰子は藤原道長の娘、定子は藤原道隆《みちたか》の娘でいとこ同士となる。

要するに、紫式部と清少納言は「ウチの彰子さまのほうがステキな奥様よ！」「いいえ、ウチの定子さまのほうこそステキな奥様よ！」と張り合う間柄だったわけだ。だが、定子は1001年（長保2年）に20代前半で早世して、清少納言も宮中を去った。

●女子校の文芸部のようだった皇后彰子の文化サロン

いっぽうで彰子のほうは86歳まで長生きし、紫式部だけでなく、歌人として名高い和泉式部、『栄花物語』を著した赤染衛門《あかぞめえもん》などの文才ある女官を集めた。彰子の文化サロンはさながら女子校の文芸部。紫式部はその部長といったところだろう。

この女子クラブ、離れたところから見るぶんには華やかだが、内部はけっこうドロドロしていたのではないか？　と想像できる。何しろ女が二人以上集まれば、「アイツの髪型、ありえないよね」「アイツ、礼儀がなってないんじゃない」などと人を値踏みするうわさ話で盛り上がるのは常。後宮では女同士の争いも多かったし、紫式部は少女時代から漢籍の教養も豊かでハイセンスな女性だったが、清少納言への酷評ぶりなどを見ると、自分とセンスが合わない相手にはかな～り口が悪かったことがうかがえる。

それでも、平安文学の全盛期となった当時は、のちの武士の世とは異なるよさがあった。何しろ紫式部の残した『源氏物語』といえば、不倫、夜ばい、ロリコン（歳の差婚）などなど……性的には乱れまくったお話なのに、それがセレブの間で堂々と読まれていたのだから、ある意味では現代以上に自由でオープンな時代ではないか。

平清盛

Taira no Kiyomori

「武士の時代」を先取りながら没落したイケイケのベンチャー商社「平家」社長

ファッション	
出家後の入道姿が有名ですが、武人として現役の頃は、大きな鍬(くわ)形のついた兜と甲冑を使っていました。	

幼少期の様子

すでに6歳のとき馬に乗って伊勢神宮の神官の行列に参加しました。このように幼児期から重要な行事に名を連ねていたという記録があるのも、実の父が上皇だったからなんていわれています。

性格

大胆不敵。利用できるものは何でも利用。

トラウマ	交友関係
「平治の乱」の後、頼朝を殺さないでやったのはマジ失敗だったわ。	ライバルの源義朝とは「保元の乱」のときは戦友でした。
家庭環境	**趣味**
平氏の嫡男。子供も多数ですが、できがイマイチの者も多かった。	和歌、琵琶、すごろく。
恋愛関係	**仕事ぶり**
妻のほかに妾が複数。源義朝の側室をもらったともいわれています。	貿易、新港開発、遷都などいろいろやりましたが、志半ばでの中断が多いです。
人生の目標	**死因**
旧弊打破と商売繁盛	病死。ひどい高熱で、マラリアだったといわれています。

特技・得意技等

「禿(かむろ)」という少年スパイ団を組織して、平安京のなかでのうわさ話を集めたり、平氏のことを悪くいってる連中について調べさせました。

本人希望記入欄

諸行無常。

記入上の注意　1:数字はアラビア数字で、文字はくずさず正確に書く。
2:※印のところは、該当するものを○で囲む。

履歴書

ふりがな たいらのきよもり		
氏名 平 清盛		
生年月日 1118年2月10日	没年月日 1181年閏2月4日(満63歳)	※ 男・女
出身 平安京(京都府京都市)		
立場 平氏の棟梁、太政大臣	あだ名 六波羅殿、六波羅入道	

概要

平氏のリーダー平忠盛(ただもり)の長男として生まれました。「保元の乱」と「平治の乱」で、藤原氏や源氏の有力者を潰したうえで後白河上皇に恩を売り、太政大臣となります。宋との貿易によって日本に初めて本格的に貨幣経済を導入しましたが、のちには源氏の反攻で苦しみました。

家族

実の父は白河上皇だったともいわれます。実際に母は白河上皇に仕えた女官ですが、真相はヒミツとしておきましょう。弟は家盛、経盛(つねもり)、教盛(のりもり)など多く、武に秀でた者もいれば和歌に秀でた者もいました。跡継ぎの重盛はわりとできがよかったのに、早死にしてしまったのが惜しいです。

年	歳	学歴・職歴(各項目ごとにまとめて書く)
1129	11歳	宮門を警護する左兵衛佐として任官(従五位下)。
1137	19歳	肥後守に就任。
1156	38歳	「保元の乱」で、崇徳上皇、藤原頼長らを鎮圧。勲功により播磨守となる。
1159	41歳	「平治の乱」で、藤原信頼らを鎮圧。
1160	42歳	「平治の乱」で敵対した源義朝(よしとも)の遺児である頼朝らを追放。
1167	49歳	太政大臣に就任。
1179	61歳	後白河法皇を拘束して朝廷の実権を握る。
1180	62歳	福原京への遷都を断行するが、年末には平安京へ帰還。
1181	63歳	孫にあたる安徳天皇を擁立。京都にて死去。

●平成時代とは逆にインフレに苦しんだ平安時代末期

第二次世界大戦前夜の1939年（昭和14年）、ドイツのベルリンで日本古美術展覧会が開かれた。このとき、本来はアジア人を見下していたヒトラー総統が「すげえ！　超クール」と絶賛したのが、六波羅蜜寺所蔵の平清盛坐像だったという。

ヒトラーは当初、ドイツ政界の古い保守派に取り入りつつ政権の座に就いたが、途中まで後白河法皇に取り入りつつ宮中を乗っ取った清盛の手腕は似ていなくもない。そういえば、清盛は「禿《かむろ》」という少年スパイ団を使っていたが、ナチスにもヒトラーユーゲントという少年団があった……まあ、独裁者のやることはどこでも同じようなものだ。

そんな清盛が画期的だった点は何か？　デフレが続いた平成時代、インフレ待望論が唱えられて久しいが、じつは日本で最初のインフレを招いたのは清盛だった。

初めて日本で貨幣がつくられたのは7世紀末だが、商業の規模が小さいためなかなか普及しなかった。だが、1159年（平治元年）の「平治の乱」の鎮圧後、藤原氏も源氏も押しのけて宮中の実権を握った清盛は、宋との貿易に力を入れて商業を振興する。

清盛が「平氏にあらざる者は人にあらず」とまでいわれた平氏の黄金期を築いたのは、武人としての才覚に加え、白河上皇の私生児という威光があったといわれる。それだけでなく、清盛には商才と財力があった。清盛の父の忠盛《ただもり》も宋との貿易に手を付けていたが、さらに清盛は九州の博多や大輪田泊《おおわだのとまり》（兵庫県神戸市）に新港を築く。

そして「まずはゼニ自体を増やさんとな」というわけで、宋の貨幣をバンバン輸入して流通させた。ところが、日本人はまだ貨幣経済に慣れていなかったので、天下は「銭の病」に苦しんだという……これは大インフレのことだったらしい。

●敵には容赦なかったが孫相手には好々爺《こうこうや》

武力、財力共に充実した清盛は、娘の徳子を高倉天皇に嫁がせて皇室と姻戚関係になり、のちの安徳天皇となる言仁《ときひと》親王を産ませた。清盛も孫には甘かったようで、言仁親王が幼い頃、指にツバをつけて屋敷の障子に穴を開けて遊んでいたが、顔をしかめるようなことはなく「おお、かわいいのう」とニコニコ顔で見守っていたという。

だが、後白河法皇は平氏の急速すぎる台頭を警戒する。そして藤原氏や比叡山延暦寺とも手を組んで清盛打倒を謀り始めたのだった。そこで清盛は先手を打ち、１１７９年（治承3年）年11月、クーデターを決行して法皇を幽閉。翌年、３歳の言仁親王を安徳天皇として即位させた。この平氏政権は短命ながら鎌倉幕府に先立つ最初の武家政権だった……というと「自分の血筋の子を皇位に就けるとか、藤原氏と同じじゃん」とツッコミを入れる人もいるだろう。

それでも平氏政権が革新的だったのは、先に触れたように、日本で初めて市場経済を広めたことだ。それまで、各地の農産物は地元で消費されるか荘園から都に直行で市場にはさほど出まわらず、取引の大部分は旧態依然の物々交換だった。ところが、貨幣と商業が普及すれば、海運業者や商人など誰でも商売でもうけられるチャンスが広がる。それこそ、多くの荘園を支配する藤原氏や比叡山延暦寺などの古い権威を揺るがす行為だったのだ。

●栄光の頂点から不運の連続を味わった最晩年

しかし、短期間で成り上がりすぎると潰されるのは世の常。1180年（治承4年）には各地で源氏の挙兵が始まり、後白河法皇もこれに乗って巻き返しを図る。

とりわけ痛かったのが源頼朝の存在だ。「平治の乱」の後、清盛は河内源氏のボスの源義朝《よしとも》を処刑、跡取りで当時13歳の頼朝も殺す気だったが、義理の母にあたる池禅尼《いけのぜんに》の嘆願にしたがって伊豆の流刑ですませてやった。それが、平氏打倒のリーダーになって帰ってきたのだから、「あーあ、人に情はかけるもんじゃない」と悔やんだろう。

しかも、自分の後継者の重盛は早世。平氏の地盤となっていた西日本では飢饉が起き、戦費が必要なのに税収がガタ減りといった不運が重なるなかで清盛は死去する。一族に対し、清盛は「いいかお前ら、最後の一人が頼朝に死骸をさらすまで戦え」といい残した。その4年後、清盛の遺言をなぞるように壇の浦の戦いで平氏は滅亡してしまう。まるで、急成長の後、一気に倒産したベンチャー企業のような末路だ。

第三章

鎌倉時代

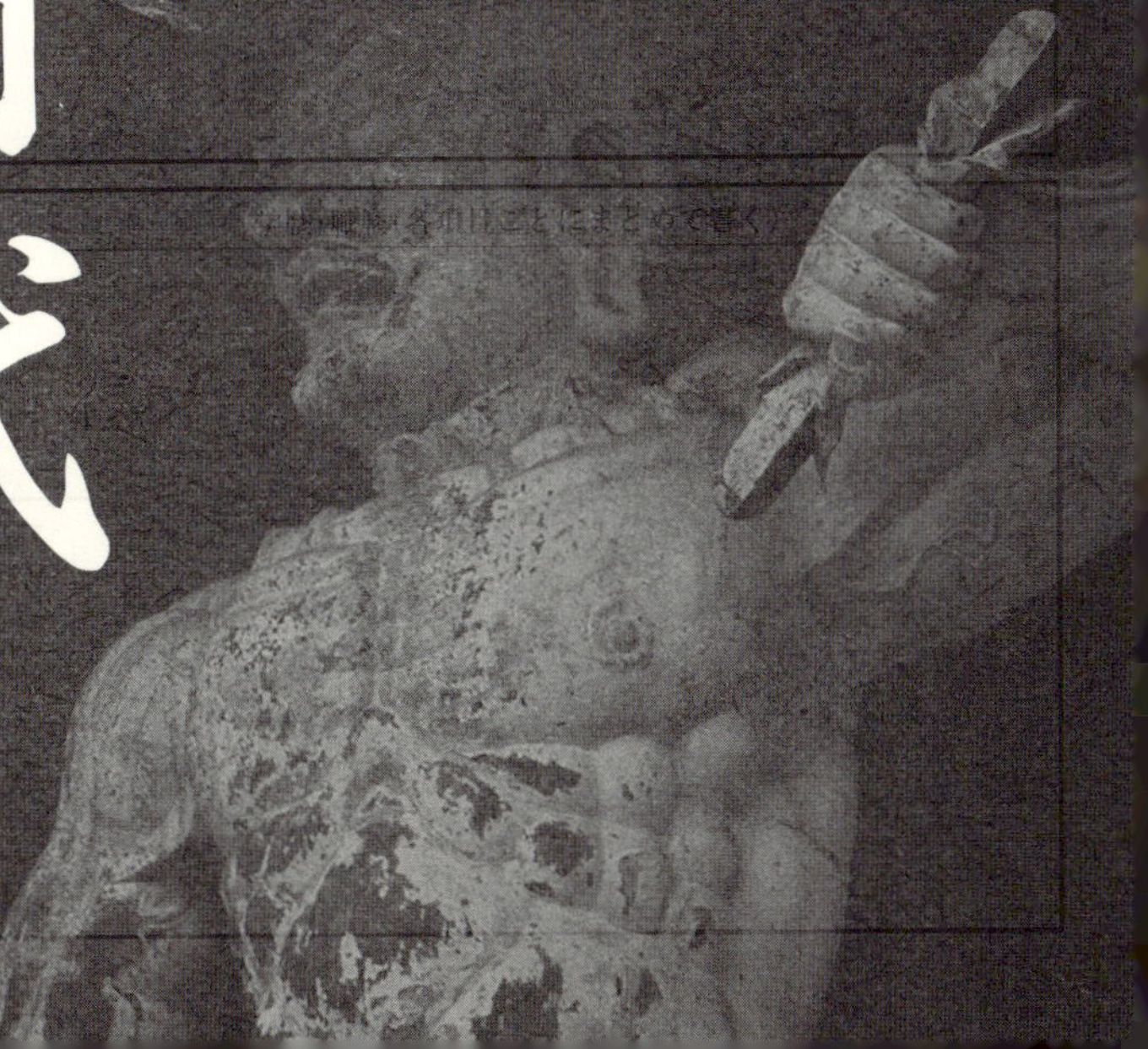

後白河法皇

Goshirakawa houou

源氏と平氏の間を渡り歩き
武家政権の誕生に最後まで抵抗

ファッション 若い頃から流行に敏感でした。皇位継承の可能性が低いので民間のファッションも取り入れていました。出家してからはほとんど法衣でしたが、袈裟もいい色のを使っています。	
幼少期の様子 皇位継承順位が低かったので扱いも悪かったですが、好きなだけ趣味の今様に没頭できました。しかし、皇族や貴族のしがらみがなかったおかげで、即位してからも自由に動けました。	
性格 やられたことは忘れませんが恨みを残すようなことはしません。かつての敵であっても積極的に登用する心の広さをもっています。	
トラウマ 兄の亡霊。息子との対立。	**交友関係** 藤原信頼、信西、平清盛、源義仲、源義経など。友人関係は長続きしません。
家庭環境 ロイヤルファミリーの末端。父からは冷遇。	**趣味** カラオケ(今様)、白拍子(しらびょうし)見物。
恋愛関係 出家してからもおさかん。両刀使い。	**仕事ぶり** 役に立つと思えば何でも利用する。役に立たないと思ったらすぐ捨てる。
人生の目標 武士にばかりいい思いはさせない。	**死因** 体調不良による病死。

特技・得意技等

今様が好きすぎて、毎日練習を欠かさず朝も昼も夜も歌っていました。おかげで、声がかれて喉を何度も痛めたことがあります。でも、今様の歌謡全集『梁塵秘抄(りょうじんひしょう)』を編集して、後世に今様のおもしろさを伝えることができました。歌詞だけじゃなく歌い方なんかも解説した歌唱マニュアルでした。

本人希望記入欄

「天皇」としてよりも「法皇」としてのほうが有名です。父親からは「天皇の器じゃない」なんていわれていましたが、武士が台頭するなかで天皇家の権威を保っていられたのは自分の力があってこそ。誰もいってくれないので自分でいいます。

記入上の注意　1:数字はアラビア数字で、文字はくずさず正確に書く。
2:※印のところは、該当するものを○で囲む。

履歴書

ふりがな	ごしらかわほうおう
氏名	後白河法皇
生年月日	1127年9月11日
没年月日	1192年3月13日（満64歳）
※	男・女（男に丸印）
出身	平安京（京都府京都市）御所
立場	第77代天皇
あだ名	雅仁《まさひと》親王、日本一の大天狗

概要

皇位とは無縁な皇子でしたが父と兄が不仲だったせいで、たまたま天皇の地位がまわってきました。しかし、即位後も、譲位して法皇になったときも、藤原氏、平氏、源氏と、政敵でも平気で味方に付ける抜群のバランス感覚で天皇家の権威を死守しました。

家族

74代鳥羽天皇の第4子で兄は75代崇徳天皇、弟に76代近衛天皇。最初の后は藤原懿子（いし）、中宮は藤原忻子（きんし）、法皇となってからは平滋子（しげこ）と、名門の子女を妻に迎え、そのほか多くの愛妾を抱えて11男6女をもうけました。

年	歳	学歴・職歴（各項目ごとにまとめて書く）
1155	28歳	近衛天皇崩御により、中継ぎとして即位。
1156	29歳	兄の崇徳天皇と対立。「保元の乱」が起こり、勝利。
1158	31歳	息子の二条天皇に譲位するが、上皇となって院政を敷く。
1169	42歳	出家して後白河法皇となる。平清盛と対立し始める。
1180	53歳	「平清盛追討令」を発布。源頼朝の挙兵により形勢逆転。
1183	56歳	源氏の源（木曽）義仲と敵対したため討伐命令を出す。
1185	58歳	「壇の浦の戦い」で平氏が滅亡。勝利した源頼朝の力を削ぐため、弟の義経に官位を与えて頼朝討伐を命じるが失敗。
1190	63歳	源頼朝の征夷大将軍就任は拒否して天皇家の権威を守る。
1192	64歳	体調不良により病死。同年、源頼朝が征夷大将軍となる。

●連日カラオケ大会のボンボンに突然まわってきた皇位

教科書などでは、「天皇」ではなく「法皇」として語られることが多いのが第77代後白河天皇。天皇としての在位期間はわずか3年ながら、上皇・法皇となって以降も実権を握る院政を敷き、孫よりも長生きしたのだからそれも仕方のないことだろう。

しかし、鳥羽天皇の第4子として生まれた雅仁《まさひと》親王（のちの後白河法皇）は、もともとは天皇になる資格も熱意もない若者だった。継承順位が遠いため、当時庶民の間で流行していた七五調の歌謡曲「今様《いまよう》」に没頭し、趣味人として生きていたのだ。そのオタクぶりは常軌を逸しており、昼も夜も歌い続け、声をからして喉を痛めるほど。父の鳥羽上皇も「こいつだけは天皇の器じゃない」と断言していた。

ところが、鳥羽上皇は兄の崇徳《すとく》天皇を祖父である白河天皇の子だと信じ、崇徳天皇に実権を与えなかった。異母弟の近衛天皇に譲位させ、さらに今度は、雅仁親王の子である守《もり》仁《ひと》親王（のちの二条天皇）を即位させようとした。ここで、「天皇に即位するのは天皇の子じゃなきゃダメ」という意見が出たため、守仁親王の親である雅仁親王を、中継ぎの天皇として「仕方なく」即位させることになったのだ。

ただ、鳥羽上皇にも誤算があった。頼んでもいないのに中継ぎの天皇にさせられた後白河天皇だったが、一度手に入れた権力の座を、かんたんに手放すつもりはなかったのだ。

●「昨日の友は今日の敵」行き当たりばったりで敵を消去

後白河天皇が即位すると、すぐに父の鳥羽上皇が崩御。すると、不満をため込んでいた崇徳天皇が、摂関家の藤原頼長《よりなが》と組んで「保元の乱」を起こす。後白河天皇は、僧侶の信《しん》西《ぜい》、武士の平清盛や源義朝の協力を得て戦いに勝利した。貴族の藤原氏を弱体化させ、武士が台頭することになったが、まず最大の敵である兄を排除することに成功した。

さらに後白河法皇は、このとき協力してくれた3名も華麗に消去。まず、平氏と源氏が争った「平治の乱」で、信西と源義朝が消えてくれた。そして、最大の協力者であった清盛ともやがて敵対。一時は屋敷に幽閉されて院政もとれなくなるが、ダメもとで清盛追討令を出したところ、平氏に恨みをもつ源氏が挙兵。しかも清盛が勝手に病死してしまったので、平氏を京都から追い出し、院政を復活させることもできた。

「俺、もってる！」と思ったかどうかはともかく、政敵が勝手にいなくなる恐ろしいほどの強運のもち主。その後は、木曽義仲、源義経に接近して源氏同士の争いを主導した。とはいえ、義経に頼朝追討令を出したものの、頼朝ににらまれるとあっさり義経追討令に切り替える変わり身の早さは、単に行き当たりばったりのようにも見える。それでも、保身にかけては天下一のバランス感覚をもっていたのは確か。おかげで、天皇家の権威は保たれ、後白河法皇の存命中は、頼朝も征夷大将軍の座を我慢しなければならなかった。

古代 平安 鎌倉 室町 戦国 江戸 幕末 近代

源頼朝

Minamoto no Yoritomo

戦わずして勝利した鎌倉幕府初代将軍は兄弟さえも粛清する冷徹なプリンス

ファッション 顔は大きめで背は低かったですが美男子でした。流罪の期間が長かったので貧乏にも慣れて、あまりおしゃれには気を遣いません。家臣が贅沢な格好をしていると怒りました。	
幼少期の様子 武家社会のサラブレッドとして将来を約束され、幼くして朝廷から右近衛将監などの官職を与えられていました。平治の乱では父とはぐれて捕まってしまい、以後は流罪人として急降下。それでも命が助かったのは儲けものです。	
性格 細かい性格なので御家人の姿形や人となりもすべて把握しています。同じ一族の源(木曽)義仲や弟の義経・範頼(のりより)には厳しく、自分がトップじゃないと許せません。でも、息子と政子にだけは甘いとよくいわれます。	
トラウマ 平治の乱と石橋山での敗戦。	**交友関係** 北条時政、梶原景時、ほかに三浦氏、千葉氏、武田氏など関東の武士ですが基本部下です。
家庭環境 9人兄弟の3男。父と兄は早くに亡くなり、別々に育ったので兄弟の絆はそれほどでも。	**趣味** 短歌、巻狩り、相撲観戦。
恋愛関係 政子以外にも何人かいましたが、政子にバレたらえらいことになりました。	**仕事ぶり** 自分では戦わずに平家を倒すなど統率力に優れ、政治手腕に長けている。
人生の目標 武士の棟梁に俺はなる!	**死因** 落馬説、飲水の病(尿崩症か糖尿病か食中毒)説、呪い説、暗殺説など諸説あり。

特技・得意技等

戦いに弱いと思われていますが巻狩りなど武芸がベースの趣味ももっていました。弓矢は得意で、鎧武者を一発で射抜いたこともあります。ただ、制度づくりとか人員配置のほうが得意なので、やはり生まれながらの指導者です。

本人希望記入欄

「いい国(1192)つくろう」でおなじみです(最近は変わったみたいですが)。僕のことは嫌いでも源氏は嫌いにならないでください!

記入上の注意　1:数字はアラビア数字で、文字はくずさず正確に書く。
2:※印のところは、該当するものを○で囲む。

履歴書

ふりがな　みなもとのよりとも

氏名　**源　頼朝**

生年月日	没年月日	※
1147年？月？日	1199年1月13日（満52歳）	㊚・女

出身
尾張国熱田（愛知県熱田市誓願寺）

立場	源氏の惣領、征夷大将軍	あだ名	鬼武者、三郎、佐殿、鎌倉殿

概要
伊豆に流刑中に地元豪族の娘である北条政子と結婚。後白河法皇の勅令に応じて挙兵すると、平氏への不満を募らせた武士たちが多数集結。平氏討伐後は、武士による政権樹立を目指して制度を強化し、征夷大将軍として史上初の幕府を開き、以後幕末まで700年続く武士の世をつくりました。

家族
源義朝（よしとも）の3男として生まれる。母は熱田神宮宮司の娘。兄が２人いましたが、母親の身分が高いため、後継者として期待されていました。ほかに腹違いの弟が６人いますが、思い入れはあまりないです。息子の頼家（よりいえ）、実朝（さねとも）も将軍になりましたが、まさか息子たちの代で途絶えるとは……。

年	歳	学歴・職歴（各項目ごとにまとめて書く）
1147	0歳	母の実家のある熱田神宮近辺で生まれる。
1159	12歳	「平治の乱」に参戦するも翌年には捕縛される。
1177	30歳	平氏方の豪族であった北条氏の娘の政子と結婚する。
1180	33歳	平家討伐のために挙兵。「石橋山の戦い」で惨敗するも「富士川の戦い」で大勝利。鎌倉を拠点とした町づくりに着手。
1185	38歳	源義経が「壇の浦の戦い」で平氏を滅ぼす。全国に守護・地頭を置いて源氏による武家政権を確立。
1189	42歳	「奥州合戦」にて奥州藤原氏を滅ぼし天下統一を果たす。
1192	45歳	征夷大将軍に就任。
1199	52歳	死去（死因は落馬による体調不良や、糖尿病説などいろいろ）。

●母性本能をくすぐって命拾いした美少年

清和天皇（在位858〜876年）にまでさかのぼる武家の名門・源氏の嫡男として生まれた源頼朝は、幼名を「鬼武者」といった。後世の冷徹な政治家像からは想像できない強そうな名前だ。河内源氏の棟梁である源義朝《よしとも》の三男だが、兄の義平《よしひら》（悪源太）、朝長《ともなが》は、母が地方豪族の娘であったのに対して、頼朝の母は正室の由良御前《ゆらごぜん》。しかも母方の実家は、熱田神宮の宮司。母親の身分の高さから嫡男とされたのだった。このように、頼朝の人生は、女性の力に大きく左右されている。それもこれも、頼朝が美男子だったからだ。

「平治の乱」で父の義朝が敗れると、頼朝も平氏にとらえられる。源氏の嫡男で、しかも12歳ですでに戦いに加わっていたのだから当然処刑されるはず。ところが、平清盛の義母・池禅尼《いけのぜんに》の命乞いによって伊豆への流罪となった。幼くして亡くなった池禅尼の息子に似ていたためというが、それも頼朝が美男子だったからだ。そんな理由で命を助けてしまったばかりに、のちに平氏が滅ぼされるのだから、平清盛も激しく後悔したことだろう。もっとも、義経などほかの子供も助けているので、清盛自身も美少年と女には甘い。

流された伊豆では、地元豪族の娘である北条政子と結婚して、父の北条時政《ほうじょうときまさ》の後ろ盾を得た。夢中になったのは政子のほうで、かけおち同然に結婚してしまったので、猛反対だった北条時政も認めるしかなかった。やはり、頼朝が美男子だったからだ。

頼朝が美男子だったことは、『源平盛衰記』に、「顔が大きく容貌は美しい」と記されている。敵側の書である『平家物語』にも「容貌優美」とあるので確かだろう。

●源氏のネームバリューは惨敗しても輝く

伊豆で地盤を固めた頼朝は、後白河法皇の平氏討伐令に呼応して挙兵する。ところが、平氏の大庭景親《おおばかげちか》が3000騎を率いて攻めてくると惨敗してしまう。このとき頼朝の兵はわずか300騎ほどしかいなかった。勝てるわけもなかったが、この大敗が転機となる。

当時は東国武士の間でも平氏への不満がたまっていた。そこに現れたのが頼朝だったのだ。源氏の嫡流という高貴な血筋、劣勢でもみずから弓矢を引いて戦う武勇、しかもイケメン。三拍子そろった頼朝ほど、武士たちが担ぐのにふさわしい御輿《みこし》はいなかった。

途中、平家方の梶原景時はあえて頼朝を見逃し、逃れた安房《あわ》(千葉県)では、千葉氏、上総《かずさ》氏といった地元豪族たちが次々と頼朝のもとに集まってきた。こうして頼朝はふたたび立ち上がり、東国武士を続々と吸収すると、その数は数万騎にまで膨れ上がった。

弟の義経とも再会を果たし、勢いを盛り返した頼朝軍は鎌倉に返り咲いた。そして、平家の大軍と向かい合った「富士川の戦い」では、本格的な戦いの前に平氏軍が勝手に退却。その後、戦いを義経たちに任せて鎌倉に戻ると、頼朝は新たな制度づくりに着手した。誰もが京の都を目指した時代に、東国を政治の中心とした国をつくろうと考えたのだから、顔と血筋がいいだけでなく、頭脳も明晰、そして運もいい男だった。

●武士たちのハートをつかむ好感度アップ作戦

頼朝は鋭い観察眼をもっており、敵の平氏だけではなく、味方の御家人たちもよく見ていた。そもそも、頼朝の下に集まった武士たちは、平氏への不満からこちらについたものがほとんどだった。ただの協力者であって、家臣ではないのだ。

そんな御家人たちを完全に自分の家臣にするために、頼朝は知力を尽くした。公文所《くもんじょ》（役所）や問注所《もんちゅうじょ》（裁判所）を置き、武士の人事や争いごとを統制。敵から奪った領地は、功績に応じて頼朝の名で分配し、各地の守護・地頭として任命する。こういった朝廷とは関係ないところで武士の人事権を握り、頼朝は自分の権威を高めていった。だからこそ、のちに弟の義経が勝手に朝廷から官位を受けたときに激怒したのだ。

ただ命令していただけではない。挙兵前には、側近を一人ずつ部屋に呼んで作戦を語りながら「俺が本当に期待しているのはキミだよ。ほかのみんなには内緒ね」と告白。自分だけが期待されていると思った側近たちは、劣勢に陥っても死にもの狂いで戦ったという。また、義経や範頼《のりより》など、生き別れていた弟たちと再会したときは、手を取って涙も流している。先に京都を制圧したいとこの源（木曽）義仲からは、息子を人質に出させたが、娘の婚約者として扱った。一流の政治家は、好感度を高めるパフォーマンスでも超一流。こうして、担がれるだけの御輿から、統治する支配者へと変貌していった。

●名政治家の好感度を急落させた義経討伐

鎌倉で権力基盤を高めている間に、頼朝の命を受けた義経らが平家を滅ぼした。戦わずして勝利し、以後、室町、江戸まで700年近く続く武家政権の開祖となった。どんなにほめたたえられてもおかしくない。ところが、現代において頼朝の好感度は低い。

何といっても、人気絶大だった弟の義経を死なせたことが大きい。ほかにも、娘の婚約者だった源義仲の息子も、義仲を討伐するのと同時に殺している。同じく弟の範頼にも、謀反の疑いをかけて流罪にした。兄弟さえも粛清する非情な独裁者といったイメージだ。

ただ、平安時代の武士は完全に個人主義で、親兄弟で敵味方にわかれることも珍しくなかった。1156年（保元元年）の「保元の乱」では父の義朝と祖父の源為義《ためよし》が敵味方にわかれて戦っている。同族同士の主導権争いは源氏のお家芸ともいえるべきものだった。

いっぽうで頼朝は、義経と母が同じ阿野全成《あのぜんせい》や、公家に嫁いだ妹の坊門姫などは大事にしていた。とくに息子の頼家《よりいえ》は溺愛するなど、じつは家族を大事にするタイプだったのだ。

しかし、同族ばかりを優遇しては、平氏と同じ末路になりかねない。政治的駆け引きにうとい弟に、「空気読めよ！」といってやりたいところだが、義経が朝廷に利用されて頼朝討伐の兵を挙げてしまった以上、討伐するしかなかったのだろう。

源義経

Minamoto no Yoshitsune

驚異の戦術で平氏を倒した功労者
ルール破りの天才がルールに敗れる

ファッション 色白の美少年で、若い頃は白拍子の格好で夜の京都に出没したといわれています。戦いになってからは鎧兜が多くなりましたが、重いのであまり好きではありません。	
幼少期の様子 母が平清盛の妾になり、それから公家の一条氏のところに嫁ぐと鞍馬寺に預けられました。鞍馬では天狗に武術や兵法を習ったという話がありますが、稚児として男色の相手をさせられていたともいわれています。よい思い出がないので、あまり子供の頃の話はしたくないです。	
性格 既成概念にとらわれない柔軟な発想ができますが、深く考えずに突っ走ってしまう傾向があります。あまり人の話は聞きません。空気も読めません。	
トラウマ 母の身売り。鞍馬寺での生活。兄に嫌われたこと。	**交友関係** 藤原秀郷、武蔵坊弁慶、義経四天王、源行家、後白河法皇。
家庭環境 9人兄弟の末っ子。頼朝の仲人で河越重頼の娘を正室に、側室が二人。子供は3人。	**趣味** 笛、戦争、戦術研究(虎の巻を読むこと)。
恋愛関係 側室の静が一番ですが、平徳子も捨てがたい。	**仕事ぶり** 能力は高いですが、兄に認められないとすぐにすねます。
人生の目標 平家を倒したい。	**死因** 館を急襲されたため自害。

特技・得意技等

「五条大橋の決闘」や「八艘飛び」のおかげで身軽だと思われています。指揮も抜群にうまいですが、じつは力はそれほどでもなくて、源氏の得意技である強弓がひけません。弓を落としたとき、敵に拾われてバカにされるのが嫌だったので拾いに行きました。

本人希望記入欄

死んだ後も北海道に逃れたとか、海を渡ってチンギス・ハーンになったとかいわれています。生存説が出るのは人気者の証明。

記入上の注意　1：数字はアラビア数字で、文字はくずさず正確に書く。
2：※印のところは、該当するものを○で囲む。

履歴書

ふりがな	みなもとのよしつね
氏名	源 義経
生年月日	1159年?月?日
没年月日	1189年閏4月30日(満30歳)
※	男・女 (男に丸印)
出身	山城国(京都府)
立場	判官、左衛門尉、検非違使
あだ名	牛若丸、遮那王、九郎判官

概要

幼くして寺に預けられましたが脱走し、奥州藤原氏のもとで育ち、兄の頼朝が平氏討伐の兵をあげたのでこれに参加。各地を転戦しながら平氏を追い詰めて滅ぼすことに成功。しかし、兄との関係悪化により逃亡することになり、逃げ込んだ奥州で裏切りにあって自害。日本史上屈指の悲劇のプリンスです。

家族

父は源義朝(よしとも)、母は常盤(ときわ)御前で、9人兄弟の末っ子ですが母親まで同じなのは3人。父とは幼い頃に死別し、兄ともバラバラにされたのであまり家族の縁がありません。しかし、成長してからは兄弟力をあわせて平氏を倒しました。結果的には兄と険悪になりましたがブラコンの気があります。

年	歳	学歴・職歴(各項目ごとにまとめて書く)
1160	1歳	「平治の乱」の敗戦で父が死亡。母や兄弟と共にとらえられる。
1174	15歳	奥州藤原氏のもとに行く。元服。
1180	21歳	平氏討伐令を受けて奥州から関東に向かう。「富士川の戦い」の翌日に兄の源頼朝と初対面。
1184	25歳	「宇治川の合戦」で勝利。京で検非違使(けびいし)に任官。「一の谷の戦い」で鵯越(ひよどりごえ)の坂落としを敢行し勝利。
1185	26歳	「壇の浦の戦い」で平氏を壊滅。後白河法皇から頼朝追討令を受けるが、逆に頼朝側に攻め込まれて脱出。逃亡生活に入る。
1187	28歳	奥州藤原氏を頼って平泉にたどり着く。
1189	30歳	藤原泰衡(やすひら)が、館を襲撃。妻子を刺して自害する。

●「美少年」説、「出っ歯でチビ」説。真相は?

どこをとってもドラマティックな源義経は、古くは能や歌舞伎、人形浄瑠璃、現代でもドラマ、映画、漫画、アニメなどの題材にされている。時代ごとのアイドルが演じ、美少年キャラに描かれ、まさに時代を超えたスーパースターだ。いっぽうで、義経の肖像として伝わる絵画は、どう見ても美少年とはいいがたい。はたして真実はどうなのか?

あらためていうまでもないが、義経の活躍エピソードの多くは、義経を主人公にした『義経記《ぎけいき》』の創作だ。鞍馬寺で「天狗と修業する」ところからもう眉唾モノだが、成長後に実際にあった合戦のことでも、「八艘飛び」などかなり話が盛られている。

美少年だったというのも、『義経記』で絶賛されているためだ。なんと男性ではなく女性の楊貴妃にたとえられている。いっぽうで、敵方の平氏を描いた『平家物語』では「チビで色白だけど出っ歯らしいよ」と、悪口をたたかれている。

義経の鎧兜などから、身長は150センチ未満と推定されており、背が低かったのは確かだろう。ただ、出っ歯かどうかは、平氏側の中傷の可能性もある。そもそも現在伝えられる肖像も、江戸時代に描かれたものだ。義経の本当の顔は、誰にもわからないのだ。

義経の母の常盤《ときわ》御前は、「1000人に一人」の美女だったという。父親が同じ頼朝も、低身長ながら美男子だったという。父母どちらに似ても、美男子だった可能性は高い。

しかも、預けられていた鞍馬寺では、稚児《ちご》をさせられていたという話もある。平安時代、女人禁制の寺では、稚児という少年たちが僧侶の男色相手をしていた。美少年ぶりを僧侶たちに狙われたからこそ、脱走におよんだのかもしれない。

●ブラコン全開で泣きついてみた腰越状

弱い者や負けそうな側に、つい肩入れしてしまう日本人の習性を「判官《ほうがん》びいき」という。これは、源義経の官職だった判官から取られている。義経が悲劇的な結末を迎える原因になったのも、この判官という官職を受けたためだった。

頼朝は武士の独立政権をつくるため、許可なく朝廷から官位をもらうことを禁じた。ところが、弟の義経が官位を受けてしまったので台無しになってしまった。激怒した頼朝は、義経が平氏滅亡後に捕虜を連れて鎌倉に凱旋したときも、鎌倉に入れなかった。

そこで義経が出したのが「腰越状」という手紙。内容は「がんばって平家を倒したのにこんなことするなんてひどい」という泣き言の羅列。兄への想いを語り出したかと思えば突然悪口になったり、「ボクは悪くない」といい張ったり、完全に情緒不安定。

義経は、「矢合わせ」や「船の漕ぎ手を狙わない」といった、平安時代の戦いのルールを無視して勝利を重ねてきた。しかし、戦場では許されても政治では許されない。新たなルールを構築する側の頼朝にとって、義経の主張は聞き入れられないものだったのだ。

古代
平安
鎌倉
室町
戦国
江戸
幕末
近代

西行

Saigyou

突然出家したエリート武士が新たな歌の潮流をつくる放浪詩人に

ファッション エリート部隊の北面の武士だったので、ルックスもよくおしゃれでした。でも、出家してからはあまり衣服にもかまわなくなりました。	
幼少期の様子 裕福な武士の家に生まれて何不自由なく育てられました。上流貴族の徳大寺家に仕えてエリートコースに乗りました。英才教育を受けたので、流鏑馬も蹴鞠もプロ級で、とくに和歌では一目置かれるほどの腕前でした。	
性格 生涯悟りを開けないことに悩み続けるネガティブなタイプですが、ある日突然出家するなど、突飛な行動が目立ちます。	
トラウマ 娘に無視されたこと。放浪中に子供にやりこめられたこと。子供との相性が悪いです。	**交友関係** 藤原秀衡(ひでひら)。
家庭環境 妻と息子、娘。弟が一人。	**趣味** 歌、蹴鞠、流鏑馬。
恋愛関係 失恋が出家の原因ともいわれています。	**仕事ぶり** 武士としてもかなり活躍が期待されましたが、出家後は歌を詠むだけです。
人生の目標 悟って桜の花の下で死にたい。	**死因** 病死。

特技・得意技等

源頼朝に面会したときに、流鏑馬のコツを教えてあげたら、翌年から鶴岡八幡宮に奉納されるようになりました。一度も鞠を落とさずにリフティングができます。人造人間の製造に成功しています。

本人希望記入欄

「西行のもどり松」「西行の戻り橋」とか、各地に子供にやりこめられた話が残っています。恥ずかしいのでやめてほしいなあ。

記入上の注意　1:数字はアラビア数字で、文字はくずさず止確に書く。
2:※印のところは、該当するものを○で囲む。

履歴書

ふりがな　さいぎょう		
氏名　**西行**		
生年月日 1118年?月?日	没年月日 1190年2月16日(満72歳)	※ 男・女（男に丸）
出身 紀伊国(和歌山県紀の川市)		
立場 僧侶	あだ名 佐藤義清、円位	

概要

北面の武士を務め、歌人としても有名でしたが、22歳のときに突然出家して全国を放浪。たくさんの歌を残し、『新古今和歌集』には、最多の94首が選ばれ、百人一首にも「嘆けとて 月やはものを 思はする かこち顔なる わが涙かな」の句が選ばれています。

家族

藤原秀郷(ひでさと)を祖先にもつ裕福な武士の家系に生まれ、結婚して子供も二人生まれています。出家するために妻子を捨てて、すがりつく娘も蹴倒して家を出ました。でも、妻子の世話は弟に頼んでおきましたし、成長した娘を密かに見守っていました。

年	歳	学歴・職歴(各項目ごとにまとめて書く)
1135	17歳	左兵衛尉に任官。北面の武士として鳥羽天皇に仕える。同僚に平清盛や源義朝(よしとも)などもいた。
1140	22歳	官位と家族を捨てて出家。京都郊外の小倉山や鞍馬山で隠棲。
1144	26歳	奥州を放浪して歌の名所を訪ねる。奥州藤原氏に親近感を覚える。
1149	31歳	高野山に入って修行。以後30年近く高野山を本拠とする。
1168	50歳	崇徳天皇を偲ぶために四国に巡礼。追悼する歌を詠む。
1177	59歳	伊勢の二見浦に転居。源平の合戦による多数の死者を悼む。
1186	68歳	東大寺の大仏殿を再建するため、奥州藤原氏に援助を求める旅に出る。途中で源頼朝と面会する。
1190	72歳	河内国にて希望どおり春に死ぬ。

●妻子がいたのに失恋が原因で出家するエリート

小倉百人一首の86番「嘆けとて 月やはものを 思はする かこち顔なる わが涙かな」という歌は、平安末期に活躍した西行法師の作だ。「月が嘆けといっているような気がする、本当は恋のせいなのに、まるで月のせいのように涙が出てくる」といった意味だ。全国を放浪し、日々の感動や無常観を詠む歌風は、のちの松尾芭蕉などにも影響を与えた。『新古今和歌集』にも最多の94首が選ばれている天才歌人だ。

そんな西行は、僧侶でありながら恋の歌を数多く残している。もともとは朝廷の北門を守る「北面の武士」の一員で、官位も授かるエリートだったのだが、ある日突然出家してしまった。その出家理由として有力なのが「失恋のため」というもの。

高貴な皇族の女性に恋をしてしまったものの、相手が人妻だったことから、フラれたショックで出家したという。ちなみにこのとき、西行自身すでに結婚して子供もいた。出家するときには、幼い娘が泣いて裾にとりつくのを蹴倒して家を出たともいう。

自由恋愛の風潮が強い平安時代とはいえ、現代人の感覚からすれば子供を蹴飛ばしての家出など言語道断。翌年、やはり妻子のことが気になって門の外からのぞいてみると、髪が伸びてかわいい盛りになった娘が庭で遊んでいた。しかし、西行を見つけると「あのお坊さん怖い～」と家に逃げ込んでしまったという。自業自得というしかない。

ちなみに、失恋による出家というのは諸説あるなかの一つ。20代のエリート武士の出家は当時でも大ニュースだったようだ。ほかにも「友人が急死したショック」「朝廷内の政争が嫌になった」「仏教に目覚めた」「燃え尽きた」などのさまざまな憶測が流れた。

●話し相手に製作した人造人間を山に捨てる

出家後の西行は、気の向くままに全国を渡り歩いた。ただ、30歳を過ぎると、密教の総本山である高野山の山中に庵《いおり》を結び、以後30年近く高野山を本拠地として過ごす。

当時の高野山には高野《こうや》聖《ひじり》と呼ばれる修行僧が多数いた。しかし、西行のように風流を解する友人となるとなかなかいない。山中の暮らしはのどかだが、話し相手がほしいこともある。そこで西行は、なんと自分で人間をつくり上げて、友達にしようと思いたった。

『撰集抄』という書には、西行が人骨を拾い集めて27日間並べ「反魂の秘術」を使って、人間をつくったというエピソードがある。しかし、でき上がった人間は、顔色も悪く心もなく、声は気の抜けた笛のような音を立てるだけだった。西行はがっかりして、その人造人間を高野山の山中に捨ててしまった。その後、くわしい人から失敗の原因を教えてもらったが、突然「やっぱつまんない」と、つくるのをやめてしまったという。

風流とは程遠いマッドサイエンティストぶり。もちろんフィクションだが、高野山の山中に、今も西行のつくった「動く死体」がさまよっているかと思うとちょっと怖い。

法然

Hounen

南無阿弥陀仏と唱えるだけでいい
専修念仏で鎌倉仏教の隆盛を築く

ファッション 幼少期は貴族風の少年衣でしたが、出家してからは勉強に集中していたので、僧衣以外に興味はありません。	
幼少期の様子 父を失ったので、僧侶をしている母方の叔父に預けられました。勉強が得意だったので叔父から学ぶことがなくなると、最高学府である比叡山で学ぶことを許されました。比叡山では源光について学び、次に叡空に学び、源空の名前は二人の僧名から取ったものです。	
性格 頭がよすぎて奈良から平安までの仏教の教えに対しても疑問を感じます。	
トラウマ 父の死。承元（建永）の法難。	**交友関係** 親鸞、蓮生、源智、弁長、証空などの多くの弟子を抱えています。
家庭環境 幼くして父を亡くし、母とも別れる。出家したため結婚せず妻子もいない。	**趣味** 布教と救済。
恋愛関係 念仏一筋。	**仕事ぶり** 多くの信者を得ました。比叡山から迫害を受けると、「七箇条制誡（せいかい）」を定めて弟子たちを諌めるなど、対策も取りました。
人生の目標 みんな一緒に極楽浄土に行こう。	**死因** 高齢と流罪のための衰弱と、京に戻った気のゆるみから病死。

特技・得意技等

どんなに分厚くて難解な経典でも、3回読めば意味を完璧に理解し暗記することができました。

本人希望記入欄

いいから唱えてみようよ。
唱えていればきっと救われる。信仰心なんて後からついてくるって！

記入上の注意　1：数字はアラビア数字で、文字はくずさず正確に書く。
2：※印のところは、該当するものを○で囲む。

履歴書

ふりがな　ほうねん

氏名　法然

生年月日	没年月日	※
1133年4月7日	1212年1月25日（満78歳）	㊚・女

出身
美作国久米（岡山県久米郡）

立場	あだ名
浄土宗開祖	勢至丸、源空、円光大師、藤井元彦

概要

裕福な武士の家に生まれましたが、父の遺言を受けて14歳のときに出家し比叡山で天台宗を学ぶ。しかし、現存の仏教のやり方に疑問を感じて、「南無阿弥陀仏」と唱えることで救われる専修念仏を提唱。庶民を中心に順調に信者を増やし、「浄土宗」の開祖となりました。鎌倉仏教の先駆けです。

家族

父の漆間時国（うるまときくに）は、美作（みまさか）国の押領使でしたが、土地問題のトラブルが原因で夜襲を受けて死亡。父が「恨みに対して恨みで晴らしたら永遠に終わらない。仇討ちはいいから仏門に入れ」と遺言したため、僧侶になる道を選ぶ。以後妻帯せず、多くの弟子を抱えたので弟子や信徒が家族ともいえます。

年	歳	学歴・職歴（各項目ごとにまとめて書く）
1141	8歳	父が襲撃を受けて死亡。母方の叔父の寺で修行を始める。
1147	14歳	叔父の紹介で比叡山延暦寺に入山し、本格的な修行に入る。
1150	17歳	高僧の叡空（えいくう）から法然房源空という名をもらう。
1156	23歳	嵯峨の清涼寺や伏見の醍醐寺に遊学。
1175	42歳	「専修念仏」に目覚め、比叡山を降りて東山吉水（現在の知恩院御影堂）に移り、新たに吉水教団（のちの浄土宗）を設立。
1191	58歳	順調に信者を増やし、貴族の間にも広がる。
1200	67歳	親鸞が弟子になる。鎌倉幕府によって専修念仏が禁止される。
1207	74歳	「承元（建永）の法難」により四国に流刑。
1212	78歳	赦免されて入京。翌年「一枚起請文」を残して死去。

●シンプル・イズ・ベストの教え「専修念仏《せんじゅねんぶつ》」

日本の仏教は奈良仏教を経て、平安時代に最澄の天台宗、空海の真言宗によって定着した。しかし、平安時代末期になると、支配階級と結びつき、僧侶たちも腐敗していった。おりしも仏教界では、釈迦が入滅して2千年後に、仏教の教えが崩壊する「末法《まっぽう》」の時代が来ると考えられ、日本では1052年（永承7年）がその年とされていた。武士の台頭により戦が絶えず、地震など天変地異も重なって疫病も多発していた時代ということもあり、「まさに世も末！」という不安感が世間に広まっていたのだ。

そんなときに現れたのが、比叡山延暦寺で「知恵第一」と評された法然だ。それまで仏教では、成仏《じょうぶつ》するためには仏門に入り、厳しい修行が必要と考えられていた。しかし法然は「それだと限られた人しか成仏できない。仏教はもっとオープンに！」と主張。そこで、人は死後に阿弥陀如来の主宰する極楽浄土に行くという「浄土思想」に着目した。

浄土思想そのものは中国から伝わったものだ。法然はこれを研究・考察し「大変な修行は極楽に行ってからでいい。まず現世では、極楽浄土に行けるように阿弥陀如来にお願いしよう」という結論にたどり着いた。そして、阿弥陀如来に救ってもらうため、「南無阿弥陀仏」とひたすら唱える「専修念仏」という教えを広めることにした。

とりあえず面倒なことは後まわし、難しいことはいっさいなく、ただ南無阿弥陀仏と唱えるだけのシンプルさ。これだけで誰でも極楽浄土に行けるというのだから、法然の教えは、庶民から公家までとてもウケがよく、たちまち大ブームとなった。

●既存仏教も黙っていない「承元《じょうげん》（建永《けんえい》）の法難《ほうなん》」

平安末期から鎌倉時代にかけて起こった、仏教の新たな潮流を鎌倉仏教という。多くの宗派が生まれたが、法然の「専修念仏」は鎌倉仏教のメインストリームとなった。

しかし、法然の創設した浄土宗が人気になると、おもしろくないのは奈良、平安から続く既存仏教だ。かつては法然も修行した天台宗の総本山・比叡山延暦寺では、信者がどんどん浄土宗に流れ、僧侶さえも「法然の弟子になります」と山を降り、人材流出が止まらない。とうとう「専修念仏を禁止しろ」という訴えが朝廷に出されてしまった。

実際のところ、急激に弟子や信徒が増えた結果、浄土宗のなかでも派閥争いや教義の解釈に違いが出てきた。「こんなにかんたんな教えなのにどうして意見がわかれるんだ？」と法然も頭を抱え、七カ条の起請文を延暦寺に出して対立を避けようとした。

ところが、1207年（建永2年／承元元年）、法然の弟子だったイケメン僧侶が、よりによって後鳥羽上皇の女房に手を出し、勝手に出家させてしまった。これに上皇が激怒し、弟子は処刑され、法然もとらえられ流罪。これを「承元（建永）の法難」という。とばっちりを受けた形だが、法然はめげることなく、流罪先でも布教を続けていたそうだ。

北条政子

Houjou Masako

夫を亡くし子供も亡くしながら
鎌倉幕府の存続に尽くした尼将軍

ファッション

夫を亡くしてからは剃髪して尼ファッションでしたが、頭巾以外は以前とあまり変わりません。ちなみにあぐらをかいて座っていますが、行儀が悪いわけではなく、当時はまだ正座の習慣なんてなかったので、女性でもあぐらか片膝立てで座っていました。

幼少期の様子

よくわかっていませんが、たぶんおてんばだったんじゃないでしょうか？15歳くらいで結婚するのがふつうの時代、親の決めた結婚にはしたがわず20歳まで結婚しなかったわけですし。ちなみに、政子というのは官位をもらってからの名前で、幼少期の名前は不明です。

性格

意外と一途なので恋する女性は応援したくなります。自分自身も夫のことが大好きなので浮気は絶対に許しません。怒らせると怖いですよ。行動基準はすべて頼朝様への愛。夫の血を絶やそうとするなら父でも追放します。結局絶えてしまいましたが。

トラウマ 息子が二人とも死んでしまったこと。	**交友関係** 北条時政、北条義時など北条一族。
家庭環境 地方豪族の父は留守がちだったので、弟や妹の面倒をよく見ていました。おかげで私が困ったときは弟たちが協力してくれました。	**趣味** 恋愛、謀略。
恋愛関係 頼朝様命♡	**仕事ぶり** 夫がいる間はでしゃばりませんでしたが、政治家としてもかなり有能です。
人生の目標 夫がつくり上げた幕府を存続させる。	**死因** 病死。

特技・得意技等

得意技は打ち壊し。夫の浮気が発覚したときに、妊娠中だったので浮気相手の屋敷を襲撃させて浮気相手を追い出しました。

本人希望記入欄

頼朝様の御恩は山よりも高く海よりも深いのです！

記入上の注意　1：数字はアラビア数字で、文字はくずさず正確に書く。
2：※印のところは、該当するものを○で囲む。

履歴書

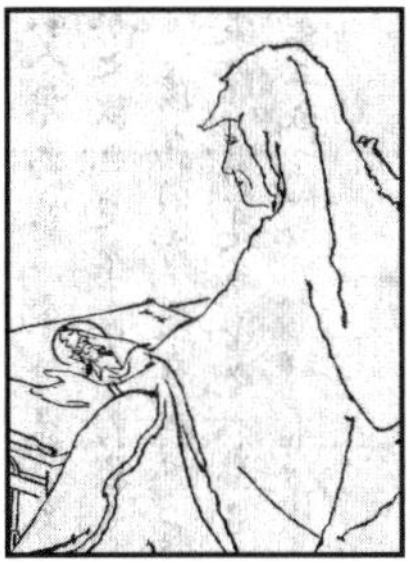

ふりがな	ほうじょう　まさこ
氏　名	北条 政子
生年月日	1157年？月？日
没年月日	1225年7月11日（満68歳）
※	男・㊛
出身	伊豆国韮山（静岡県伊豆の国市）
立場	頼朝の正室、従三位
あだ名	尼将軍、尼御台（あまみだい）、安養院（あんにょういん）

概要

源頼朝と結婚して平氏滅亡に協力し、頼朝の死後は幕府の重鎮として息子の頼家や実朝を見守りました。権力争いで家系が途絶えると、北条氏による執権支配を確立。「承久の乱」で多くの武士から支持を集め、勝利後は傀儡（かいらい）の藤原将軍を招き、鎌倉幕府存続の道筋をつけました。

家族

伊豆の豪族・北条時政の娘として生まれ、頼朝と出会って結婚。猛反対を受けましたが、最後は一族そろって源氏に味方しました。夫との間には３男１女をもうけましたが、長男の頼家も弟の実朝も暗殺されてしまいました。私が殺したわけじゃありません。子供たちは愛していました。

年	歳	学歴・職歴（各項目ごとにまとめて書く）
1177	20歳	周囲の反対を押し切って源頼朝と結婚。翌年長女の大姫を出産。
1180	23歳	夫が平氏追討の兵をあげる。伊豆で夫や家族の安否を心配する。
1182	25歳	長男の頼家を出産。妊娠中に夫の浮気が発覚。
1192	35歳	夫が征夷大将軍に就任。次男の実朝を出産。妊娠中にふたたび夫が浮気。
1199	42歳	夫が死去したので尼になる。息子の頼家が２代将軍に就任。
1203	46歳	実朝が３代将軍に就任。後見人となって北条氏が実権を握る。
1219	62歳	実朝が暗殺される。当時２歳の藤原頼経（よりつね）を新将軍として迎える。まだ小さいので後見人となる。尼将軍と呼ばれる。
1221	64歳	「承久の乱」が起こるが大勝利に導く。天皇、上皇を流罪にする。
1225	68歳	幕府の行く末を案じながら病死。

●日本の三大悪女に数えられる名政治家の細腕繁盛記

源頼朝の妻であった北条政子は、室町時代に応仁の乱を起こした日野富子、戦国時代に豊臣家滅亡を招いた淀殿と並んで「日本の三大悪女」に数えられる。ただ、大虐殺をしたわけでも、民衆を苦しめたわけでも、戦争を引き起こしたわけでもない。

頼朝が健在の間は、出しゃばることなく夫にしたがい、頼朝が死ぬと、亡き夫が築き上げようとした幕府を守るために力を尽くした。「承久の乱」も、頼朝の二人の息子が暗殺に倒れ、源氏の嫡流が途絶えたのをチャンスと見た朝廷側が仕掛けたものだ。

だからこそ「今こそ頼朝様の恩に応えるときよ！　もし朝廷側につきたいんなら止めないけど」という政子の檄に感動し、ほとんどの御家人が幕府側についたのだ。このエピソードだけでも、政子が頼朝の代理として認められていたことがわかるだろう。

また、将軍を傀儡とする北条氏の独裁政権を築いたことが「悪」という意見もある。ただ、父の北条時政が、息子の実朝《さねとも》に代わって娘婿を将軍にしようとしたときは、父を追放している。

政子が存命中、北条氏の権限がどんなに大きくなっても、政権運営は合議制で行なっていた。頼朝の血縁者から新将軍を迎え、北条氏はそれを補佐する執権の地位に留めた。実家優先ではなく、あくまで頼朝のつくり上げたシステムを守るためだったのだ。

●愛が止まらない恋の暴走機関車

政子の行動基準は「愛」だ。そもそも、流人としてやってきたシティボーイの頼朝に、夢中になったのも政子から。猛反対した父親が別の男との縁談を進めても、無視している。それどころか、最終的に父を説得し、北条一族全体を頼朝の協力者にした。

弟の義経の愛妾だった静《しずか》御前がとらえられ、八幡宮で義経を想う歌をうたったとき、激怒した頼朝は静御前を処刑しようとした。しかし政子は、「私だってその昔、父の反対を押し切って雨のなかあなたに会いに行ったじゃない？」と、とりなして静御前を保護した。頼朝のライバルともいえる源（木曽）義仲とその息子が殺されたときは、義仲の子と婚約していた娘が、ショックを受けて病に倒れたことを気遣っている。

とくに、夫である頼朝への愛情は尋常ではなかった。当時の上流階級の男性は、何人も側室を抱えるのが当然だった。しかし、政子は一夫一婦制を貫き、夫の浮気を許さなかった。妊娠中に頼朝の浮気が発覚したときは、相手の屋敷を襲撃させている。このような行動が、「悪女」や「鬼嫁」という評判に行き着いたともいえるだろう。

ただ、頼朝はその後も浮気をくり返しているので、むしろ政子に隠れてする浮気にスリルを感じていたようだ。それに、政子の嫉妬深さが知れ渡ったおかげで、娘を側室に出して頼朝に近付くような輩《やから》も減った。やはり、お似合いのカップルだったのだ。

親鸞

Shinran

信じる者は救われる
日本最大の仏教宗派の開祖

ファッション
基本僧衣しか着ませんが。流罪の間は還俗させられたので庶民の恰好もしていました。浄土真宗は肉食も妻帯もできますからあまり形にはこだわりません。大事なのは信仰心です。

幼少期の様子
出家するとき、得度式を次の日に延期することになり「明日ありと　思う心の仇桜　夜半に嵐の　吹かぬものかは（明日も桜の花があると思っていると、夜の強風で散ってしまうかもしれない）」という歌を詠みました。待ちきれなかったんですよね。8歳児で歌の才能もあったなんてすごいでしょう。

性格
基本的には穏やかですが、頑固なところもあります。僧侶が妻帯したからといって女好きということではありません。

トラウマ	交友関係
師匠との別れ、息子の善鸞と義絶。	法然、二十四輩。
家庭環境	**趣味**
母子家庭で育ちました。子供たちも出家しています。	念仏。
恋愛関係	**仕事ぶり**
結婚は2回したともいわれています。	熱心でまじめ。師匠の教えを実践しつつさらに改良も加えました。
人生の目標	**死因**
極楽往生。	高齢のため病死。

特技・得意技等
晩年の生活費は、東国の弟子たちが送ってくれるカンパでまかなっていました。信者も貧しい庶民が多かったのであまり多くはなかったです。

本人希望記入欄
「善人なおもて往生をとぐ、いわんや悪人をや」の悪人は悪い人という意味ではありませんから。戒律を全部守れる人なんていませんし、自分も含めてみんな悪人なんです。

記入上の注意　1：数字はアラビア数字で、文字はくずさず正確に書く。
2：※印のところは、該当するものを○で囲む。

履歴書

ふりがな　しんらん 氏　名　**親鸞**		
生年月日 1173年？月？日	没年月日 1262年11月28日(満89歳)	※ ㊚・女
出身 京都法界寺付近(京都府伏見区日野近辺)		
立場 浄土真宗開祖	あだ名　範宴、綽空、 藤井善信(よしざね)	

概要

専修念仏の教えを説く法然に弟子入りし、浄土宗の布教に務めました。宗教弾圧によって越後(新潟県)に流罪になりましたが布教と信仰はやめませんでした。師匠亡き後、浄土宗が分裂してしまったので「法然が教えてくれた浄土に往生するための真実の教え」として、浄土真宗の開祖となりました。

家族

古くから皇室に仕えた日野家の出身ですが、父を早くに亡くしたので寺に入りました。僧侶でしたが妻帯し、流罪先の越後でも現地妻がいました。4男3女と子だくさんでしたが、長男の善鸞（ぜんらん）はできが悪かったので、老後の面倒を見てくれた末娘が教団の中心になり、孫の如信が後継者になりました。

年	歳	学歴・職歴(各項目ごとにまとめて書く)
1181	8歳	範宴(はんえん)という名前を与えられて出家する。
1201	28歳	比叡山を降り、法然(源空)のもとに行く。
1204	31歳	法然に弟子入りして綽空(しゃくくう)に改名。
1207	34歳	承元（建永）の法難により越後に流罪となり、藤井善信に強制改名させられる。流刑先で恵信尼(えしんに)と結婚する。
1211	38歳	恩赦によって法然ともども流罪を解かれる。
1212	39歳	親鸞と改名する。
1235	62歳	京都に戻って執筆活動。
1263	89歳	押小路南・万里小路東の善法院にて病死。

●唱えても唱えなくてもいい教義の究極のスリム化

仏教にはさまざまな宗派があるが、日本で最大の仏教宗派といえるのが浄土真宗だ。開祖の親鸞は浄土宗を開いた法然の弟子で、その教えを真に伝えるために布教活動を続けた。浄土宗も浄土真宗も、後世になってからの宗派名で基本的な教義に変わりはない。「南無阿弥陀仏」と唱えることで、阿弥陀如来の本願力にすがるというものだ。ただ、熱心な弟子だった親鸞は、「阿弥陀サマを信じる気持ちがあれば、もう念仏もいらないんじゃない？」と、ついには念仏さえ省いてしまった。

既存の仏教では、出家して厳しい修行を積み「自力」での救済を進めていた。しかし、それでは多くの人は救われないままだ。人は誰でも殺生《せっしょう》するし結婚して子供もつくる。仏教では、そんな日常生活でさえも悪になる。しかし、阿弥陀如来はそんな悪人でも救ってくれる。むしろ自分が罪深いとわかっている人に手を差し伸べてくれる。だから、阿弥陀如来の力「他力」にすがればきっと救われる、という結論に至った。

他力本願というと、他人の力をあてにして人任せにすることの意味でも使われる。ただ、本来は弥陀如来の本願力によって極楽往生を遂げるという仏教の言葉だ。親鸞はこの他力本願によって救済されることを目指した。このため、「信心する心さえあれば難しい戒律とかいらないよね。念仏も阿弥陀サマに感謝するためなんだから唱えても唱えなくてもいーよ」と、法然の提唱した浄土宗の専修念仏よりも、さらにユルい宗派となったのだ。

この入口の広さも信者を増やし続けた理由といえるだろう。室町時代には一向宗と呼ばれ多くの信者を獲得し「一向一揆」という大勢力を築いて国さえもつようになった。いっぽうで現在は、浄土真宗でも本願寺派や真宗大谷派などいくつもの分派が生まれ、とくに大きな宗派を真宗十派という。細かい宗派や新興宗教は数えきれないほどだ。かんたんな教えのはずがどうして分裂してしまうのか、師匠の法然と同じ結果となってしまった。

●夢に出てきた観音様のお告げで妻帯

浄土真宗がほかの仏教宗派と大きく違う点は、肉食妻帯が許されていたことだ。親鸞自身も30歳で結婚したといい、越後（新潟県）に流罪となったときも現地の娘と結婚している。結婚した時期や相手には諸説あるが、越後での妻は恵信尼《えしんに》という。

当時は僧侶といいつつ妻帯するものは少なくなかった。いっぽうで女犯《にょぼん》は重大な戒律違反だ。親鸞はこの矛盾に悩んで延暦寺を出て、京都の六角堂で百日参りを行なった。すると、95日目に聖徳太子（菩薩）が夢に出てきて「女犯があってもそれは仏が化身したもの。ふつうに暮らしていれば死後には仏が極楽に生まれさせるから気にするな。このことをたくさんの人に教えてあげて」と伝えた。この夢のお告げで女性との交際が認められたため、親鸞は肉食妻帯をはじめ、僧侶でも俗人でもない非僧非俗を貫いたのだ。

日蓮

Nichiren

死んだ後よりも今こそが大事
国を救おうとしたカリスマ教祖

ファッション 基本スタイルは僧衣です。仏像なんかからだと怖そうな印象を受けるかもしれませんが、わりとハンサムだったので後世でも二枚目俳優が演じています。	
幼少期の様子 生まれたときに鯛が飛び跳ねて蓮の花が咲き乱れたという伝説があり、生誕地が鯛の浦という地名になったそうです。	
性格 不屈の精神力でいっさいの妥協を許しません。法華経の教えが絶対です！	
トラウマ 自分が正しいと思っているのでたび重なる法難もトラウマにはなりませんでした。	**交友関係** 日昭、日朗、日興、日向、日頂、日持など、門弟たち。敵は専修念仏と既存仏教。
家庭環境 漁師の出身ですが、もっと低い身分だったとも主張しています。	**趣味** お題目を唱えること。
恋愛関係 法華経以外見えません。	**仕事ぶり** 相手に嫌がられても、何度襲われても主張を曲げません。おかげで弟子も増えました。
人生の目標 世界を法華経で救う。	**死因** 病死。

特技・得意技等

現在の藤沢市にあった瀧ノ口で処刑されそうになったとき、江の島の方角から月のような光が飛んできて、処刑人の刀を三つに折り曲げて、役人は目がくらんでその場に倒れました。おかげで処刑は中止となり、佐渡への流罪に変更になりました。恐れるくらいなら最初から法華経に帰依しろとあれほど……。

本人希望記入欄

我、日本の柱とならん。我、日本の眼目とならん。我、日本の大船とならん。

記入上の注意　1:数字はアラビア数字で、文字はくずさず正確に書く。
2:※印のところは、該当するものを○で囲む。

履歴書

ふりがな　にちれん 氏名　**日蓮**		
生年月日 1222年？月？日	没年月日 1282年10月13日（満60歳）	※ ㊚・女
出身 安房国長狭郡小湊（千葉県鴨川市）		
立場 日蓮宗開祖	あだ名 善日麿、日蓮大菩薩、立正大師	

© Abulic Monkey

概要

16歳で出家して禅や念仏を学び、『立正安国論』を書いて法華経を信じないと国が滅びることを警告。これがもとで既存仏教の勢力から迫害を受け、流罪となったり死刑になりかけたりしますが、自分の信じる道を貫いて戦い続けました。それから法華宗の開祖となりました。自分の名を冠して日蓮宗とも呼ばれています。

家族

千葉の貧しい漁師の子として生まれています。父は貫名次郎重忠、母は梅菊という名前だったそうですが諸説あります。早いうちに出家してしまったのでなかなか会えませんでしたが、両親の死後に父のルーツである静岡県の貫名に、父の法号の妙日からとった貫名山妙日寺を建てています。

年	歳	学歴・職歴（各項目ごとにまとめて書く）
1233	11歳	清澄寺の道善房に弟子入り。
1238	16歳	正式に出家して是生房蓮長（ぜしょうぼうれんちょう）の名をもらう。
1253	31歳	地元に戻り、清澄山の山頂に立って朝日に向かって「南無妙法蓮華経」と叫ぶ。日蓮と名乗って布教活動を開始。
1260	38歳	『立正安国論』を書いて北条時頼（ときより）に送るも無視される。住居が焼き討ちされる（松葉ヶ谷法難）。伊豆に流される（伊豆法難）。
1264	42歳	安房国に帰る途中で襲撃され重傷を負う（小松原の法難）。
1271	49歳	幕府を批判した罪で、佐渡に流罪となる。
1274	52歳	佐渡の流罪を許されて山梨県の身延山に入る。その後、蒙古襲来。
1282	60歳	武蔵国の池上宗仲の屋敷（現在の本門寺）で危篤となり死去。

●他宗派を徹底的にディスって災難を招く

専修念仏が大流行した鎌倉時代、まったく別の観点から新たな宗派を立てたのが日蓮だ。日蓮は、数ある経典のなかでも法華経こそが正行《しょうぎょう》とし「南無妙法蓮華経」と唱えることで、現世で仏になることを目指した。法華経に帰依することから法華宗と呼ばれるが、開祖の名をとって「日蓮宗」と呼ばれることが多い。それだけ個性の強い教祖だったのだ。

日蓮が強烈だったのは、ほかの宗派を徹底的にこきおろしたことだ。「真言宗なんて国を滅ぼすもと、禅は天魔の所業としか思えない、専修念仏なんて信じるやつは地獄行き、あと律宗の僧侶は国賊だから信用するな！」と、鎌倉で辻説法して話題となった。まるで、四方八方にケンカを売って歩いているようなものだ。

さらに、日蓮は『立正安国論』を元執権の北条時頼《ときより》に提出し、法華経に帰依しないと国が滅ぶと訴えた。当時頻発した自然災害による飢饉や疫病は、人々が邪教を信じているせいなので、正法である法華経を国家の中心にするよう進言したのだ。

そこで、邪教呼ばわりされた浄土宗の信徒から住居を焼き討ちされ、禅宗の信者だった時頼からは政治批判をとがめられて伊豆に流罪になり、途中の岩礁に置き去りにされた。やっと赦免され、故郷の安房に帰ろうとすると、地元の地頭に襲われて弟子を殺され、自身も額を斬られて左腕骨折の重傷を負う。他宗派とのナマ討論を提案するも、逆に訴えられて死刑になりかけ、何とか佐渡への流罪で落ち着いた。

それでも過激発言をやめなかった日蓮だが、一定の信者は獲得し、現代まで続く。ちなみに現在の日蓮宗は、そこまで他宗派を批判したりしない。ただ、1936年（昭和11年）の二・二六事件に影響を与えた北一輝や、血盟団事件の井上日召など、過激な思想家も日蓮宗の信者だった。

●鎌倉版ノストラダムスの大予言で蒙古襲来を的中させる

それまでの宗教は個人個人を救済するものだったが、日蓮は国家ごと救おうとした。『立正安国論』では、「このまま邪教を許すと国内では内乱が起きて、外国の侵略を招き国が滅びる。だから法華経を信じなさい」と主張。

なんとその8年後にモンゴルからの使者が訪れ日本に降伏勧告。ノストラダムスが「1999年に恐怖の大王が降ってくる」とした予言は外れたが、日蓮の予言は、国名こそ明らかにしなかったが的中したといえる。

日蓮は、1274年（文永11年）に幕府に呼び出され、蒙古襲来の時期を聞かれて「今年中」と答えている。その5カ月後、本当に蒙古襲来による「文永の役」が始まった。ただ、日蓮は蒙古襲来の間は、身延山に久遠寺《くおんじ》を開いて住んでいた。当時未開の地だった甲斐（山梨県）を本拠地にしたのは、疎開の意味もあったのだろう。

古代
平安
鎌倉
室町
戦国
江戸
幕末
近代

北条時宗

Houjou Tokimune

生まれながらに執権の座を約束され
蒙古襲来に立ち向かった若きプリンス

ファッション 肖像画では僧侶のスタイルになっていますが、出家した当日に死んでいるので、私かどうかは怪しいでしょう。執権の間は通常の武士のスタイルです。顔はドラマのおかげでハンサムだったと思われています。	
幼少期の様子 得宗家嫡男として幼い頃から英才教育を施されました。元服式も盛大に行なわれ、相模太郎と異名をもらっています。将軍の宗尊親王との関係も良好で、よく一緒に遊んでいました。	
性格 禅宗を学んでいたので、普段は感情的にならず、おごることもありませんが、箱入り息子なので世情にうといところはあります。ただ一度キレてしまうと過激だといわれます。蒙古の使者を斬ってしまったのはやりすぎでしたね。	
トラウマ 二月騒動。	**交友関係** 宗尊親王、北条義宗、平頼綱、安達泰盛、無学祖元。
家庭環境 7人兄弟の次男。異母兄の時輔との関係がギクシャクしています。	**趣味** 禅に傾倒し円覚寺を創建しました。馬術や武芸、和歌などもひととおりできます。
恋愛関係 1歳年下の堀内殿と結婚しています。	**仕事ぶり** 生まれながらの執権です。権力を集中させることがすべてです。
人生の目標 北条氏(幕府)の繁栄。	**死因** 病死。

特技・得意技等

蒙古襲来では、最高司令官なので前線には立ちませんでしたが武芸は得意です。極楽寺で行なわれた小笠懸(疾駆する馬上から的を射る流鏑馬の一種)で、誰も的に当てられなかったのを一発で射抜きました。宗尊親王からもほめられました。

本人希望記入欄

神風最高!

記入上の注意　1:数字はアラビア数字で、文字はくずさず正確に書く。
　　　　　　　2:※印のところは、該当するものを○で囲む。

履歴書

ふりがな	ほうじょう ときむね
氏名	北条 時宗
生年月日	1251年5月15日
没年月日	1284年4月4日(満32歳)
※	男・女 (男に丸印)
出身	相模国鎌倉(神奈川県鎌倉市)
立場	鎌倉幕府 第8代執権
あだ名	正寿、相模太郎

概要

北条本家である得宗(とくそう)家の嫡男として生まれ、17歳の若さで鎌倉幕府の実質最高権力者である執権に就任。在職中に元(モンゴル)帝国の侵攻を2度も受けましたが、九州御家人の活躍と神風によって撃退。その後も九州の防備を固めながら執権に権力を集中させたものの、32歳の若さで亡くなりました。

家族

第5代執権である北条時頼と、同じく北条一門の葛西殿との間に生まれたサラブレッドです。7人兄弟の次男で、兄に時輔(ときすけ)がいましたが庶子だったので、後継者として育てられました。妻は安達氏の娘の堀内殿で、息子の貞時(さだとき)は9代目執権になっています。

年	歳	学歴・職歴(各項目ごとにまとめて書く)
1257	6歳	6代将軍の宗尊(むねたか)親王を烏帽子親(仮の親)として元服。未来の執権となることを確約される。
1264	13歳	実質的な幕府ナンバー2である連署に就任。
1268	17歳	元帝国からの使者が来て降伏勧告する。第8代執権に就任。大叔父の北条政村が連署として補佐役になる。
1272	21歳	兄の時輔と北条氏の名門名越氏が謀反を計画したという名目で討伐。宗尊親王を出家させて更迭。
1274	23歳	第1次蒙古襲来(文永の役)。追い返すことに成功。
1281	30歳	第2次蒙古襲来(弘安の役)。追い返すことに成功。
1284	32歳	出家したその日に死去。

古代 平安 鎌倉 室町 戦国 江戸 幕末 近代

●完璧に敷かれていた執権までのレール

鎌倉時代、名目上のトップは将軍だが、実質的な権限をもっていたのは将軍を補佐する執権だった。時宗は、この執権を世襲する北条氏本家の嫡男として生まれた。父は5代執権の北条時頼《ときより》で、兄に時輔《ときすけ》がいたが、母の身分が低かったことから時宗が後継者と認められ、わずか6歳で元服式を行なった。元服の際には名目上のトップであった征夷大将軍の宗尊《むねたか》親王が烏帽子親《えぼしおや》（仮の親）となり、北条氏一門だけでなく多くの御家人が参列した。

時宗は次期執権として英才教育を施された。時宗が10歳のとき、鎌倉の極楽寺で騎馬で疾駆しながら的を射る小笠懸《おがさがけ》の会が催された。父の時頼や宗尊親王などが列席する大舞台だが、誰も的に当てることができない。親王が「誰か的を射るものはいないのか？」とあきれていると、時頼は息子の時宗に挑戦させた。すると、一発で的を射抜いた。息子の手柄に時頼は、「時宗こそ執権の器にふさわしい」と大絶賛したという。時宗が将来の執権であることをアピールするための演出のようで、若干できすぎのきらいはある。

ただ、時宗の執権就任までのレールは完璧に敷かれ、時頼が病に倒れると、時頼の義兄にあたる長時が中継ぎの執権となり、その長時が倒れると長老格の政村が執権に就任。その間、時宗は9歳で小侍所の別当、13歳で執権を補佐する連署に就任。そして、元帝国から降伏勧告を促す国書が届けられた1268年（文永5年）、8代執権に就任した。

●「二月騒動」は時宗の権力強化月間

時宗が執権となったのは17歳のとき。元服を済ませている年齢とはいえ、17歳の少年に日本の命運を委ねるとは、当時の幕府もかなり思い切ったことをしたといえる。「こんな若造で大丈夫か？」と思った者は少なくなかったようで、北条一族のなかでも有力氏族だった名越《なごえ》氏が、北条本家である得宗《とくそう》家との対立姿勢を強めていた。とくに、評定衆を務める名越時章《ときあきら》の弟の教時《のりとき》は、得宗家への不満から軍事行動をたびたび起こしていた。

そのため、時宗は名越時章、教時兄弟を謀反の疑いで討伐。すでに解任されていた宗尊親王との共謀ということで、親王も出家させた。さらに、六波羅探題《ろくはらたんだい》となっていた時宗の義兄にあたる時輔も、一味として討伐された。

しかし、その後時宗は、穏健派だった名越時章の殺害は間違いだったとして、逆に得宗家の執事である御内人《みうちびと》5人を、時章殺害の実行犯として処刑した。この一連の事件は、1272年（文永9）年の2月に行なわれたことから、「二月騒動」と呼ばれている。

ただ、実際に名越氏と時輔、宗尊親王が共謀していたという証拠はない。いっぽうで、九州に勢力をもっていた名越氏を排除したことで、時宗の九州への影響力は強くなった。朝廷にもまた、庶子ではあるが時宗の地位を脅かす存在である時輔も葬ることができた。これが、大きな影響力をもった。そして、配下の独断ということで時宗には傷が付かない。

すべて時宗の主導による粛清だったとすれば、10代にして恐ろしい策謀家だ。

●現実逃避でやり過ごした蒙古襲来

史上初の海外からの侵略を防いだ北条時宗は、江戸末期の攘夷思想や、明治以降の日本の軍国主義のなかでは英雄視されてきた。対して、戦後は国際感覚の欠如や独裁ぶり、のちの幕府の弱体化を招いたと批判を浴びている。実際のところはどうだったのだろう？

最初に元からの国書が届いてから、時宗は徹底無視を決め込んでいる。何度国書が送られても無視し、朝廷からの返書案も握り潰し、いっぽうで高麗の反蒙古勢力からの協力要請も無視。なんと、正式な元からの使者をあっさりと処刑してしまった。さらに、蒙古の脅威を実感した後、2度目の使者も処刑している。両耳を手で塞いで「聞こえない！　聞こえな〜い！」と叫んでいるかのような子供っぽい対応だ。

ただ、九州の防備を固めるために異国警護番役を設置し、東国からも御家人を派遣するなど、いちおうの対策はとっていた。「文永の役」で蒙古軍が撤退すると、九州に上陸を許した経験を踏まえて石垣建設を命じ「蒙古がもう来ないように！　来ても勝てるように祈って！」と、全国の神社に加持祈禱を命じている。

当時としては神頼みも立派な対策ではあった。最終的に台風に助けられたのが、神頼みの成果だったのかは定かではないが、自分なりにやれることはやったのだった。

第四章 室町時代

足利尊氏

Ashikaga Takauji

室町幕府を成立させた謎多き初代将軍
本当の「顔」は誰も知らない!?

ファッション
馬に乗り、弓を背負った勇壮なイメージをもたれていますが、とりあえず別人ということだけわかりました。私自身のイメージが、世の中にぜんぜんないのが残念です。

幼少期の様子
御曹司として生まれたので、何不自由なく暮らしました。おおらかで、調子に乗りやすく、打たれ弱い性格は、育ちのよさがつくり上げたものかもしれません。

性格
リーダーシップがあると思います。親交のあった僧の夢窓疎石（むそうそせき）は「勇気、慈悲、無欲の三徳を兼備している」といってくれました。

トラウマ 天皇を裏切り、朝敵になってしまったこと。	**趣味** 連歌、和歌、扇流し。
家庭環境 源氏の血を引く、名門足利氏の嫡流。	**交友関係** 友人は少なめ、部下に好かれる。
恋愛関係 正妻を嫉妬させる程度。	**仕事ぶり** たまに自暴自棄になりますが、基本はマジメに取り組みます。
人生の目標 天下を取る？	**死因** 背中に受けた矢傷が原因。

特技・得意技等
人にモノをプレゼントして喜ばせるのが大好きです。いい働きをした部下には、刀でも、軍扇でも、何でも気軽に渡します。一つの土地を何人かにプレゼントしてしまい、紛争の原因をつくったのは、ちょっとマズかったですね。

本人希望記入欄
祖父の足利家時（いえとき）は「天下を取る」のが悲願でした。「孫に天下を取らせてほしい」と書き残して自殺したのを聞いていたので、すごいプレッシャーでした。

記入上の注意　1：数字はアラビア数字で、文字はくずさず正確に書く。
2：※印のところは、該当するものを○で囲む。

履歴書

ふりがな　あしかが　たかうじ

氏　名　**足利 尊氏**

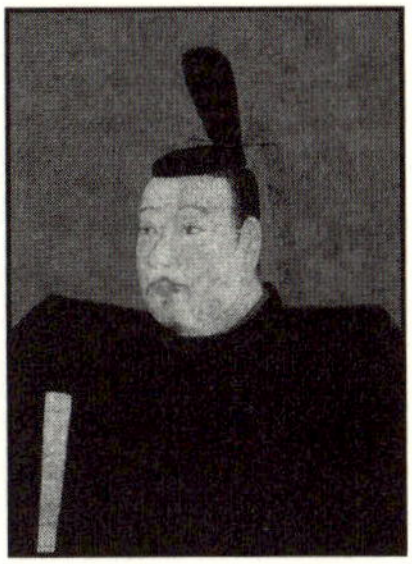

生年月日	没年月日	※
1305年？月？日	1358年4月30日（満52歳）	男（○）・女

出身
京（上京区室町通今出川上ル）

立場	あだ名
室町幕府初代将軍	鎌倉大納言

概要

源氏の血を引く名門の家系出身です。若い頃はくすぶっていましたが、室町幕府を樹立して、初代将軍になりました。室町幕府は鎌倉幕府と違って長く続きました。将軍の数だけ考えると、江戸幕府と同じですから、上出来です。

家族

父・足利貞氏（さだうじ）、母・上杉清子のもとに生まれました。異母兄の足利高義がいましたが、若くして亡くなったため、足利家を継ぎました。妻は執権北条守時（もりとき）の妹・赤橋登子（とうし）。息子に２代将軍・足利義詮（よしあきら）がいます。

年	歳	学歴・職歴（各項目ごとにまとめて書く）
1319	14歳	従五位下の位をもらう。外事・戸籍・儀礼全般に関わる「治部大輔」の職に任ぜられる。
1331	26歳	家督を継ぐ。
1332	27歳	従五位上の位をもらう。
1333	28歳	鎌倉幕府滅亡の勲功として従四位下の位、陸奥国に置かれた軍政府「鎮守府」のちトップ、左兵衛府の長官「左兵衛督」に任じられる。続いて従三位の位、武蔵（東京都、埼玉県、神奈川県の一部）の国司になる。尊氏と改名。
1335	30歳	征東将軍の地位を与えられる。
1336	31歳	大臣補佐的な立場の「権大納言」に任じられる。
1338	33歳	光明天皇から征夷大将軍に任じられ、室町幕府を開幕。
1358	52歳	合戦で受けた矢傷が元で、死去。

●超有名なのに、どんなキャラなのか「わからない」

室町幕府の創始者で、初代将軍。歴史的に重要な人物なのに、教科書にはサラっとしか書かれていない、不憫《ふびん》な感じの足利尊氏。あまり書かれていないのは、じつは「わからないから」かもしれない。有名な話では、長年「足利尊氏だ」といわれてきた肖像画が、「まったくの別人だった」とわかったなんて事件もある。だからといって、「これが尊氏だ」という肖像画は発見されていないから、顔も想像できない。

おまけにキャラクターもブレブレ。部下から絶大な人気を得るカリスマ的リーダーシップをもつ武士で、手を組んでいた後醍醐天皇を裏切って幕府を設立しちゃったというのはまぎれもない事実だ。計算高いのかと思いきや、「天皇を裏切ってしまったなんてショックだ、もうイヤ、出家したい」といい出して周囲を困らせたなんて話もある。誰に対してもおおらかで、敵であっても許しを請われれば配下に組み入れる反面、親族や腹心でも状況次第ではバッサリと切って捨てるなど、「足利尊氏といえばこういう人物」というイメージがつかみにくい。ここが「なんとなーく影が薄い」原因かもしれない。

●上司にしたい男ナンバー1間違いなしの、頼れる男

尊氏は、1305年（嘉元3年）源頼朝につながる名門、足利家に誕生。異母兄が早逝

したため家を継ぐことになったが、本来なら家を継ぐ立場ではなく、お坊ちゃまとして大事に育てられたようだ。当時は鎌倉幕府の時代で、尊氏も当初は幕府のために働いていた。しかし、幕府とは何かと折り合いが悪く、後醍醐天皇と手を組んで幕府を倒した。その後は後醍醐天皇とも関係性が悪化し、結局自分で幕府をつくり初代将軍の座に就いた。

尊氏といえば、リーダーシップがあり、非常に勇敢な武将だったとされており、部下は「尊氏様のためなら死んでもいい」ほどに心酔していたという。その人となりは「勇気」「慈悲」「無欲」の3点に集約される。つまり、「死を恐れることなく、先頭を切って現場に向かう」「慈悲深くて他人を恨まない。ミスを寛大に許し、ときには敵すら受け入れる度量の大きさをもつ」「活躍した人には気前よく褒美を与える」という性格。これを会社の上司や学校の先輩などに当てはめてみれば、「上司にしたい男」ナンバー1間違いなしと、思えるのではないだろうか。

尊氏は戦場でピンチになっても、おびえることがなかったという。危機に直面したときほどほほえむクセがあり、この不思議な笑顔が武将たちに安心感を与えていた。また、気前がいいことでも知られ、もらった贈り物を次々と人にプレゼントしてしまって、結局手元に何も残らなかったなどということも珍しくなかった。

戦場では、活躍した武将に刀や軍扇を下賜したり、「あの土地をやる」とその場で約束したりしたため、みんながこぞって戦果を競った。忘れっぽい性格だったのか、同じ土地

古代
平安
鎌倉
室町
戦国
江戸
幕末
近代

を複数の配下に「褒美にとらせる」と約束してしまったため、100年後まで続く土地紛争の火種を生んでしまい、子孫に多大な迷惑をかけちゃったこともあったという。

●何にも執着しない無私の人、命さえも惜しまない

部下にあがめられるようなカリスマ尊氏だが、実際は器の大きな男などではなかったという説もある。単に何事に対しても執着がなく、八方美人で、大ざっぱな性格だっただけだというのだ。よく考えず「とりあえずいい顔がしたい」との欲望で動いてしまうがために、誘われればふらふらと裏切り、誰かに何かいわれたらすぐに考え方を変えるなど、その場しのぎの行動に出てしまう。敵が「ごめん、許して」といえば、すぐに許してしまうのも、八方美人だからと考えれば納得できるのかもしれない。

つまり、尊氏には「欲」とか「こだわり」もなければ、「考え」や「信念」もないということだ。だからモノにも人にも、地位にも執着しない。何でもホイホイ人にあげちゃうのも、仲間を意外とあっさり切り捨ててしまうのも、行動に一貫性がないのも、執着心がないに等しいからではないだろうか。

そんな尊氏が一番大事にしなかったのが、ズバリ「自分の命」だった。死ぬのがまったく怖くないというか、命知らずというか。その姿勢が「命を惜しまない」「命をかけて使命を貫く」などと、いいように誤解されて、「さすがわれらがリーダーだ」とカリスマ性

が高まったのだ。しかし実態はもっとあきらめモードというか、後ろ向きというか、「死んでも、まぁ別にいいや」くらいの弱気なノリなのだから始末が悪い。

戦場でも状況が有利なときは果敢に戦うのだが、戦況が悪くなると、すぐに「負けそうだから、さっさと自害しよう」「もうダメだ、早く切腹しよう」などといい出して周囲を慌てさせた。命を惜しむのも武士としてどうかと思うが、すぐに死にたがるのも問題だ。腹心の部下たちはさぞ困ったことだろう。

●将軍を目指したのは「先祖代々の悲願」だからこそ

なんとなく将軍になってしまったように見える尊氏だが、天下人になるのは運命だったとのエピソードもある。平安時代に生きた、源義家《よしいえ》。義家は「7代の子孫に生まれ変わって天下を取る」と書き残した。

この7代目の子孫が、尊氏の祖父・足利家時《いえとき》。しかし家時も天下人にはなれなかったため、八幡大菩薩に「3代後の子孫に天下を取らせよ」と祈願して自害した。3代後の子孫である尊氏は、祖父の遺書を読んで将軍を目指し、見事に天下人になったというのだ。「天下を取る」という先祖代々の悲願を背負った尊氏は、気乗りしないままに、「先祖がいってるから、仕方ないな」くらいの軽さで、将軍という目標に向けて進んでしまったのかもしれない。

楠木正成

Kusunoki Masashige

後醍醐天皇の忠臣として知られる英雄
前半生は謎に包まれる知略の英雄

ファッション

智将として知られますが、一般的には胴丸を身に着け、馬を駆る姿で知られています。智だけでなく、武でも名をはせていたからでしょうか。春日大社には私が奉納した「黒韋威胴丸(くろかわおどしどうまる)」が残っています。

幼少期の様子

前半生はわからないことだらけ。どこ出身で、どういう身分だったかも、諸説あって定かではありません。ナゾの人物ということにさせていただきます。

性格

一途な性格で、負けるとわかっていても、主のために尽くしました。そのせいか、「智」「仁」「勇」の三徳を備えているとの評価もあり、敵からも尊敬されていたなんていわれますね。

トラウマ 会心の策が不採用になる。	**趣味** 軍学が趣味でしょうか?
家庭環境 息子・楠木正行以外のことはあまりわかりません。	**交友関係** 後醍醐天皇、護良親王。足利尊氏はライバル。
恋愛関係 妻は何人かいました。	**仕事ぶり** 忠臣として知られています。
人生の目標 天皇が尊重される世をつくること。	**死因** 足利軍に敗れ、自害。

特技・得意技等

やっぱり、得意なのは籠城戦とゲリラ戦でしょうか。とくに城に向かってくる敵に巨石、丸太を落としたり、糞尿や熱湯を浴びせたり、油をかけて火をつけたりといった戦法はよく使いました。

本人希望記入欄

後醍醐天皇に付きしたがっていましたが、正直なところ、武士の手を借りずに日本を治めるのはムリだと思っていました。足利尊氏と手を結んでくれたらよかったのですが。

記入上の注意　1:数字はアラビア数字で、文字はくずさず正確に書く。
2:※印のところは、該当するものを○で囲む。

履歴書

ふりがな	くすのき　まさしげ
氏名	楠木 正成
生年月日	1294?年?月?日
没年月日	1336年5月25日(満42?歳)
※	男・女（男に丸印）
出身	河内国(大阪府南河内郡千早赤阪村)
立場	武将、後醍醐天皇の側近
あだ名	大楠公(だいなんこう)

概要

後醍醐天皇にしたがって、鎌倉幕府の打倒や建武の新政に尽力しました。武力でもですが、おもに作戦などの知略の面で貢献できたかと思います。「籠城戦」「ゲリラ戦の天才」なんていってくださる方もいます。

家族

家族についてはよくわからないのですが、息子・楠木正行(まさつら)との別れの場面を記した「桜井の別れ」の話が有名です。昔は教科書にもかならず載っていたんですってね。

年	歳	学歴・職歴(各項目ごとにまとめて書く)
1322	28歳?	阿氏河(あてがわ)荘(和歌山県清水町)の荘園を賜る。
1331	37歳?	和泉国(大阪府南西部)若松荘が所領となる。後醍醐天皇と挙兵(元弘の乱)。若松荘を没収される。
1332	38歳?	後醍醐天皇、護良(もりよし)親王から左衛門尉の官位を与えられる。
1333	39歳?	建武の新政開始、記録所寄人、雑訴決断所奉行人、河内・和泉の守護となる。
1334	40歳?	役職の多くを辞職。
1336	42歳?	足利尊氏らの兵と兵庫の湊川で戦い、敗死。

●ゲリラと籠城戦が得意技、日本を代表する「天才軍師」

足利尊氏のライバルとして知られ、後醍醐天皇に命がけの忠義で仕えた英雄が楠木正成だ。「なんとなく名前は聞いたような」という声が聞こえそうだが、尊氏でさえ微妙に扱いが悪い近頃の歴史認識では、正成にスポットが当たらないのも仕方ない。しかし第二次世界大戦頃までは、武将からも庶民からも愛されるスーパーヒーローだったのだ。

正成の前半生は正直なところ何もわからない。生年月日や出身地も、両親が誰で、どんな立場だったかもほぼ謎。そんな正成が天皇の側近として、戦の戦略を立てる立場になっているのだから不思議だ。正成は熱烈な天皇派として後醍醐天皇に付きしたがい、「湧くがごとき智謀」といわれる知恵と策略で鎌倉幕府の滅亡と、後醍醐天皇が中心となって政治を行なった「建武の新政」の立役者となった。

正成の得意技は、ゲリラと籠城戦。敵をだましたり、橋を燃やして落としたり。ときには糞尿をかけたりと、「ああ、こんなことされたらイヤだなぁ」と心から思うような、ある意味汚い、ある意味冴えた戦法で敵を撹乱しまくった。奇策を使って劣勢をくつがえしたことから「天才軍師」のイメージで知られるようになり、『三国志演義』の諸葛孔明と並べられたり、竹中半兵衛を評する際に「昔楠木、今竹中」といわれたりと、日本を代表する軍師として扱われた。

●教科書に載るような美談「桜井の別れ」でヒーローに

正成は尊氏との「湊川《みなとがわ》の戦い」で敗北し、自害している。1336年（建武3年）、尊氏が数十万の軍勢を率いて攻め寄せた。正成は20分の1ほどの軍勢では勝利は難しいと判断。「尊氏と和睦するか、一度逃げて足利軍を誘い込み、兵糧《ひょうろう》攻めにするべき」と進言したが聞き入れられず、死を覚悟して戦場に向かうことになった。途中、西国街道の桜井駅（大阪府三島郡）に差しかかったとき、正成は、同行していた11歳の息子、正行《まさつら》を呼び寄せ、「お前は、故郷の河内へ戻れ」と告げた。正行は「最期まで父上と共に行きます」と帰るのを嫌がったが、正成は「自分が討ち死にしたときのため」だと、息子を突き放す。さらに、「忠義の心で帝のために身命を賭し、かならず敵を倒せ」と、帝からもらった菊の御紋が入った短刀を形見として渡し、今生《こんじょう》の別れとした。このエピソードは「桜井の別れ」として『太平記』に記され、かつては教科書にも取り上げられる美談となった。しかし、正行は20歳前後だったとの説もあり、「桜井の別れ」自体も創作だとも考えられている。

水戸光圀《みとみつくに》は正成を「忠臣の鑑《かがみ》」とほめたたえ、正成の墓に「嗚呼《ああ》忠臣楠子之墓」と刻んだ碑を建てさせた。幕末に尊王の機運が高まると、正成の人気はさらに高まる。吉田松陰ら幕末の志士も「嗚呼忠臣楠子之墓」の碑を詣でたという。

後醍醐天皇

Godaigo Tennou

打倒鎌倉幕府を掲げ、南朝を創設
天皇の世をつくるため、戦い続けた

ファッション 冕冠（べんかん）という礼冠をかぶった肖像画がよく知られています。密教の法服を着て、宝具をもっている姿に驚く者もいるようです。	
幼少期の様子 後宇多天皇の第2皇子として誕生。父君は第1皇子の後二条天皇をひいきしていたので、その辺りはちょっと不満だったかもしれません。	
性格 理想に向けて突き進む、強い意志と行動力をもっています。何度失敗してもあきらめない不屈の精神も有していますが、人の言葉に耳を貸さない頑固な面もあります。	
トラウマ 武士の台頭、島流し。	**趣味** 部屋で石を愛でる「水石」を好みました。大好きだった「夢の浮橋」は徳川美術館に所蔵されています。
家庭環境 天皇家が権威を失っていたため、あまりよくはなかったです。	**交友関係** 護良親王、楠木正成。
恋愛関係 20人の妻や女と40人の子。女が寄ってくるタイプでした。	**仕事ぶり** 目標のためなら、万難を排する。
人生の目標 公家の世をつくる。	**死因** 病によって死去。

特技・得意技等

『建武年中行事』という本を書きました。内容は、私が宮中生活を送るなかで経験した、朝廷の儀式や行事の内容、作法について記したもの。朝廷についての貴重な史料とされています。こういうものを書くのは得意でした。

本人希望記入欄

私が京都の下鴨神社にある御手洗池で水をすくったとき、まず泡が一つ浮き、しばらくして四つ浮き上がりました。「みたらし団子」はそれに見立てて誕生したものです。

記入上の注意　1：数字はアラビア数字で、文字はくずさず正確に書く。
2：※印のところは、該当するものを○で囲む。

履歴書

ふりがな　ごだいごてんのう

氏名　**後醍醐天皇**

生年月日	没年月日	※
1288年11月2日	1339年8月16日（満50歳）	㊚・女

出身
京（京都府京都市）

立場	あだ名
第96代天皇、南朝の初代天皇	後醍醐院、尊治（たかはる）、帥宮（そちのみや）

概要

鎌倉幕府打倒を図るも何度も失敗。一度は隠岐に流されたが、脱出して見事に鎌倉幕府を滅亡させました。「建武の新政」「建武の中興」と呼ばれる政治を試みましたが、足利尊氏のせいで台無し。吉野に移り、南朝を立てました。

家族

父君は後宇多天皇、母君は参議藤原忠継（ただつぐ）の娘・談天門院忠子（だんてんもんいんちゅうし）。妻は藤原禧子（きし）など20人近く。子も護良親王、後村上天皇など40人ほどもいる。

年	歳	学歴・職歴（各項目ごとにまとめて書く）
1308	20歳	皇太子になる。
1318	30歳	天皇として即位。
1324	36歳	「正中の変」で側近が処分される。
1331	43歳	「元弘の乱」で挙兵、失敗して廃位される。
1332	44歳	隠岐の島に流罪となる。
1333	45歳	隠岐の島から脱出。「建武の新政」開始、廃位を否定し、天皇の座に戻る。
1336	48歳	吉野に逃れ、南朝を建てて初代天皇になる。
1339	50歳	後村上天皇に譲位。病により崩御。

●最後の武闘派天皇、不屈の闘志で「鎌倉幕府」を倒す

かつて「天皇」は政治の中心で、さまざまな戦や政争を起こし、実際に戦場に出て戦うことも多かった。しかし武士の世が続くにつれて、天皇はみずから動くことがなくなっていく。後醍醐天皇は幕府を滅ぼし、主権を自分の手に入れようとあがき続けた、ある意味で「天皇らしい」天皇だ。自身が武器を手にすることはなかったかもしれないが、最後まで天下を望んだという点でも、歴史上最後の武闘派天皇だったといえるかもしれない。

鎌倉時代。鎌倉幕府が政治を行なう、武士の世だった。後醍醐天皇は、幕府を倒し、天皇や公家の世を取り戻そうと画策。一度は幕府に計画がバレて側近が処分され、一度は挙兵して敗れて隠岐《おき》の島に流された。流罪になった天皇というのも、なかなかに珍しいかもしれないが、後醍醐天皇はここであきらめることなく、また立ち上がる。1年ほどで島から脱出し、もう一度幕府転覆を図ったのだ。今度は足利尊氏や楠木正成、新田義貞などの協力を得て、1333年（元弘3年）、ついに鎌倉幕府を倒した。

●建武の新政を始めるも、たったの2年で頓挫

後醍醐天皇は、喜々として「建武の新政」「建武の中興」と呼ばれる、天皇中心の新しい政治体制をつくった。その内容はこれまでの政治とは一線を画するもので、征夷大将軍

は置かず、公家・武士をあわせて支配するものだった。

理想は高かったのだが、斬新な改革を早急に推し進めようとする手法や、独裁的な政策には無理がありすぎた。従来の政治や慣習とは異なる内容には拒否感が続出。また特定の層をひいきする人事を行なったり、偏《かたよ》った考えを押し付けようとしたりしたことも裏目に出て、貴族・武家・僧侶すべてに嫌われ、強い反発を生んだ。

また民衆が疲弊しているにもかかわらず、賦役を課そうとしたことなどもあり、民衆からも嫌がられるという最悪の事態に発展。とくに後醍醐天皇の政治に期待していた周囲の失望は強く、みるみるうちに不満が高まった。後醍醐天皇はしだいに孤立。尊氏の裏切りもあり、たった2年ほどで新政府は倒れた。周囲の言葉に耳を傾ければ回避できたのかもしれず、天皇の横暴さが招いた当然の破綻だったといえそうだ。

後醍醐天皇は追手を逃れるために、吉野（奈良県）に隠れ、この地に「南朝」という朝廷を立てて、初代天皇を名乗った。以降、尊氏の室町幕府は「北朝」として別の天皇を置いたため、日本に二人の天皇が存在する「南北朝時代」が始まった。

後醍醐天皇は吉野で病を得て、失意のままに亡くなったが、死の間際まで各地に皇子を送って北朝方との対抗を画策するなど、まったくあきらめる気はなかった。最後まで「私は、理想の国をつくりたかっただけなのに」というなど、なぜ建武の新政が失敗したかは、死ぬまでわからなかったようだ。

古代
平安
鎌倉
室町
戦国
江戸
幕末
近代

新田義貞

Nitta Yoshisada

足利氏と同じ源氏の血を引く名門
強烈なライバル心が身を滅ぼす

ファッション
私が身に着けた兜が、江戸時代に偶然発見されました。四十二間の筋兜で、兜のまわりには「天照大神」「熱田大明神」などの文字を刻んでいたものです。裏側には「元応元年・相州作」の銘があります。

幼少期の様子
上野国（群馬県）新田荘で育ったのは確かですが、子供時代のことは不明です。いろいろな説があるらしいですが、どれも信憑性が薄くて。謎ってことにしておきましょう。

性格
「愚将」といわれることもありますが、民衆のことを考えて生きた、心優しき人物だと思います。

トラウマ 足利家。	**趣味** 立身出世でしょうか。
家庭環境 不明点が多いことからも、あまり幸せではなかったような気がします。	**交友関係** 後醍醐天皇、楠木正成。
恋愛関係 勾当内侍（こうとうのないし）と熱烈な恋愛をしたという話もあります。	**仕事ぶり** 仕事にはまじめに取り組みます。名よりも実。ときには戦略的撤退もいといません。
人生の目標 新田家を世間に認めさせること。	**死因** 斯波高経の軍勢との戦いで戦死。

特技・得意技等
特技というものはありませんが、源氏に伝わる宝刀「鬼切」と、北条氏の宝刀「鬼丸」は一時期私が所有していました。斯波高経との戦いではこの刀で奮戦したという話もあります。どちらにしてもその甲斐もなく……悔しい限りです。

本人希望記入欄
新田家は源氏の名門の家系です。正直、足利家とは同列。それなのに、何かと差が付けられるのは納得できません。もう少し、考えていただきたいものです。

記入上の注意　1：数字はアラビア数字で、文字はくずさず正確に書く。
2：※印のところは、該当するものを○で囲む。

履歴書

ふりがな　にった　よしさだ 氏名　**新田 義貞**		
生年月日 1300?年?月?日	没年月日 1338年閏7月2日(満38?歳)	※ ㊚・女
出身 上野国新田荘(群馬県太田市)		
立場　後醍醐天皇下での官軍総大将	あだ名　小太郎	

概要

民衆が苦しんでいるのを何とかしたくて、鎌倉幕府倒幕のために立ち上がりました。目的を同じくする後醍醐天皇に呼応したのです。足利尊氏はライバル。打倒鎌倉幕府！　ののちは、打倒尊氏が目標となりました。

家族

父は新田朝氏(ともうじ)とわかっているが、母は誰かよく覚えていません。妻も子もいましたが、尊氏と敵対したため、室町時代には「朝敵」「逆賊」という扱いに。妻子には申しわけないことをした……かもしれない。

年	歳	学歴・職歴(各項目ごとにまとめて書く)
1318	18歳?	新田氏本宗家の家督を継ぐ。
1333	33歳?	従四位上に叙される。左馬助に任官、さらに上野介、越後守、播磨介となる。左兵衛督(さひょうえのかみ)となる。
1335	35歳?	事実上の官軍総大将となる。正四位下に叙される。左近衛中将、播磨守となる。
1338	38歳?	斯波高経(しばたかつね)との「藤島の戦い」で戦死。

●敗戦続きの愚将か、民思いの賢将か、評価は真っ二つ

後醍醐天皇と手を組み、鎌倉幕府を倒したまではよかったが、その後は足利尊氏の裏切りにあって敗戦。賊軍扱いとなり、辛酸をなめたのが新田義貞だ。いつの間にか、官軍総大将的な地位にすえられて、尊氏にたたきのめされたせいで「愚将」と評価される。しかし一地方の御家人が、まとまりなんかあるはずない官軍を率いてよく戦ったと考えれば、けっして無能だったとはいえない。義貞の失敗は、尊氏に対して強烈なライバル心をもちすぎたこと、義貞が「圧倒的に人望がなかった」のが原因ではないだろうか。

義貞の生家・新田家は、源氏の後を引く名門の家系。しかも本宗家の嫡流だ。この点では尊氏と同じだが、新田家には役職もなければ、力もなく、没落といってもいい状態だった。義貞が倒幕を志したのは民が重税に苦しんでいたからだとされる。「いっそのこと、幕府がなくなれば！」と考えた義貞は、倒幕を目指して挙兵。後醍醐天皇をはじめ、尊氏や楠木正成ら、目的を同じくする勢力に呼応し、見事に倒幕を果たした。

その働きを評価され、後醍醐天皇から従四位上の位などをもらったのはよかったが、尊氏がもらったのは従三位と武蔵守。従四位上と従三位では扱いがぜんぜん違うのに加え、国司として任官した国も、本流と傍流に近い扱い。この差に、義貞のプライドはいたく傷つけられたのではないだろうか。

●人望のなさからか、最期まで行動が裏目に出続けた？

倒幕後、尊氏は後醍醐天皇を裏切り、敵対。後醍醐天皇の「建武の新政」があまりにも武士を軽視したものだったため、反発した結果だともいう。義貞も「後醍醐のヤツめ、俺らをバカにしやがって」と考え、反乱を起こしていた可能性もある。それなのに、最期まで後醍醐天皇の軍を率いたのは、尊氏に対するライバル心が原因だったのではないだろうか。もし尊氏が裏切っていなかったら、義貞が挙兵していたと考える説もある。しかし当初から足利氏は大人気で兵も「足利の軍に入りたい」と押し寄せた。対して新田氏は不人気で、人は集まらない。さらに一族も分裂、造反していたほど結束力がなかったような有様だったので、義貞が挙兵していたら、室町幕府はなかったかもしれない。

尊氏と敵対しつつ、各地を転戦した後醍醐天皇軍。1336年（建武3年）には「湊川の戦い」で激突。正成は戦死した。総大将だった義貞は戦略的退却を選んだ。最終的に1338年（暦応元年）斯波高経《しばたかつね》と交戦した「藤島の戦い」で戦死したが、「正成は勇敢に戦って死んだ」と名を上げたのに対し、義貞は「臆病にも逃げた」と評価を下げた側面もある。民衆のために「打倒幕府」で立ち上がった勇敢な武将だったはずの義貞。『太平記』などで名を残し、立身出世も少しは果たしたとはいえ、なんとなく尊氏や正成の引き立て役になっている気がする、悲運の武将にも感じられる。

足利義満

Ashikaga Yoshimitsu

室町幕府の最盛期をつくりあげた将軍
華やかな「北山文化」の生みの親

ファッション
オシャレで知られており、周囲の服装にもうるさかったです。基本的にキラキラ光ったものやゴージャスなものが好きでした。出家後の肖像画にも豪華な袈裟が描かれています。

幼少期の様子
幼少期は南朝との争いが激しかった時代で、あちらこちらと逃げまどうことも多くありました。しかし旅先でも雅の心を忘れず、よい景色などを愛でました。

性格
強い者や権威にはおもねる政治テクニックで幕府を盛り立てました。「強きを助け、弱きをくじく」なんて悪口をいう人もいますが、それも仕方ありません。

トラウマ とくになし。トンチの得意な小坊主が苦手かも……。	**趣味** 能や文学、水墨画などを愛しました。
家庭環境 幼くして父が亡くなったので、大変ではありました。	**交友関係** 赤松則祐、細川頼之。
恋愛関係 女性関係は派手なほうだったかもしれませんが、それよりも藤若（のちの世阿弥）への寵愛が有名ですね。	**仕事ぶり** 目的のためなら手段を選ばず突き進む強引さがあります。行き当たりばったりな一面もあります。
人生の目標 天皇になる!?	**死因** 病。暗殺説もあります。

特技・得意技等
「北山文化」を残したほどですから、得意科目は美術でしょうか。観阿弥・世阿弥親子を庇護して「猿楽（能）」にも傾倒しましたし、意匠を施した建物も建てました。

本人希望記入欄
ずっとほしかった「太上法皇」の称号。死後にではありますが、朝廷から「鹿苑院太上法皇」の称号をもらったのに、息子・義持が辞退してしまった。これは納得いかない出来事ですね。

記入上の注意　1：数字はアラビア数字で、文字はくずさず正確に書く。
2：※印のところは、該当するものを○で囲む。

履歴書

ふりがな　あしかが　よしみつ

氏名　**足利 義満**

生年月日	没年月日	※
1358年8月22日	1408年5月6日（満50歳）	㊚・女

出身
京・花の御所（京都府京都市上京区）

立場	あだ名
室町幕府 第3代将軍	日本国王、 北山殿、室町殿

概要

室町幕府の3代将軍。明との勘合貿易を行なうなど、室町幕府が最も華やかな時代をつくりました。将軍であると同時に、太政大臣として権力をもつなど、全方位にパワーがあったということになりましょうか。文化にもうるさく、能楽を保護したり、京都に金閣を建てたりと、「北山文化」も開花させました。

家族

父は2代将軍・足利義詮（よしあきら）。母は側室の紀良子（きのよしこ）です。父の正妻・渋川幸子（こうし）との間に兄がいましたが、早くに亡くなったため、私が将軍になったのです。養育してくれたのが渋川幸子だったため、実母よりも養母との関係が深くなりました。

年	歳	学歴・職歴（各項目ごとにまとめて書く）
1358	0歳	足利2代将軍・足利義詮の子として誕生。
1368	10歳	室町幕府3代将軍となる。
1392	34歳	南北朝の統一に成功。
1394	36歳	息子・足利義持（よしもち）に将軍をゆずり、太政大臣となる。
1395	37歳	太政大臣を辞任、出家する。
1397	39歳	北山（京都府京都市）に金閣寺を建てる。
1404	46歳	明との貿易を開始。
1408	50歳	病で死去。

●アニメ『一休さん』のイメージとは真逆の凄腕将軍

室町幕府の3代将軍、足利義満。父・足利義詮《よしあきら》の死去によりわずか10歳で将軍の座に就くと、ときに強引な手法も使って、武家社会のみならず、公家や朝廷でも権威を振るい、室町時代の最盛期をつくりあげた。が、ある程度以上の年齢の人ならアニメ『一休さん』でいつもトンチ小僧にやりこめられている、マヌケな将軍様のイメージが強いかもしれない。しかしこの義満、なかなかにデキるヤツで、しかも野心家。「この人がいたからこそ、室町幕府は15代まで続いたんじゃないか」と思える、凄腕将軍なのだ。

義満の政治的成果は華やかだ。成人までは大人しくしていたが、成人後は自分でガンガン政治を動かした。邪魔者は排除しまくり、「二つ天皇家がある」というややこしい状態の解消にも成功した。足利氏は北朝派だから最初から南朝と和睦するつもりなんてなかったともされる。「南朝と北朝、交互に天皇を出そうぜ」という案を出して双方を納得させたうえ、「北朝からまず天皇にするから、天皇の地位の証拠『三種の神器』も預からせてもらうぜ」と神器を取り上げてしまった。その後は南朝から天皇が出るどころか、南朝の後亀山天皇を幽閉してしまったというから、南朝の人々はさぞ悔しかったことだろう。

経済的、文化的にも義満の時代は隆盛を極めた。明（中国）との交流を復活させ、日明貿易を行なっておおいに儲けたのだ。ただし中国との関係は対等ではなく、明の家来的な扱い。支配下にある日本のトップという意味で「日本国王」という名で呼ばれた。義満本人はお気に入りだったというし、この時代は進んだ中国からまだまだ学ぶ立場ではあったから仕方ないのかもしれないが、なんとなく釈然としない気もする。

文化面では「北山文化」が花開いた。特色は、武家文化と公家文化、禅宗風の中国文化が融合したという点。金閣が有名なため、なんとなく金ピカでド派手なイメージがあるが、水墨画や観阿弥・世阿弥の能楽など、洗練された文化の香りがある。とはいっても、義満と美少年だった世阿弥は愛人関係にあったというから、金満で権力をもつ義満が、その影響力を見せつけた文化だとも考えられるかもしれない。

●栄華を極めた末に最後に望んだ「上皇」の地位

強大な権力も金も、そして娯楽も極めた義満が、最後に望んだのは「天皇の地位」だったのではないか、という大胆な説もある。厳密にいうと、義満は次男・義嗣《よしつぐ》を天皇にして、自分は上皇や法皇となりたいと考えていたというのだ。義満の死後、朝廷から「鹿苑院太《だ》上法皇《じょうほうおう》」の称号が贈られているのが証拠の一つだとされる。

義満は病で急死しているが、「皇位を狙っていた説」によれば、この急死は義満の勢いにビビった関係者による毒殺だという。真偽は定かではないが、武士のボスが「天皇になってやろう」なんて野望をもつなんて、なかなかロマンがある話ではないだろうか。

足利義政

Ashikaga Yoshimasa

芸術だけが生きがいの日和見《ひよりみ》将軍
優柔不断が「応仁の乱」の原因に

ファッション 文化には興味がありましたが、あまりファッションには興味がありません。しいていえば、「ワビサビ」を感じる服装でしょうか？	
幼少期の様子 将軍の息子ではありましたが、同母兄がいましたので、自分はそんなに大事にされていませんでした。のんびりした子供時代だったといえるかもしれません。まさか将軍になるとは思いませんでした。	
性格 とにかく優柔不断、なんでも先延ばし。	
トラウマ 恐妻。跡目争い。	**趣味** 芸術に耽溺すること。ほかには何もいりません。
家庭環境 恐妻、悪妻で知られる日野富子。彼女の尻に敷かれ続けました。	**交友関係** 伊勢貞親、今参局（いままいりのつぼね）。
恋愛関係 将軍なのでそれなりなのですが、とにかく正妻が怖くて。	**仕事ぶり** 政治に関しては何もしていません。芸術や文化という点では非常に有能だったとの評価もあります。
人生の目標 芸術を愛して、のんびり生きたい。	**死因** 中風（脳出血などによって起こる、麻痺などのこと）。

特技・得意技等

とにかく芸術を愛しました。銀閣を中心とする建築、枯山水の庭園、狩野派などの絵画、茶の湯や茶道具。みんなすばらしいじゃないですか！　後世にも残っているということは、私の趣味は受け入れられたということでしょうか。それなら幸せですね。

本人希望記入欄

「応仁の乱」は私の優柔不断さが招いたものだといわれています。でも将軍なんて、誰がなったっていいと思うんですよね。そんなに争わなくてもいいじゃないですか。みんなで芸術を愛でていればよかったのに。

記入上の注意　1：数字はアラビア数字で、文字はくずさず正確に書く。
2：※印のところは、該当するものを○で囲む。

履歴書

ふりがな	あしかが よしまさ
氏名	足利 義政
生年月日	1436年1月2日
没年月日	1490年1月7日（満54歳）
※	男・女（男に丸）
出身	京・花の御所（京都府京都市上京区）
立場	室町幕府 第8代将軍
あだ名	東山殿

概要

将軍ではありますが、そんなに何もしていません。私の名前が残っているのは、「銀閣」をはじめとする東山文化を生み出したことと、悪名高き「応仁の乱」の原因をつくったことが理由です。

家族

父は6代将軍足利義教（よしのり）、母は日野重子（しげこ）です。兄の足利義勝（よしかつ）は7代将軍でしたが、わずか9歳で亡くなりました。妻は悪女として知られる日野富子（とみこ）、9代将軍の足利義尚（よしひさ）は息子です。弟・足利義視（よしみ）と義尚との後継者争いが「応仁の乱」ということになります。

年	歳	学歴・職歴（各項目ごとにまとめて書く）
1449	13歳	元服。征夷大将軍となる。
1453	17歳	名を「義政」に変える。
1467	31歳	「応仁の乱」が起こる。
1473	37歳	征夷大将軍を辞職。
1482	46歳	東山山荘の造営を開始。
1485	49歳	出家。
1489	53歳	9代将軍義尚が死去、甥の義稙（よしたね）を養子に迎えたうえで10代将軍とする。
1490	54歳	病で死去。死後「太政大臣」の位をもらう。

●「何もしなくていい」甘やかされて育ったお坊ちゃま

「銀閣」をつくり、東山文化を花開かせた足利義政。そのいっぽうで、京の都を焼け野原にし、時代を戦国時代へと進ませた「応仁の乱」の引き金となったことでも知られる。文化芸術分野では有能だったが、政治的な面では優柔不断のダメダメ将軍だったのだ。

兄が若くして亡くなったため、棚ぼた式に将軍となった義政。父が専制政治、恐怖政治を行ない「万人恐怖」ともいわれた足利義教《よしのり》だ。義教は最終的に暗殺されている。その混乱を引き継いだ将軍だから、義政はとにかく「何もしなくていいからね」と、甘やかされて、押さえつけられて育ったようだ。将軍になったときはまだ子供だったし、義教のように暴君になっても困る。義政はお飾り将軍で、周囲の乳母や実力者が政治を動かせばいいと考えたのだろう。祖父・義満のように能力が高ければ、自分で動くトップもいいだろう。しかし権力をもつ者が無能だと民は不幸になる。とくに世襲で決まるトップの場合、「正直何もしてほしくない！」というのは、世の官僚や会社組織の切望ではないだろうか。

●悪妻・日野富子に逆らえない弱い夫が京を焼け野原に

義政と民の不幸は、義政の正妻・日野富子が非常に強い女性だったという点だ。二人の間には男子がなく、早く将軍を辞めて趣味に生きたい義政は、弟・義視《よしみ》に将軍職をゆずろう考えた。「子供ができたりしたら困るからイヤだ」と渋る弟に、「もし子供ができても出家させるから」と固く約束してなんとか次代を約束させた。しかし富子との間に、子供・義尚《よしひさ》ができてしまったから大変。弟派と息子派にわかれて、跡目争いが始まった。これが「応仁の乱」の基本的なお話。本当なら「弟に約束したんだから、お前は黙ってろ」と、妻の富子一派を黙らせればよかったはず。もしくは弟に「やっぱり息子に継がせたい」と懇願すればよかった。しかし優柔不断男・義政は、どちらもできない。「弟には約束しちゃったし、でも富子は怖いしなぁ……」というところだろうか。

争いが始まっても、お飾り将軍には戦を止めることはできない。「どっちも仲よくね」「戦に参加しちゃダメだよ」とやんわり制止する程度だったから、どちらの陣営も止まるわけがない。争いは激化。「跡目争い」という当初の目的も見失って、10年も続く戦争に発展してしまった。その間、義政は何をしていたかというと、「ボクチャンは関係ない」とばかりに酒を飲んでいたというから、あきれるばかりだ。

応仁の乱が終わり、夫婦仲もすっかり悪くなった義政は、妻と別居して芸術三昧な生活に入る。銀閣の建造にも力を入れ、金を注ぎ込んだ。しかし義政には個人財産はあまりない。長引く戦乱で疲弊しきった民から金を集めて芸術につっこんだという。民衆を戦乱で苦しめ、金を集めて趣味に費やす。父のようにしないために、甘やかして育てた結果、父親以上のモンスター暴君を生み出してしまったのではないだろうか。

細川勝元

Hosokawa Katsumoto

すべては「お家のために！」「応仁の乱」東軍総大将は意外と趣味人

ファッション	
これといって好みはありませんが、派手好きだとはいわれます。	

幼少期の様子

細川家の嫡男として育てられました。父が早くに亡くなったため、10代で跡を継ぐことになってしまいました。

性格

基本は穏やかな性格ですが、ウンチクをいいたいというか、知識をアピールしたがるところはあるかもしれません。

トラウマ

わかりません。

趣味

医術研究、グルメ、和歌、絵画、犬追物(いぬおうもの)。

家庭環境

細川氏の嫡流「細川京兆家」の嫡男ですから、それはもう名門です。家庭環境は最高級といっていいのではないでしょうか。家中にはもめ事もあまりありませんでしたしね。

交友関係

足利義政、山名宗全、斯波義敏、赤松政則。

恋愛関係

妻は山名宗全の養女。要は政略結婚です。ですから、恋愛といわれても困りますね。

仕事ぶり

切れ者という人もいれば、そうでもないという人もいます。軍事よりも謀略や駆け引きが得意でした。

人生の目標

細川京兆家の隆盛。

死因

病死。

特技・得意技等

「応仁の乱」でばかり有名ですが、じつはグルメでも有名だったりします。とくに鯉料理にはうるさくて、食べただけで鯉の産地を当てたり、「ただうまいだけでなく、その特徴を知ってほめなければならない」なんていったりしたものです。

本人希望記入欄

趣味分野ではほかにも、龍安寺(京都府京都市右京区)、龍興寺(京都府南丹市)などを創建しました。墓が龍安寺にあるのはそのためです。和歌や絵画を好んだほか、鷹狩や弓矢で犬を追う「犬追物」などをたしなむなど多彩でした。さらに医術を研究して、医書『霊蘭集』を書いてもいます。文武両道ということでしょうかね。

記入上の注意　1：数字はアラビア数字で、文字はくずさず正確に書く。
2：※印のところは、該当するものを○で囲む。

履歴書

ふりがな	ほそかわ かつもと
氏名	細川 勝元

生年月日	没年月日	※
1430年？月？日	1473年5月11日（満43?歳）	㊚・女

出身
京（京都府京都市）

立場	あだ名
室町幕府管領、 応仁の乱の東軍総大将	六郎、 聡明丸（幼名）

概要

室町幕府の重臣で、将軍を補佐して幕政を統轄する「管領」という職を通算で20年以上務めました。武将同士の領地争い、覇権争いから、山名氏らと対立してしまい、「応仁の乱」の東軍大将になりました。

家族

父は第14代室町幕府管領の細川持之（もちゆき）、母は京極高光の娘です。妻の春林寺殿は、山名宗全の養女にあたります。

年	歳	学歴・職歴（各項目ごとにまとめて書く）
1442	12歳	細川京兆家当主となる。7代将軍足利義勝（よしかつ）から一文字もらい「勝元」と名乗る。
1445	15歳	室町幕府の管領に就任する。
1449	19歳	管領を辞任する。
1452	22歳	幕府の管領に再就任する。
1464	34歳	管領を辞任する。
1467	37歳	「応仁の乱」が起こる。東軍大将になる。
1468	38歳	管領にまたまた就任する。
1473	43歳	管領を辞任する。病で死去。

●応仁の乱の目的は、目障りな山名宗全を消すため！

京を火の海にしながら10年間も続いた「応仁の乱」。一般には、足利義政の跡継ぎ争いだとされるが、実際はそうではなかったとの説もある。応仁の乱は畠山氏、斯波《しば》氏の跡継ぎ争いであり、有力大名の勢力争いだった。細川宗家にあたる「細川京兆家」の嫡男として誕生し、幼い頃から総領として生きた細川勝元。東軍大将として応仁の乱に参加した勝元の目的は、「お家を最大限に盛り立てるため」だったのではないか。

応仁の乱で敵対したのは、西軍を率いる山名宗全。細川氏と山名氏はどちらも名門で力もあり、さらにおたがいの間に火種があったために、担ぎ出されたという。しかしこの2家は当初から反目しあっていたわけではない。その証拠に勝元の妻・春林寺殿は宗全の養女。「仲よくしたい」とは思っていなくても、「敵対するのは得策ではない」と思っていただろう。当時、山名氏は非常に勢いのある大名であり、勝元も「利用すべき相手」として認識していた。また政敵だった畠山持国《もちくに》との対決にも山名氏と組んだほうがいいと考えていたようだ。

勝元は……というか、武士というものは誰でも同じかもしれないが、上昇志向が強い。名門の家を率いているのだから、勝元も当然その意向が強く、「勢力を拡大したい」「領地を広げたい」「主導権を握りたい」と考えていた。そうなると邪魔になるのが勢力を急速に拡大しているイケイケの山名氏だ。勝元はしだいに山名氏を排除したいと考えるようになる。応仁の乱の原因には、さまざまな要因が入り組んでいるが、勝元としては「宗全、うぜぇ」「山名氏消えねぇかな？」というところだったのではないだろうか。

●「若き謀略家」として知られるが、その手腕は不明

勝元は、謀略家・陰謀家としての能力に長《た》けていたといわれる。戦闘力という面では凡庸だったようだが、先を見据えつつ同盟関係を結んだり、敵対勢力を邪魔するための謀略を練ったりと、裏でさかんに動きまわったという。それらはすべて、細川家のためであり、同時に山名氏の勢力拡大を抑えるためでもある。宗全の娘と婚姻関係を結んだのも、その一環だったとも考えられる。

先を見通して工作を重ねた勝元ではあるが、その結果引き起こされた応仁の乱は、多くの人々を巻き込み、京の町を焦土と化しながらだらだらと続いた。結局のところ、単に細川氏と山名氏の勢力争いだっただけで、戦い自体にはさしたる必然性もなく、戦意もなかったとも考えられる。

戦いのさなかの1473年（文明5年）、宗全が死去。2カ月後に勝元も陣中で病死。突然の病だったため、暗殺説もある。応仁の乱はこの後も続いたが、誰の幸せにもならない戦を仕掛けた勝元は、本当に優れた謀略家だったといえるのだろうか。

山名宗全

Yamana Souzen

政治下手だが戦じょうず、激しやすい人情家は武闘派集団の惣領

ファッション
私は根っからの武士ですから、ファッションなどには興味がありません。

幼少期の様子
わずか9歳で元服。4代将軍足利義持の名を一字もらって「持豊」となりました。しかし、私は3男ですから、後継ぎの期待というものはありませんでした。

性格
激しやすい性格で、「横暴」「傲慢」などといわれることもあります。周囲との衝突も多かったですね。

トラウマ
長引く戦乱。

家庭環境
山名家は一度没落しましたが、父・時熙が隆盛を取り戻そうとしていました。右肩上がりで景気のいい状態のなかで育ちました。

恋愛関係
あまり興味がありませんでした。

人生の目標
一族の繁栄でしょうか？

趣味
じつは風流も大好きで、一とおりたしなみます。「犬追物」は得意でしたね。

交友関係
細川勝元、日野富子、足利義尚。

仕事ぶり
「武」に生きた勇敢な武将だったと評価をもらっています。ただ、政治面は苦手だったかもしれません。

死因
病死。一説には切腹しそこねた傷がもとで……ともいわれますが、よくわかりません。

特技・得意技等
得意なのはやはり戦です。幕府の重臣として数えられるなかでも、「山名軍」といえば武勇の誉れ高い一軍でした。それを率いていたのですから、やはり武の面で評価されたいものですね。

本人希望記入欄
赤ら顔で、興奮しやすいことから「赤入道」のあだ名で呼ばれました。一休宗純は私のことを「毘沙門天の生まれ変わり」といっていたようです。毘沙門様は好きですが、似ているんでしょうかね？

記入上の注意　1：数字はアラビア数字で、文字はくずさず正確に書く。
2：※印のところは、該当するものを○で囲む。

履歴書

ふりがな	やまな そうぜん
氏名	山名 宗全
生年月日	1404年?月?日
没年月日	1473年3月18日(満68歳)
※	㊚・女
出身	但馬国(兵庫県北部)
立場	室町幕府の重臣、応仁の乱の西軍大将
あだ名	宗全入道、赤入道

概要

室町時代中期の武将です。「嘉吉(かきつ)の乱」で赤松満祐(みつすけ)を討った功によって、勢力を強めました。応仁の乱では西軍の大将として、細川勝元率いる東軍と戦いました。

家族

山名時熙(ときひろ)と山名氏清(うじきよ)の娘の3男として生まれました。長兄・満時が病死、次兄・持熙(もちひろ)は将軍・足利義持(よしもち)の怒りを買って廃嫡されました。養女が細川勝元のところに嫁いだため、勝元は義理の息子にあたります。

年	歳	学歴・職歴(各項目ごとにまとめて書く)
1413	9歳	元服し、「持豊(もちとよ)」と名乗る。
1433	29歳	家督を継ぐ。
1441	37歳	「嘉吉の乱」で名を上げる。
1442	38歳	出家。「宗峯(そうほう)」と号し、のちに「宗全」と改める。
1454	50歳	隠居。家督を教豊(のりとよ)にゆずる。
1467	63歳	「応仁の乱」に西軍大将として関わる。
1473	68歳	病死。

●「嘉吉《かきつ》の乱」の勝利で過去の栄光を取り戻す

「応仁の乱」で東軍の将が細川勝元だったのに対し、西軍大将を務めたのが山名宗全だ。本名は山名持豊。出家して最初は宗峯《そうほう》、のちに宗全を名乗った。

山名氏は、室町時代初期には一族で11国を治めるなど、非常に力をもった一族だった。しかし足利義満は「一つの家が力をもっているとヤバイ」と考え、同族同士で争うように画策。その結果、山名家はあっという間に没落。領地は3国にまで激減していた。ここから1段階復活させたのが父の山名時熙《ときひろ》。その後を継いだ宗全が、かつての栄華を越えた繁栄をもたらした。きっかけは1441年（嘉吉元年）の「嘉吉の乱」で赤松満祐《みつすけ》を討ったこと。当時の将軍・足利義教を暗殺した満祐を追い詰め、自害へを追い込んだ。この功から、山名家は満祐の所領を得ることとなり、領地と権威を見事に回復した。

室町幕府の重臣として活躍した宗全だが、政治能力は高くない。駆け引きや謀略はできず、家中の者が乱暴を働いて問題となるなど、愚連隊というか、武闘派集団というか。要するにチカラはあるが、アタマは悪いという一族だった。本来なら政治の中枢近くにいるような一族ではないのだが、とにかく強いから誰も口出しできない。「怒らせると怖い」という考え方だったのか、「問題が起こったら山名に押し付けりゃいいや」的な打算だったのか、ことあるごとに問題解決を押し付けられた。せっかく義満が「山名氏が力をもつとヤバイ」と、力を削いでおいたのに、結局もとに戻してしまうあたり、将軍家の力、もしくは見る目のなさを心配してしまう。

●いち早く「応仁の乱」はムダだと気づくも止められず

考え事は不得手な宗全だが、苦手なりに考えて「娘を有力大名と婚姻させる」という、ベタだけれども確実な手段で、山名氏のさらなる発展を望んだ。養女の一人を大内教弘《のりひろ》と、もう一人を細川勝元と結婚させたのだ。この策は、成功したかのように見えたが、しだいにほころびが出始める。娘婿といえども別の一族。それぞれが「一族を盛りたてたい」と考えた結果、おたがいが目障りになったのだ。その結果、１４６７年（応仁元年）に勃発したのが「応仁の乱」だ。

当初は、参加している一族や陣営にそれぞれの考えがあったはずだ。しかし応仁の乱はだらだら続き、「あれ、どうして戦ってるんだっけ？」「何がどうなったら終わるの？」と、参加者もわからなくなっていく。宗全はいち早く「ムダな戦になってるぞ」と気付き、和平を画策していたともいうが、果たせないまま１４７３年（文明５年）病で死去した。後を追うように敵の総大将・勝元も亡くなったが、応仁の乱はまだまだ続く。結局、１４７７年（文明９年）に勝敗がつくことも、おもな武将が戦死することもなく、静かに終息していった。

古代
平安
鎌倉
室町
戦国
江戸
幕末
近代

世阿弥

Zeami

「能楽」を完成させた天才
能の理論書『風姿花伝』は今に通じる

ファッション
能楽の衣装が、私のファッションでしょうか。最初は普段着で演じていましたが、将軍や貴族が「褒美に」と、ご自分の着物をくださったことから、しだいに豪華になっていったんです。

幼少期の様子
幼い頃から能一筋に生きてきました。10代前半で将軍様や貴族の方々に気に入っていただき、ごひいきしてもらうようになりました。

性格
私の性格や顔に関してはあまりわかっていません。芸を通じてわかっていただけるでしょうか。

トラウマ
島流し。

家庭環境
父と能楽三昧でしたから「家庭」というものは、なかったのかもしれません。

恋愛関係
恋愛関係も謎がいいのではないでしょうか。ただ、義満様に寵愛をいただいたのは事実です。

人生の目標
能楽を大成させる。

趣味
芸術はひと通り愛していますが、「趣味」なのかどうかは、わかりません。

交友関係
足利義満、二条良基、佐々木導誉(どうよ)、細川満元。

仕事ぶり
子供の頃から、晩年まで一途に能楽に取り組みました。

死因
私がいつ、どこで、なぜ死んだのかは、今もわかっていません。このまま秘密にしておきます。

特技・得意技等
芸能と文学の才能はピカイチだったのではないでしょうか。今も昔も愛される、普遍的なものができたと思います。これからもずっと能楽が愛されてほしいですね。

本人希望記入欄
私がつくった能で今も演じられているものは、『高砂』『実盛』『老松』『恋重荷』『西行桜』などたくさんあります。最近は「能を見たことがない」という人も多いと思いますが、ぜひ一度見ていただきたいものです。

記入上の注意　1:数字はアラビア数字で、文字はくずさず正確に書く。
2:※印のところは、該当するものを○で囲む。

履歴書

ふりがな　ぜ　あ　み

氏名　**世阿弥**

生年月日	没年月日	※
1363?年?月?日	1443年8月8?日（満80?歳）	㊚・女

出身
大和国（奈良県）

立場	あだ名
能役者、能作者	三郎、藤若

※似顔絵はイメージです。

概要

足利義満様の支援を受けて、能を大成させました。私がつくった能は今でもたくさん演じられています。能楽論『風姿花伝』はとくに有名です。

家族

父は私と一緒に能に打ち込んだ観阿弥。観世元雅（かんぜもとまさ）という息子がいたというくらいしか知られていません。息子に私たちの能を継いでもらうはずでしたが、早くに亡くなってしまいました。残念なことです。

年	歳	学歴・職歴（各項目ごとにまとめて書く）
1363	0歳?	誕生（翌年説もある）。
1375	12歳?	京都で父と能を演じ、足利義満と出会う。「藤若（ふじわか）」の名をもらう。
1384	21歳?	駿河国（静岡県）の浅間神社で父が死去。
1400	37歳?	『風姿花伝』が完成。義満から「世阿弥」の名をもらう。
1422	59歳?	出家。
1434	71歳?	佐渡に流刑。
1443	80歳?	死去。

●才能豊かな美少年に、足利義満も貴族ももうメロメロ

現在も日本の伝統芸能として演じられ続けている「能」。この能を完成させたのが世阿弥と父の観阿弥だ。能の演目は「1番」「2番」と数えられる。現在も頻繁に上演されているのは240番程度。そのなかに確実に世阿弥のつくったものが50番以上含まれているというから、どれだけ世阿弥がすごかったのかわかるというものだ。

能の天才として名高い世阿弥だが、じつは美少年としても有名だ。南北朝時代の風流人で公家の二条良基《よしもと》は、10代前半だった世阿弥に「藤若《ふじわか》」という名前を付けた。そのとき、知人に「こんな美少年が生まれてきたなんて信じられないよ」というような手紙を書いている。思わず興奮してしまうほど、美しかったということだろう。世阿弥は肖像画を残さなかったので、残念ながらどんな顔だったかはわからない。これ幸いと、好きなタイプの美少年を想像して、先に進もう。

世阿弥少年の魅力に一番ハマったのは将軍・足利義満だった。能を演じる世阿弥少年を見た義満は、もうメロメロ。「一緒に飲まない?」「お祭り見に行こうよ」と誘いまくり、デートしまくり。家柄や位の高い人しか入れないところにまで連れまわしたせいで、一部の貴族には「あんなの連れてきて、義満って嫌ぁね」的な陰口をたたかれたというが、美しい恋人に入れあげている義満の耳には届かなかったことだろう。

ここまで読んで、おっさんの義満が、美少年と並んでいるところを想像したかもしれない。しかし世阿弥は10代前半で、義満もまだ10代後半。完全にBL（ボーイズラブ）な世界だと思ったら、ちょっとワクワクしてしまう人もいるかもしれない。

義満は、愛する世阿弥が打ち込む「能」も愛し、パトロンとしてバックアップした。観阿弥・世阿弥父子と能にとって、非常に幸せな時代だったといえる。強いパトロンがいたおかげで能が花開いたのだから、義満は能楽の恩人といえるかもしれない。

●パトロン不在の不遇時代到来、天才の晩年は寂しい限り

権力者に支援されて花開いた能。義満と次の足利義持《よしもち》の時代はよかったが、その後は権力者に見放されて、失速する。しかし能はすでに庶民の娯楽ではなく、金持ちの好む芸術になっていたため、能は窮地に立たされた。おまけに、年老いた世阿弥が佐渡に流されるという事態も勃発。流刑というからには、何かしら重大な罪があったはずだが、なぜ流刑になったのかはわからない。小さなことで激高する性格だった6代将軍・足利義教《よしのり》とのトラブルが原因ではないかと考えられる。

その後、世阿弥は京に戻ったとも、そのまま佐渡にいたとももされるが、どこで亡くなったのかを含めてよくわかってはいない。権力者に愛され、華やかに生きた天才・世阿弥だが、晩年は寂しく生き、ひっそりと死んでいくことになったようだ。

一休宗純

Ikkyuu Soujun

無頼に生きて、愛に死んだ
とんち小僧「一休さん」は奇行三昧

ファッション
そういうものには興味がなく、ボロボロの僧衣を着ていたことから、「風狂だ」などといわれました。

幼少期の様子
ややこしい立場の生まれですから、小さなときに出家させられたという感じです。でもこれでよかったのだと思いますね。

性格
権威を嫌う性格です。政治の世界でも、宗教の世界でも、権威いっさいから遠い生活を望みました。

トラウマ 尊敬する人の死。	**趣味** 詩·狂歌·書画などを愛しました。
家庭環境 家庭というものはほとんど知りません。晩年、森侍者と暮らしたのが「家庭」だったのかもしれませんね。	**交友関係** 森侍者。
恋愛関係 女色も男色もおさかんだったといわれていますね。長く一緒に暮らしたのは森侍者くらいでしょうか。	**仕事ぶり** 禅宗の革新に力を尽くしたと評価されていますから、上々だったのではないでしょうか。
人生の目標 うーん、なんでしょうね?	**死因** マラリアにかかってしまいました。

特技·得意技等
「とんち」といいたいところですが、それは創作のようですね。詩·狂歌·書画などは得意だったといえるかもしれません。

本人希望記入欄
私の墓は酬恩庵のなかにあります。いちおう、御落胤という扱いですから、身分は皇族。この墓も宮内庁の管轄となっていて入ることはできません。そこが、私らしくなくてちょっと残念ですね。

記入上の注意　1:数字はアラビア数字で、文字はくずさず正確に書く。
2:※印のところは、該当するものを○で囲む。

履歴書

ふりがな	いっきゅうそうじゅん
氏名	一休宗純

生年月日	没年月日	※
1394年?月?日	1481年11月21日(満87歳)	男・女 (男に丸)

出身	
京(京都府京都市)	

立場	あだ名
臨済宗の僧	狂雲子

概要

臨済宗の僧として、禅宗の革新に尽力しました。「奇行が多い」といわれますが、私としては自然に生きたまでです。「とんち小僧」のイメージがありますが、それは後世の創作です。

家族

父は北朝の後小松天皇、母は藤原一族の伊予の局(いよのつぼね)だといわれていますが、現代まで本当かどうかはわかっていません。でもまぁ、天皇のご落胤(らくいん)ということで、いいじゃありませんか。

年	歳	学歴・職歴(各項目ごとにまとめて書く)
1399	5歳	臨済宗安国寺にて出家、名を周建(しゅうけん)とする。
1410	16歳	謙翁宗為(けんおうそうい)の弟子になり、名を宗純とする。
1414	20歳	謙翁宗為が他界、自殺未遂をする。
1415	21歳	華叟宗曇(かそうそうどん)の弟子になる。
1418	24歳	「一休」の号をもらう。
1420	26歳	悟りに至る。
1470	76歳	盲目の美人旅芸人・森侍者(しんじしゃ)と出会う。
1481	87歳	酬恩庵(しゅうおんあん)にて死去。

●庶民から圧倒的な人気を誇る！　権威を嫌う破戒僧

数々のとんちで、将軍をはじめ、周囲の大人をギャフンといわせる小坊主。「とんち小僧一休さん」が、一休のイメージだろう。しかしこのとんち話は後世の創作。ちょっとガッカリしてしまうかもしれない。でもこの一休宗純、とんち小僧の逸話ができたのも納得するほどの奇行と反骨精神で知られた僧だったのだ。

一休は臨済宗の僧。臨済宗は禅宗の一派だから、アレはダメ、コレはダメと戒律は厳しい。しかし一休はこれを拒否。酒を飲み、肉を食い、髪もそらない。女だけでなく、男とも恋愛しちゃう。破戒僧といってもいい。権威も徹底して嫌った。地位争いはバカだと全否定。民衆と共に貧困や飢餓に苦しみつつ自由に生きた。

民衆からは大人気で、禅宗を民衆に広めるという点で、大きく貢献した。晩年、一休は寺の再建を手がけるが、そのとき「お金出して」と少し頼んだだけで、「あの一休さんが頼むんだから」と、商人、茶人などの通人、武士、そして庶民も、喜んで寄進した。どれだけ人気があったかわかるだろう。

●天皇の御落胤《らくいん》だったため、命を守るため仏教の道へ

一休の出自はあまりよくわからない。アニメの『一休さん』でも語られていたが、どう

も後小松天皇の落胤らしい。落胤というのは要は私生児のこと。認知されていない子という扱いだ。母親は藤原氏とつながる生まれだったため、「こいつが皇位継承したら困る」と考える一派によって宮廷を追われたとされる。

命の危険もあったため、「早めに出家させたほうが安全だ」ということで、5歳にして出家することになった。「本当に後小松天皇の子なの」との疑問には、まだ答えは出ていないというが、ほかの説もないため御落胤説が通説となっている。

一休は子供時代を過ごした安国寺（京都市）を出て、16歳で西金寺（京都市）の謙翁宗《けんおうそう》為《い》に弟子入り。このとき「宗純」の法名をもらっている。一休はこの謙翁和尚に心酔しており、和尚が亡くなったときには、「来世で再会したい」と瀬田川で入水《じゅすい》自殺を図った。僧籍にあるのに自殺というのが珍しい。しかも一休は50代の頃にももう一度、僧たちが堕落していることに絶望して断食死しようとしている。2度も自殺未遂を企てる。この点だけでも、型破りだったことがわかる。

一度目の自殺未遂の後、「もうちょっと生きるか？」と思ったのか一休は堅田（滋賀県）祥瑞庵の華叟宗曇《かそうそうどん》に師事し、「一休」の名ももらった。この華叟禅師も「こんな俗じみた仏教なんかダメ」と、田舎に住んでいた人物だから、一休と意気投合したと考えられる。志は高いが、変わり者だから寺は貧しい。一休は内職して支えたという。

１４２０年（応永27年）琵琶湖岸の船上で座禅をくんでいたとき、カラスの声を聞いて

「カラスは見えなくてもそこにいる。仏も見えなくても心のなかにいらっしゃる」と悟りに至ったという。華叟禅師は一休に悟りの証明書を渡そうとしたが、一休は「こんなものをもらうこと自体、権威じゃないか」とこれを拒否した。

●晩年に出会った「愛する人」との満ち足りた日々

華叟禅師が亡くなったのを機に、一休は寺を出て旅暮らしを始める。近畿一円を転々としながら、禅の教えを説いてまわったという。この頃には、大きな法要などにもわざとボロボロの衣で参加するようになっており、一休の奇行は広く知られることになった。

一休が旅をやめたのは１４７０年（文明２年）頃。鼓を打っていた盲目の美人旅芸人・森《しん》侍《じ》者《しゃ》と出会ったのがきっかけだ。一休は70代後半、彼女は20代後半。なんと50歳もの年の差があったのだが、一休は彼女にベタぼれ。彼女もまた一休と一緒に暮らすことを選んだため、一休が死ぬまでは同棲生活を送ったという。

一休は「まるで楊貴妃みたいにキレイだ」「寝顔を見ているとドキドキしちゃう」など、少年のような愛の言葉を残している。愛する人と幸せな晩年を送った一休は、死に際して「死にたくない」との言葉を残したという。悟りに至った僧で、２度も自殺未遂しているくせに、「死にたくない」というのが、やはり型破りの表れかもしれない。

第五章 戦国時代

北条早雲

Hojo Soun

最初の戦国武将はとんでもない遅咲き
おじいちゃんの知恵袋で領土を支配

ファッション
不明

幼少期の様子
不明

性格
家族や家臣、そして民を大事にしたことは有名でした。でも、ただ単に甘やかすのではなく、家訓や家法をつくったり、検地をしたりと締めるところは締めていました。優しいだけではなく、厳しい一面ももっていました。

トラウマ 浪費。	**趣味** 質素倹約。
家庭環境 戦国時代には珍しく親兄弟と争ったことはありません。それが北条家の伝統になりました。	**交友関係** 足利幕府と親交がありました。今川家との関係は深く、おたがい助け合いました。
恋愛関係 基本的には「老いてますますさかん」といわれます。年をとってから多くの子をなしました。	**仕事ぶり** 誰もが成し遂げられなかった下剋上をやってのけ、新時代へと導きました。その生涯にわたる言動は高く評価されています。
人生の目標 相模の統一。	**死因** 病死。

特技・得意技等
北条早雲の名前で知られていますが、その名を名乗ったことはありません。ずっと伊勢姓を使っていました。北条姓になったのは息子の代になってから。北条早雲と呼ばれても誰のことかわかりません。

本人希望記入欄
北条早雲とは呼ばないで。

記入上の注意　1：数字はアラビア数字で、文字はくずさず正確に書く。
　　　　　　　2：※印のところは、該当するものを○で囲む。

履歴書

ふりがな	ほうじょう そううん　いせ そうずい		
氏名	北条 早雲（伊勢 宗瑞）		
生年月日 1432年?月?日	没年月日 1519年8月15日（満87歳?）	※ 男・女	
出身	備中国荏原荘（岡山県井原市）		
立場	戦国大名の嚆矢、伊豆・相模国主	あだ名	北条早雲

概要

名家出身ではあったものの、一片の土地ももたない状況で東国におもむき国主にまで出世した、下剋上大名の代名詞的な存在です。備中伊勢氏出身で足利将軍家に仕え、その後妹の北川殿を頼り駿河へ下向しました。

家族

父は、足利将軍家の重臣・伊勢盛定。母は、室町幕府政所（まんどころ）執事・伊勢貞国の娘。妹には今川義忠の正室・北川殿がいました。子供にも恵まれ、跡継ぎの氏綱や文化人として有名な幻庵などがいます。戦国武将として著名な北条氏康は孫にあたります。

年	歳	学歴・職歴（各項目ごとにまとめて書く）
1476	44歳	駿河に下向して今川家の家督争いを調停する。
1487	55歳	再燃した今川家の家督相続を決着。その功により興国寺に所領をもらい今川家の家臣となる。
1493	61歳	堀越公方の家督争いに乗じて伊豆に出兵。足利茶々丸を堀越御所から追い出し伊豆を占領する（伊豆討ち入り）。この事件から戦国時代が始まったという説もある。
1495	63歳	小田原城主であった大森藤頼を謀略にかけ、小田原城を奪い取る。
1516	84歳	新井城を攻略。相模・三浦氏を攻め滅ぼし、相模平定に成功する。
1518	86歳	家督を嫡男・氏綱にゆずり隠居する。
1519	87歳	伊豆韮山城で死去。

●55歳でデビューした遅咲きの成り上がり大名

北条早雲の本名は伊勢宗瑞《いせそうずい》。北条姓を使い始めたのは息子の代からで、早雲自身は生前一度も「北条早雲」を使ったことがないという。本人からすれば「誰それ!?　どうせ後世に残るなら本名がよかった」と不服かもしれない。そんな早雲が、歴史の表舞台に登場したのは55歳のとき。現代のサラリーマンでも退職間近という年齢だが、まして「人生50年」といわれた時代には驚きの遅咲きだ。

1493年（明応2年）、まずは今川氏の後見人的立場で家臣のなかにちゃっかり交じると、室町幕府の弱体化や家督争いに乗じて伊豆に出兵し占拠する（伊豆討ち入り）。ときに早雲61歳。この討ち入りをもって戦国時代の幕開けとし、彼を「最初の戦国武将」と呼ぶ歴史家もいる。その後、相模全土を掌握したのは84歳のとき。裸一貫から大名にのし上がった早雲こそ、戦国時代の申し子と呼ぶにふさわしいではないか。

ともあれ、驚くべきは生命エネルギーだ。50歳で結婚、55歳で長男氏綱《うじつな》、61歳で三男幻庵《げんあん》が誕生。3人の妻との間に4男2女をもうけた。86歳で家督をゆずるが、87歳で没する直前までハツラツとしていたなんて逸話も残る。あまりの超人ぶりに、近年は「通説より24歳若かった」説も提唱されている。正否は定かではないが、せっかくなら50歳を過ぎて華麗に下剋上をなし遂げた「老いてますますさかん」説に一票を投じたい。

●早雲じいちゃんの知恵袋『早雲《そううん》寺《じ》殿《どの》廿《にじゅう》一《いっ》箇《か》条《じょう》』

『早雲寺殿廿一箇条』は、早雲が日頃家臣に語った言葉をまとめたものとする遺訓だ。日々の立ち居振る舞いから宗教観、文武両道の心得などが全21カ条にわたり事細かに述べられている。

たとえば1条は「仏神を信じなさい」。2条は「朝は早く起きなさい。遅く起きると召使まで油断するからだめ。そんなことばかりしていると、かならず主君に見限られる」と続く。どれも正論なのだが、どこか「おじいちゃんの口うるさいお説教」のような、めんどうくさい内容が満載だ。ほかにも「掃除に水を使うときは、適任者に掃除をすべきところを調べさせてから、水を使うようにしなさい」とか「宵のうちに無駄に焼き捨ててしまうマキや灯りの油はとっておくこと」など、ちょっとケチくさい内容もちらほら。

もちろん「なるほど」と感心する項目もある。たとえば14条の「上下万民に誠実に接すること」。内政に注力し、後年まで領民に慕われた北条家の基礎を築いた早雲らしい一項だ。この早雲の国づくりが、100年後、関東統治に着手した家康の手を焼かせることになる。また12条には「少しでも暇があれば本を読みなさい。文字のあるものを懐に入れ、つねに人目を忍んで読みなさい。文字を忘れないように書くことも大切」とある。戦いと計略に身を投じるいっぽうで勤勉さを重んじる、そんな早雲の人間性が垣間見える。

武田信玄

Takeda Shingen

家臣団が結束力の強さを誇るのは、心身共に結びついていたから？

ファッション
長い角を生やした鬼面の前立てに、白いヤクの毛で頭部を覆った兜と軍配がトレードマークです。

幼少期の様子
貝合わせの貝を使って近習に兵の極意を教えたことがありました。貝の数を多く見積もった近習たちに、これと同じように、兵の数を実際よりも多く見せる采配が必要だと伝えました。このような生意気な性格が父に愛されなかった理由かもしれません。

性格
領土欲は誰にも負けません。親戚でも容赦しませんでした。父を追放し、息子を殺したので、領土のために家族を犠牲にしたといわれても反論できません。

トラウマ 恋人のヤキモチ。	**趣味** 漢詩、戦い。
家庭環境 父を追放し息子を殺すなど、殺伐とした家庭でした。	**交友関係** 公家や本願寺家とは血縁がありました。北条氏康や今川義元、織田信長、徳川家康などとは同盟関係にある間は親しく付き合っていました。
恋愛関係 敵大名の娘を側室にするなど女性関係は豊富ですが、それ以上に男性関係が多彩でした。	**仕事ぶり** 武田軍の強さは天下一と評され、恐れられました。軍略の評価も高く、江戸時代には神格化されました。
人生の目標 上洛。	**死因** 上洛戦の途中に持病が悪化。帰国の途中で病没しました。

特技・得意技等
浮気はしていません、愛しているのはあなただけ、このことは神に誓いますといった内容のラブレターを部下の高坂昌信（こうさかまさのぶ）に送りました。まさかこんな手紙が残っているなんて、甲斐の虎のイメージがガタ落ちです。

本人希望記入欄
わが死を3年伏せよ。

記入上の注意　1：数字はアラビア数字で、文字はくずさず正確に書く。
2：※印のところは、該当するものを○で囲む。

履歴書

ふりがな たけだ　しんげん

氏名 武田 信玄

生年月日	没年月日	※
1521年11月3日	1573年4月12日(満51歳)	(男)・女

出身
甲斐国要害山城(山梨県甲府市上積翠寺町)

立場 天下を狙う大大名　**あだ名** 甲斐の虎

概要
甲斐守護の嫡子に生まれ、父を追放し跡を継ぎました。戦国最強軍団ともいわれる家臣団を率い、着実に勢力を伸ばしました。上杉謙信と何度も死闘を演じたり、徳川家康に完勝したりと華々しい活躍を演じた、戦国時代を代表するスターの一人です。

家族
甲斐を統一した守護大名・武田信虎と大井の方の間に生まれ、信繁、信廉、一条信龍などたくさんの兄弟がいました。正妻は三条の方。諏訪御料人など側室も複数います。子供も多く、嫡男・義信、跡継ぎの勝頼、仁科盛信などが活躍してくれました。

年	歳	学歴・職歴(各項目ごとにまとめて書く)
1541	20歳	悪名の高かった父・信虎を駿河に追放し家督を継ぐ。
1554	33歳	上杉謙信に対抗するため北条氏康、今川義元と同盟を結ぶ(甲相駿三国同盟)。
1561	40歳	上杉謙信と決着をつけるべく出陣。弟・武田信繁や山本勘助を失うも引き分けにもち込む(第四次川中島の戦い)。
1568	47歳	徳川家康との共同作戦で駿河に侵攻。今川氏真を追放し駿河統一をはたす。
1569	48歳	北条氏康の居城・小田原城を包囲する。城は落ちなかったが、撤退の際、北条軍を撃退する(三増峠の戦い)。
1572	51歳	上洛戦を開始。徳川家康を破り西上する(三方ヶ原の戦い)。
1573	51歳	野田城を攻め落とすも体調が悪化。甲斐へ戻る途中死亡。

●内政重視の善政で父親追放の親不孝者から汚名返上

上杉謙信の「越後の龍」に対し、「甲斐の虎」と呼ばれる武田信玄。本名は武田晴信《はるのぶ》。信玄といえば、父親・武田信虎《のぶとら》との不仲で有名だ。信虎は圧倒的な武力でもって甲斐をまとめ上げた人物だが、武力偏重がひどく、重税で民を苦しめた。

そこで家臣たちはクーデターを計画。信虎が今川家に出向いたときを狙って、信虎追放を宣言し、国境を封鎖した。この事件によって謙信をはじめ周辺の武将からは「最大の親不孝者」とのそしりを受けることになるが、国内の反乱を未然に防ぐという政治判断だった。実際に、一滴の血も流さずクーデターを成功させ、父に代わって甲斐を治めることになった信玄は内政を重視。流通を整え、「信玄堤」と呼ばれる堤防を築いて治水を行なったほか、新田開発や城下町の建設にも取り組み、領民から高い支持を得た。

晩年、京へ進軍した信玄。京への道で激突したのが織田信長・徳川家康だった。1572年（元亀3年）の三方《みかた》ヶ原《はら》の戦いでは徳川軍を一蹴。当時の信玄にとって最大の脅威であっただろう信長との戦いが迫るなか、持病が悪化し上洛の途上で死去。享年51歳だった。信玄は「自分の死を3年隠せ」と遺言したが、家臣がお経をあげる様子などからすぐにバレてしまったという。ちなみに父・信虎は当時もまだ生きていて、病気に悩む息子を心配していたというから、不仲は多少解消されていたのかもしれない。

●心も体も固く結ばれた天下無双の武田家臣団

信玄は領内に城をつくらず、屋敷に住んだことから「お館様」と呼ばれた。信頼できる「人」さえいれば城も石垣も必要ないというくらい「人」を大切にした信玄。「人は城、人は石垣、人は堀、情けは味方、仇は敵なり」という言葉はあまりに有名だ。しかし、家臣を結んでいたものは忠誠心のみならず。この時代には珍しくないが、衆道《しゅどう》つまり同性愛、BL関係を結んでいたことも知られる。24歳の若き信玄が恋人に送ったラブレターが発見されているのだ。お相手は容姿端麗な秀才だったとされる高坂昌信《こうさかまさのぶ》、当時19歳。ラブレターの内容はというと、「信玄が弥七郎とかいう小姓と浮気した」と怒った昌信への釈明だ。「確かに弥七郎にはいい寄ったけど、『お腹痛い』とかいって拒否されたし。今まではもちろん今夜も寝たりしないから！」と安心させ、「もっと深い仲になりたいのに、お主に疑われてどうしたらいいの」と必死のいいわけと愛がつづられている。

心身共にしっかり結びついていた主従関係こそが、最強の武田家臣団をつくりあげたのかもしれない。天下に勇名を轟《とどろ》かせた「武田二十四将」のほか、血族は「一門衆」「同名衆《どうみょうしゅう》」、古参の家臣を「譜代衆」とし、その下に土着の武将を組み入れて「寄親《よりおや》・寄子《よりこ》」と呼んで結束力を強めた。家臣団はこの男気あふれるお館様への高い忠誠心と強い地元愛をもって、領地の守護と拡大に躍進したのだ。

織田信長

Oda Nobunaga

自分以外は何も信じない
時代にあるまじき生粋の能力主義者

ファッション	
若い頃は茶筅髷（ちゃせんまげ）に片袖を脱ぎ、朱色の太刀を差すといった奇抜な姿を好みました。大大名になっても、ビロードのマントに南蛮式の帽子など生涯かぶき者を貫きました。	

幼少期の様子
授乳中に乳母の乳首をかみちぎる癖があり、何人も乳母が交代したようです。気性が激しく攻撃性の強い性格は、赤ん坊の頃から変わらなかったのかもしれません。

性格
敵や無能者を激しく恨み、容赦なくたたき潰す激しい気性だと思います。理に適っているのなら新しい物や考えを積極的に利用する、徹底的な合理主義者でもあります。

トラウマ	趣味
母、弟の裏切り。 守役・平手政秀の諫死。	茶の湯、鷹狩、囲碁、相撲など多数。

家庭環境	交友関係
尾張半国を所有する戦国大名の嫡男。	羽柴、明智、柴田ほか、徳川家康や千利休、狩野永徳など。

恋愛関係	仕事ぶり
多くの側室をもちました。森蘭丸や前田利家などを相手に衆道（しゅどう）もたしなみます。	能力と効率を重視し、天下の半ばを手にした乱世の雄と呼ばれます。

人生の目標	死因
天下布武。	明智光秀の裏切りにあい、本能寺で討ち死に。

特技・得意技等
自分では合理主義なだけだと思っていますが、言動などが奇抜で周囲を驚かせるようです。「御利益のない神に祈るくらいなら自分を拝め」と、御神体を設置したことは、いまだに周囲から驚きと共にうわさ話にされています。

本人希望記入欄
鳴かないのなら殺すまで。

記入上の注意　1：数字はアラビア数字で、文字はくずさず正確に書く。
2：※印のところは、該当するものを○で囲む。

履歴書

ふりがな　おだ　のぶなが 氏名　**織田 信長**		
生年月日 1534年5月12日	没年月日 1582年6月2日(満48歳)	※ ㊚・女
出身 尾張国勝幡城(愛知県愛西市)		
立場 戦国の覇者	あだ名 第六天魔王、 尾張の大うつけ	

概要

尾張の大名・織田信秀の子として生まれました。幼名は吉法師。長男ではありませんでしたが、母が正妻だったため、嫡男として育てられました。那古野城を与えられるなど、父からは期待されていたのですが、母からは愛されていなかったようです。奇抜な振る舞いが多かったため、大うつけと呼ばれました。

家族

父は、尾張守護代の家臣から成りあがった戦国大名・織田信秀、母は正妻の土田御前です。兄弟は異母兄・信広を筆頭に10人を超えます。正妻は斎藤道三の娘・濃姫。濃姫との間には子供に恵まれませんでしたが、側室との間には信忠、信雄、信孝など20人以上の子供がいます。

年	歳	学歴・職歴(各項目ごとにまとめて書く)
1546	12歳	古渡城で元服。織田三郎信長と名乗る。
1552	18歳	父・織田信秀が病死し家督を継ぐ。
1560	26歳	桶狭間にて今川義元を討ち取る(桶狭間の戦い)。
1568	34歳	足利将軍家再興を旗印に掲げ上洛を開始。立ちはだかる六角、三好を蹴散らし入京。足利義昭を15代将軍に就任させ新政権を樹立する。
1570	36歳	朝倉を討つべく兵を挙げるが、浅井が裏切り撤退する（金ヶ崎の戦い)。同年、徳川と共に浅井・朝倉軍と戦い勝利(姉川の戦い)。
1575	41歳	徳川領に攻め込んだ武田軍相手に圧勝。鉄砲を駆使し、天下最強と呼ばれた武田騎馬軍を壊滅に追いやった(長篠・設楽原の戦い)。
1582	48歳	重臣・明智光秀が謀反。本能寺で命を落とす(本能寺の変)。

●今でいう原宿系？　個性的な信長ファッション

戦国時代を代表する武将といえば、やはり織田信長その人だ。尾張（愛知県西部）の一領主から身を起こし、天下統一まであと一歩のところまで迫るものの、腹心の裏切りによって炎の中で自刃。その生涯はじつにドラマティック。まごうことなきスターの輝きだ。

そんな信長が、若い頃は「大うつけ」、つまり大バカ者と呼ばれていたことは有名だ。当時の信長のファッションは、髪型が紅色や萌葱《もえぎ》色の糸で結った茶筅髷《ちゃせんまげ》。着物は片袖を脱いだ状態で着用し、腰に火打袋や瓢箪《ひょうたん》などをじゃらじゃらとぶら下げるのが基本スタイルだった。今風にいえば原宿系か単なる痛い人か。そんな奇抜な身なりの若者が、果物や餅などにかじりつきながら、お供を引き連れ、人に寄りかかって往来を闊歩《かっぽ》しているのだ。そりゃ目立つ。うわさにもなる。

斎藤道三と初めて対面した際、うつけ姿から一転して正装で現れ、道三を驚かせたという話は有名だが、その道中に着ていた服は、男性のシンボルが描かれた湯帷子《ゆかたびら》だったというトンデモ話まである。真偽のほどは定かではないが、「ありえる」と思わせるのはさすが信長。大うつけをやめた後も、宣教師ルイス・フロイスから初めて贈り物が献上された際、信長は唯一、黒いビロードの南蛮帽子のみを受け取り、それ以外の品は返してしまったという。世が世なら、ファッションリーダーになっていた……かもしれない？

●ワッショーイ！　イベント大好きなお祭り男

奇抜な行動・服装で周囲からあきれられるいっぽうで、信長は弓や鉄砲、兵法の習得には熱心だったらしい。毎日のように馬で駆けたり、川で泳いだり、狩りをしたりしているから、体力には自信あり。家臣に交じって相撲をとることもしばしばだったという。

信長の相撲好きは、後年になっても変わらなかったようで、力自慢を集めてたびたび上覧試合を開催している。ときには参加者1500人という規模で行ない、優秀な成績を収めた者は、家臣に取り立てたり、褒美を与えたりしている。優秀な者を発掘する意図ももちろんあっただろうが、半分はおそらく趣味？　こうなってくるともう一種のお祭りだ。大会開催にあたっては、行司の導入やルールの制定も行なったことから、信長は近代相撲の原型をつくった人ともいわれている。

ほかにも、信長のエンタメ好きを伝える話はいろいろと残されている。清洲城主だった頃は、領民のために祭りを企画して家臣らに扮装をさせたうえ、みずからは天女のコスプレをして舞い踊ったとか、お盆の日に安土城を提灯《ちょうちん》でライトアップし、人々の目を楽しませたとか。また、入城料をとって安土城を一般公開するなんていう、当時としては斬新なことも行なっている。普段は怖～い信長様も、この時ばかりはニコニコ笑顔だったに違いない。こうして楽しいイベントを開催することで、信長は民心を掌握していったのだ。

古代
平安
鎌倉
室町
戦国
江戸
幕末
近代

●無神論者・信長が、唯一信仰を許したのは「俺」

本来の信長は、究極の能力主義者であり、無神論者としても知られる。「人を雇用する者は、能力を基準に選べ。勤続年数は関係ない」というのが持論。人でも信仰でも、役に立つものだけを重く扱い、そうでないものは容赦なく捨て、滅ぼしてしまう。

宗教や占いのたぐいは基本的に何も信じなかった。フロイスは本国に送った手紙で「神仏そのほかの偶像を軽視し、異教やいっさいの占いを信じない」と述べている。比叡山の焼き討ちや一向一揆の弾圧を行なういっぽう、キリスト教の宣教師を受け入れてはいるが、これは外国の先進的な文化に興味があっただけ。けっして信仰したわけではなかった。

そんな信長は、ついに「俺は神だ」といい出す。ふつうの人の発言なら、ここは「殿、ご乱心を」と全力で止めるところだが、相手はあの絶対君主たる信長。もちろん乱心ではなく本気の命令だ。信長は安土城内に自分を神体とする摠見寺《そうけんじ》を建立し、「俺は神だから拝め」と、家臣らに参拝までさせたという。柴田勝家にも「俺を崇拝しておろそかにするな。俺に足を向けない心がけが肝要だ」との訓戒を与えたというから徹底している。

もちろんこの「俺は神」発言にも、きちんと理由がある。旧来の「神仏は大切」という価値観から脱却し、自分を絶対君主とする強い統一国家を目指す意味合いがあったのだ。ちょっと某北の国に似ている気がするが、考え方としてはそう遠くないのではないか。

●ちゃんと考えてあげて（泣）。子供の名前が「人」!?

ここまで見れば、何ごとにも個性的なセンスが光る信長だが、子供の名付けのセンスはなかったらしい。今でいうところの「キラキラネーム」もしくは「DQNネーム」を量産しているのだ。子供に付ける名は「幼名」といい、通常は元服までの期間だけの限定ネーム。大人になれば別の名になるのだから、問題ないような気もするが、それでもふつう、親は考えて名前を付ける。信長の幼名は「吉法師」、家康は「竹千代」、伊達政宗は「梵天《ぼんてん》丸《まる》」など、それなりの名が与えられている。豊臣秀頼は「拾丸《ひろいまる》」という不思議な名だが、これは長生きするようにとの願いが込められているため、少し性格が違うだろう。

信長には22人の子がおり、男子は11人だったというが、その男子の名前がまぁ独特だ。順を追って見ていこう。長男「奇妙丸」、次男「茶筅丸」。これは自身が「大うつけ」と呼ばれていた頃の様子から付けられたのではないかといわれている。若い頃のあのファッションはやっぱりお気に入りだったんですね、信長様。三男「三七《さんしち》」、四男「於次《おつぎ》」、五男「坊丸」はいいとして、六男「大洞」、七男「小洞」はひと言いわせてもらいたい。漫才コンビか！　八男は「酌」。お酒の席で思いついたのかな。そしてとくにひどい九男は「人」。子供の名前が人……なんもいえねぇ。十男「良好」、あ～気分が良好だったのかな。十一男はなぜか「縁」と、ちょっとまともになる。

足利義昭

Ashikaga Yoshiaki

信長の傀儡と化した室町幕府最後の将軍
「信長を討つべし」と突っ走る

ファッション 生まれも育ちも上流社会に属していたため、奇抜な姿をしたことはありません。挙兵したこともありますが陣頭に立ったことがないため、鎧をつける必要もありませんでした。	
幼少期の様子 兄がいたため早くから出家。興福寺の一乗院に入室して覚慶と名乗っていました。	
性格 足利将軍としてプライドはもっていました。織田信長の傀儡となっていることをよしとせず、精いっぱいの反抗をしました。ただ、直接の要求は断れない気弱な面もありました。	
トラウマ 操り人形。	**趣味** 手紙を書くこと。
家庭環境 幼くして出家したうえ、父や兄は京を追われていることも多く家族との関係は希薄でした。	**交友関係** 全国各地の大名と手紙のやり取りをしていました。将軍家として、朝廷や公家、寺社とも深い関係にありました。
恋愛関係 女性関係は希薄で、正妻もいませんでした。	**仕事ぶり** 無能な暗君と思われがちですが、包囲網を築き信長を苦しめた政治力は評価されています。
人生の目標 足利将軍家の権威回復。	**死因** 病死。

特技・得意技等

織田信長を利用するはずが利用される人生となってしまいました。信長に上洛する名分を与え、包囲網をつくって苦しめるはずが各個撃破され、領土を拡大させる結果となりました。さらに、みずから兵を挙げたことで追放の名分を与えることとなりました。まさに、織田信長の踏み台となった人生です。

本人希望記入欄

余は日本で一番偉い将軍ぞ！

記入上の注意　1：数字はアラビア数字で、文字はくずさず正確に書く。
2：※印のところは、該当するものを○で囲む。

履歴書

ふりがな	あしかが　よしあき
氏名	足利 義昭

生年月日	没年月日	※
1537年11月3日	1597年8月28日(満59歳)	男・女

出身
不明

立場	あだ名
足利15代将軍	貧乏公方

『国史肖像集成 将軍篇』より

概要

足利12代将軍・義晴の次男に生まれ仏門に入るも、兄・義輝(よしてる)の死によって15代将軍につきました。将軍家の権威は低下しきっており、将軍になれましたが力はほとんどありませんでした。専横をつくす織田信長を追放するため尽力しましたが、失敗に終わりました。

家族

足利義晴と関白・近衛尚通の娘・慶寿院との間に生まれました。兄は、足利13代将軍・義輝、弟に周暠(しゅうこう)がいましたが、共に三好家に殺害されました。正妻は生涯もたず、側室との間に義尋をもうけました。

年	歳	学歴・職歴(各項目ごとにまとめて書く)
1565	28歳	兄・義輝が殺害され自身も幽閉されるも、脱出し将軍家再興を目指す。
1568	31歳	織田信長の庇護のもと上洛を果たし、足利15代将軍の座に就いた。
1569	32歳	仮御所としていた本圀寺を三好三人衆が襲撃。寡兵での戦いとなるが明智光秀や近隣大名が奮戦し、撃退に成功する(本圀寺の変)。
1571	34歳	織田信長と関係が悪化。上杉謙信や武田信玄など各地の大名に御内書を下し、反信長連合の構築に乗り出す(信長包囲網)。
1573	36歳	武田信玄の上洛に伴い兵を挙げるも、京で孤立してしまう。講和した後、槙島城で再挙兵するも、織田軍に包囲され降伏した(槙島城の戦い)。
1576	39歳	信長に京を追放され近畿地方を移動した後、毛利家が治める備後の鞆(とも)に下向。鞆幕府ともいわれる亡命政府をつくる。
1597	59歳	豊臣秀吉の政権下、京に帰還し将軍職を辞した後、大坂で死去した。

●信頼していた「父上」に裏切られ、ネガキャンを開始

室町幕府最後の将軍が、「傀儡将軍」として知られる足利義昭。織田信長にいいように利用された挙句ポイ捨てされ、その後は「信長憎し！」と突っ走った執念の人物だ。

家督を継ぐ予定がなく、仏門に入った義昭は、奈良の興福寺で生涯を終えるはずだった。しかし、兄である13代将軍・足利義輝《よしてる》が殺され、身の危険を感じた義昭は近江（滋賀県）へと逃れ還俗《げんぞく》。庇護者を探していたところ、見つけたのが織田信長だった。

信長との関係もはじめは良好だった。信長は義昭を連れて上洛し、14代将軍・足利義栄《よしひで》を追い出して、義昭を15代将軍の座に就けたのだ。将軍就任直後の義昭は、信長を「余の父上」と位置付け感謝した。が、信長からすると義昭は「天下を狙うためのただの権威付け」。思いどおりにコトを動かすため、義昭に「5カ条の条件」を突き付けた。

その内容は「朝廷に関する儀式はしっかり行なえ」「幕府に忠義があったものに与える領地は、信長の領地から分け与える」「義昭の出す文書には信長の添え書きが必要」「今までに出した命令は取り消す」「政治は信長に任せて口を挟むな」というもの。要は「仕事は信長がしますんで、将軍様（笑）は引っ込んでいてください」というメッセージだ。義昭にすれば「信頼していた父上に裏切られた！」という心境だっただろう。ここから二人の関係は急速に悪化。義昭は徹底的な「信長ネガティブキャンペーン」を始める。

●粘着気質全開！　あの手この手で「打倒信長」

「信長、最近調子に乗りすぎじゃね？　みんなでシメない？」手始めに義昭は各地の大名にせっせと手紙を送り、信長討伐を扇動。これに「だよね～」と応じたのが武田信玄、朝倉義景《よしかげ》、本願寺の顕如《けんにょ》などだ。「信長包囲網」をつくり上げ、各武将が信長に向けて兵を挙げれば戦力を分散せざるをえなくなり、信長は弱体化するだろう——。このもくろみは当たるかに思えたが、その矢先にリーダー格の信玄が病死。包囲網は瓦解する。

だが、それでもあきらめないのが執念の人・義昭。次には兄を殺した憎き敵であるはずの松永久秀らと手を組んで挙兵し、公然と対信長の姿勢を見せる。しかし残念ながら結果は敗北。とらえられた義昭は、命こそ助けられたものの、京の都から追い出されてしまう。歴史の授業では、この時点で「室町幕府は滅亡しました」的な扱いをされることが多いが、義昭が将軍を辞したのは1588年（天正16年）。しばらくは義昭が征夷大将軍の地位にあったことから考えると、室町幕府はまだ健在だったと考えることもできそうだ。

信長が憎くて憎くて、何度も計画を練った義昭。1582年（天正10年）に「本能寺の変」で信長が死亡したというニュースを聞くと、「信長に天罰が下って自滅したんだってさ、うれしい」と喜んだという。ないがしろにされたとはいえ、いちおう信長は将軍にまで導いてくれた恩人。その死を喜ぶとは、さすがに粘着しすぎ……な気もする。

古代
平安
鎌倉
室町
戦国
江戸
幕末
近代

明智光秀

Akechi Mitsuhide

本能寺の変で信長を殺した天下の反逆者
謎多き人物を巡る学説花盛り

ファッション 頭髪が薄くなっていてキンカン頭と呼ばれることがありました。容姿はともかく、茶の湯や和歌などをたしなみ、立ち居振る舞いには優れていました。	
幼少期の様子 不明。	
性格 戦国武将らしく利己主義的で、朝倉家や足利家を見限り織田家で出世しました。信長と性格が合わない保守主義だったといわれていましたが、実際は合理的な考えをもっており、そのため織田家で出世することができました。	
トラウマ 裏切り。豊臣家すべて。	**趣味** 茶の湯、和歌。
家庭環境 仲がよく、親族内での争いはありませんでした。本能寺の変でも裏切る者はいませんでした。	**交友関係** 細川藤孝や筒井順慶とは親密な関係にありましたが、山崎の戦いでは味方してくれませんでした。
恋愛関係 熙子を心から愛していました。貧しかった時代には、髪の毛を売ってまで支えてくれた恋女房です。	**仕事ぶり** 信長からの評価は抜群で、出世頭となりました。領民からの評価も高かったのですが、本能寺の変で一変、逆賊として地に落ちました。
人生の目標 織田信長に代わり天下をつかむ。	**死因** 山崎の戦いの後、落ち武者狩りに遭い討ち死に。

特技・得意技等

首をさらされた武将のなかでも飛び切り無残な姿になってしまいました。なぜか首が3体あったうえに、顔の皮がすべて剝がされていました。さらに、暑さで腐敗しており生前の面影はまったくなく、凝視できるものではありませんでした。

本人希望記入欄

敵は本能寺にあり。

記入上の注意　1：数字はアラビア数字で、文字はくずさず正確に書く。
2：※印のところは、該当するものを○で囲む。

履歴書

ふりがな	あけち　みつひで
氏名	明智 光秀
生年月日	1528年?月?日
没年月日	1582年6月13日(満54歳?)
※	男・女
出身	美濃国(岐阜県)
立場	織田家の重臣
あだ名	キンカン頭

概要

美濃の豪族に生まれ、仕えていた斎藤道三亡き後、国を出ました。朝倉家を経て織田家に仕え出世を重ねていきましたが、謀反を起こし織田信長を討ちました。天下を手に入れる直前まで行きましたが、羽柴秀吉に敗れ三日天下に終わりました。

家族

美濃の豪族・明智光綱とお牧の方の間に生まれたとされています。最初は千草、その後熙子(ひろこ)を正妻にむかえ、子供も多数生まれました。ただ、子供の多くは山崎の戦いの直後に死亡。生き残った娘(細川忠興[ただおき]の妻・ガラシャ)も関ヶ原の戦いに巻き込まれ死亡しています。

年	歳	学歴・職歴(各項目ごとにまとめて書く)
1556	28歳	仕えていた斎藤道三が死亡、美濃を離れる。
1568	40歳	織田信長と足利義昭の間を取りもつ。
1569	41歳	信長不在のスキをつき、三好三人衆が足利義昭の住む本圀寺を急襲。寡兵をもって立ち向かい撃退に成功する(本圀寺の変)。
1571	43歳	比叡山焼き討ちの武功をたて、近江に5万石の所領を得る。
1579	51歳	各地を転戦しながらも、丹波攻略を続け八上城、黒井城を落とし平定に成功。信長より丹波一国を与えられ、国持大名となる。
1582	54歳	本能寺と二条城を急襲。織田信長、信忠親子を討ち取り、京周辺を占領する(本能寺の変)。細川家や筒井家の助力を得ぬまま秀吉軍と戦うが敗北。小栗栖付近で落ち武者狩りにあい、死亡した(山崎の戦い)。

●信長へのリスペクトは演技!? したたかな計算男疑惑

「敵は本能寺にあり」、そう叫んで織田信長を殺した明智光秀。大胆不敵な裏切り者かと思いきや、追っ手を差し向けた羽柴秀吉にあっさりと討ち取られ、「三日天下」で露と消える。その人物像は深慮遠謀の切れ者か、勢い任せの痴《し》れ者か。光秀の実態は、歴史を揺るがした大事件の動機と共に謎に包まれている。

信長の妻・濃姫のいとこではないかといわれるが出自は不明。若い頃は、理想の主君を求めて諸国を渡り歩いた放浪者だった。長い浪人生活を経て、越前（福井県）の朝倉義景《よしかげ》に仕えるも、暗君と見限り出奔を計画。そのとき、足利義昭を伴った細川藤孝《ふじたか》に出会い、意気投合した果てに義昭の庇護を求めて信長を頼り、そのまま仕官することとなる。

その後は、あれよあれよの大出世。あの信長に「ここ数年で、最も利を与えたすばらしい家臣」といわしめた。いっぽう光秀も「落ちぶれていた自分を召し上げてくれた」と信長をリスペクト。相思相愛の二人に思えるが、気になるのは宣教師ルイス・フロイスが述べた光秀の性格だ。「その才略、深慮、狡猾さにより、信長の寵愛を受けた」「寵愛を保持し増大するための不思議な器用さを身に備えていた」「己を偽装するのに抜け目がない」。あ、あれ？　光秀はしたたかな計算男？　外様《とざま》扱いされ家中の者に快く思われていなかったともいわれる光秀。その原因は別のところにもあったのかもしれない。

●「本能寺の変」前後を巡る謎だらけの光秀説

光秀が謀反を企てた理由はわからない。信長に恨みがあったとする怨恨説、自分が天下を狙っていたとする野望説、本当は共謀者がいるという黒幕説のほか、「そもそも信長を殺したのは光秀じゃなく、外国人が撃った大砲の玉が当たった」という微妙な説もある。黒幕とささやかれる人物も秀吉、家康、義昭、とじつに多彩。誰かが裏切りの裏切りをしたとすれば、信長を討った後の急転直下もいちおうは納得ができるような……気はする。

ところで、光秀の天下を「三日天下」と呼ぶが、本能寺の変が起こったのは6月2日。光秀が敗れたのは6月13日というから、「11日天下」が実際のところだ。「山崎の戦い」で破れ、坂本城を目指して落ち延びる途中、落ち武者狩りの農民に竹槍で刺され自刃したという光秀。その首は近くの竹やぶに埋められたとも、坂本城に運ばれたともされる。

のちに首実検に出された光秀らしき首級は3体。しかしいずれも顔の皮が剝がされ、腐敗がひどかったともいわれ、本当にその首が光秀のものだったかは判然としない。そこで出てくるのが「光秀死んでない説」だ。最も有名な説は、家康の側近として仕えた南光坊《なんこうぼう》天海《てんかい》こそが光秀だというもの。光秀は天海として表舞台に戻り、あの大坂の陣のきっかけともなった「方広寺の鐘事件」などを策謀させたという。ほかに千利休は光秀だという説もあるが、いずれも巷説の域。しかし、「己を偽装する」のに長《た》けた光秀らしい話だ。

古代
平安
鎌倉
室町
戦国
江戸
幕末
近代

豊臣秀吉

Toyotomi Hideyoshi

異例の大出世を成し遂げた
戦国最大の成り上がり男

ファッション
赤を基調とした鎧に、細長い剣をいくつもつけたような兜が特徴です。まるで後光が差しているように見えます。これもド派手を追求した結果でしょう。

幼少期の様子
記録がないので、みんなよく知らないと思います。でも信長さまの草履を懐で温めるなど、若い頃から気の利く青年だったことは間違いないですね。

性格
プライベートでは女好きとかいわれていますが、合戦になると慎重派です。敵軍の兵士にも情けをかけるなど、情に厚い面があると思います。

トラウマ
大地震です。何しろ生涯で2度も味わったんですから。後は、人から陰口をたたかれる容姿ですかね。

家庭環境
私もよく覚えていません。

恋愛関係
正妻のおねとは恋愛結婚なんですが、どうも浮気癖が強く、おねを困らせていたようです。側室は最低でも20人はいました。

人生の目標
とにかく、のし上がること。

趣味
和歌、茶の湯、女遊び。

交友関係
非常に幅広く、各地の大名たちと親しくしていました。徳川家康も臣従を誓ってくれましたし。最も信頼しているのは石田三成ですね。

仕事ぶり
領地の整理を行ない、「太閤検地」や「刀狩り」など、さまざまな政策を打ち出しました。

死因
病死。脚気という説もあります。

特技・得意技等
当時の武将たちは衆道（男色）を好む傾向があったのですが、私には理解できませんでした。ある日、私は家臣のはからいで、ものすごい美少年と二人きりにされました。その家臣はさすがに私が美少年を抱くと思っていたようですが、そんなわけがありません。私は美少年に「キミには姉か妹はいない？いるなら紹介して」ということを話しただけでした。

本人希望記入欄
醜い容貌といわれても、女好きなんだから仕方ないでしょう？

記入上の注意　1：数字はアラビア数字で、文字はくずさず正確に書く。
2：※印のところは、該当するものを○で囲む。

履歴書

ふりがな　とよとみ　ひでよし

氏　名　**豊臣 秀吉**

生年月日	没年月日	※
1537年2月6日	1598年8月18日(満61歳)	㊚・女

出身
尾張国愛知郡中村(愛知県名古屋市中村区)

立場	あだ名
関白、太閤	サル、ハゲねずみ

概要
諸説ありますが、農村の下層民、弥右衛門の息子として生まれたとするのが一般的ですかね。初名は藤吉郎。のちに羽柴秀吉と名乗ります。父の遺産で針などを買い、それを売って生活していましたが、友人のつてで信長さまの奉公人として仕えるようになりました。以後、出世街道を歩んでいきます。

家族
父は農民、または足軽とされる弥右衛門。母はのちの大政所(摂政、関白職の母の尊称)となる仲。でも史料によっては、両親の名も不明とされているんですよね……。

年	歳	学歴・職歴(各項目ごとにまとめて書く)
1554	17歳	織田信長の奉公人として仕官。
1561	24歳	浅野長勝の養女・おねと結婚。織田軍の兵士として活躍を始める。
1573	36歳	浅井氏の滅亡により、近江の長浜城の城主となり、木下姓を羽柴姓に改める。その後、中国地方に侵攻するなど、勢力を拡大していく。
1582	45歳	本能寺の変。
1583	46歳	「賤ヶ岳の戦い」で柴田勝家に勝利して、実質上信長の後継者となる。大坂城を築く。翌年、従三位権大納言に任命されて公卿になる。
1585	48歳	紀州、四国を平定。朝廷から関白宣下を受けて、天下人となる。のちに九州平定を開始して、九州を支配していた島津家を降伏させる。
1590	53歳	関東一円を支配していた北条家を降して、名実共に、天下統一を成し遂げる。続いて朝鮮を領地にするため、朝鮮出兵を開始。
1598	61歳	伏見城にて死去。朝鮮に侵攻していた軍が撤退する。

●日本一の成り上がり者は〝ハゲねずみ〟

農民（足軽との説あり）の子に生まれながら、一代で天下人にまでのし上がった豊臣秀吉。日本史上、あるいは世界でもこれほど破格の大出世を遂げた男は類を見ないだろう。

秀吉は17歳頃から織田信長の小者（身分の低い者の奉公人）として働き始め、少しずつ頭角を現し始める。信長の歓心を得たきっかけとして有名なのが、草鞋《わらじ》の話だ。現代の会社に置き換えると、社長が「さて外出しよう……あれ？　私の革靴はどこだ？」といったとき、部下が「外は寒いので私の体温で温めておきました」と懐から革靴を取り出すという話。こうして考えるとかなり不気味だ。とはいえ、実力なくして信長の家臣は務まらない。美濃攻略などの重要な戦で武勲を挙げ、信長の信頼を得た。

ところで、信長が「でかしたぞ、サル！」と、ことあるごとに秀吉をほめる姿はドラマなどでもおなじみだが、信長が「サル」と呼んでいた証拠はない。むしろ秀吉をサル呼ばわりしていたという証拠が残るのは、毛利家の家臣や朝鮮の使節、そして庶民たちだ。

信長はというと、こんな話が残っている。あるとき、秀吉の妻・おねが、夫の浮気を信長に相談したときのこと。信長は「あのハゲねずみごときが、あなたほどのよい女性をほかに得られるはずがないのに」と答えたそうだ。本人の要望で美化されている可能性があるとはいえ、肖像画に見る細いアゴは確かにサルよりネズミっぽい。

●宣教師が話を盛りたくなるほど女好き

秀吉を語るうえで外せないのが、女性にまつわるエピソードだろう。当時の武将たちは衆道《しゅどう》つまり男色を好む傾向があり、武田信玄などもその道で有名だ。しかし、そんな武将のたしなみもなんのその。秀吉は「超」がつくほど女好きだった。

ポルトガルの宣教師ルイス・フロイスは、自著『日本史』のなかで、秀吉を「300人も側室をもつ男」と表現している。一晩に一人ずつ相手をしたとしても、全員を制覇するのに1年近くもかかってしまうほどの数だ。それほどまでに、宣教師の目には「ムチャクチャ不謹慎ナ男！」と映ったのだろう。さすがにこの数字は誇張が入っているといわれているが、それくらい誰もが驚く大の女好きだったのは間違いない。さきのエピソードにもあるとおり、妻のおねが秀吉の浮気には手を焼いていたことがわかる。

そんな彼を象徴するエピソードが残されている。あるとき、家臣のはからいで美少年を紹介された秀吉。「君のきょうだいなら美系だろうな〜お姉ちゃんか妹いない？」とすかさず質問したとかしないとか。むしろすがすがしいほどではないか。

ちなみに、石田三成《みつなり》は恋人を寝取られたという話もあるし、細川忠興《ただおき》は朝鮮出兵中に妻へ「秀吉さまに気を付けるように」という手紙を送っているというから、人妻だろうがお構いなしに手を付けたようだ。

●派手好き極まりコスプレパーティー!?

そして、秀吉といえば「超」がつくほどの派手好き。もち運び可能なキンピカの茶室をつくったり、家臣や側室たち総勢1300人を集めての花見大会を開いたりしている。派手好きに加え、人々が「さすがは天下人！」と度肝を抜くような斬新なイベントが大好きだったようだ。

さらにこうした花見大会や庶民を招いての大規模な茶会に飽き足らず、なんと今でいうコスプレパーティーを開いたというから驚きだ。これについては詳細な記録が残っている。折しも朝鮮出兵のさなかにあった1593年（文禄2年）。肥前（佐賀県）の名護屋城付近でそのコスプレパーティーは開かれた。

まず、主催者の秀吉自身が「瓜～！　おいしい瓜があるよ～」と瓜商人に扮して登場し、会場を練り歩く。徳川家康はあじか（かごやざる）商人、前田利家《としいえ》は高野聖（高野山の遊行者）、伊達政宗《まさむね》は山伏のコスプレだったらしい。茶人に扮した蒲生氏郷《がもううじさと》はさらに趣向を凝らし、秀吉にお茶を立てて高額の代金を要求するという小芝居で一同を爆笑させたという。朝鮮出兵が長引き、下がり始めた武将のモチベーションを上げる意味もあったのかもしれないが、朝鮮半島で戦う兵の身になると「ふざけるな！」といいたくなる。しかし、名だたる武将が一堂に会してのコスプレパーティーとは、ちょっとのぞいてみたいものだ。

●たぐいまれな強運のもち主か、凶運のもち主か

信長の小者として働き始めてから、わずか30年と少しで天下統一をなし遂げた秀吉。実力はもちろん、運にも恵まれた人物といえるのだが、非常にツイていない一面もある。

1585年（天正13年）の冬、大規模な地震が中部地方を襲った。これにより秀吉が一国一城の主として初めて築城した琵琶湖岸の長浜城が全壊。「そんなバカな！」と叫ばずにはいられなかっただろう。

それ以来すっかり地震恐怖症となってしまった秀吉。隠居後の住居にする予定だった伏見城築城の際、「地震対策は万全にせにゃならん！」と図面を引く大工を呼んで相談もしたらしい。しかし、その地震対策がどんなもので、どのように伏見城に生かされたのかは不明だ。なぜなら伏見城は1596年（慶長元年）、京都・大坂一帯を襲った大地震でやはり倒壊してしまったからだ。秀吉はまたしても「そんなバカな！」と叫んだに違いない。同じく天下を治めた信長や徳川家康に比べ、二度も城が崩れるほどの地震にあった秀吉だが、九死に一生を得たところを見るとやはり運がいいといえる。

ちなみ秀吉は、場所を変えて新たに築城された伏見城で死去。晩年は朝鮮出兵などで国力を疲弊させ、後継者を育てられなかったこともあり、豊臣政権はわずか2代で終焉。栄華を極めた豊臣家の末路に、草葉の陰から「そんなバカな！」と嘆いたかもしれない。

黒田官兵衛

Kuroda Kanbee

名軍師でありながら天下も狙う
秀吉をも警戒させた才能と野心の塊

ファッション
顔が長くて細身。頭部に疱瘡があるので髻（たぶさ）が結えません。お椀を逆さにしたような銀白檀塗合子形兜(ぎんびゃくだんぬりごうすなりかぶと)をかぶって颯爽としていましたが、幽閉されてから歩けなくなり、さらに頭を丸めたため頭巾と杖という姿が多くなりました。

幼少期の様子
母を早くに失ったため、文学にのめり込み知識を蓄えました。初陣は16歳のときで、土豪の征圧で功績を挙げました。

性格
天下は取りたいけど無理はしない。人にしたがうときも謙虚ですが、必要以上にこびません。大の節約家で、身のまわりのものを家臣に与えるときも払い下げにしていました。あげてしまうともらえなかった家臣に不満が残るからです。

トラウマ 親友に幽閉されたこと。	**趣味** 連歌、築城、キリスト教。
家庭環境 黒田家は一枚岩。弟たちも黒田八虎に数えられています。	**交友関係** 羽柴秀吉、竹中半兵衛、荒木村重、小早川隆景。
恋愛関係 妻ひと筋。わが家では信教の自由があるので、妻は仏教徒のままでしたが夫婦円満です。	**仕事ぶり** 本人が望んでいなくても、主君のプラスになるように動きます。基本的に10倍の敵が相手でも勝つ男です。
人生の目標 人にこびず、富貴を望まず。	**死因** 病死。

特技・得意技等
キリシタンですが、あまり熱心な信者じゃありませんでした。バテレン追放令が出たときもすぐバテレンたちを領地から追い出しています。ほしかったのは西洋の情報と鉄砲でしたから。普段はケチでも戦争のときにはお金を惜しみませんでした。支度金を二重取りしようとした兵にも笑って2回あげました。

本人希望記入欄
「殿、チャンスですよ！」は余計なひとことだったかも知れません。でも秀吉さんの本心なんてまる見えなんですよね。

記入上の注意　1：数字はアラビア数字で、文字はくずさず正確に書く。
2：※印のところは、該当するものを○で囲む。

履歴書

ふりがな　くろだ　かんべえ

氏名　**黒田 官兵衛**

生年月日	没年月日	※
1546年11月29日	1604年3月20日（満57歳）	㊚・女

出身
播磨国姫路城（兵庫県姫路市）

立場	あだ名
秀吉参謀、豊前国主	如水、ドン・シメオン、黒田の瘡頭

概要

小寺家の家老として、信長さまにしたがうように主に進言。秀吉さまの配下に組み込まれ、その軍略を使い天下取りに貢献。秀吉さま亡き後は家康について天下を奪う機会を狙いましたが、隙がなかったのであきらめました。晩年はギスギスした政治の世界から足を洗って静かに暮らしました。

家族

父の黒田職隆は小寺家の重臣です。五人兄弟の長男で弟たちは黒田家の家臣として働いてくれました。妻の光とは主の小寺政職さまの仲介で結ばれ二男を授かりました。長男の長政は、私から見ると今一つ未来が見えていない不肖の子ですが、筑前福岡藩52万石の初代藩主になりました。

年	歳	学歴・職歴（各項目ごとにまとめて書く）
1546	0歳	姫路城主黒田職隆の長男として生まれ、幼くして小寺政職の近侍を務め、のちに父の後を継ぐ。
1575	29歳	羽柴秀吉に臣従。毛利家から攻撃されるが、10分の1の兵力で撃退。
1578	32歳	荒木村重の反乱。説得に行ったところ有岡城（伊丹城）に幽閉される。旧小寺家の家臣たちのほとんどが裏切ったので、姓を黒田に改めた。
1585	39歳	四国平定で軍監。長宗我部元親の罠（わな）を見破って悔しがらせる。
1589	43歳	秀吉から「天下を取りそうな男」に指名されてしまったため、家督を息子の長政にゆずり、剃髪して如水と号とする。
1600	54歳	「関ヶ原の戦い」長政を家康の側に置き、九州で城を落としまくり。
1604	57歳	政界から遠ざかり隠居生活。京都の伏見藩邸で病死。

●秀吉すらその才能を恐れた、機を見るに敏な名参謀

黒田官兵衛は、天才軍師・竹中半兵衛と並んで「両兵衛」と呼ばれ、豊臣秀吉の天下統一を補佐した名参謀。織田信長に仕えていた頃は、秀吉の指揮下に入り、播磨（兵庫県の西南部）の有力者を次々と調略。毛利との戦いでは、備中（岡山県）高松城への水攻めを提案し、膠着《こうちゃく》状態だった戦局を動かしている。そして起こった「本能寺の変」。官兵衛は信長死亡の知らせを聞くや、「殿、チャンスですよ！」と、いち早く仇《かたき》の明智光秀を討つことを秀吉に主張。毛利との和睦を進め、見事にその後の天下統一への道筋を付けたのだ。

まさに機を見るに敏な名参謀。だがその鋭敏さは、秀吉の警戒を招くことにもなった。秀吉の天下統一後、官兵衛に与えられたのはわずか豊前（福岡県）12万石。功臣にしては領地も少なく、しかも秀吉に反発する者が多い九州の地。これは秀吉が「100万石もやったら俺から天下を取ってしまうだろう」と、その才能を恐れたためだという。

そんな天才・官兵衛が犯してしまった一番大きな計算ミス。それは、信長臣従時代に起こった荒木村重《むらしげ》の反乱への対処だ。摂津（大阪府北東部と兵庫県南部）の村重が反乱を起こすと、播磨の領主たちもそれに追随。これに官兵衛の旧主である播磨の小寺政職《こでらまさもと》までもが呼応してしまう。当時の官兵衛の姓は政職から賜った「小寺」。縁の深い官兵衛は「説得できるのは自分だけだ」と、村重らが立て籠もる有岡城（伊丹城）に単身交渉へ向かう。

しかし、必死の説得も失敗。官兵衛は村重に幽閉されることとなる。

●ブサメンだけど美人の奥さんがいるから平気!

幽閉された場所は有岡城でもとくに日当たりが悪い北西の土牢。ジメジメした牢内で身動きもできない。もともと頭に疱瘡《ほうそう》を患っていた官兵衛は、それが全身に広まって肌がボロボロになり、膝は曲がったまま動かなくなってしまった。救出されたのは11カ月も後のこと。発見されたときは骨と皮だけでかろうじて生きている哀れな姿だったという。

その後、旧主ゆかりの小寺姓から、父の代まで使っていた黒田姓に戻した官兵衛。長い幽閉生活で歩くこともできなくなり、杖と眼帯と頭巾が欠かせなくなってしまった。そんな官兵衛に秀吉が付けたあだ名は「黒田の瘡頭《かさあたま》」。ミもフタもない……。

疱瘡で髪が髻《たぶさ》も結えないほど薄くなり、目もギョロギョロしていて面長。お世辞にも色男とはいえない官兵衛だが、じつは美人の奥さんがいた。妻の名は光《てる》といい、同じ小寺家家臣の娘を、小寺政職の養女として迎えている。光は「才徳兼備」とうわさされるほど聡明で、官兵衛がキリスト教に改宗しても自分は浄土宗の信仰を貫くしっかり者だった。

この時代、武士が側室をとるのは当然で、おしどり夫婦として知られる前田利家（妻まつ）にすら側室があった。しかし、官兵衛は一人も側室を置かず、生涯光だけを愛し続けた。浮気しなかったのかできなかったのかは微妙だが、冷徹な謀略家の意外な一面だ。

伊達政宗

Date Masamune

どこまでも天下統一にこだわった
隻眼の「伊達男」

ファッション 黒い甲冑に、大きな三日月型の前立がついています。左右非対称で、右側のほうが短いのは、刀を振り上げたとき邪魔にならないようにするためです。奇抜さの裏に、機能性もあるんですよ。失明した右目には、眼帯の代わりに刀の鍔をつけていたともいわれていますが、何もつけていなかった説もあります。	
幼少期の様子 天然痘にかかって視力が落ちたため、一時期性格が粗暴になりました。	
性格 温厚な一面もありますが、天下統一のためなら手段を選ばない冷徹な一面もあります。	
トラウマ 天然痘。顔全体が崩れるかと思いました。	**趣味** 料理、食事。晩年は食事が喉を通らなくなって、非常に辛かったです。
家庭環境 母とは非常に仲がよかったです。毒殺されそうになったこともありますが(笑)。	**交友関係** 家臣たちからは非常に尊敬されていました。また徳川家光公からも好かれていたと思います。
恋愛関係 確認できる側室だけでも7人はいるので、めちゃくちゃモテました。	**仕事ぶり** 仙台藩をつくったわけですから、宮城県の方々からすれば英雄でしょうね。
人生の目標 天下統一。	**死因** 病死。食道がんともいわれています。

特技・得意技等

じつはお酒も大好きで、数々の失敗談があります。ある日、小姓頭の姿が見えないので、ほかの小姓たちに尋ねると、「昨日、脇差の鞘で殴った挙げ句、もう城に来るなといったじゃないですか」といわれました。どうやら飲みすぎて、変な絡み方をしてしまったようです。小姓頭にはすぐに「ごめんね。けがが治ったら戻ってきて」という手紙を出しました。また、酔い潰れてしまって、徳川家第2代将軍の秀忠さまとの約束をすっぽかしてしまったことがあります。

本人希望記入欄

天下統一したかったなあ。

記入上の注意　1：数字はアラビア数字で、文字はくずさず正確に書く。
2：※印のところは、該当するものを○で囲む。

履歴書

ふりがな　だて　まさむね

氏名　**伊達 政宗**

生年月日	没年月日	※
1567年8月3日	1636年5月24日（満68歳）	㊚・女

出身
出羽国米沢（山形県）

立場	あだ名
伊達家第17代当主	独眼竜（どくがんりゅう）、梵天丸

概要

幼い頃に天然痘をわずらい、右目の視力を失いました。それでも天下統一の野望のために、先陣を切って戦い、領土を拡大。南奥羽の一帯を制圧します。その後は豊臣家、徳川家に仕えました。そこでも天下統一の野望を捨てることなく、いろいろと画策しました。あと20年早く生まれていたら、天下統一できたといわれています。

家族

父の輝宗、母の義姫の間に長男として生まれました。弟が二人、妹が一人います。正妻は愛姫（めごひめ）。側室は最低でも7人はいました。子供もたくさんいます。

年	歳	学歴・職歴（各項目ごとにまとめて書く）
1584	17歳	伊達家の家督を継ぐ。以降、東北各地に出陣し、勢力を拡大していく。
1585	18歳	秀吉の「惣無事令（そうぶじれい）」に逆らい、戦い続ける。
1590	23歳	母義姫による毒殺未遂事件が起きる。同年、豊臣秀吉の「小田原攻め」に参戦。秀吉の傘下になる。東北で起こった「葛西・大崎一揆」を平定する。一揆を扇動したという疑いをかけられる。
1593	26歳	「文禄の役」に従軍し、朝鮮に渡海する。
1600	33歳	「関ヶ原の戦い」で、徳川家の東軍として従軍。翌年、仙台城とその城下町の建設を始め、仙台藩をつくる。
1613	46歳	家臣の支倉常長一行をヨーロッパへ派遣。
1614	47歳	「大坂冬の陣」、翌年の「大坂夏の陣」に参戦。
1636	68歳	病没。

●母と子の激しい愛憎の末に起こった悲劇

「独眼竜《どくがんりゅう》」の異名をもつ伊達政宗。幼い頃に天然痘をわずらい、その影響で右目を失ったことに由来する。天下統一を夢見ていた彼は、隻眼《せきがん》のハンディをものともせず、破竹の勢いで領土を拡大。23歳という若さで、南奥羽（東北地方の南部一帯）の覇者となった。

隻眼をのぞいては順風満帆のようだが、その人生は波乱に満ちていた。ちょうど南奥羽の覇者になった頃、毒を盛られたというのだ。しかも首謀者は実の母・義姫《よしひめ》。どうやら政宗を殺し、次男の小次郎に家督を移そうとしたらしい。解毒剤を飲んで一命を取り留めた政宗は激怒する。そして刀を手に取って斬りかかったのは母……ではなく小次郎だった。

この事件の背景には、豊臣秀吉の存在がある。政宗は当時、秀吉が発した大名同士の勝手な私闘を禁じる「惣無事令《そうぶじれい》」と、「上洛して恭順せよ」という命令をスルーし続けていた。単なるお家騒動ではなく「このままでは伊達家の存亡が危うい」と考えた義姫の苦渋の決断だったとも考えられる。しかし、いずれにしても小次郎は浮かばれそうにない。

真実を知っていて母を殺さなかったのか、政宗はその後も義姫に深い愛情を示している。いっぽうで義姫にも、わが子を愛していたという証拠がある。政宗と義姫の兄にあたる最上義光《もがみよしあき》が合戦になったときは、二人の間に割って入り「戦うなら私を斬ってからにしなさい！」と一喝したという。結局「この母にしてこの子あり」なのかもしれない。

●秀吉を欺き、スペイン王に大ボラを吹く

秀吉の命令をことごとく無視し続けた政宗だが、1590年（天正18年）、ついに秀吉に恭順を誓う。しかし、天下統一への野心を捨てたわけではない。

同年、奥州（東北地方東部）で大規模な一揆が発生。政宗はこれを平定したのだが、秀吉から「お前が仕組んだんじゃないの？」と疑われた。「めっそうもない！」と否定したが、彼の仕業である可能性は非常に高い。政宗は惣無事令に背いた罰で南奥州の領地の大半を没収された。そこで、領民たちに暴動を起こさせ自分が鎮圧する。つまり自作自演で功績をあげることで、領地を取り戻そうとしたと考えられる。秀吉の手元には証拠となる文書まであったのだが、いくら問いただされても「偽書です！」と強気に返答した。このとき政宗は、白の死装束に十字架を背負った姿で参上。死ぬ覚悟を表した大胆なパフォーマンスに、派手好きの秀吉が「なかなかやるのぅ」と許したのかもしれない。

秀吉没後は徳川家の傘下に入った政宗だが、まだまだあきらめない。幕府転覆のために家臣をスペインに送り、スペイン王フェリペ3世に書状を届けたのだ。内容は「私は、日本の次期皇帝を約束された者。ただしそれには武力が必要なので、スペイン王の力を貸してください」と大ボラを並べ、勝手に同盟を結ぼうとするもの。同盟は実現しなかったものの、政宗のおおいなる野心と大胆不敵さには感服させられるばかりだ。

千利休

Sen no Rikyuu

武力を使わずに信長、秀吉の側近にまで上がった伝説の「茶聖」

ファッション 地味な黒を好んだので、甲冑の色も黒です。普段着の着物も黒で、利休帽子という四角い帽子も黒です。	
幼少期の様子 お茶は商人のたしなみ、ということで、昔からお茶が好きでした。	
性格 わび茶を完成させたわけですから、当然落ち着いた性格です。少々、頑固な一面もあったかもしれません。	
トラウマ わび茶を理解してもらえないこと。	**趣味** わび茶。もはや趣味というか人生ですね。
家庭環境 あまりよく覚えていません。	**交友関係** 信長さまや秀吉さまに仕えているときは、細川忠興さんを筆頭に、家臣の皆さまから愛されていました。
恋愛関係 二人の妻と結婚しているので、モテたほうだと思います。	**仕事ぶり** 現代の茶道の発展に尽くしたのですから、茶人としては最高の働きをしたと思います。
人生の目標 わび茶を広めること。	**死因** 切腹。

特技・得意技等

死別した最初の妻・宝心妙樹との間には、二人の娘がいました。しかし後の妻・宗恩との間に生まれた娘は、宝心妙樹とつくった娘より年齢が上なのです。つまり宝心妙樹と結婚していたときから、宗恩とは関係があったわけですね。茶聖と呼ばれていても、大人の事情くらいあります。

本人希望記入欄

あー、お茶が飲みたい。

記入上の注意　1：数字はアラビア数字で、文字はくずさず正確に書く。
2：※印のところは、該当するものを○で囲む。

履歴書

ふりがな　せんの　り　きゅう 氏　名　千利休		
生年月日 1522年?月?日	没年月日 1591年2月28日（満69歳?）	※ ㊚・女
出身 和泉国堺（大阪府堺市）		
立場　織田家茶頭、豊臣家茶頭	あだ名　茶聖	

概要

堺の商家に生まれました。昔からお茶が大好きで、武野紹鴎（じょうおう）という師匠のもとでお茶の修行を始めました。そこでわび茶の概念を学び、のちに完成させて茶聖と呼ばれるようになります。うわさを聞いた信長さまから織田家の茶頭を命じられ、その後は豊臣家の茶頭になります。

家族

田中与兵衛という父と、月岑妙珎（げっしんみょうちん）という法名をもった母の間に生まれました。妹が一人います。妻は死別もあって、生涯二人と結婚しました。それぞれの妻との間に息子と娘が数人います。

年	歳	学歴・職歴（各項目ごとにまとめて書く）
1538	16歳	北向道陳、武野紹鴎といった茶人に師事し、わび茶の改革に取り組む。
1568	46歳	堺にやってきた織田信長に誘われて、織田家の茶頭となる。
1582	60歳	豊臣秀吉の茶頭となる。秀吉の下では、単なる茶頭の範疇を超えて、政治面でも大きく利用されるようになる。この頃、京都の妙喜庵に建てた茶室待庵は、現存する唯一の作品で、国宝に認定されている。
1585	63歳	秀吉が関白に就任し、正親町（おおぎまち）天皇に献茶する。このとき秀吉の後見役を務めたので、名実共に日本一の茶人となる。この頃、秀吉の命によって黄金の茶室をつくる。
1587	65歳	秀吉が天下統一の祝賀会として、北野天満宮で史上最大の茶会を開く。その進行を任されて、さらに広く名が知れ渡る。
1591	69歳	なんらかの事情で秀吉の逆鱗にふれて、切腹を命じられる。

●信長さま、「わび茶」の概念をわかってください（泣）

千利休は「わび茶」を完成させた大茶人。かつての茶会といえば、大広間に大勢を集め、「これは明（中国）の貴重な茶碗で……」などと、高価な茶器を見せびらかす品評会のようだった。わび茶の発想は真逆。無駄なものを省き、禅の思想を取り入れて、精神的な充足を求める――。ごく簡潔にいえば「落ち着いて飲もうよ派」の発足というわけだ。

1568年（永禄11年）、和泉（大阪府）の堺で高価な茶器を買いあさっていた織田信長の耳に、利休のうわさが入ってきた。実力派の茶人らしいぞ、と。「織田家の茶頭（茶会を取り仕切る人）に最適だな」そう考えた信長は、利休のもとを訪ねて自分の臣下に加えた。しかし当の信長は、わび茶の概念をきちんと理解していなかったらしい。

たとえば1577年（天正5年）。信長に造反し、信貴山城《しぎさんじょう》に籠城した松永久秀を攻めたときのこと。信長は「お前の平蜘蛛《ひらぐも》茶釜、前からほしかったんだよね。渡したら助けてやるよ」と交換条件を提示。対して久秀は、「平蜘蛛と俺の首は、信長なんぞに見せてやらん」と、火薬を仕込んだ茶釜もろとも大爆死。

茶釜と命が同価値ってどんだけ!? いかに武将たちが茶器を重要視していたかがわかる逸話だ。「だからわび茶っていうのは、そうじゃなくって……」利休のそんなつぶやきは、爆音にかき消されて届かなかったようだ。

●ド派手を愛する秀吉と対立。切腹をいい渡される

信長の没後は、後継者の豊臣秀吉に仕えた利休。「今度こそ『わび茶』を理解してもらおう」と意気込んでいたに違いない。そんなある日、秀吉に茶室づくりを命じられた。「わび茶知ってるよ。『おもてなしの空間』でしょ」と。利休はキタコレと大喜び。しかし話を聞けば、秀吉が描く完成予想図はド派手な黄金の茶室。結果、利休はふたたびつぶやくことになった。「だからそうじゃなくって……」この黄金の茶室は、今も大阪城などで復元されたものを見ることができる。が、断言しよう。あの空間に「わび」はない。

そもそも秀吉は派手好きで「わび」とは程遠い人物。天下統一の祝勝会として北野天満宮で開いた茶会は、史上最大規模といわれ、目的はもちろん権力誇示。利休は自身の理想と真逆なこの大宴会を仕切らされ、この頃から、秀吉に反感を抱き始める。秀吉の好みが派手な赤い茶碗なら、利休が出すのは地味で黒い茶碗。「これが『わび』なんだ」という無言の主張だろう。当然、秀吉は「ド派手な茶碗で飲みたい」とプンスカ。

やがて秀吉の逆鱗にふれてしまい、切腹を命じられるはめになる。秀吉が大徳寺の門をくぐったとき、門の上に利休の木像が置いてあったためとも、秀吉のスパイ活動をしていたためともいわれる。切腹をいい渡されても、謝罪をしなかった利休。切腹の通達にきた秀吉の使いに、こういって迎えたという。「お茶の支度ができております」

前田利家

Maeda Toshiie

血気さかんなかぶき者から安定を求める堅実な男へ転身！

ファッション

若い頃は女物の着物を着こなし、かぶき者として道を歩いていました。甲冑は金箔300枚が使用されたド派手なものを好み、武器の槍は6メートルと少し。これまたド派手な朱塗りでした。

幼少期の様子

ケンカっ早く、乱暴な小僧でした。

性格

とにかく目立つことが大好き。若い頃は短気だったことで失敗し、それ以降はなるべく冷静に物事を判断しようとしていました。

トラウマ

クビ宣告を受けたときは、目の前が真っ暗になりましたよ。

趣味

かぶくこと。

家庭環境

甥の慶次とはソリが合わず、よく衝突していました。同族嫌悪でしょうか。

交友関係

織田家でも豊臣家でも、わりと慕われていたほうだと思います。

恋愛関係

妻のまつとは仲がよかったです。何しろ彼女が食いっぱぐれないためにも、必死で信長さまに許してもらおうとしたぐらいですからね。

仕事ぶり

信長さまのためにも数多くの武勲をあげました。秀吉殿の下では政治面でも活躍し、大変多くの石高を獲得しました。

人生の目標

ド派手に生きること。のちに家庭を守ること。

死因

病死。

特技・得意技等

じつは若い頃の私は、信長さまの愛人で、同性愛の関係にありました。内緒にしておいてほしかったのですが、信長さまは宴会の席でそれを暴露してしまったのです。それをいうのか、と思ったのですが、みんなからは「うらやましい」なんていわれました。ちょっとうれしかったです。

本人希望記入欄

短気は損気。無職は辛いですよ。

記入上の注意　1：数字はアラビア数字で、文字はくずさず正確に書く。
2：※印のところは、該当するものを○で囲む。

履歴書

ふりがな	まえだ　としいえ
氏名	前田 利家

生年月日	没年月日	※
1538年?月?日	1599年閏3月3日（満61歳?）	男・女（男に丸）

出身
尾張国海東郡荒子村（愛知県名古屋市中川区荒子）

立場	あだ名
織田家家臣、豊臣家家臣	槍の又左（またざ）

概要

荒子城主・前田利昌の四男として生まれたため、家督相続は絶望的と思っていました。だからこそ、自分の力で出世してやろうと思い、13歳頃から信長さまの小姓として織田家に仕えるようになります。若い頃は後先考えない荒くれ者でしたが、しだいに堅実な人間になっていきます。

家族

父は荒子城主の前田利昌、母は長齢院。6人兄妹の四男です。長男・利久の養子の慶次は、私から見て義理の甥にあたります。

年	歳	学歴・職歴（各項目ごとにまとめて書く）
1551	13歳	小姓として織田信長に仕える。
1552	14歳	「萱津の戦い」が起こる。初陣にもかかわらず、敵将の首をとる武勲をあげる。その後も合戦で大活躍。元服して、前田又左衛門尉利家と名乗る。
1559	21歳	信長の世話役を斬り殺したことで、出仕停止処分を受ける。
1560	22歳	勝手に「桶狭間の戦い」に参戦。翌年も同じく「森部の戦い」に勝手に参戦し、信長から帰参を許される。
1569	31歳	信長に命じられて、前田家の家督を継ぐ。
1582	44歳	本能寺の変で信長死去。翌年、柴田勝家と羽柴秀吉の間で、信長の後継者を決める「賤ヶ岳の戦い」が勃発。勝家側として参戦するも、戦わずに撤退する。その後、秀吉の臣下となる。
1598	60歳	秀吉から、徳川家康と並ぶ豊臣政権の五大老に任命される。
1599	61歳	自宅で病没。

●信長もその戦いぶりを絶賛！ 勇猛果敢なかぶき者

女物の着物をだらりと着こなし、肩に担ぐは6メートルのド派手な朱槍。身の丈180センチの巨体を揺らしながら、往来をねめつけ闊歩《かっぽ》する――。今でいうヤンキー丸出しのこの人こそ、信長に仕える前田犬千代。のちに加賀百万石を築く、若かりし前田利家だ。

利家のデビュー戦は、家督を継いだばかりの織田信長と、織田家の重臣とが激突した、1552年（天文21年）の「萱津《かやづ》の戦い」。利家は当時、まだ顔にあどけなさが残る14歳だった。戦場でひときわ目立つ自慢の朱槍を振りまわし、「オラオラ、かかってこんかい！」と敵陣に突進。見事、敵将の首印をあげたという。

これを見た信長は、「肝に毛が生えた小僧がおるわ！」と大絶賛。信長軍は無事勝利し、利家は大成功の初陣を果たした。

さらにその4年後には、信長の弟・信勝が反旗を翻したために勃発した「稲生《いのう》の戦い」にも参戦。利家は、ここで敵兵の放った矢を右目に受けてしまう。「いったん退け」と促す味方兵に対して、「この俺様が敵に背を向けられるか！」と、矢が目に刺さったままの状態で突撃する利家。自分を射た敵兵にきっちりオトシマエをつけて戻ったという。

かぶき者はなめられたら終わり。利家の闘争にかける情熱は人一倍強かった。そして利家は元服後に又左衛門尉と名乗り、「槍の又左」と呼ばれて恐れられるようになる。

●若さゆえの過ちで失職。そのトラウマが成功に導く

血気さかんで確実に武勲を上げる利家は、信長から重宝されて順調に出世していく。ところがいつの時代も、血の気の多い若者は思わぬポカをやらかしてしまうものらしい。ある日、利家愛用の笄《こうがい》（髪をかきあげて頭にさすへら）が盗まれるという事件が起こる。犯人は信長の身のまわりの世話をしていた男。当然、利家はキレるが、信長のとりなしで一度は怒りを収める。しかし、泥棒男はさらに利家を挑発。我を忘れて信長の許可なく男を斬り殺してしまう。この一件で利家はクビ。無職に成り下がる。

新婚ホヤホヤだった利家は、妻のまつに「これからどうすんのよ」と叱られ大慌て。「俺には戦いしかない」と、腕っぷしを披露して帰参しようと考える。まずは、信長と今川義元が衝突した「桶狭間の戦い」に勝手に参戦。敵将の首を三つもとるが、信長は「あんた誰？」と華麗にスルー。次こそはと、信長と斎藤龍興《たつおき》が争った「森部の戦い」にふたたび勝手に参戦し戦功を上げる。ここでようやく復職がかないほっと胸をなで下ろす。

この経験は、どうも利家の心の傷となったらしい。信長の没後、柴田勝家と羽柴秀吉が後継者争いをした「賤ヶ岳《しずたけ》の戦い」では、勝家側として参戦するも、秀吉軍優勢と見るや勝手に撤退。「もう無職はイヤだ」そのトラウマが利家を変えたのかもしれない。このちは、勝利した秀吉の配下となって100万石超えの大大名となるのだった。

古代
平安
鎌倉
室町
戦国
江戸
幕末
近代

徳川家康

Tokugawa Ieyasu

我慢だけのメタボ親父だと思ったら
多趣味で多才な華々しい経歴

ファッション
若い頃はそれなりに精悍でしたが、年をとるにつれてメタボ腹になりました。大の節約家なのでふんどしは黄色っぽいものを洗って使います。でも鎧だけは立派な南蛮胴を着けていました。

幼少期の様子
人質だった頃、「三河の厄介者」といわれたのにムカついたので、今川家臣が集まる前で袴をたくしあげ、縁側で立ちションしてやりました。

性格
石橋をたたいてたたいて渡る慎重派。おしゃべりは得意じゃありません。でもときどきキレることもあります。苦労してきたのでつねに節約を心がけています。

トラウマ
若干マザコンでしたが克服して、成長してからは若い女のコが好きです。

家庭環境
両親の愛情に恵まれませんでした。夫婦仲は冷え切っています。できの悪い息子にも我慢がなりません。

恋愛関係
頑丈な安産型がタイプですが、子供を生んでくれるなら誰でも。

人生の目標
果報は寝て待て。

趣味
鷹狩り。囲碁、武芸兵法全般。学問に励み、薬づくりはプロ級です。それから南蛮製品コレクターでもあります。

交友関係
織田信長、豊臣秀吉、家臣団。

仕事ぶり
堅実にこなします。信長にも秀吉にも高い評価を得ています。

死因
鯛の天ぷらの食べすぎといわれていましたが、胃がんだったみたいです。

特技・得意技等
剣術の腕もなかなかのもので、最初は神影流を学び、一刀流や新陰流なども修めました。鉄砲のほうが得意で100メートル先の鶴を撃ち落としたことがあります。ただ、「大将は身を守るくらいの剣術があればいい。剣をとって直接戦うことなんかないんだから」と、戦場で腕前を披露するチャンスはありませんでした。

本人希望記入欄
私の手相は、知能線と感情線がつながってるんです。これって天下取りの相らしいですよ。現代だと王貞治さんとか松本人志さんと同じらしいです。ケチと呼ばれるくらいの節約家で、便所紙一枚すら無駄にしなかったからこそ天下を取れたのです。

記入上の注意　1：数字はアラビア数字で、文字はくずさず正確に書く。
2：※印のところは、該当するものを○で囲む。

履歴書

ふりがな　とくがわ　いえやす		
氏名　徳川 家康		
生年月日 1542年12月26日	没年月日 1616年4月17日(満73歳)	※ 男・女
出身 三河岡崎城(愛知県岡崎市)		
立場 征夷大将軍	あだ名 竹千代、内府殿、大御所様、狸親父	

概要

三河の小豪族松平氏に生まれ、人質として成長するも18歳で独立。名字を徳川に変えて織田信長と同盟し、信長亡き後は豊臣秀吉にしたがい五大老筆頭となりました。秀吉亡き後は、天下を治めるのは自分しかいないと思い、豊臣にしたがうものを滅ぼし、江戸に幕府を開いて徳川三百年の礎を築きました。

家族

母とは幼い頃に生き別れ、父も家臣に殺されました。織田信長を兄のように思ったこともありましたがちょっと怖かったです。正室との仲は悪かったので愛人をたくさんつくり、11男5女をもうけました。息子の秀忠に跡をゆずりましたが、あまりにも甲斐性がないので引退してからも面倒みてやりました。

年	歳	学歴・職歴(各項目ごとにまとめて書く)
1547	5歳	今川義元の人質になるところを織田家にさらわれ、2年くらいしてから今川家に戻る。どちらの家でも優遇されたものの人質の立場は同じ。
1560	18歳	「桶狭間の戦い」で今川氏が衰退したので独立。織田信長と同盟を結ぶ。今川義元からもらった元康という名前をやめて徳川家康に改名。
1572	30歳	「三方ヶ原の戦い」で武田信玄に惨敗するもチャレンジ精神を評価される。
1582	40歳	「本能寺の変」が起き、伊賀越えで命からがら逃げ延びる。その後、「小牧・長久手の戦い」で優勢に立つも、秀吉に膝を屈して臣下の礼をとる。
1590	48歳	小田原攻めに同行。連れション中に関東移封を告げられ、江戸城に入る。
1598	56歳	五大老の筆頭に就任。秀吉の死後に天下取りの準備を進める。
1603	61歳	征夷大将軍になる。

古代　平安　鎌倉　室町　戦国　江戸　幕末　近代

●受けた恩も恨みもきっちり返す律儀者

戦国時代を制し、江戸幕府を開いた徳川家康のイメージといえば、「忍耐の人」だろう。幼少期からの長い人質生活に始まり、さまざまな苦労を乗り越え、征夷大将軍になったのは1603年（慶長8年）のこと。ここぞというときの強運もあった。だがもちろん、それだけで天下人になれたわけではない。家康は文武に秀で、兵法の勉強も欠かさず、鉄砲の腕は一流だったという。律儀な性格で、不利な戦いでも信長との同盟を破棄せず、落ちぶれた今川氏真《うじざね》を保護したのも、いちおう彼の父親の義元に昔世話になったからだという。しかし、その几帳面さが暗黒面に落ちると、かなり陰湿なことになる。

家康が武田方の高天神城を陥落させたとき、孕石主水《はらみいしもんど》という武将をとらえた。主水は、今川人質時代に家康の隣の屋敷に住んでおり、たびたびご近所トラブルとなった人物。家康は昔「三河の小せがれ」といわれたことを思い出し、投降者のなかで唯一、主水だけに切腹を命じたという。また、家康の息子・信康《のぶやす》が、織田信長への造反容疑で切腹を命じられたとき、弁明役となった酒井《さかい》忠次《ただつぐ》は、信長に十分な申し開きができなかった。しかし、忠次はその後も重用され、徳川四天王に数えられるまでになる。が、後年、忠次は思い知る。家康の恐ろしさを。忠次引退後、息子の知行が少ないことを家康に抗議すると、家康は冷たくこういい放ったという。「お前でも自分の子はかわいいのか?」。信康の切腹からじつに10余年。ときがたっても受けた恨みは律儀に返す。それが家康イズムなのだ。

●天下取りは長寿のおかげ？　鷹狩りで健康維持

そんな家康が将軍職に就いたのは、還暦を過ぎてから。人生50年といわれた時代。天下をその手中に収めることができた一番の要因は、健康・長寿にあったといえそうだ。

家康の健康の秘訣《ひけつ》としてまずあげられるのは、適度な運動。肖像画を見ると、ずんぐりしていておよそ運動ができなさそうな家康だが、意外とアウトドア派で趣味は鷹狩り。幼少期から好きだったようで、前述の孕石主水とのご近所トラブルも、じつは取り落とした獲物を主水邸にたびたび回収しに行ったのが原因だとか。この頃から供としてしたがっていた鳥居元忠《とりいもとただ》には、「百舌鳥《もず》のように鷹を飼いならせ」と無茶振りをして困らせてもいる。

家康が鷹狩りに興じた数は、記録されているだけでも1000回以上におよぶ。当時の鷹狩りは、遠征して数日から数週間かけて行なうのが一般的。とすれば、家康が鷹狩りに費やした日数と費用は膨大なものになるだろう。家康いわく、その目的は「娯楽のためのみにあらず」。遠く郊外に出ることで、まず庶民の生活や風土を知ることができる。そして「鷹狩りをするときは、まず早起きをする。運動をするから消化もいいし、お腹が空くから何でもおいしい。夜は疲れてぐっすり眠れるから、色欲も調節できて健康にいい」ということらしい。確かに適度な運動習慣は、免疫力アップにもつながり、健康維持に効果的。一見メタボなその体型も、じつは力士のような太マッチョだったのかもしれない。

●健康維持のため、自身で調剤も行なった薬マニア

家康が健康維持のために情熱を傾けたものが、もう一つある。それは薬。家康は薬学関係の書物を読みあさり、中国北宋時代の医薬処方集『和剤局方《わざいきょくほう》』などは戦場にまで携え、そらんじることができるほどだったという。現代でもたまに「薬好き」の人を見かけるが、職業的事情以外で、いや、そうであっても、お薬事典を丸暗記している人はいないだろう。いうなれば家康は極度の薬マニア。自身で調剤を行なって服用するのみならず、家臣や大名にも与えていたというから驚きだ（もちろん現代日本では、例外をのぞいて無資格調剤は禁止!! よい子はマネしちゃダメ、絶対）。

家康オリジナルの薬として有名なものに、「万病円《まんびょうえん》」「銀液丹《ぎんえきたん》」などがある。万病円は下剤のようなもので、当時流行した「寸白《すばく》」（サナダムシ）の治癒のため、家康は好んで服用していたらしい。いっぽう、銀液丹の主成分は、劇薬として知られる水銀とヒ素。これを毎日少しずつ飲み続けることで、毒に対する抵抗力を養ったといわれ、家康はほかに強壮・精力強壮剤としての効果もあると信じていたという。正式に認められるだけで11男5女という子宝に恵まれ、73歳という長寿をまっとうした家康。それはプラシーボ効果か、はたまた薬効のおかげか。いずれにせよ、家康の健康意識はハンパない……。

●熟女・未亡人・ロリコン、多彩な性属性

鷹狩りや薬のおかげ？　で体力・精力共に満ち満ちていた家康。天下人にとって後継者づくりは欠かせないと、子づくりにもせっせと励んでいた。家康は家臣や商人、農家の娘など、身分の低い女性を好む傾向が強く、正式な側室の数は18人とされる。それにしても、家康の女性遍歴を知って驚くのは、そのストライクゾーンの広さだ。

若い頃の家康が好んだのは、20歳を超えた、当時でいう年増女性。熟女好きの原因は、幼い頃に母と離れ離れになったトラウマだといわれている。が、熟女といっても皆、家康よりは年下女性ばかり。これをマザコンというのはいささか無理があるというものだろう。また、未亡人によく手を出しているため後家好きともいわれるが、それは「子もちの未亡人なら確実に子供を産めるはず」という計算からだったといわれている。

そして権力を確立した晩年になると、一転してロリコン趣味に走る。52歳のときに側室にしたお梶の方は13歳で39歳差、その侍女だったお六の方とは、なんと55歳差。もちろん現代なら間違いなく犯罪だが、当時は12歳くらいで成人とみなされていたため、完全なるロリ属性というわけではないらしい。このように熟女・未亡人・ロリコンと、「多趣味」な家康だが、70歳を過ぎて10代の女性を相手にできたことは、素直にすごい。ひょっとすると、バイアグラ並みの秘薬でも開発していたのかもしれない。

古代
平安
鎌倉
室町
戦国
江戸
幕末
近代

石田三成

Ishida Mitsunari

政治面で豊臣政権を支え、最期まで忠義を貫き通す

ファッション 兜は乱髪兜といって、毛の生えたものを愛用していました。甲冑や旗には「大一大万大吉」という縁起のいい漢字を並べた紋を描いていました。	
幼少期の様子 昔から聡明といわれていました。鼻筋も通っていたし、色白で目が大きかったことから、イケメンともうわさされていましたね。	
性格 秀吉さまと豊臣家には、絶対の忠義を尽くします。でも、秀吉さまの朝鮮出兵などの際には意見を述べたので、ただのイエスマンではありません。	
トラウマ 仲間に裏切られることですかね。関ヶ原の戦いでは、かつての仲間たちが大勢、徳川につきましたから。	**趣味** 健康を考えること。お茶。
家庭環境 父も兄も一緒に秀吉さまに仕えたくらいですから、仲はよかったと思います。	**交友関係** 武闘派の加藤清正や福島正則たちからはうとまれていたようです。親友は大谷吉継です。
恋愛関係 昔、秀吉さまに恋人を取られてしまいましたからね。いちおう、皎月院という秀吉さまの家臣の娘と結婚しましたが、思い出せるエピソードはありません。	**仕事ぶり** 秀吉さまの天下統一のため、政治面で手腕を発揮しました。うぬぼれるなら、私がいなければ秀吉さまも天下をとれなかったかもしれませんね。
人生の目標 豊臣家に尽くすこと。	**死因** 首をはねられて刑死。

特技・得意技等

登用された経緯はともかく、秀吉さまには絶対の忠誠を誓っています。「もらった財は全部使い切らないと、秀吉さまの財を盗むことと同じ」といって、貯蓄することなく、すべて豊臣家のために使いました。おかげで私の居城の佐和山城は補修もできず、壁の手入れもできないボロ城となっていました。

本人希望記入欄

小早川秀秋だけは呪い殺してやりたいですね。

記入上の注意　1：数字はアラビア数字で、文字はくずさず正確に書く。
2：※印のところは、該当するものを○で囲む。

履歴書

ふりがな　いしだ　みつなり

氏名　**石田 三成**

生年月日	没年月日	※
1560年?月?日	1600年10月1日(満40歳)	㊚・女

出身
近江国坂田郡石田村(滋賀県長浜市石田町)

立場　豊臣家家臣、豊臣家五奉行の一人

あだ名　とくになし

概要

石田村で生まれた後、近くの観音寺で小姓をしていました。そこへやってきた秀吉さまに気に入っていただけたので、豊臣家に仕えることになります。戦は苦手でしたが、政治面で秀吉さまをサポートしていました。敗将として評判はよくありませんが、水戸黄門で有名な光圀さまや、西郷隆盛さんは私の忠義を評価してくれているようです。

家族

石田村の地侍だった正継の次男として生まれました。兄の石田正澄も豊臣家の家臣として仕えています。

年	歳	学歴・職歴(各項目ごとにまとめて書く)
1574	14歳	長浜城の秀吉に仕える。中国地方の制圧に乗り出した頃から従軍。
1582	22歳	本能寺の変。この頃から秀吉の側近として台頭してくる。翌年の「賤ヶ岳の戦い」では、敵将・柴田勝家の動向を探る偵察隊としても活躍。
1586	26歳	名将として名高い島左近を、自分の禄の大半を与えて召し抱える。越後の上杉景勝に臣従を誓わせる。また大坂の堺奉行に命じられた。
1588	28歳	福岡の博多奉行に命じられる。薩摩の島津義久を秀吉に謁見させる。
1590	30歳	小田原攻めに従軍。支城の武蔵忍城を水攻めにするが、失敗。この頃から太閤検地に参加して各地を検地。
1598	38歳	秀吉死去。家督は嫡男の豊臣秀頼が継ぐ。
1600	40歳	「関ヶ原の戦い」。小早川秀秋の裏切りなどもあり、敗北して斬首される。

●元カノの手引きで実現した、秀吉との出会い

豊臣秀吉には非常に優秀な部下が多い。その筆頭ともいえるのが、石田三成だ。二人の出会いは「三碗の才」の逸話として語り継がれている。

1574年（天正2年）、近江（滋賀県）の長浜城主だった秀吉は、鷹狩りの帰途に観音寺に立ち寄り、茶を所望した。ここで小姓を務めていたのが当時14歳の三成。秀吉に茶を差し出すことになった三成は、最初にぬるいお茶、2杯目には先ほどよりやや熱いお茶、そして3杯目に熱々で濃い3杯目のお茶を出した。喉の渇きを癒やすための1杯に始まり、じょじょに熱くして最後はお茶本来の味を楽しんでもらう……完璧なおもてなしだ。秀吉は「なんと気が利く茶坊主じゃ」と感心し、三成を家臣にしたという。

この出会いが偶然とすればまさに運命。しかし、このエピソードには、とんでもないウラがある。かつて三成には、お葉という美しい恋人がいた。だが、お葉は女好きの秀吉にひと目ぼれされてしまい、無理やり側室に迎えられてしまう。せめて元カレの力になりたいと思ったお葉は、秀吉に「観音寺に三成という優秀な男がいるから、ぜひ会ってほしい」と頼み込む。こうして実現したのが、前述の出会い。三成からすれば秀吉は、彼女を奪い取った憎き恋敵のはず。あっさり家臣になったのは、お葉の意図を察したためか、権力にしたがったためか。いずれにせよ、これをきっかけに三成の人生は大きく変わっていく。

●関ヶ原の戦いに敗れ、処刑される間際でも「健康第一」

戦場より政治面で頭角を現し、累進を重ねた三成。秀吉からは「才気で私と並ぶ者は、三成だけだ」と賞賛され、五奉行の一人にまで上りつめる。デキる男というものは、健康管理にも気を配っているもの。しかし三成は、度のすぎた「健康マニア」だったらしい。

秀吉の没後、徳川家康が豊臣家から政権を奪おうとしたため、それを討とうと「関ヶ原の戦い」が勃発。敗れた三成は敵にとらえられてしまう。このときお腹を下して衰弱していた三成は、雑兵《ぞうひょう》に「ニラ雑炊《ぞうすい》をくれ」と注文する。「ニラは滋養強壮効果があるから、衰弱しているときにはぴったりなんだよ」。いやいや三成さん、自分の立場わかってる？それを平らげた三成は、いびきをかきながら、ぐっすり眠りについたという。

さらに、処刑が決まって連行されているときのこと。喉の渇きを覚えた三成は、警護の兵に「湯をくれ」と頼んだ。「湯はないけど……」といいながら、代わりに差し出されたのは干し柿。しかし三成は「干し柿は痰《たん》が出る毒だからイヤだ」とこれを拒否する。いやいや、これから処刑ですやん！　わがままか！　警護の兵たちに総ツッコミを浴びせかけられると、「命を惜しむのは、大望を達成するためだ！」といい放つ三成。「首をはねられる寸前までに、事態が好転するかもしれないじゃん」と考えていたようだ。最後まであきらめず、自分を貫いた三成。その姿勢には、本当に感心させられる。

服部半蔵

Hattori Hanzou

徳川家が誇る伊賀忍者のトップはじつは忍者ではなかった!?

ファッション
忍び装束ではなく、赤を基調とした甲冑を着ていました。

幼少期の様子
あまり覚えていませんが、厳しい修業をしていたと思います。

性格
忍びたるもの、主君に尽くすことが第一です。まあ私は忍びではありませんが。

トラウマ とくになし。	**趣味** とくになし。
家庭環境 あまりよく覚えていません。	**交友関係** 忍びたるもの、あまり交友をもちません。まあ私は忍びではありませんが。
恋愛関係 服部半蔵の名を継ぐ子を残すことしか考えていません。	**仕事ぶり** 家康公をしっかり守り抜きました。
人生の目標 主君のために尽くすこと。	**死因** 戦死とも病死ともいわれています。

特技・得意技等
本能寺の変の後、家康公も明智光秀の軍勢から狙われていました。見つからないように、できるだけこっそり本国まで送り届けなければならなかったのですが、私が伊賀忍者や甲賀忍者に協力を要請すると、なんと300人も集まってしまったという説があります。いくらみんな忍びでも、さすがに見つかるんじゃないかとヒヤヒヤしました。

本人希望記入欄
武将なのに、ドラマやマンガでは、いつも忍者として出てくるんですよね。

記入上の注意　1：数字はアラビア数字で、文字はくずさず正確に書く。
2：※印のところは、該当するものを○で囲む。

履歴書

ふりがな　はっとり　はんぞう		
氏名　**服部 半蔵**		
生年月日 1542年?月?日	没年月日 1596年11月4日(満54歳?)	※ 男・女
出身 三河国(愛知県)		
立場　徳川家家臣、2代目服部半蔵	あだ名　鬼半蔵	

概要

伊賀忍者の上忍・初代服部半蔵の四男として生まれ、徳川家に仕えました。正式な名前は服部半蔵正成(まさなり)。合戦では忍術や忍刀ではなく、槍をもって戦っています。忍者ではなく武将だったのですが、家康公から預けられた伊賀忍者を数百人ほど統率する立場にありました。

家族

父は初代服部半蔵保長、母は正種。兄弟は3人います。子供は3代目服部半蔵を継ぐ正就を含めて、3人いました。

年	歳	学歴・職歴(各項目ごとにまとめて書く)
1572	30歳	「三方ヶ原の戦い」で戦果をあげる。徳川軍は大敗したものの、家康から褒美として伊賀忍者150人を預けられ、槍を授かる。
1579	37歳	織田信長から家康の長男・信康の介錯を命じられる。別人が行なったという説あり。
1582	40歳	「本能寺の変」で信長が討たれる。堺に滞在中だった家康を明智光秀の軍勢から守りぬき、伊賀を経由して無事に三河の領国まで送り届ける。
1584	42歳	「小牧・長久手の戦い」に参戦。伊賀と甲賀の忍者100人を指揮して戦う。
1590	48歳	「小田原攻め」に参戦。このときの戦果がたたえられて、家康から8000石の知行を受け取る。また、伊賀忍者200人を預かる。
1596	54歳	死去。

●忍者じゃなかった！　忍者界のスター・2代目正成《まさなり》

合戦を裏から支える隠密集団、忍者。今やワールドワイドな人気を誇る存在だが、伊賀忍者はその代表格といえるだろう。「抜け忍は即成敗」という鉄の掟をもち、さまざまな忍術を駆使して諜報活動にあたる影の者たち。ちくわ好きの犬を連れ歩いて「ニンニン！」とはいわない。手のひらからチャクラを圧縮した球体を発して攻撃もしない。だが、「顔に紙を当てたまま、それを落とさずに数キロ走る」という、マンガみたいな修行法は実際に行なっていたらしい。忍者にあこがれる諸兄たち、一度挑戦してみてはいかがか。

そんな伊賀忍者の上忍、つまり伊賀の里で有数の実力者だったのが服部半蔵、その人だ。忍者界のスーパースターとしてさまざまな創作物にも登場する半蔵だが、じつは彼は一人ではない。無数にいた。「オ～、分身の術デスネ～」って、そうではない。服部家には歴代当主が「半蔵」の名前を継ぐ習慣があったのだ。世間一般によく知られる「服部半蔵」とは、2代目当主の服部半蔵正成のことを指している。

そして驚きの事実がもう一つ。2代目服部半蔵正成の肖像画は、甲冑を着た姿で描かれているのだ。黒い忍び装束でもなければ、顔をマスクで覆ってもいない。どこからどう見ても「ただの武将」だ。「ワォ、変化の術！」って、そうではない。じつは服部半蔵が忍者だったのは初代だけ。2代目以降は、ふつうの武将だったのだ。

●メンタル最強⁉　妖刀村正に打ち勝った伝説

初代半蔵は徳川家の母体だった松平家に仕えていたため、2代目の正成も、そのまま徳川家康に仕えることになった。厳しい修行のおかげか、武将としての力量は十分にあり、数々の合戦で大きな戦果をあげている。こうした働きから、正成は「鬼半蔵」とも呼ばれ、恐れられていた。そんな正成の「強さ」を語り継ぐものに、こんな話がある。

1579年（天正7年）、家康の長男だった信康が不義を働いたと疑われ、織田信長から切腹を命じられたときのこと。信康の介錯を担当することになった正成は、妖刀村正を手に現れた。村正といえば、みずから意思をもって「目の前の相手を斬り殺せ」とささやき、所有者の体を操る伝説の魔剣。このときも、信康の首をはねようとする正成に、「殺せ、殺せ。血を吸わせろ」とささやきかけた。しかしその瞬間、ガチンと全身を硬直させ、動かなくなる正成。涙を流しながら「恩義ある信康さまに刀を向けることはできない」といって、みずから刀を下ろしたのだ。それを見た家康は「鬼といわれた正成でも、恩義ある人間には手をかけられなかったか」と感じ入ったそうな。

正成は妖刀の呪いに打ち勝ったのか、と思いきや、正成が村正を所有していたという証拠はない。それどころか、正成は信康とほぼ面識がなかったため、この話自体が創作ともいわれる。だが、そんな伝説が残るほど、強いメンタルをもった人物だったのだろう。

古代　平安　鎌倉　室町　戦国　江戸　幕末　近代

井伊直政

Ii Naomasa

徳川譜代の代表となった初代彦根藩主
戦場でも政治でもソツなく功績アップ

ファッション 好きな色は赤といわれ、鬼の角のような兜をかぶっていますが、派手なのは戦場だけで、プライベートではシンプルなものを好みます。家康さまからプレゼントされた孔雀の羽でできた陣羽織も宝物です。	
幼少期の様子 父を主君の今川氏真に殺され、養母の直虎（なおとら）ががんばるも家臣に城を乗っ取られるなど、不幸が続きました。	
性格 控えめで無口。戦場に出ると豹変し、猪突猛進型の特攻武将になります。小姓時代にバカにされたことを根にもち、意外と執念深いところもあります。	
トラウマ 家康との愛の日々。	**趣味** お茶、歌、先鋒、手討ち。
家庭環境 両親より直虎を慕っています。極度の恐妻家。長男・直勝は上野安中藩、次男・直孝が彦根藩主。	**交友関係** 徳川家康、榊原康政、酒井忠次。
恋愛関係 男は家康さまただ一人、女は妻以外にもう一人。	**仕事ぶり** 家康さまのためならどんなことでもします。ベッドの上でも。
人生の目標 徳川家康に天下を取らせること。	**死因** 破傷風の悪化による病死。

特技・得意技等

関ヶ原ののちに石田三成の所領をもらいましたが、三成が善政をしいていたことを知っていたので、制度などには手をつけませんでした。でも、三成の幽霊が出るといううわさが絶えないので、佐和山城を壊して彦根城を建築しました。私が生きているうちには完成しませんでしたが。

本人希望記入欄

「赤備え」って目立つから敵に狙われやすいんですよ。今ならカーキ色とか迷彩色にします。

記入上の注意　1:数字はアラビア数字で、文字はくずさず正確に書く。
2:※印のところは、該当するものを〇で囲む。

履歴書

ふりがな　いい　なおまさ

氏名　**井伊 直政**

生年月日	没年月日	※
1561年2月19日	1602年2月1日（満40歳）	男・女（男に丸）

出身
遠江国井伊谷（静岡県浜松市）

立場	あだ名
徳川四天王、初代彦根藩主	井伊の赤鬼、人斬り兵部、虎松、万千代

概要

家康の小姓として寵愛を受け、成長してからは武将として活躍。「井伊の赤備え」と呼ばれる真っ赤な軍装で先陣を切った徳川四天王の代表格です。政治・軍事両面で大きな功績をあげて関ヶ原の戦いののちに石田三成の所領を引き継ぎ、初代彦根藩主となりました。

家族

幼くして父を亡くし、母が再婚したため、養母となった井伊直虎に育てられました。その後、家康さまに拾われて父とも兄とも慕い、家康さまの養女・花（唐梅院）を正室に迎え、側室の子も含めて2男2女をもうけます。極度の恐妻家で、妻の侍女に手を出しましたがすぐに実家に帰し、生まれた子供とも、成長するまで顔を合わせませんでした。

年	歳	学歴・職歴（各項目ごとにまとめて書く）
1562	1歳	父が謀反の嫌疑を受けて死罪となり流浪の身に。
1575	14歳	家康のそばに置かれ、寵愛を受けながら兵法を学ぶ。翌年初陣を果たす。
1581	20歳	武田家の高天神城攻略に功績をあげる。その後、北条氏との和議成立に尽力する。翌年、養母の直虎が死去したため、元服して家督を継ぐ。
1584	23歳	「小牧・長久手の戦い」で「赤備え」デビュー。その名を轟かせる。
1590	29歳	家康の関東移封に伴い、上野国箕輪12万石の城持ち大名となる。
1600	39歳	「関ヶ原の戦い」。抜け駆けしようとして西軍と遭遇し、戦いの火蓋を切る。その後、三成の所領だった佐和山18万石に移転。
1602	40歳	島津の敵中突破を追撃中に受けた鉄砲傷が悪化して死亡。

●女傑・直虎に育てられ、家康が溺愛した美貌の少年

彦根城を代々居城としてきた彦根藩主・井伊家の開祖、井伊直政。直政は徳川四天王の筆頭であり、四天王のなかで唯一譜代の家臣ではなかったにもかかわらず、本多忠勝《ただかつ》や榊原康政《やすまさ》の10万石に対し12万石を拝領し、徳川家臣のなかで最高の領地を与えられた。井伊家はもともと遠江国井伊谷《いいのや》（静岡県浜松市）の国人領主で今川家傘下だったが、祖父が「桶狭間」の戦いで戦死、父が謀反の疑いで処刑され井伊家は没落。

当時まだ1歳だった直政に代わって井伊家を相続し、直政を育てたのが、父のいとこにあたる井伊直虎《なおとら》だ。直虎は「女地頭」と呼ばれた女傑だが、女手一つで直政を抱えての生活は非常に苦しいものがあった。

そんな直政に救いの手を差しのべたのが、今川家から独立した徳川家康だ。じつは、直政のあまりの美少年ぶりに心を奪われた家康。すぐに小姓として召し抱えると、直政を寵愛した。衆道《しゅどう》つまり男色が戦国武将のたしなみの一つだったとはいえ、元来女好きの家康が、自分の屋敷の庭にわざわざ直政のための部屋までつくらせて頻繁に通ったというからよほどだろう。いずれにせよ、直政が当時としては遅めの21歳で元服するまで、家康の愛人だった可能性がある。その後、家康の養女と結婚しているが、関係がいつまで続いたかは定かではない。

●部下にしたいけど上司にしたくないキャラ、ナンバー1

とはいえ、徳川四天王として重用されたのは若さと美貌だけでなく、直政に才能があり努力を惜しまなかったから。家康の旗本として戦場で手柄をたてながら、他大名との和平交渉などにも力を発揮。寡黙ながら大事なところで的確な意見を述べる。家康に意見するときは、誰もいないところでこっそり耳打ちするという気遣いぶり。まさに武勇・知略共に優れ、気配りも行き届いた〝部下にしたい武将〟ナンバー1なのだ。

また、直政といえば真っ赤な軍装に身を包んだ「赤備え」が有名。「赤備え」は旧武田の家臣に多いが、戦場で目立つだけに勇猛果敢さが試される。「井伊の赤備え」は多くの功績を挙げ、兜の装飾が角のように見えることから「井伊の赤鬼」と恐れられた。しかもつねに先頭に立って戦ったため生傷が絶えず、のちに家康は家臣の前で直政の衣服を脱がせると、いつできた傷なのか涙ながらに説明して功績をたたえた。家康が傷の一つひとつを記憶していた理由はさておくが。

いっぽうで部下に厳しかった直政。家康への忠義心ゆえ、わずかな失敗で部下を手打ちにしたため「人斬り兵部」と揶揄《やゆ》された。他部隊への配置換えを希望するものも多かったという。直政の死後、井伊家は大老を5人も輩出。幕末期に大老に就いた井伊直弼《なおすけ》は攘夷派の弾圧で有名だが、苛烈な性格は直政以来の伝統かもしれない。

真田信繁

Sanada Nobushige

家康を追い詰めて大阪人気ナンバー1
真田の名を世に知らしめた日本一の兵

ファッション	
若い頃は結構二枚目でしたが、長い謹慎生活で白髪も増えて老け込みました。戦場では旧武田家の出身らしく赤備えで統一して、兜や鉄甲に六文銭をあしらいました。刀は徳川家にとって縁起が悪いという村正をもちました。	
幼少期の様子 武田信玄公とは小さい頃に会っていると思いますが記憶にありません。人質に出されるまでは両親のもとでふつうに育ちました。	
性格 「柔和で辛抱強く、物静かで口数少なめ、めったに怒らない性格」だと兄にいわれています。正直そこまでほめられると照れますが、あの父親にしては二人とも素直に育ちました。	
トラウマ 人質のたらいまわし。	**趣味** 真田ひもづくり。
家庭環境 本名の信繁は武田信玄の影武者を務めた武田信繁からとっており、兄の影武者になれるように育てられました。	**交友関係** 直江兼続（なおえかねつぐ）、大谷吉継（よしつぐ）。毛利勝永、後藤又兵衛など豊臣方。
恋愛関係 正室の安岐のほか、豊臣秀次の娘など側室も3人。九度山までつきあってくれたのは安岐だけですが。	**仕事ぶり** いい作戦は立てるのですが上司に恵まれず、実行に移せないことが何度もありました。
人生の目標 秀頼公をお守りして真田の名を残すこと。	**死因** 戦死。

特技・得意技等

真田家の兵法は武田信玄の兵法を受け継いだもの。大坂冬の陣では、影武者を何人も使って「やぁやぁわれこそは真田幸村なり〜！」と叫びながら突っ込ませ、家康をビビらせました。家康の馬印が倒れたのは「三方ヶ原の戦い」以来なので、家康は武田の軍略にも二度負けたことになります。

本人希望記入欄

忍の者を使うのは得意ですが、真田十勇士は創作です。もし十勇士がいてくれたら家康の首もとれてたかも。

記入上の注意　1：数字はアラビア数字で、文字はくずさず正確に書く。
　　　　　　　2：※印のところは、該当するものを○で囲む。

履歴書

ふりがな　さなだ　のぶしげ		
氏　名　**真田 信繁**		
生年月日 1567年?月?日	没年月日 1615年5月7日(満48歳?)	※ (男)・女
出身 信濃国(長野県)		
立場　従五位下、左衛門佐	あだ名　弁丸、源次郎、幸村、伝心	

概要

上田城主・真田昌幸(まさゆき)の次男として生まれ、最初上杉家に人質に出され、次に豊臣家の人質となりました。しかし秀吉さまの近侍としてかわいがられ、関ヶ原の戦いでは西軍に属しました。敗戦後、九度山にて蟄居中に召し出され大坂の役にも参加しました。家康本陣を狙った捨て身の突撃が周囲に評価されています。

家族

父は真田昌幸。兄の信之は初代松代藩主。ほかに弟が二人。大谷吉継の娘・安岐と結婚し、側室の子も含めると、長男の幸昌(大助)、伊達家に引き取られて仙台真田家を興した次男・守信など、4男9女をもうけました。

年	歳	学歴・職歴(各項目ごとにまとめて書く)
1567	0歳	生年月日は不明。生まれは信濃とされていますが、甲斐の可能性も。
1585	18歳	越後の上杉景勝(かげかつ)のもとに人質として入る。
1587	20歳	豊臣秀吉の人質として京・大坂に入る。
1590	23歳	「小田原攻め」に同行。人質生活が長く、ずいぶん遅い初陣でした。
1600	33歳	「関ヶ原の戦い」で西軍につく。「第二次上田合戦」で秀忠軍を足止め。敗戦が決まると、兄の助命嘆願のおかげで九度山にて謹慎処分。
1614	47歳	「大坂冬の陣」では真田丸を築いて奮闘。おかげで前線では負けなかったが、天守に大砲を撃ち込まれて茶々が講和する。
1615	48歳	「大坂夏の陣」野戦にもち込み家康本陣に特攻する。家康を取り逃がし、神社で休んでいるところを討ち取られる。

●大物を引き付ける、生まれもっての後輩気質

真田幸村の本名は信繁で、幸村は通称。武田家の重臣だった真田昌幸《まさゆき》の次男として生まれた。幸村の幼少期、真田家は微妙な立場にあった。武田家滅亡後、昌幸はまず織田にしたがい、続いて上杉にしたがうと見せかけて北条に付き、すぐに離反して徳川、ふたたび上杉へと主をころころと変えながら生き残りの道を模索していた。しかし、主を変え続けた代償として信用を問われた昌幸は、上杉家への人質として幸村を差し出すことになる。

人質となれば、父が上杉を裏切れば殺されても仕方がない。しかし、上杉景勝《かげかつ》や家老の直江兼続《なおえかねつぐ》に気に入られ領地まで与えられており、人質とはいえ大切に扱われていたことがわかる。やがて、真田家と徳川家康との間で起きた「第一次上田合戦」ののち、仲裁に入った豊臣秀吉のもとに仕えることとなる。ここでも幸村は秀吉に気に入られ、のちに秀吉の重臣である大谷吉継《よしつぐ》の娘をめとり、「小田原攻め」にも同行して初陣を飾っている。どうやら大物を引き付ける、生まれもっての後輩気質だったようだ。

こうして秀吉に厚遇されたこともあり、のちの「関ヶ原の戦い」では昌幸と共に西軍に付いた。いずれが勝っても家名と領地を守れるよう、本多忠勝《ただかつ》の娘を妻に迎えていた兄・信之《のぶゆき》を徳川方に付け、親子はやむなく敵味方となる。「第二次上田合戦」で、幸村は父の作戦にしたがい、関ヶ原に向かう途中の徳川秀忠《ひでただ》軍に大打撃を与えるなどの活躍を見せた。

●2度までも家康に死を覚悟させた〝日本一の兵《つわもの》〟

第二次上田合戦で勝利したものの、関ヶ原で西軍が敗北。昌幸・幸村親子は紀伊（和歌山県）の九度山に謹慎処分となった。謹慎生活は信之からの仕送りだけでは苦しく、幸村が家族や親戚に出した手紙は「生活費が足りません」という切実なものばかり。さらに謹慎中に父が病死。14年もの謹慎生活で、歯も抜け髪も白くなり、痩せ細ったという。

このまま朽ち果てるかに見えた幸村にチャンスが訪れた。事実上天下を制した徳川家と、弱体化した豊臣家は決裂。秀吉の遺児・秀頼《ひでより》から大坂城への入城要請が届いたのだ。幸村はその誘いに応じて九度山から脱走。すでに47歳だった。

幸村の名を天下にとどろかせたのが、1614年（慶長19年）「大坂冬の陣」だ。幸村は、大坂城の南側に出城「真田丸」を築き、徳川軍に大打撃を与えた。ところが彼らの善戦もむなしく、秀頼とその母・淀殿が徳川方に有利な条件で和睦に応じてしまう。真田丸はもちろん、外堀も内堀も埋められ、難攻不落の大坂城は丸裸にされた。

豊臣方の敗北が濃厚ななか迎えた1615年（慶長20年）「大坂夏の陣」。「信濃一国を与える」という誘いを蹴り、幸村は豊臣家への恩義を貫く。家康のいる本隊に3度にわたる突撃を敢行。本陣ぎりぎりに迫り2度も家康を追い詰めたが、ついに敗れる。その勇猛果敢さは〝日本一の兵〟と賞賛され、後世まで語り継がれた。

古代 平安 鎌倉 室町 戦国 江戸 幕末 近代

フランシスコ・ザビエル

Francisco Xavier

日本におけるキリスト教の開拓者
イエズス会を結成した聖人

ファッション

身長は高めですが、目・ひげ・頭髪いずれも黒です。いわゆる碧眼紅毛の異人さんではなかったので、日本人にはとっつきやすい風貌だったかもしれません。独特の髪型をよくいじられますが、これはカトリック教会の修道士のトンスラという髪型で、ハゲではありません。

尊敬する人物

神（人物ではありませんが）。神は私におおいなる恵みをお与えくださいますので、幾度も訪れる危険のさなかも平穏なときにも、希望と信頼とのすべてを神に託しています。このことで得られた霊験を書き記すとすれば、大変長くなってしまうでしょう。

性格

キリスト教の普及にひたむきに励む、敬虔なクリスチャンです。理性的で知識欲が旺盛な日本人が好きです。

トラウマ 「大日」。翻訳ミスで、唯一神の「デウス」が大日如来と同一視されてしまいました。	**交友関係** 島津貴久、大内義隆、大友宗麟。
家庭環境 名門貴族の息子。三男三女の末子。	**趣味** 手紙を書くこと。
恋愛関係 生涯を神に捧げました（察してください）。	**仕事ぶり** 非常に熱心で、過酷な船旅や布教の困難にもめげません。
人生の目標 よりおおいなる神の栄光のために。	**死因** 熱病。1622年に聖人に列せられました。

特技・得意技等

遺骸は死後も腐敗せず、上川島で埋葬後、ゴアに移送され、ボン・ジェズ教会に安置されました。これは神による奇跡でしょうか。少々恥ずかしいですが、今も10年に一度、公開されているようです。なお右腕は、聖遺物としてイエズス会本部のあるジェズ教会に安置されています。

本人希望記入欄

教科書の肖像画に落書きをするのはやめてください。

記入上の注意　1：数字はアラビア数字で、文字はくずさず正確に書く。
2：※印のところは、該当するものを○で囲む。

履歴書

ふりがな　ふらんしすこ　ざびえる

氏名　**フランシスコ・ザビエル**

生年月日	没年月日	※
1506年4月7日	1552年12月3日(満46歳)	男・女（男に丸）

出身
ナバラ王国ハビエル(スペインナバラ州ハビエル)

立場	あだ名
カトリック教会司祭、イエズス会創設メンバー	東洋の使徒

概要

大学在学中に師のイグナティウス・デ・ロヨラと出会い、プロテスタント勢力の興隆に対抗するには海外布教が大切と感じ、イエズス会を結成しました。東洋への布教に努め、日本に初めてキリスト教を伝えた人物として有名になりました。

家族

父はナバラ王国の宰相で、母も有力貴族出身。名門貴族の6人兄弟の末っ子として生まれました。1515年、9歳のときに母国がカスティリャ王国に併合され、父は心労で死去。一家離散してしまいました。「貞潔」の誓願を立てていたため、妻子はいません。

年	歳	学歴・職歴(各項目ごとにまとめて書く)
1525	19歳	フランスに留学。パリのサント・バルブ学院に入学。
1534	28歳	7人の同志と共にパリのモンマルトルで初誓願を立てる(イエズス会の結成)。
1541	35歳	サンティアゴ号で二人の同志と一緒に宣教師としてリスボンを出航。
1542	36歳	インド西海岸のゴアに到着。布教活動を始める。
1549	43歳	4月15日にゴアを出発し、マレーシアのマラッカ経由で日本を目指す。8月15日に鹿児島に上陸し、薩摩藩主・島津貴久(たかひさ)に布教の許可を得る。
1551	45歳	天皇や将軍に日本全国への布教を許可してもらおうと、京都におもむくが、訪問はいずれも失敗に終わり、ゴアへ帰る決意をする。
1552	46歳	ゴアに到着後、マラッカに戻り、中国への入国を計画。7月17日にポルトガルの船で出航し、広東港外の上川島に到着するが、本土に上陸する機会をうかがううちに熱病で病死。

●布教するぞ！　意気揚々とゴアへ出発するものの……

独特の髪型でおなじみのフランシスコ・ザビエルは、日本に初めてキリスト教をもち込んだ人物として知られる。小国の名門貴族の子供として生まれるも、他国に併合されたため一家離散の憂き目に遭い、単身パリへ留学。そこで出会った師イグナティウス・デ・ロヨラに感化され、7人の同志と共にイエズス会を結成することとなる。創設の理由は、当時勢力を増してきていたプロテスタントに対抗するため。海外布教を積極的に行なうことで異教徒を取り込み、カトリック勢力の巻き返しを図ろうとしたのだ。

ポルトガル・リスボンを出発し、最初の布教地として目指したのはインドのゴア。距離にして約1万6800キロメートルの帆船での船旅だ。暴風雨や凪《なぎ》、食料の不足など、その航海はけっして楽ではなかっただろう。実際、ザビエルもたびたび体調を崩したようで、医師から9回におよぶ瀉血《しゃけつ》（血液を一定量取りのぞく治療）を行なっている。

そんな苦労の末にたどり着いたゴアは、当時、ポルトガルの植民地。キリスト教関連の施設は町中に散在し、聖職者や信者も数多くいた。ザビエルも上陸当初は「町全体がキリスト教徒で見ものです。神に感謝せざるをえません」と大感激。しかし、いざ布教活動を始めると、さまざまな妨害や信者の質に苦労したらしい。のちにこのときを振り返り「当地出身のインド人たちは、私が見た限り一般的に野蛮です。イエズス会を現地のインド人によって永続する道は開けないと確信します」と、悲観的な手紙をローマに送っている。

●日本人初のキリスト教徒は逃亡犯だった⁉

1542年（天文11年）から約5年間、ゴアを中心に、マレーシアのマラッカやインドネシア沖合のモルッカ諸島でも布教活動を続けたザビエル。そんな折、マラッカの教会で出会った一人の日本人によって、その運命は大きく変わることになる。

その者の名はヤジロウ（アンジロウとも）。日本人初のキリスト教徒といわれる人物なのだが、聖人の運命を変えるだなんてどんな大物？と思いきや、じつはヤジロウは大隅国（鹿児島県東部）で殺人を犯し、知己のポルトガル人の船に逃げ込んで国外脱出をしたという犯罪者。船中でザビエルやキリスト教の話を聞いて感じ入り、マラッカに到着する頃には、すでに洗礼を受けたいと思うようになっていたのだという。

ヤジロウに会ったザビエルはその経歴を聞くも、抱擁と共に彼を歓迎。ゴアのサン・パウロ学院に入ることを勧める。さすがは「罪を赦《ゆる》す宗教」といわれるキリスト教の司祭だ。ヤジロウもその心に応え、「この出会いはデウス様のお導きだ。この人に仕えたい」とキリスト教を猛勉強する。「この学院で彼より優れた者はいない」とほめそやされるほどの優等生ぶりを発揮し、短期間でポルトガル語もマスター。そして1549年（天文18年）、ザビエルはヤジロウを通訳にしたがえ、新たなる布教の地・日本を目指すのだった。

●善良な人たちだ！　布教に励むも痛恨の翻訳ミス

こうして鹿児島に上陸したザビエルは、薩摩藩主・島津貴久《たかひさ》に謁見し、許しを得て布教活動を開始する。海外スターが来日すれば、「日本は好きですか？」と聞きたくなるのが日本人。ザビエルの目に当時の日本人がどう映ったのか、気になる人は多いだろう。

結論からいうと「安心してください。好かれてますよ」。1549年（天文18年）には「今までに発見された国民のなかで一番であり、日本人より優れている異教徒は見つけられないでしょう」と書簡を送っているし、日本を去ってからも、「慎み深く、才能があり、知識欲が旺盛で、道理にしたがい……」とベタぼめ。少々気恥ずかしいくらいだ。

そんな日本人に布教するにあたって、ザビエルが犯してしまった失敗。それは「唯一神を『大日』と訳しちゃった問題」だ。日本人が「大日」と聞けばまず思い浮かべるのは大日如来。真言密教における最高位の仏ではあるが、唯一神ではない。ザビエルは途中で誤解に気付き、「デウス」を用いるようになったが、打ち消すのは難しかった。当初は好意的だった僧侶も、ザビエルが「『大日』を拝むな」といい始めると、態度を一転、キリシタン大名を「ダイウス」と呼んでいたことになぞらえ「大嘘（ダイウソ）」と茶化し、嫌悪感や対抗意識を示し出す。せっかくお気に入りの国民を見付けたのに、とほほな話だ。

履歴書

第六章 江戸時代

徳川秀忠

Tokugawa Hidetada

真面目、実直、律儀で知られる2代目将軍は女性関係も真面目だった

ファッション 私の好みの服は地味なんですかね？　あまりよく知られていないようです。	
幼少期の様子 実質的な人質として上洛し、そこで秀吉様から「秀忠」の名前をもらったり、最初の結婚相手と離婚をしたりと、いろいろありました。	
性格 「律儀」「真面目」といわれます。父の命を守って、実直に生きたからでしょうか。	
トラウマ ウソ。遅刻。	**交友関係** 家老の酒井忠世（ただよ）・土井利勝（としかつ）。
家庭環境 厳しい人ではありましたが、父がいたからこそ私があります。恐妻家といわれますが、私にとっては心地よい関係でしたよ。	**趣味** 茶道。花や樹木を愛でること。
恋愛関係 愛妻家でしたが、生涯一度だけ浮気があります。	**仕事ぶり** 戦での失敗があったので、「無能」といわれることもあります……基本的には真面目で実直に職務にあたったと思っています。
人生の目標 父の跡を継ぎ、幕府をしっかりと形づくること。	**死因** 胃癌だったといわれています。

特技・得意技等

関ヶ原で遅刻してしまったり、大坂冬の陣でハリキリすぎて叱られたり、戦はもうこりごりですが、政治に関してはちょっと自信があります。

本人希望記入欄

「律儀」とか「恐妻」とか、いろいろいわれていますが、後世の評価や評判は、個人的にはあまり納得していません。もう一度、私の功罪をしっかり確認して再評価してほしいものです。

記入上の注意　1：数字はアラビア数字で、文字はくずさず正確に書く。
2：※印のところは、該当するものを○で囲む。

履歴書

ふりがな　とくがわ　ひでただ 氏　名　**徳川 秀忠**		
生年月日 1579年4月7日	没年月日 1632年1月24日(満52歳)	※ ㊚・女
出身 遠江国浜松(静岡県浜松市)		
立場　江戸幕府 第2代征夷大将軍	あだ名　恐妻家将軍	

概要

関ヶ原の戦いで父の不興を買いましたが、その後は大坂冬・夏の陣に父と共に出陣して豊臣氏を滅ぼし、徳川氏の世襲的政権を確立しました。

家族

父は徳川家康、母はお愛の方(西郷局(さいごうのつぼね))です。兄が二人いますが、長兄は切腹、次兄は他家を継いだため、私が跡継ぎになりました。妻はお江(ごう)。子には3代将軍となった家光などがいます。

年	歳	学歴・職歴(各項目ごとにまとめて書く)
1590	11歳	元服し、「秀忠」と名乗る。
1600	21歳	関ヶ原の戦いに参戦。真田幸村の足止めにより、本戦に間に合わず。
1603	24歳	右近衛大将(次期将軍候補)になる。
1605	26歳	征夷大将軍になる。
1616	37歳	家康死去に伴い、実権を握る。
1623	44歳	息子・家光に将軍職をゆずる。
1632	52歳	胃癌で死去。

●ダメ将軍から一転、再評価されつつある2代目将軍

戦国時代を生き抜き、江戸幕府を開いた初代徳川家康。参勤交代などを始め、幕府支配を確立した3代徳川家光。間に挟まれた徳川秀忠は、なんとも影が薄い将軍ではないだろうか。関ヶ原の戦いでは、足止めされて本戦に参加できないという失敗をやらかし、その後も戦では満足な成果を出せず、父を失望させたと聞けばなおさらだ。

長年「ダメ将軍」「いらない子」扱いをされてきた秀忠だが、最近は「意外とデキるヤツでは」と、再評価され始めている。「戦はともかく、政治能力はバツグン」「幕府の基礎を固めたのは、秀忠なんじゃないか」という辺りがその理由。

さらに妻は大河ドラマの主役にもなったお江《ごう》で、かなりの恐妻家だったとか、息子の乳母も大河ドラマの主役になった春日局で、こっちも相当口うるさかったとの話もある。「偉大な父とうるさい女に囲まれてかわいそう」なんて同情票も集まっているとか、いないとか。

秀忠は家康に「律儀ばかりじゃいかん」といわれ、家臣には「たまにはウソとかついてみれば」といわれるほどの堅物。父が「一晩女と遊べ」と女性を送り込んだときも、裃《かみしも》を着て出迎え、客人として対応して何もせず送り返したなんて話もある。真偽は定かではないが、「秀忠だったらありうる」という程度には生真面目だったらしい。

●妻は生涯一人のはずが、意外とややこしい女性関係

恐妻家・愛妻家として知られる秀忠だが、じつはお江とは再婚だ。最初の婚姻は1590年（天正18年）。秀忠11歳のとき、織田信雄《おだのぶかつ》の娘で、秀吉の養女・小姫《おひめ》と結婚した。このとき、小姫はたった6歳だったとの説もある。豊臣家と徳川家との縁を強固にするための縁組だったが、秀吉と信雄が仲違《なかたが》いし、信雄が失脚したため、短期間で離縁する羽目になった。小姫は7歳で亡くなったという。その後、お江と再婚。お江は淀殿の妹だから、義父となるはずだった秀吉とは義兄・義弟の関係になったと思うと複雑だ。

そのお江は、かなり激しい性格で秀忠は尻に敷かれ続けたとされる。「恐妻家将軍」などという残念なあだ名があるほどだ。そのためか、この時代には珍しく妻は一人。お江との間に何人も子供が生まれているが、跡継ぎを残すのが大事で、妻は何人いてもいい時代。さらに「大奥」なんてものが当たり前になっていく将軍家としては珍しいのではないだろうか。

お江との夫婦仲はよかったが、じつはたった一人だけ浮気相手がいた。二人の間に子ができたが、秀忠は我が子の顔も見ず養子に出している。この子がのちの保科正之《ほしなまさゆき》だ。将軍なんだから、女性を側室に迎えてもいいし、子を手元に残してもいいのだが、キッチリしてしまう辺りが、律儀で真面目な秀忠流だったのかもしれない。

豊臣秀頼

Toyotomi Hideyori

天下人秀吉の遅くに生まれたかわいい息子は
マザコンか、それとも好青年か

ファッション	
私のものと伝わる「金小札紅糸威具足」という金色に赤い紐を使った派手な甲冑があります。でも、反対もあって戦場には出なかったので、着用はしていないかもしれませんね。	

幼少期の様子
父の晩年の子供ということで、ベタベタに甘やかされて育ちました。親の敷いたレールを歩き続けた感じでしょうか。

性格
「優柔不断」「マザコン」などといわれます。

トラウマ	交友関係
徳川家康。	石田三成、真田信繁(幸村)。
家庭環境 父が早くに亡くなった後は、ずっと周囲がゴタゴタしていましたから、円満だったとはいえません。母には逆らえませんでしたしね。	**趣味** 趣味というほどのものはありませんでしたね。
恋愛関係 妻の千姫とはとても仲がよかったです。もっと長く一緒にいたかったです。	**仕事ぶり** 大きな戦がすべて結果的に失敗だったので、戦の能力には自信がありません。
人生の目標 関白になる。	**死因** 自害。

特技・得意技等
体格はすごくよかったといわれています。身長190cm以上、体重は160kg以上あったなんて説も。大坂夏の陣で裏切った大名を城から投げ落としたりもしました。「イメージと違う」なんて声も聞こえてきそうです。

本人希望記入欄
本当の父親は誰だったのか？　父上（秀吉）だと思いたいですが、いまだに研究や議論がありますね。これからもいろんな説が出てくるのかもしれません。

記入上の注意　1：数字はアラビア数字で、文字はくずさず正確に書く。
2：※印のところは、該当するものを○で囲む。

履歴書

ふりがな　とよとみ　ひでより

氏名　**豊臣 秀頼**

生年月日	没年月日	※
1593年8月3日	1615年5月8日（満22歳）	㊚・女

出身
伏見（京都府京都市）

立場	あだ名
秀吉の後継者	お拾、藤吉郎

概要

父である豊臣秀吉の後継者でしたが、徳川家康に天下を奪われた格好になります。豊臣を推す勢力を家康が恐れたのか、関係性が悪くなり、「大坂冬の陣」「大坂夏の陣」での戦いの末、自害。豊臣家も滅亡しました。

家族

父は豊臣秀吉、母は淀殿です。妻は徳川秀忠の娘・千姫（せんひめ）。子もいましたが、処刑されたり、出家させられたりですね。

年	歳	学歴・職歴（各項目ごとにまとめて書く）
1595	2歳	豊臣秀次が自害したため、父の後継者となる。伏見城に入城。
1598	5歳	秀吉が死去。豊臣家の当主になる。
1600	7歳	関ヶ原の戦いが勃発、支配地が65万石に削られる。
1603	10歳	千姫と結婚。
1611	18歳	二条城で家康と対面。
1614	21歳	大坂冬の陣。
1615	22歳	大坂夏の陣、大坂城で淀殿と共に自害。

●順風満帆のはずが、気付けばただの大名に陥落

豊臣秀吉の子として生まれ、将来が約束されたかに思われたが、不遇の日々を過ごすことになった豊臣秀頼。母・淀殿に頭が上がらないひ弱なマザコン青年のイメージがつきまとうが、じつは徳川家康が、ちょっとビビってしまうほど能力を秘めた若者だったとの説もあり、その出生の秘密と共に、今も議論を生むところとなっている。

秀頼が生まれたのは秀吉の晩年。女好きで知られる秀吉だが、ほとんど子供ができなかったことから、「秀頼は秀吉の子ではない」との説がささやかれており、今も決着はつかない。幼くして父を亡くした秀頼は、周囲から「秀吉の跡継ぎ」の期待を受けて育った。

しかし家康が台頭し1600年（慶長5年）の関ヶ原の戦いで、豊臣から徳川への流れが決定的となった。この戦い、秀頼は身柄こそ石田三成らの西軍側にあったが、両軍とも「秀頼のために戦う」との大義名分を掲げており、本来であればどちらが勝利しても豊臣家は安泰のはずだった。しかし家康は豊臣家の力を削《そ》ぐために所領を奪い、豊臣家は60万石ほどの、ふつうの大名に落ちてしまった。

●家康との決別理由は「秀頼が立派に成長した」から

しかし、豊臣家の扱いがいっきに悪くなったわけではなかった。所領以外の土地からも

さまざまな上納があり、生活も豊かであった。公家からは関白秀吉時代と変わらぬ待遇を得ていたという。徳川でも、豊臣家は徳川の親戚のような立場で手厚く遇していた。関ヶ原の戦いから大坂の陣までは10年以上あり、秀頼はその間に徳川秀忠の娘・千姫《せんひめ》と結婚している。かわいい孫娘に過酷な人生を歩ませたい祖父はいないだろうから、豊臣と徳川の関係は、けっして悪くなかったはずだ。つまり「特別扱いだが、徳川の家臣」という状態だったわけだ。豊臣サイドとしてはおもしろくはないし、秀頼が成長すれば問題が噴出するとたがいにわかっていただろう。しかし、この時点では平和が保たれていたのだ。

不安定な関係が直接対決に移行したのは、一説によれば秀頼と家康が直接対面したためだという。青年になった秀頼と会った家康は、「こいつを野放しにしたら危険だ」と判断したのだと。秀頼は背が高く、頭もいい。秀頼が本気になれば、豊臣の名のもとに多くの兵が集まり、徳川にとって脅威になると考えたのだ。「孫娘の夫が立派な若者に成長したからダメ」だなんて、戦国の世はなんとも悲しい時代だ。

家康と激突した大坂冬の陣、夏の陣でも、秀頼が出陣することはなかった。本人は出陣するつもりだったが、淀殿が「ダメ」と大反対したためだともされ、秀頼マザコン説の根拠にもなっている。総大将が戦場に出るのは非常にまれで、秀頼が戦場に出なくともおかしくはない。だが、秀頼が終始受け身に見えるため、時代に翻弄され、気乗りしない戦いで若い命を落とすことになったかわいそうな若者というふうに感じられてしまう。

江

Gou

将軍の妻、将軍の母、天皇の祖母
「浅井三姉妹」末娘の数奇な運命

ファッション 姉の茶々（淀殿）は豪華な着物を着ていたようで派手好きと思われたりもしますが、私はふつうだったと思いますよ。	
幼少期の様子 物心つく前に父が亡くなり、その後も母の再婚、自害など波乱万丈でした。落ち着く間がなかったともいえるかもしれませんね。	
性格 気位が高く、ヤキモチ焼きのうるさ型などという説もありますが、意外とおとなしく、控えめだったとの話もあります。ご想像におまかせします。	
トラウマ 肉親の死。	**交友関係** よくわかりません。
家庭環境 母も私も結婚・離縁をくり返してかなりややこしい環境でした。戦国の世ですから、仕方ありませんね。	**趣味** とくにありません。
恋愛関係 夫・秀忠とは仲睦まじく暮らしました。「鬼嫁」ではなかったと思いますよ。	**仕事ぶり** 子供たちはしっかりと育てたのではないでしょうか。
人生の目標 穏やかな暮らし。	**死因** 病死ですが、毒殺説などもあるそうですね。

特技・得意技等

夫を守（も）り立てることでしょうか。しっかり2代将軍を務めてくれたと思います。恐妻？ なんのことかわかりませんね。

本人希望記入欄

いろいろと波乱万丈でしたし、とくに長姉は晩年も波乱の人生でしたが、私自身は穏やかな後半生を送れたのではないかと思います。

記入上の注意　1：数字はアラビア数字で、文字はくずさず正確に書く。
2：※印のところは、該当するものを○で囲む。

履歴書

ふりがな	ごう
氏　名	江

生年月日	没年月日	※
1573年？月？日	1626年9月15日（満53歳）	男・㊛

出身
北近江（滋賀県北部）

立場	あだ名
第2代将軍の正妻、第3代将軍の生母、天皇の祖母	崇源院、小督、江与、達子

概要

「浅井三姉妹」の末娘です。数奇な運命をたどったといわれる姉妹のなかでも、かなり波乱万丈な一生を送ったのではないでしょうか。夫も子も将軍、娘は天皇に嫁いで子を生んだので、天皇の祖母にもなりました。

家族

父は浅井長政、母は織田信長の妹・お市。長姉は豊臣秀吉の側室・淀殿、次姉は京極高次の妻・初。最後の夫は徳川秀忠、子に徳川家光、千姫、和子などがいます。

年	歳	学歴・職歴（各項目ごとにまとめて書く）
1573	0歳	父・長政が自害。
1584	11歳	佐治一成（さじかずなり）と結婚。この年のうちに離縁。
1586	13歳	秀吉の甥で養子の豊臣秀勝（ひでかつ）と再婚。
1595	22歳	徳川秀忠と再再婚。
1605	32歳	秀忠が2代将軍になる。
1623	50歳	息子・家光が、3代将軍になる。
1626	53歳	病没。

●波乱の人生を歩んだ江は、恐妻ではなく、優しい妻

織田信長と壮絶に戦って散った浅井長政を父、織田信長の妹で絶世の美女として知られるお市を母にもつ、「浅井三姉妹」の末妹がお江だ。2011年『江〜姫たちの戦国〜』として大河ドラマにもなり、いっきに知名度が上がったが、ドラマの多い戦国時代でも特別に数奇な人生を歩んだ姉妹として有名だ。母・市、長姉・茶々（淀殿）、次姉・初（常高院）と共に、天下を巡る攻防に翻弄され続けた。

最終的に将軍の妻となる江だが、じつは徳川秀忠との婚姻は再再婚。最初の結婚相手は、織田家の家臣で、江たちの従兄弟にあたる佐治一成《さじかずなり》。豊臣秀吉の策略によって行なわれた政略結婚だったのだが、一成が秀吉の怒りを買ったため、ごく短期間で離縁させられている。二度目の結婚は、秀吉の養子・豊臣秀勝《ひでかつ》が相手。子も生まれ、穏やかな結婚生活だったようだが、朝鮮出兵の際に秀勝が戦死。6年ほどと短い夫婦生活となってしまった。

三度目が徳川秀忠。この後、死ぬまで江は秀忠と仲よく過ごすことになる。「天下を巡る争い」とは、生涯無縁ではいられなかったが、ようやく訪れた幸せといえそうだ。

江戸幕府2代将軍として君臨する秀忠だが、「恐妻家将軍」という不名誉なあだ名がつくなど、「妻の尻に敷かれている」とのうわさがあった。これは、秀忠がこの時代には珍しく、妻を一人しかもたなかったこと、江の性格などについて触れた文献が少ないこと、

市や淀殿などが気位が高く、激しい性格だったことなどから、「江だって、高慢ちきで夫を尻に敷いちゃうタイプに違いない」と想像されたからだろう。実際の江は控えめな性格との説もあり、子供が多いこと、江の死後も秀忠が再婚しなかったことなどから、たんに夫婦仲が良好だっただけだと考えられるようになってきた。二人の夫婦像も「恐妻の尻に敷かれる夫」から、「実直で律儀な夫を支える妻」に変化している。

●江戸幕府でただ一人、将軍生母となった「御台所《みだいどころ》」

秀忠の正室「御台所」として、幸せに暮らしたらしい江。彼女の子供たちは、この後さまざまな世界に羽ばたいていく。嫡男の家光は3代将軍となった。じつは徳川15代のうち、御台所で将軍生母となったのは、江だけだという。正室が産んだ子供が将軍になる。これは意外と珍しいことだったのだ。

さらに長女・千姫は豊臣秀頼に嫁ぎ、末っ子の徳川和子《まさこ》は、後水尾《ごみずのお》天皇の中宮《ちゅうぐう》となって明正《めいしょう》天皇の生母となった。徳川にも豊臣にも深く関わり、かつ将軍の妻、将軍の母、天皇の祖母となった。また2回目の結婚で生まれた完子《さだこ》は、淀殿に養育されたのち、公家の九条幸家《くじょうゆきいえ》の正室となっている。完子の子孫は今上天皇につながっているため、信長が望んだという「織田の血縁で天下を取る」という野望は、非常に広い意味で考えると、かなったといえるのかもしれない。

保科正之

Hoshina Masayuki

将軍秀忠の隠し子は家光以上にデキる男
朱子学と神道を愛する「名君」

ファッション
地味な格好が好きだよねといわれます。

幼少期の様子
将軍の隠し子、落胤です。父とは顔を合わせることもなく、他家に預けられましたが、教育もきちんと受けられ、それなりに幸せな子供時代だったと思います。

性格
清廉潔白といわれることが多いです。とても真面目な性格だと思います。

トラウマ とくにありません。	**交友関係** 徳川家光、徳川家綱。
家庭環境 生まれてすぐに親に捨てられたわけですが、養家では大切にされ、のちに兄弟や甥ともいい関係を築けたので、悪くはありませんね。	**趣味** 朱子学と神道を愛しました。
恋愛関係 妻もたくさんいますし、子もたくさんいます。恋愛関係はそれなりということでしょう。	**仕事ぶり** 会津では「名君」と呼ばれましたし、「幕府の礎を築いたのは正之だ」という人もいます。ありがたいことですね。
人生の目標 皆が平和に暮らせる世の中。	**死因** よくわかりません。

特技・得意技等
朱子学と神道を愛し、その教えに基づいた政治をしました。根底には性善説があるというのでしょうか。当時としては独特の考え方だとして、評価をいただいています。

本人希望記入欄
徳川家に忠義を尽くすことを藩の方針として、「会津藩家訓15カ条」をつくりました。その教えが幕末まで生きたことは、松平容保(364ページ)殿の生き方からもわかりますね。

記入上の注意　1:数字はアラビア数字で、文字はくずさず正確に書く。
2:※印のところは、該当するものを○で囲む。

履歴書

ふりがな　ほしな　まさゆき

氏名　**保科 正之**

生年月日　1611年5月7日

没年月日　1672年12月18日(満61歳)

※ 男・女（男に丸印）

出身　江戸(東京都)

立場　将軍の側近、会津藩主

あだ名　名君

概要

2代将軍徳川秀忠の隠し子で、信濃国(長野県)高遠藩主・保科正光(まさみつ)の養子になりました。養父の跡を継いだのちは、転封と加増をくり返し、会津(福島県西部)23万石の藩主になります。3代将軍徳川家光、4代将軍徳川家綱の側近として仕えました。

家族

本当の父は徳川秀忠。徳川家光は腹違いの兄です。保科正光のところに養子に出されましたので、私は保科姓を名乗っています。

年	歳	学歴・職歴(各項目ごとにまとめて書く)
1613	2歳	見性院(けんしょういん)に預けられる。
1617	6歳	保科正光に預けられる。
1631	20歳	高遠藩主になり、正之と名乗る。
1636	25歳	出羽国山形20万石に移封される。
1643	32歳	陸奥国会津若松23万石に移封される。
1651	40歳	家光が死去。家綱の補佐を頼まれる。
1672	61歳	死去。

●異母兄弟・家光と深い信頼関係で結ばれ、側近となる

江戸幕府2代将軍徳川秀忠。生涯、妻を一人しかもたなかった将軍が、つい手を出したのが、静という女性。あまり身分が高くなかったというこの女性が生んだのが、正之だ。正之の誕生は極秘にされ、秀忠は生まれた子の顔も見ずに、他家に出したという。

正行は身元を隠されたまま、まずは武田信玄の次女である見性院《けんしょういん》に養育され、その後武田家の家臣だった高遠（長野県伊那市）藩主保科正光の養子になった。1631年（寛永8年）に父の遺領3万石を継いだ後は、出羽国山形（山形県）藩20万石、陸奥国会津若松（福島県西部）23万石、さらに同じ陸奥にある幕領、南山5万石余も私領同然の扱いで預かっている。まさにトントン拍子の加増だ。

大きな戦で戦功をあげたわけでもなく、何か目立った功労があったわけでもないのにこの出世ぶり。父の七光のなせるワザだろうか。

幕府でも将軍の側近として仕えるようになる。家光が正之の人柄にほれ、信頼を置いたせいだ。腹違いの兄弟だということは隠されていたようだが、どこかの時点で事実を知ったとされており、複雑な関係をわかったうえで親しい関係を続けた。1651年（慶安4年）、家光が亡くなるときは「徳川を頼む」と遺言された正之。甥の補佐として政治を行ない、江戸幕府の礎となるような政策をいくつも実施した。

●斬新な政策の数々はバラマキか、それとも善政か

正之の実績としては「殉死の禁止」「大名証人制の廃止」「末期養子の許可」などがある。殉死とは、主君などが死んだ場合に後追いすること。家光の時代から殉死が増え始め、家光が死んだ際には5人もの殉死があったという。この流行を抑制しようと考えたのだ。また大名証人制度は、江戸幕府が大名や重臣から人質をとって江戸に住まわせた制度のこと。一部ではあるが、人質の必要性がなくなったことで大名家の負担が減った。末期養子とは、武家の当主が跡継ぎを残さないまま、事故・急病などで死に瀕した場合に、緊急に養子縁組することを許したもの。当時は養子の許可に時間がかかり、「跡継ぎがいないから」と取り潰される家が続出した。これを救済するため、末期養子が許可されたのだ。

ほかにも両国橋架橋、玉川上水工事、各種制度の改正整備、飢饉対策として米や麦を備蓄する「社倉《しゃそう》制度」の推進など、さまざまな事業を行なった。また高齢者に生活費を配るという、今の国民年金のようなシステムも導入した。さらに1657年（明暦3年）に起こった明暦の大火の際には、被災者に救済金を出している。

江戸幕府や、あっという間に加増された自藩の豊富な財力をあてにしたバラマキ政策だとの意見もあるが、「多くの人を救いたい」「みんなで幸せになろうよ」という哲学に基づく優しい政治。とくに庶民にとっては「名君」だったに違いない。

古代
平安
鎌倉
室町
戦国
江戸
幕末
近代

天草四郎

Amakusa Shirou

島原の乱を率いたカリスマ少年
「神の御使い」が奇跡を見せる

ファッション ゴージャスなマントとひだ襟をつけた姿で描かれます。実際のところ？どうでしょうね、多少誇張が入ってる気もしますが、あんなものだった気もします。一揆のときは、聖杯と天使を描いた陣中旗を使っていました。	
幼少期の様子 生まれたときから、すごいカリスマ性があったといわれています。幼少期から光るものがあったのでしょうか。	
性格 私のような若輩者を「最高指導者」として扱ってくださったのですから、それにふさわしいカリスマ性があったのではないでしょうか。	
トラウマ キリシタンの迫害。	**交友関係** キリシタンの方々。
家庭環境 経済的には恵まれた家に育ちました。幼少期から学問にも打ち込むなど、しっかりした教養を身につけました。	**趣味** 神と語らうこと。
恋愛関係 まだ若輩でしたので。神の教えが大事ですから、恋愛とはあまり縁がありませんでした。	**仕事ぶり** 農民や浪人という、寄せ集め集団をまとめたのですから、がんばったと思います。
人生の目標 自由に神を信仰し、平和に暮らすこと。	**死因** 討ち死に。

特技・得意技等

私が起こしたという、数々の奇跡。すべて「マジック」「手品」ではないかという説もあるそうです。もし本当に手品なのだとしたら、私はスゴ腕マジシャンかもしれませんね。

本人希望記入欄

有名ではありますが、どんな人物だったかなどは、ほとんどわからないとか。神が苦しむ神の子らに派遣した、「救世主」的な存在だったのかもしれません。

記入上の注意　1：数字はアラビア数字で、文字はくずさず正確に書く。
2：※印のところは、該当するものを○で囲む。

履歴書

ふりがな　あまくさ　しろう 氏名　天草 四郎		
生年月日 1623?年?月?日	没年月日 1638年2月28日(満15?歳)	※ ㊚・女
出身 天草(熊本県上天草市)		
立場　キリシタン一揆軍の最高指導者	あだ名　ジェロニモ、フランシスコ	

概要

来歴はまったく謎の少年というのが私です。キリシタンで、「島原の乱」の最高指導者として人々の中心になりました。さまざまな奇跡を起こし、「神が現世に遣わした少年」だといわれました。

家族

父は小西行長の遺臣・益田甚兵衛といわれています。姉や妹もいました。神の子ですからね、詳細は秘密です。そっちのほうがミステリアスでしょう?

奇跡

私が起こしたといわれる奇跡はたくさんあります。たとえば「盲目の少女に触れたら、視力を取り戻した」とか、「海を歩いてわたった」とか。信じるかどうかはおまかせします。

年	歳	学歴・職歴(各項目ごとにまとめて書く)
1637	14歳?	島原の乱が勃発、総大将として参加。
1638	15歳?	敗戦、斬首される。

●圧政に対抗した江戸時代最大級の一揆「島原の乱」

大きな戦もなく、比較的穏やかだった江戸時代だが、圧政に対して庶民が団結して立ち上がる一揆は各地で起きた。原因は重税や迫害。そんな一揆のなかで最大級だったのが、1637年（寛永14年）に天草（熊本県上天草市）で勃発した「島原の乱」だ。最高指導者としてかつがれたのは、まだ10代の美少年・天草四郎時貞《ときさだ》。「神の御使い」ともいわれる奇跡の少年を中心に結束した一揆勢は、90日もの長期にわたって原城（長崎県南島原市）に籠城し、討伐軍を翻弄した。

島原の乱は「キリシタンの一揆」だといわれるが、実際は圧政とそれに伴う飢饉が原因だったという。重税と相次ぐ凶作が重なり、島原は危機的な状況にあった。しかし島原はキリシタンの多い地域だったため、「どうせキリシタンだから」が免罪符となって、「弾圧したっていいだろう」「逆らうのはキリシタンだから」と、弾圧が正当化されてしまったのだ。耐えかねた庄屋衆や浪人らが立ち上がったのが、島原の乱というわけだ。

ふつうであれば、どこの馬の骨ともわからないような少年を中心に結束することなどありえない。しかし四郎には「天からくだった救世主」という大義名分があった。1612年（慶長17年）、天草にいたママコフ神父は「25年後、16歳の天童が降臨し、パライゾ（天国）が実現するだろう」との予言を残した。この予言からちょうど25年後、16歳くらいになっていたのが四郎だったのだ。四郎は海の上を歩いてみたり、手の平からハトを出してみたりと、神の御子にふさわしい奇跡を演出した。また四郎は少女と見間違うほど美しかったとの話もある。実際に四郎が兵を率いたわけではないようだが、さまざまな奇跡を起こす伝説の美少年・四郎は、烏合《うごう》の衆が結束するのにふさわしいカリスマとして、一揆衆の心のより所になったのだろう。

●数々の伝説にいろどられたミステリアスな美少年

島原の乱は四郎を中心に2万人以上が籠城し、10万余りの幕府軍と対決した。籠城は90日にもおよんだが、結局全員が処刑されたという。斬首してはみたものの、幕府軍は四郎の顔を知らない。仕方なく、10代くらいの少年の首を多数もち帰って母親に見せ、母親が見て顔色を変えた首を「これが天草四郎だ」と決めたという。四郎は処刑されたと考えられてはいるが、この経緯から「天草四郎生存説」も根強く残っている。

四郎がどのような人物で、どんな人生を歩んできたのか不明な点が多いことから、その出自に関してもさまざまな伝説がある。たとえば豊臣秀頼が大坂夏の陣で逃げ延びて九州に到達しており、四郎はその落胤だとの説がある。また四郎はバテレンとの間に生まれたハーフで、茶髪・青い目だったことから「神の子」説が強まったともされる。信憑性は薄いが、四郎が神格化された裏づけとして、ある意味納得できる伝説ではないだろうか。

古代 平安 鎌倉 室町 戦国 江戸 幕末 近代

徳川光圀

Tokugawa Mitsukuni

最先端グルメが大好きな「水戸黄門」
諸国漫遊どころか、ほぼ引きこもり

ファッション
若い頃は派手な格好をしていました。あのドラマでおなじみの服装をしていたかは、ご想像におまかせします。

幼少期の様子
子供の頃はヤンチャというか、なんというか。町で刀を振りまわしたりして、正直なところ「不良」でしたね。

性格
朱子学や儒学を重んじる反面、非常に新しもの好きで、海外のものはどんどん取り入れました。また反骨精神もあって、「生類憐れみの令」が出ているときに、わざと肉を食べたりもしましたよ。

トラウマ
兄弟関係。

交友関係
徳川綱吉。

家庭環境
兄も私も、なぜか母が懐妊したときに、父から「堕ろせ」といわれ、極秘出産したという経緯があります。兄を差し置いて跡継ぎになってゴタゴタしたり、家庭は円満とはいえません。

趣味
グルメ方面のチャレンジです。ラーメン、餃子、チーズなど、私が「日本で最初に食べた」ものはたくさんあります。

恋愛関係
遊郭にも通いましたし、衆道もたしなむなど、若い頃はさかんでした。

仕事ぶり
いちおう、「名君」とされています。ただ趣味のほうが大事でしたね。

人生の目標
『大日本史』の完成。

死因
病死。大腸癌といわれています。

特技・得意技等
歴史を振り返る必要性を感じ、『大日本史』を編纂しました。ですから得意分野は歴史ですね。壮大な事業すぎて、完成が私の死後250年後になってしまいましたが、満足行くものができました。

本人希望記入欄
諸国を漫遊したイメージで知られていますが、実際は水戸に帰るほかは鎌倉に数回行った程度。ずっと江戸で暮らしていました。むしろ引きこもり気味だったんですよね。

記入上の注意　1：数字はアラビア数字で、文字はくずさず正確に書く。
2：※印のところは、該当するものを○で囲む。

履歴書

ふりがな	とくがわ　みつくに
氏　名	徳川 光圀

生年月日	没年月日	※
1628年6月10日	1700年12月6日（満72歳）	㊚・女

出身
常陸国水戸（茨城県水戸市）

立場	あだ名
水戸藩藩主	水戸黄門、水戸光圀、子龍、副将軍

概要

水戸藩藩主として儒学を重んじた政治をし、さまざまな文化の振興に力を入れました。とくに有名なのは歴史書『大日本史』の編纂事業です。『水戸黄門』のイメージが強く、名君といわれますが、実態はどうだったのでしょうね。

家族

父は徳川家康の息子で、水戸藩初代藩主の徳川頼房、母は久昌院。家康公は祖父にあたります。子は讃岐国高松（香川県高松市）藩２代藩主松平頼常（よりつね）、養子は水戸藩３代藩主徳川綱條（つなえだ）です。

年	歳	学歴・職歴（各項目ごとにまとめて書く）
1633	5歳	世継ぎに決定。
1636	8歳	元服、徳川家光から一文字もらい「光国」と名乗る。
1661	33歳	水戸藩２代藩主となる。
1679	51歳	「光圀」に改名。
1690	62歳	徳川綱條に藩主をゆずって隠居。
1701	72歳	死去。

●舶来品大好き！　ミーハー精神旺盛な天下の副将軍

『水戸黄門』として知られる水戸光圀、本名・徳川光圀。諸国漫遊こそしなかったものの、若い日は「かぶき者」ともいえるような無頼な若者だった。成長後も好奇心旺盛で、海外のものや、珍しいものを好み、体制に楯突《たてつ》くような姿勢を貫いた。

若い頃の光圀は俗にいう「不良」だった。派手な服を着て吉原の遊郭に通った。ときには辻斬りをして、周囲を悲しませたという。光圀が変わったのは18歳の頃。中国の歴史家・司馬遷が書いた歴史書『史記』を読んでショックを受けたのだ。以降、光圀は勉学に打ち込み、「名君」といわれるような藩主になっていく。

光圀の身分は「水戸藩主」だが、ドラマのなかでは「先の副将軍」と呼ばれている。じつは江戸幕府には副将軍という地位はない。しかし水戸徳川家は参勤交代などをせず、江戸に定住することが多かった。ずっと江戸で将軍のそばにいることから、「天下の副将軍」と呼ばれるようになったのだという。

諸国を漫遊することこそなかったものの、新しいもの、珍しいものを好み、好奇心を満たすために労力を惜しまないのは、ドラマと同じ。ワインを飲んだり、靴下を履いたりと、海外文化を積極的に取り入れた。また蝦夷地（北海道）に強い関心をもち、探検のために黒人を雇用し、大きな船を仕立てて蝦夷地に向かわせた。数度の航海で塩鮭のほか、熊やラッコ、トドの皮などをもち帰ったという。探索ののち、その黒人は家臣として召し抱えられたらしい。また「生類憐れみの令」が出ているときに肉を食べ、犬の皮をはいで綱吉に献上したといううわさも発生した。家康の孫であり、天下の副将軍だという地位を利用して、好き放題に人生を謳歌《おうか》したのだ。

●「後世に名を残す」ヨコシマな目的で歴史書を編纂

光圀が最も張り切って取り組んだのが、歴史書『大日本史』の編纂だった。「藩の収入の3分の1」といわれるほど莫大《ばくだい》な金額をつぎ込んだ歴史書は、光圀の死の前後にはすでに100冊超えの超大作となっていた。完成したのは光圀の死後200年以上たった明治時代。全397巻226冊にもおよぶ歴史書は、歴代水戸藩の悲願のようなものになっていた。

『史記』に感銘を受けて更生した光圀だから、『大日本史』の編纂に際しては「日本の歴史は、私が記したい」とか、「『史記』に並ぶ書物をつくろう」といった、崇高な使命感ももっていたに違いない。ただ、「今って太平の世だから、武功をあげたりできないし、名があげられないよね」と考えて、「すごい歴史書をつくれば、後世に名が残るんじゃない?」との野望をもっていたことも史料からわかっている。結果的にこうして名が残っているのだから、そのもくろみは成功したといえそうだ。

徳川綱吉

Tokugawa Tsunayoshi

「生類憐れみの令」で知られる犬公方
愚政か賢政か、後世の評価は真っ二つ

ファッション
ふつうだったと思いますよ。寺社の建立のほうが優先だったので、ファッションにはあまり興味がありませんでした。

幼少期の様子
将軍を継ぐ予定はありませんでしたし、館林藩主として自由に暮らしていました。基本はずっと江戸暮らしで館林に行ったことは1回しかないんです。

性格
基本的には非常に真面目な性格です。不正を許さない、清廉潔白なところがあります。

トラウマ
討ち入り。

家庭環境
母の桂昌院が非常に過保護でした。私に男児ができないことを気に病んでいたようです。

恋愛関係
女好きだったといわれていますが、すべての生き物に愛を注ぐのが好きだったんですよ。

人生の目標
忠孝に励み、家族が仲よく、身分が下の者や、生き物も大事にする優しい社会をつくること。

交友関係
老中の堀田正俊や柳沢吉保とは長いつきあいですね。

趣味
歴代将軍のなかでもとくに能好きとして知られ、「能狂」とまでいわれました。自分でも舞いますし、周囲にも半ば強要しました。

仕事ぶり
幕府綱紀を粛正し、ゆるんでいた幕府をしっかり立て直しましたから、辣腕だったといってもいいのではないでしょうか。

死因
麻疹によって病死。

特技・得意技等
制度をつくったり、整えたりするのは得意でした。私がつくった旗本や御家人を対象とした法令「天和令(てんなれい)」は、その後「武家諸法度」となって幕政に採用されています。

本人希望記入欄
あの有名な赤穂浪士の討ち入り、いわゆる『忠臣蔵』は私の時代の話です。あの事件のイメージも「綱吉は愚政が多かった」との評価に一役買っている気がします。

記入上の注意　1:数字はアラビア数字で、文字はくずさず正確に書く。
2.※印のところは、該当するものを○で囲む。

履歴書

ふりがな　とくがわ　つなよし

氏名　**徳川 綱吉**

生年月日	没年月日	※
1646年1月8日	1709年1月10日（満63歳）	㊚・女

出身
江戸（東京都）

立場	あだ名
江戸幕府 第5代将軍	犬公方、能狂

概要

徳川家光の4男で、上野（群馬県）館林藩主でしたが、兄・徳川家綱の死去により、5代将軍の座に就きました。不名誉なことではありますが「生類憐れみの令」で人々を苦しめたとして、名を残しています。

家族

父は3代将軍徳川家光、母はお玉の方（桂昌院）、長兄が4代将軍徳川家綱です。私は兄の養子となっています。男子ができなかったため、兄・綱重の子を養子にし、徳川家宣として6代将軍としました。

年	歳	学歴・職歴（各項目ごとにまとめて書く）
1653	7歳	元服。
1680	34歳	兄・徳川家綱が死去。第5代将軍となる。
1685	39歳	「生類憐れみの令」発布。
1701	55歳	「赤穂（あこう）事件」が起こる。
1704	58歳	甥の徳川家宣が跡継ぎに決定。
1709	63歳	麻疹で死去。

●不正も堕落も不許可！　清く正しい政治で幕府を支える

殺生を禁止する法令「生類憐れみの令」を出して、武家や庶民を苦しめ、自身は好きな人物をひいきする人事を行ない、無駄遣いをくり返して財政を破綻《はたん》させたダメ将軍。徳川綱吉は悪評まみれの将軍だったが、近年は評価が変化している。たとえば綱吉と二度会ったドイツ人医師エンゲルベルト・ケンペルは「綱吉はすばらしい主君だ」と手放しで絶賛。政治面だけでなく、道徳面、文化面でも世界的にレベルが高いと記している。

後半は寺社建立に打ち込み、無駄遣いの多かった綱吉だが、学問好きで理想家。儒学を基礎とした政治を行なったことでも知られる。幕府の体制や法を整えて引き締め、治政不良の大名や代官を罰する、「綱紀粛正」「信賞必罰」で、堕落も不正も許さない真面目な治世をつくろうと努力し、ある程度は成功を収めた。息苦しい面もあっただろうが、いい将軍ではないか。

●誤解と後世のイメージが「ダメ将軍」の悪評を生む

綱吉のイメージがあまりにも悪いのは、「生類憐れみの令」の誤解が大きい。「あらゆる生き物を殺しちゃダメ」と決め、法を破った者を厳しく罰する、「人よりも動物を大事にする悪法」だと認識されている。しかしじつはこの法、１３５回も修正しながら出された細かな法の総称で、内容も「人間を大事にしよう」を主眼に置いたものだった。当時は捨て子が横行し、年寄りや病人を捨てるのも当たり前。野蛮な風習をやめさせようと、「命を大事に」を法律として制定したのだ。犬などに広がったのは、捨て犬が野犬化して危険なこと、犬を試し切りする武士が多かったことなどが原因。「人の命を大事に、ついでに動物の命も大事に」といった内容だったという。135回も出されたのは、法が無視されていたため。「いい加減守れよ」と、何度も何度もくり返されたのだという。そんなゆるさだったから、処罰されたのは24年で69件。魚釣りをしたり、平気で肉を食べたり、庶民も武士も、意外とのびのび暮らしていたらしい。

綱吉の治世には、飢饉、大火、地震、洪水、噴火など不幸な天変地異が多かったことも、悪評に影響していると考えられる。現代では「首相のせい」とか、「大統領が悪い」とはならない出来事だが、当時は「将軍の徳が足りない」「愚政に天が怒った」ととらえる人も多かった。また生活苦は為政者への不満になりやすい。「こんなにツライのは、綱吉のせいだ」と変化したのだろう。

後世では、『忠臣蔵』や『水戸黄門』などの創作物で、悪役として登場することが多いのも悪評の理由になっている。教科書でも、ドラマでも、「綱吉は悪いやつ」のイメージがつくられてしまい、それなりに善政を行なったのに「ダメ」レッテルが貼られてしまう。綱吉はもしかすると、歴代将軍で一番の不幸な将軍なのかもしれない。

徳川吉宗

Tokugawa Yoshimune

紀州から差し向けられた刺客は幕府立て直しに奔走する暴れん坊将軍

ファッション 質素倹約を常としていますので、服装も質素が一番。絹はやめて、木綿の服を着ました。	
幼少期の様子 手に負えないほどの暴れん坊だったそうです。あの『暴れん坊将軍』というのは、この時代のイメージなのかもしれません。	
性格 とにかく合理主義で、数字が大好きです。	
トラウマ 病。	**交友関係** 老中の水野忠之や江戸町奉行の大岡忠相(ただすけ)は私が抜擢しました。
家庭環境 とくに問題はないのですが、父や兄たち、そして私の正妻までも、若くして亡くなってしまうなど、家族の縁は薄いようです。	**趣味** 武芸を好み、とくに鷹狩りは大好きでした。絵も好きで中国画を集めたり、狩野派に絵を習ったりもしていました。
恋愛関係 大奥の女性をリストラしたこともありましたが、基本は女好きで、妻もたくさんいました。	**仕事ぶり** 質素倹約を心がけ、さまざまな改革を行なって、傾きかけていた幕府の財政やシステムを立て直しました。
人生の目標 江戸幕府を改革し、健全化すること。	**死因** 脳卒中。

特技・得意技等

法律や算術が好きで、将軍になってからは米相場に興味津々でした。江戸時代の税制の基本になっている米価を自由に調整するために、勉強したり、実験したり。楽しかったですね。

本人希望記入欄

新しいものが大好きで、洋書の輸入も解禁しました。蘭学が流行したのは、私のおかげでもあります。象を輸入したこともありましたっけ。江戸がパニックになりましたね。

記入上の注意　1：数字はアラビア数字で、文字はくずさず正確に書く。
2：※印のところは、該当するものを○で囲む。

履歴書

ふりがな	とくがわ　よしむね
氏　名	徳川 吉宗
生年月日	1684年10月21日
没年月日	1751年6月20日（満67歳）
※	㊚・女
出身	紀州（和歌山県、三重県の一部）
立場	江戸幕府 第8代将軍
あだ名	米将軍

概要

御三家の一つ、紀州徳川家の跡継ぎになっていましたが、将軍に子がないからと呼び出され、8代将軍となりました。「享保の改革」を行ない、いちおうの成果をあげたことから、江戸幕府中興の祖などとも呼ばれます。

家族

父は紀州藩第2代藩主・徳川光貞（みつさだ）です。父が徳川家康の孫ですので、私は曾孫になります。私は4男ですが、兄が次つぎに亡くなったため、紀州徳川家の跡継ぎになりました。

年	歳	学歴・職歴（各項目ごとにまとめて書く）
1697	13歳	越前（現福井県越前市）葛野藩3万石藩主となる。
1705	21歳	紀州徳川家5代藩主になる。名を「吉宗」と改める。
1716	32歳	江戸幕府第8代将軍となる。
1745	61歳	征夷大将軍辞職、隠居する。
1751	67歳	死去。

●徹底的な合理主義で、傾きかけた幕府の経済を再建

江戸幕府の将軍は代々「将軍の子」が継いできた。しかし7代将軍・徳川家継が幼くして亡くなり、血筋が途絶えたため、御三家の一つ紀州徳川家からやって来たのが徳川吉宗だ。吉宗は徹底した合理主義と質素倹約の精神で、傾きかけた江戸幕府を立て直した。

吉宗が取り組んだのはコストカット。不要だと思うものは、どんどんやめたり、質素にしたり。衣服は絹ではなく木綿にし、食事も一汁三菜で1日2食にするなど、まずは自分の生活をシンプルにして模範を示した。儀式などもできるだけ簡素にし、前将軍の葬式もケチった内容にしたという。「儀式なんかムダ」「華美な着物も、豪華な食事もムダ」というわけだ。

有名なのは大奥のリストラ。「将軍の目にとまりたい」という願いと、することがなくヒマなことから、大奥はどんどん贅沢志向になり、幕府財政の25パーセント近くを浪費する金食い虫機関になっていた。吉宗はリストラの際、若い美人を選んだという。「美女なら、大奥を出されても良縁があるだろう」という配慮だったとか。そういう女性は野心家で見栄っ張りな傾向があり、余計に美容や衣装、生活全般に金をかけたからという理由もあったようだ。大奥には、世話をする者なども含めて4000人ほどがいたが、段階的にリストラを進め、最終的には1300人ほどにまで削減している。

●経済が苦手な「米将軍」、米相場にも四苦八苦

システムの改革にも切り込んだ。身分の低い人物でも、能力が高ければ積極的に登用。将軍に直接意見を届ける「目安箱」も設置した。目安箱に入っていた意見が採用された例もあり、その一つが無料療養施設・小石川養生所《こいしかわようじょうしょ》だ。「大岡裁き」で有名な大岡越前こと大岡忠相《おおおかただすけ》を取り立てたのも吉宗だ。忠相は現代の消防につながる江戸火消しを組織するなど、江戸の町をより暮らしやすく、豊かにするために尽力した。

吉宗は合理主義者だったので、好き嫌いは排除し、できるだけ少ない労力で最高のパフォーマンスをする「省エネ策」を採用した。嫌いな人物のつくった法令やシステムも、すべて排除はせず、不要なら排除し、有要なら採用し続けるなど冷静に対応した。

吉宗が力を入れたのが米価の安定だ。江戸時代の武士は米で給料をもらっていたので、米価が安定しないと、武士の暮らしも藩の財政も立ち行かない。年貢制度を変えたり、新田を開発したりと、収入を増やすいっぽうで、米価の高騰を防ぐために、経済の勉強も続けた。しかし経済面、とくに「商品の流通や需要と供給の変化による価格変動」は、吉宗には難しすぎたようで、目立った成果はあがらなかった。

贅沢禁止の倹約志向や年貢アップが原因で庶民からの評判は高くなかったが、幕府にとって重要な政策は多い。江戸幕府の継続に大きく貢献したことは間違いない。

田沼意次

Tanuma Okitsugu

「賄賂政治家」で名高い江戸幕府老中
金の力で江戸の経済を立て直したキレ者

ファッション
ファッションには興味がありませんでした。

幼少期の様子
父にはなかなか子ができず、神に願掛けをしてようやく生まれたのが私です。父は大喜びしたといいます。

性格
自分ではよくわかりませんが、真面目で融通の利かない性格だったといわれます。

トラウマ 失脚。 **家庭環境** 父が徳川吉宗にしたがって紀州から出てきて、順調に出世したので、家庭環境はよかったですね。	**交友関係** 徳川家重公、徳川家治公にはお世話になりました。平賀源内、新井白石とも交流があります。 **趣味** 仕事が趣味です。
恋愛関係 妻はいますが、恋愛にかまけている時間はありませんでしたね。	**仕事ぶり** 大した身分でもない私が、後世に残る改革を主導したのですから自信はありますよ。最後までやりきれなかったのは悔しいですが。
人生の目標 貨幣経済を導入し、国の経済を安定させること。	**死因** よくわかりません。

特技・得意技等
経済は得意分野だと思っています。さまざまな施策も、それなりに成果を出していました。もう少し続けられていたら、どうなっていたのか。知りたかったです。蘭学を保護して源内に出資したりもしていました。時代を先取りしすぎたのかもしれませんね。

本人希望記入欄
「賄賂をたくさんもらっていた」といわれますが、当時はある程度の「付け届け」は常識でしたし、どちらかというとクリーンだったと自負しています。今の評価には納得できませんね。

記入上の注意　1：数字はアラビア数字で、文字はくずさず正確に書く。
　　　　　　　2：※印のところは、該当するものを○で囲む。

履歴書

ふりがな　たぬま　おきつぐ		
氏名　田沼 意次		
生年月日 1720年8月?日	没年月日 1788年7月24日(満67歳)	※ ㊚・女
出身 江戸(東京都)		
立場 江戸幕府老中	あだ名 賄賂政治家	

概要

遠江国(とおとうみのくに・静岡県)相良(さがら)城主を務めました。また、第10代将軍徳川家治(いえはる)の側用人から老中となり、幕政の実権を掌握。経済政策を進めたのですが理解されず、子の意知(おきとも)が城内で斬られたのち、勢力を失って失脚しました。

家族

父は徳川吉宗の側近、田沼意行(もとゆき)です。息子の田沼意知は江戸幕府の若年寄を務めていましたが、暗殺されました。田沼家は意知の子・田沼意明(おきあき)が継ぎましたが、この子も早死にしています。

年	歳	学歴・職歴(各項目ごとにまとめて書く)
1734	14歳	徳川家重(いえしげ)の小姓となる。
1735	15歳	父・意行が死去。家督を相続。
1745	25歳	家重が将軍となる。
1760	40歳	家重が引退、家治が将軍となる。
1772	52歳	老中となる。
1784	64歳	息子・意知暗殺。
1786	66歳	家治が死去、老中を辞任。
1788	67歳	死去。

●「商人から税金をとろう！」斬新なアイデアを実現

徳川家重《いえしげ》、徳川家治《いえはる》と二人の将軍に仕え、幕政改革を手がけて「田沼時代」を築いた田沼意次。その後、「賄賂をもらっていた」とか、「幕府を私物化しようとした」といわれ、「腹黒政治家」のレッテルを貼られていた。しかし最近では、意次は仕事大好きな真面目政治家で、江戸時代には珍しい「経済通」だったと評価が変わっている。

江戸時代は「米」が経済の中心だった。しかし米の価格は一定しないし、収穫量も一定しない。意次は経済の中心を「貨幣」にするため、さまざまな改革を行なった。米価を安定させるのはもちろんだが、メインは「商人から貨幣で税金を徴収しよう」と考えたのだ。現在の税金制度と近い考え方だが、当時としては新しいアイデアだったのだ。

意次はより多くの現金収入を得るために、商業振興や殖産興業に力を入れた。海外との貿易で日本の金銀が流出するのを防ぐために、輸入に頼っていた物品を国産化しようと考えたのだ。この政策は、一定の効果を生んだ。

もう一つ、意次がつくったのが「株仲間」だ。幕府の認めた同業者組合という性格のシステムで、発行された株式をもっている者だけが独占的にその商売をできるというもの。既得権益を保護することによって、物価の上昇を抑える意味があったという。意次はこの株仲間に対して、「冥《みょう》加金《がきん》」という上納金を課した。「商売を守ってやる代わりに、金をよこせ」というものだ。商人を保護し、それなりの利益を上げさせることによって、商人から税金を納入させ、幕府の財政を安定させようと考えたのだ。斬新でいいアイデアだったはずなのだが、この冥加金が「袖の下をもらっている」として、問題視されてしまう。

●デキる男の失脚は「武家のねたみ・そねみ」が原因

「これからは米じゃなくて金」という意次。一時は成果をあげ、景気も幕府の財政も上向いた。しかし、時代が悪かった。目のつけどころはよかったが、しだいに問題が噴出し始める。

一つは天変地異による飢饉。庶民は食うに困り、「田沼が悪い」と一揆や打ち壊しを起こした。もう一つは武家社会のねたみ・そねみ。身分制度や朱子学を重視する人々にとっては、大した家柄でもない意次が出世し、成果を出すのは気に入らない。反田沼派によって、1784年（天明4年）には意次の息子・田沼意知《おきとも》が暗殺され、1786年（天明6年）に家治が死去したことで、意次は失脚。蟄居を命じられたほか、何度も減封され、私財も没収されるなど、寂しい晩年を送った。

賄賂でウハウハだったはずの意次だが、財産を没収しようとしても、「チリ一つない」ほど何もなかったとの話もある。賄賂政治家の悪評はライバルが流したもので、意次の改革は革新的すぎて理解されなかっただけの悲劇の人物だったのかもしれない。

松平定信

Matsudaira Sadanobu

白河藩で「名君」と呼ばれたエリート
「寛政の改革」を行なうも成果は限定的

ファッション 質素倹約が一番！　庶民の着る服の柄まで規制しました。当然自分の服も質素です。	
幼少期の様子 じつは将軍候補の一人でもありました。いろいろな思惑も絡んで、周囲は微妙な雰囲気でしたね。幼少期は病弱で、死にかけたこともあります。	
性格 真っ直ぐで、思い込んだらまっしぐらなタイプ。融通が利かない生真面目なところもあります。	
トラウマ 田沼意次のせいで将軍になりそびれる。	**交友関係** 徳川家斉。
家庭環境 一家が基本的に病弱ぞろいで、兄もたくさん亡くなっています。私自身も病弱でしたので、家族は大変だったと思います。	**趣味** 本は100冊以上書いていますし、柔術にも打ち込みました。儒学には相当傾倒しています。
恋愛関係 あまり興味がありませんが、いちおう正室と側室はいましたよ。	**仕事ぶり** すばらしい手腕で幕府の財政を一挙に好転させました……といいたいところですが、空まわりが多かった気がします。
人生の目標 立身出世。	**死因** 風邪をこじらせて死去。

特技・得意技等

柔術は相当に得意です。師匠の弟子は3000人ほどいましたが、私はそのなかでも「3本の指に入る」ほどの能力がありました。じつは血気さかんな武闘派だったんですよ。ここだけの話、田沼意次を斬り殺そうとしたことも何度かあります。

本人希望記入欄

所領の白河藩（福島県白河市）では、名君として知られています。「天明の大飢饉」のときでも、わが藩は餓死者を出さなかったんですよ！

記入上の注意　1：数字はアラビア数字で、文字はくずさず正確に書く。
　　　　　　　2：※印のところは、該当するものを○で囲む。

履歴書

ふりがな まつだいら さだのぶ		
氏名 **松平 定信**		
生年月日 1758年12月27日	没年月日 1829年5月13日(満71歳)	※ ㊚・女
出身 江戸(東京都)		
立場 江戸幕府老中	あだ名 白河殿	

概要

第11代将軍・徳川家斉(いえなり)の老中として、江戸の三代改革の一つ「寛政の改革」を断行。緊縮財政と、風紀の厳しい取り締まりで、幕府財政の健全化を目指しました。

家族

父は御三卿・田安家の初代当主、徳川宗武(むねたけ)。父の兄が9代将軍徳川家重です。父の父は徳川吉宗ですから、私は将軍の孫であり、甥なのです。

年	歳	学歴・職歴(各項目ごとにまとめて書く)
1783	25歳	陸奥白河藩主となる。
1787	29歳	老中になる。
1788	30歳	老中に加え、将軍輔佐も兼任する。
1793	35歳	将軍輔佐・老中などを辞任する。
1812	54歳	息子・松平定永に藩主をゆずって隠居する。
1829	71歳	風邪をこじらせて死去。

●濁りの田沼時代から、清く正しい政治に期待が集まる

田沼意次に代わって幕府の主力になったのが、松平定信だ。将軍候補として名前が挙がるほどの家柄、つまりはエリート。だから、思い込んだら脇目も振らずに突っ走る、かなりの「純粋真っ直ぐ君」で、あらゆる不正や汚職を憎む正義の人でもあった。

もともと陸奥国白河藩藩主だった定信。藩ではすばらしい政治をする名君として知られていた。地方政治で大成功を収めて、鳴り物入りで国政に参加したというわけ。前時代の田沼時代を揶揄《やゆ》し、定信に期待する「田や沼や　濁れる御世を　あらためて　清く澄ませ　白河の水」という狂歌もはやるなど、人々は定信に期待を寄せた。

1787年（天明7年）、定信は「寛政の改革」を開始した。ちょうど1782年（天明2年）から1788年（天明8年）頃に起こった「天明の大飢饉」によって、全国で数万人単位の餓死者が出ていた頃。江戸でも打ち壊しが横行するなど、「とにかく食べるものがない」のを解消するために、強い改革が必要だった。財政も相変わらず傾いていたため、対飢饉と、財政再建を同時に行なう必要があったのだ。

定信が呼ばれたのは、白河藩で飢饉の備えに成功していたため。事前に飢饉への備えをしていたおかげで、死者を出さずに済んだこと、過酷な条件でも収穫しやすい作物を奨励するなどし、「名君」の名を得ていた。この手腕を中央で生かしてもらおうとしたのだ。

しかし地方政治と国政とは違う。当時の幕府を立て直すのは、地方で成果が出たレベルでは無理な話でもあったのだ。

●娯楽を禁じる政策と締めつけに、庶民の怒りが大爆発

過去に学び、成功体験も生かして、冷静に策を練ればよかったのかもしれないが、定信には「意次憎し」というライバル意識がある。意次を意識するあまり、「意次よりすごい改革をしてやる」「意次の改革は全部ダメ」と思い込み、前時代の改革をいいも悪いもすべて廃止し、自分だけの力で幕府の再建を図った。

寛政の改革の基本は「緊縮財政」と「風紀取り締まり」。節約をして支出を減らし、同時に風紀を乱すものを厳しく取り締まった。風紀を乱すものとは、庶民の好む娯楽一般。演劇はダメ、おもしろい本はダメ、贅沢な衣服や装飾品もダメ、ついでに混浴も風紀が乱れるからダメ。娯楽や文化を取りあげられ、節約を押しつけられて喜ぶ庶民はいない。「白河の　清きに魚も　住みかねて　もとの濁りの　田沼恋ひしき」と、「田沼時代はよかった」と懐かしむ狂歌が出まわるなど、批判が続出。将軍・家斉《いえなり》との衝突などもあり、失脚した。

「あんなブラックな政治はダメ」と、意次を凌《りょう》駕《が》する改革を目指したのに、結局「意次のほうがよかった」と総スカンを食らった定信。自信満々のエリート君が味わった初めての挫折が、ライバルに完敗したことだなんて、さぞかし悔しかったことだろう。

シーボルト

Siebold

日本と欧州をつなぐ「架け橋」
詳細な研究が「スパイ疑惑」を生む

容姿 額が広く、豊かな白ひげが特徴。口まわりはもちろん、もみあげもふさふさです。	
性格 気位が高く、短気。	
幼少期の様子 医師の家系に生まれたので、昔から勉強に勤しんでいました。	
金運 実家は開業医なので、比較的裕福でした。	**交友関係** 鳴滝塾の生徒たち。幕府の天文方（暦をつくる役人）の高橋景保（かげやす）とは仲がよく、彼を通じて伊能忠敬の日本地図を手に入れました。
トラウマ 不明。	**趣味** 植物採集。
家庭環境 悪くはありませんでした。	**仕事ぶり** 日本の動植物を研究するかたわら、医師の仕事と鳴滝塾の生徒の指導も行ないました。
恋愛関係 日本人女性の滝と結婚。日本を追放されて別れた後は、ドイツ人女性ヘレーネと結婚しました。	**家族** 滝との間に生まれた娘のイネは、日本初の西洋女医となりました。ヘレーネとの間には3男2女をもうけ、長男と次男は外交官となりました。
人生の目標 日本の研究。	**死因** 老衰。敗血症という説もあります。

特技・得意技等

オランダ人と思われがちですが、じつはドイツ人です。発音がおかしいオランダ語を怪しまれたときは、「なまりがあるだけ」といって切り抜けました。これもスパイ容疑をかけられた一因になったのですが……。

本人希望記入欄

スパイっていうか、日本の調査にきただけですよ。それもスパイっていうんですか？

記入上の注意　1：数字はアラビア数字で、文字はくずさず正確に書く。
2：※印のところは、該当するものを○で囲む。

履歴書

ふりがな	ふぃりっぷ ふらんつ ふぉん しーぼると
氏　名	フィリップ・フランツ・フォン・シーボルト

生年月日	没年月日	※
1796年2月17日	1866年10月18日（満70歳）	男・女（男に丸印）

出身
ドイツ・ビュルツブルク

立場	あだ名
医師、日本研究家	とくになし

概要

ドイツ医学界の名門の家に生まれる。父クリストフ、母アポロニアの間に生まれた次男。大学卒業後、オランダのハーグに行きました。そこで父の教え子で国王の従医だった人間を頼り、オランダ陸軍の軍医になりました。植物がとても大好きです。

年	歳	学歴・職歴（各項目ごとにまとめて書く）
1823	27歳	オランダの植民地だったジャワにいた頃、オランダ政府から日本の調査の要請を受けて、長崎へ渡る。
1824	28歳	教育と研究の活動拠点として、長崎郊外の鳴滝に「鳴滝塾」を開く。教え子にはのちに著名な蘭学者や医学者となる伊東玄朴、高野長英などがいる。
1826	30歳	出島から江戸へ向かう使節団に参加。このとき伊能忠敬の日本地図を手に入れる。第11代将軍・徳川家斉とも御簾越しに謁見する。
1828	32歳	帰国する直前、荷物のなかから伊能忠敬の日本地図などが押収される。国外もち出し禁止のものだったので、厳しく尋問される。
1829	33歳	日本から追放処分を受ける。
1859	63歳	日本からの追放処分が解かれて、30年ぶりに来日。動植物研究に費やす。このとき娘のイネと再会する。
1862	66歳	オランダに帰国する。その後、ドイツへ。
1866	70歳	ドイツのミュンヘンで死去。

●出島を飛び出し、各地を歩きながら日本を研究

日本とオランダを結ぶ架け橋として、日本にもオランダにも大きな影響を与えたシーボルト。私塾「鳴滝塾《なるたき》」を開いて、高野長英ら多くの日本人に蘭学を教えた。シーボルトは医学界の名門一家の出身で、自身も医師。そんなエリートがどうして危険な旅をしてまで、日本にやってきたのだろうか。

シーボルトは医師の教育を受けたが、興味があるのは植物分野。「どうしても植物の研究をしたい」と希望。ヨーロッパにとっては未開の地だった日本への研究渡航を決めた。

当時、日本では外国人は出島から出られなかった。しかしシーボルトは医師。「往診する」名目で出島から出られたのに加え、「すごいお医者さんだから」という理由で、長崎奉行所から「出歩いていいよ」との許可をもらっていた。またオランダ商館長の江戸参府に同行させてもらうなど、かなり自由に日本中を歩きまわって動植物を採集しては標本をつくった。鳴滝塾の塾生も研究に一役買った。塾生たちに医学などを教えるいっぽうで、「日本研究」を課題として与え、オランダ語で書かせたのだ。その内容は医学、生物、歴史、風俗など多岐にわたり、彼らの目を通して、日本を深く知ったという。

1828年（文政11年）シーボルトは一時帰国することになったが、その際に地図などご禁制の品が発見されてしまい、国外追放処分を受けたのが、有名な「シーボルト事件」

だ。シーボルト本人は追放で済んだが、十数人とも50人ともいう日本人が処分され、シーボルトに地図を渡した高橋景保《かげやす》は死罪となり、獄中死した。

追放されたシーボルトはオランダに戻り、『日本』『日本植物誌』『日本動物誌』などの著作を書いたほか、彼がもち帰った生物標本や絵図は、日本の生物についての重要な研究資料となるなど、日本学の発展に貢献した。日本が開国したのち、シーボルトはもう一度来日し、また多くの資料をもち帰っている。

●開国を目指したオランダが与えた重大ミッション

植物研究のために来日したシーボルトだが、地図や文化など、植物と無関係な資料ももち帰ろうとしているなど不審点も多く、スパイ説が絶えない。国籍を偽って入国した、オランダから莫大な資金援助が行なわれていたなどの話もある。そのため、日本に不利な工作をするという意思の有無はともかくとして、「密命をおびる」という意味では、スパイだったといわれても仕方なさそうだ。当時、日本に開国を迫っていたオランダが、「日本をよく知りたいから、いろいろ調べてきて」と頼んだというのはありそうな話だし、風俗や文化まで調べていたことにも納得がいく。

その甲斐あってか、1854年(嘉永7年)に日本は開国。4年後には日蘭修好通商条約も結ばれた。この条約は、シーボルトの成果の一つなのかもしれない。

古代 平安 鎌倉 室町 戦国 江戸 幕末 近代

平賀源内

Hiraga Gennai

なんでもできる天才だが、器用貧乏
日本のレオナルド・ダ・ビンチ

ファッション
奇抜なものや、舶来品が好きでした。ですがそれ以上に発明品などが目を引いたようで、家の工房には見物人がよく来てましたね。

幼少期の様子
子供の頃からからくり細工をつくって評判を呼びました。それをきっかけに、本草学や儒学を学ぶことになりました。

性格
自信家で承認欲求が強いのに、人間不信みたいな感じですね。ちょっと面倒くさい性格だったかもしれません。わりと面倒見はよかったんですよ。

トラウマ
鉱山開発の失敗。一攫千金を狙ったんですが、余計貧乏になってしまいました。

家庭環境
兄弟は多かったです。自由にさせてもらい、学問にも打ち込めました。家を押し付けた妹には少し申しわけなかったと思っています。

恋愛関係
女性にはまったく興味がない男色家でした。歌舞伎役者・二代目瀬川菊之丞とは長かったですね。

人生の目標
最初は好きな学問ができればいい……と思っていましたが、認められたかったですね。

交友関係
杉田玄白はよき友でありライバルです。田沼意次さんにはいろいろ便宜をはかってもらいました。

趣味
本草学に蘭学、戯作、蘭画、俳句、美術品収集、どこまでが仕事でどこからが趣味なのか、自分でもわかりません。

仕事ぶり
どの分野でも一定の成果を出しましたが、どの分野でも大成功！とはいきませんでした。

死因
獄中死。破傷風だったといわれます。

特技・得意技等
特技は多かったのですが、手先の器用さと少しのアイデアを生かした細工づくりが、一番得意だったかもしれません。長崎留学のときも、勉強より発明にかかりきりでした。支援してくれた田沼さんには申しわけなかったですね。

本人希望記入欄
「天才」のイメージで知られていますが、とくに後半生は貧乏に苦しめられました。もう少しお金があれば、もっと意味のあるものを残せたんじゃないかと思うと、やりきった感はないですね。

記入上の注意　1：数字はアラビア数字で、文字はくずさず正確に書く。
2：※印のところは、該当するものを○で囲む。

履歴書

ふりがな	ひらが　げんない
氏名	平賀 源内
生年月日	1728年？月？日
没年月日	1779年12月18日（満51歳）
※	男・女（男に丸印）
出身	讃岐国寒川郡（香川県さぬき市）
立場	戯作者、本草学者
あだ名	平賀源内、鳩渓、風来山人、福内鬼外

概要

「日本のレオナルド・ダ・ビンチ」といわれるほど多彩で、おもには本草学者、戯作者として活動しました。創作や発明など、あれこれ手がけて有名になりましたが、結局「色物」「キワモノ」扱いに終わってしまい、何も残せませんでした。

家族

讃岐国寒川郡の白石家、白石茂左衛門の３男として生まれました。一度は家督を継ぎましたが、留学する際に妹に婿養子を迎えさせて家督をゆずっています。

年	歳	学歴・職歴（各項目ごとにまとめて書く）
1748	20歳	父の死去により、家を継ぐ。
1752	24歳	長崎へ留学。
1759	31歳	高松藩の家臣として再登用される。
1761	33歳	高松藩を辞職する。
1776	48歳	エレキテルを復元する。
1779	51歳	殺人事件を起こす。破傷風により獄死。

●江戸時代の見本市「博覧会」を主催して名をあげる

なんだかすごい人みたいだけど、イマイチ何をした人かわからない。日本史の教科書に名が出てきたなかに交じる謎の人物。多くの人にとって平賀源内はそんな印象だろう。

源内といったら「エレキテルを発明した人」であり、「土用《どよう》の丑《うし》の日を売り込んだ人」。しかしそのどちらも、功績というには微妙。エレキテルは、海外でつくられた機械が壊れていたのを修理して世に売り込んだだけだし、土用の丑の日については諸説あって、源内が関係していたかどうか本当はわからないという。

では源内が本当はどんな人物だったかというと、「日本のレオナルド・ダ・ビンチ」と説明されるような、多芸の天才だった。好奇心のままにアチラコチラに手を出し、すべてでそれなりの成果を出している。まぁ、圧倒的な結果を得ることはできなかったのだが。

源内がまず興味を示したのは本草学《ほんぞうがく》だ。本草学とは薬用になるものを中心とした植物の研究のこと。博物学と医学をミックスしたような内容だった。領内で注目されるようになった源内は長崎に留学し、本草学、オランダ語、医学、油絵などを学んだ。さらに漢学、鉱山採掘・精錬技術なども身につけている。その知識を生かして、「博覧会」を開き、珍しい植物や鉱物を展示・紹介。さらに展示の内容を本にして出版した。江戸時代に見本市のような会を開き、カタログをつくって販売していたのだ。

本草学だけでは飽き足らず、源内はさまざまな分野にチャレンジする。石綿を使った燃えない布「火浣布《かかんぷ》」、寒暖計や万歩計などを作製して世に紹介するなど、発明家的な活動も行なった。また風刺のきいた小説や脚本を多数書き、評判にもなっている。

●極度の人間不信と被害妄想で「殺人」という大罪を犯す

華やかな活躍をしていた源内だが、不満も多かった。高松藩を辞めるときに「奉公《ほうこう》構《かまい》」という処分を受けていたが、これは、「こいつは札付きだから、召し抱えちゃダメだよ」と他家に知らしめるもの。この処分によって安定した職を得ることができなくなり、常に貧乏に悩まされることになる。もっとも、高松藩を辞めた理由は「自分の好きな学問ができないから」ということだったようなので、自業自得といえば自業自得。今でいうなら「脱サラして芸術家になった」みたいなものだったのかも。

晩年は何をしてもキワモノ扱いで評価されず、名声も金も思うようにならないことが悩みとなり、人間不信・被害妄想気味になっていた。そして1779年（安永8年）、大事な書類を盗まれたと勘違いして大工二人とトラブルになり、彼らを殺害、投獄されてしまう。最後は、その獄中で破傷風となり、寂しく死んでいった。源内の葬儀を取り仕切ったのは『解体新書』で知られる、源内のライバルにして終生の友・杉田玄白。「非常の人の非常の死」とその才能を惜しんだという。

緒方洪庵

Ogata Koan

多くの才能を世に出した「適塾」の先生
天然痘治療に貢献した近代医学の祖

ファッション 額が広く、猫背。	
幼少期の様子 温厚な性格で、あまり怒ることはありません。生徒を叱るときも声を荒らげません。	
性格 虚弱体質で、走ったりすることは得意ではありませんでした。	
金運 遊学中は貧しい苦学生。適塾を開いてからはそれなりでしたが、金銭にはもともと無頓着です。	**交友関係** 適塾時代には、福沢諭吉や大鳥圭介など、多くの生徒たちと交流をもちました。
トラウマ 天然痘。	**趣味** 花見、和歌。
家庭環境 兄と姉が一人ずつ。兄はもう一人いましたが、私が生まれたときには亡くなっていました。	**仕事ぶり** 自分のためでなく、他人のために尽くすことが信条です。見返りは求めません。
恋愛関係 恋愛にかまけている暇はありませんでした。妻の八重は陰から私を支える良妻です。	**家族** 虚弱体質なのですが、12人ほどの子供をつくっています。
人生の目標 身分や貧富に関わりなく、患者に奉仕すること。	**死因** 過労による、持病の結核の悪化。

特技・得意技等

診療や講義など多忙な毎日を送りながらも、門下生たちと花見などの宴会をよく行なっていました。そのときには趣味の和歌も披露します。

本人希望記入欄

医者は患者のために勤勉に働かなければなりません。

記入上の注意　1：数字はアラビア数字で、文字はくずさず正確に書く。
2：※印のところは、該当するものを○で囲む。

履歴書

ふりがな	おがた　こうあん		
氏名	緒方 洪庵		
生年月日 1810年7月14日	没年月日 1863年6月10日（満52歳）	※ ㊚・女	
出身	備中国足守藩足守（岡山県岡山市北区足守）		
立場	適塾塾長、医師	あだ名	メース（オランダ語で先生）

概要

足守（あしもり）藩士、佐伯惟因（これのり）の末子として生まれる。生まれたときから体が弱く、8歳で天然痘にかかりました。このときは九死に一生を得ました。もともとは武士を目指していました。

年	歳	学歴・職歴（各項目ごとにまとめて書く）
1825	15歳	父と大坂に出る。翌年、蘭学医・中天游（なかてんゆう）の私塾「思々斎塾」で蘭学と医学を学ぶ。
1831	21歳	江戸に行き、蘭学医の坪井信道、宇田川玄真のもとで学ぶ。蘭学を研究し、医学書などの翻訳を行なう。
1836	26歳	長崎へ行って、オランダ人医師ニーマンのもとで研究を続ける。
1838	28歳	大坂に戻り、診療のかたわら瓦町に「適々斎塾（適塾）」を開き、多くの人材を育てる。
1845	35歳	門下生が増えすぎたために、適塾をもっと広い場所（過書町）へ移転させる。
1849	39歳	天然痘の予防接種を行なう施設「除痘館」を設立。牛痘種痘法を普及させるために奔走。
1862	52歳	幕府のたび重なる要請を受けて江戸へ行き、将軍徳川家茂（いえもち）の従医となる。さらに医学所頭取に任命される。
1863	52歳	死去。

●にこにこしているのに怖い、福沢諭吉を育てた名指導者

福沢諭吉、大村益次郎《おおむらますじろう》ら多くの門下生が羽ばたいたことで知られる、蘭学塾「適塾」。この塾を開き、3000人ともいわれる多くの塾生を育てて世に出したのが、緒方洪庵だ。適塾は大阪大学医学部、慶応義塾大学の源流の一つともされる。大坂で中天游《なかてんゆう》に医学と蘭学を学び、その後、長崎や江戸で学んだ洪庵は、大坂に戻って開業。医師として活動するかたわら、適塾を開いた。洪庵の知識や経験、人柄を慕って、志の高い若者が多数集まり、住み込んで昼夜問わず勉学に励んだという。

洪庵が医師だったこともあり、適塾はもともと海外の医学を教えるための塾を目指した。しかし、じょじょにその性格を変え、外国語や国際情勢といった蘭学の基礎が中心となっていく。鎖国中の日本から、広い世界を見ようという意図があったのだろう。

洪庵は、優しく厳しい先生だった。学問に対しては厳格で、塾生を叱ることもあったが、ただ怒るのではなく、優しく教え諭す態度だったという。「にこにこしているのに怖い」というのが塾生たちの認識だった。適塾は若者が住み込みで暮らすシステムをとっており、勉学以外でも、態度の悪い者や、礼を失する者には厳しく対応したといわれる。ときにはまとめ役である塾頭でさえ退塾させられたとか。

適塾の人気の理由は、洪庵の人柄や、共に学ぶ仲間、さらに洪庵を支える優しい妻で、

塾生らが「母」と慕った八重など多数ある。しかし塾の人気を決定づけたのは、『ゾーフ・ハルマ』という最先端蘭和辞典の写本だった。洪庵はこの辞書が長崎にあると聞いて駆けつけ、自身の手で書き写し、もち帰ったのだ。「辞書一冊に何もそこまで」と思わなくもないが、当時はまだ蘭和辞書が気軽に手に入る時代ではない。「適塾の辞書はスゴイ」との評判が、若者をひきつけたのだ。

●「病理学書」や「ワクチン」など最新の医学をもたらす

洪庵は、「近代医学の祖」としても知られる。旧態依然としていた日本の医学に革新を起こし、多くの命を救う手助けをしたのだ。洪庵の偉業は数多い。

まずは日本初の病理学書『病学通論』を書いたこと。病理学とは、病気の原因やなぜかかったかという理由を解明したり、症状から何の病気か確定したりするのを目的とした学問。日本ではほとんど未知の分野だった病理学を世に紹介した意味でも大きな一歩だった。また、種痘《しゅとう》を広めたことも大きな功績だ。それまで使用されていた人痘法ではなく、牛痘法を使い、安全に天然痘を予防する方法を取り入れた。病気の予防に「ワクチン」という考え方を広めたのだ。

さらに当時死病だったコレラの治療方法を記した『虎狼痢治準《ころりちじゅん》』を自費で出版。医師に配布するなどの活動も行なった。その後、不眠不休で執筆を行なったせいで洪庵自身が病気で寝込んでしまったらしい。身を削って勉学と医療に打ち込んだ洪庵らしい話だが、もしかしたら「医者の不養生」の走りであったのかもしれない。

●50歳過ぎでいやいや出世、招かれた江戸で突然の死

洪庵はスゴ腕医師と評価され、1862年（文久2年）には江戸から「将軍の主治医になってくれ」と引き抜かれる。一度は断るが、家族に迷惑をかけてしまうかもしれないと最終的に承諾。14代将軍・徳川家茂の主治医の座に加え、西洋医学を教える西洋医学校のトップになった。地位も名声も手にしたが、宮仕えはとにかく堅苦しくて性に合わず、つきあいでムダな出費がかさむなど、気苦労が絶えなかったという。

その気苦労がアダとなったのか、翌年の1863年（文久3年）、洪庵は血を吐いて倒れ、そのまま窒息死してしまう。江戸に来てからの洪庵は体調がよく、妻子を江戸に呼び寄せた矢先のこと。「死の前触れもなく、普段通りの生活していたのに、急に血を吐いた」と妻の日記に記されている。吐血の原因は肺癌、労咳《ろうがい》（肺結核）、胃病、食道静脈瘤破裂など諸説あるが、暗殺説も根強い。孝明天皇の妹・和宮親子内親王と家茂との結婚「和宮降嫁」を受け、尊王攘夷派が蘭学者らを対象にした暗殺事件を画策しているとのうわさがあったのだ。将軍の医師である洪庵がターゲットになった可能性もある。暗殺の証拠は見つかっていないが、洪庵の死には今も謎が残っているようだ。

第七章
幕末

ペリー

Peri

4隻の黒船を率いて動乱の幕末の始まりを告げたアメリカ人

容姿 下膨れで大きな顔。堂々とした体格で、威厳がにじみ出ているといわれます。	
性格 弱みを見せず、みずからの力を誇示しがち。学んだことは検証を重ねてモノにする、堅実で実直な努力型。	
幼少期の様子 父から海の話を聞かされており、海にあこがれを抱いていました。9歳上の兄が海軍に入ってからは、兄からも海の話を聞かされていました。	
金運 父や兄の働きもあって、実家では不自由しませんでした。みずからも海軍内で順調に出世したので、裕福だったと思います。	**交友関係** 他国での友人は少ない。ただ日本行きの際、シーボルトと手紙をやりとりしました。
トラウマ 不明。	**趣味** 蒸気船の研究・開発。
家庭環境 海軍に入った二人の兄にあこがれていました。家族仲も良好。	**仕事ぶり** 堅実で、行動力があり、多くの部下たちに慕われていました。蒸気船の研究や、士官教育にも熱心でした。
恋愛関係 20歳のとき、ニューヨークの商家の令嬢、ジェーンと恋に落ちました。のちに彼女と結婚。	**家族** 妻ジェーンとの間に10人の子をもうけました。
人生の目標 アメリカの偉大さを世界に知らしめる。	**死因** 心臓発作。

特技・得意技等 必要とあれば、金に糸目はつけません。日本行きの際には、現代の金額に換算して約1億円の金を使い、日本の資料を集めたとされていますが、事実は秘密です。アメリカでの知名度はほとんどありません。

本人希望記入欄 開国してください。

記入上の注意　1：数字はアラビア数字で、文字はくずさず正確に書く。
2：※印のところは、該当するものを○で囲む。

履歴書

ふりがな	ましゅー かるぶれいす ぺりー
氏名	マシュー・カルブレイス・ペリー

生年月日	没年月日	※
1794年4月10日	1858年3月4日(満63歳)	男(丸囲み)・女

出身
アメリカ・ロードアイランド州ニューポート

立場	あだ名
アメリカ海軍東インド艦隊司令長官	熊おやじ、蒸気船海軍の父

概要

アメリカ海軍、私掠船船長のクリストファーと、妻セーラとの間に三男として生まれる。海軍一家で、長男のオリバーは、米英戦争の局面の一つ「エリー湖の戦い」でイギリス艦隊を撃破した通称「エリー湖の英雄」。そんな兄や父の影響を受けて、みずからも海軍を志しました。

年	歳	学歴・職歴(各項目ごとにまとめて書く)
1809	15歳	海軍の士官候補生になる。以降、兵士として各地へ派遣されるようになる。
1833	39歳	ニューヨーク、ブルックリンの海軍工廠(軍隊直属の軍需工場)に配属。
1837	43歳	アメリカ初となる蒸気軍艦「フルトン2世号」を建造。その初代艦長となり、海軍大佐に昇進。「蒸気船海軍の父」として名を揚げる。
1852	58歳	東インド艦隊司令長官に任命され、日本への遠征を命じられる。アメリカを出港。
1853	59歳	江戸湾に入り、浦賀にやってくる。久里浜に上陸し、大統領の親書を日本側に渡す。来春の渡来を表明して、いったん引き揚げる。
1854	60歳	ふたたび日本に来航。日米和親条約を締結。下田、箱館を開港させる。のちに、那覇で琉球王国と琉球修好条約を結ぶ。翌年帰国。
1858	63歳	日本への遠征記を記したのち、3月に死去。

●本国のアメリカではマイナーな人物……

1853年（嘉永《かえい》6年）、4隻の黒船が浦賀（神奈川県）にやってきた。その艦隊を率いていたマシュー・カルブレイス・ペリーが「開国シテクダサイ」と迫ったことから、激動の幕末がスタートする。

このペリーは、おそらく日本の歴史上、最も有名なアメリカ人といえるだろう。当然、本国のアメリカでも有名かと思いきや、そうではない。向こうで「ペリーって知ってる?」と聞けば、ほとんどの人が「オフコース。エリー湖の英雄だね!」と答えるのだ。

エリー湖の英雄というのは、日本で有名なペリーの兄、オリバー・ハザード・ペリーのことだ。米英戦争中の「エリー湖の戦い」で、敵のイギリス艦隊を1隻も沈めず、すべて拿捕《だほ》して決定的な勝利をもたらしたというすごい人物。教科書にも載っている。だからアメリカ人に黒船の話をしたところで、「へえ、オリバーの弟ってそんなことしていたんだ」という反応が返ってくる。日本人として、なんだか寂しい。

●「1年後にまた来る」といいながら半年後に来日

アメリカが日本に開国を迫ったのは、何も「君も殻に閉じこもってないで、外の世界に飛び出してみようよ」という教師のような気遣いばかりが理由ではない。当時のアメリカは捕鯨がさかんで、そのための補給地点として、日本を利用したかったのだ。その交渉に指名されたマシュー・ペリーは日本に関する書物を40冊以上も読みあさり、知識をたたき込んだ。そして武力に訴えず、断固とした態度で交渉に臨む計画を立てたのだ。

1853年(嘉永6年)の7月、浦賀にやってきたペリーは計画どおり、空砲を撃ったり、兵を上陸させたりして、幕府の役人たちを脅した。そして「1年後にまた来るよ」といって一度艦隊を引き上げる。

それから約半年後の1854年(嘉永7年)の2月、ペリーはふたたび来航した。幕府の役人たち全員がツッコんだ。「1年後じゃねーのかよ!」。遠く離れたアメリカと、どうしてこんな短期間で往復できたのか。しかも今度は艦の数が7隻に増えていた(1カ月後には9隻になった)。

じつはペリーは一度目の交渉の後、アメリカに帰ったわけではなかった。香港に立ち寄って休養をとっていたのだ。そこで当時の将軍、徳川家慶の訃報を聞いて、国政の混乱をつくために出発を早めたのだ。結果、日本は日米和親条約を結んで鎖国を解く。見事な外交手腕と交渉術だ。

また、ペリーは幕府に開国を促す書状を送る際、「われわれと戦争してもそっちは負けるだろうし、そのときはこれを使ってね」という意味で、白旗を同封したとか。あくまで一説だが、こういう話が出てくるのもペリーの交渉術が優れていたからこそだろう。

天璋院篤姫

Tenshouin Atsuhime

愛した夫の徳川家を守るため
維新後も戦い続けた高潔な女性

容姿
色黒で健康的です。

性格
頑固なところがあり、一度決めたら動こうとしない性格です。

幼少期の様子
幼少時から学問を習って覚えが早かった。家臣の子供とも一緒に遊ぶような男勝りなところがありました。

金運 分家出身のため浪費家ではないものの、金銭感覚はずれているかもしれません。	**交友関係** 家定、家茂、和宮、幾島、瀧山
トラウマ 薩摩からのスパイだと疑われること。	**趣味** ペットを飼うこと。 ペリー提督からミシンを贈られ、日本で初めてミシンを使いました。
家庭環境 じつの両親は島津家分家の今和泉領主。その後政略結婚のため島津斉彬、近衛忠煕の養女に。	**仕事ぶり** 実家の薩摩の意向を無視して、徳川家存続のために動きました。幕府が滅んでも大奥関係者の面倒を見ました。
恋愛関係 そんなものはありません。	**家族** 夫の家定とは2年で死に別れ、子供はなし。
人生の目標 私は徳川家の妻。	**死因** 脳溢血。

特技・得意技等
元々は犬を飼っていたが、家定が犬嫌いなので大奥では猫を飼いました。名前はサト姫。猫の世話係に3人も女中を置き、年間25両もかけました。大奥を出る前の晩、仲の悪かった瀧山と語り合って夜を明かしたとき、深夜になって、かつて家康に滅ぼされた豊臣秀吉の側室・淀君の笑い声が聞こえた気がします。

本人希望記入欄
最後まで徳川家に尽くす！　それが薩摩おごじょ(女)の心意気！

記入上の注意　1:数字はアラビア数字で、文字はくずさず正確に書く。
2:※印のところは、該当するものを〇で囲む。

履歴書

ふりがな	てんしょういん　あつひめ	
氏名	天璋院 篤姫	
生年月日 1836年12月19日	没年月日 1883年11月12日(満46歳)	※ 男・(女)
出身	薩摩藩鹿児島城下(鹿児島県鹿児島市城山)	
立場 第13代将軍徳川家定正室	あだ名 篤姫、一、藤原敬子	

概要

島津忠剛(ただたけ)と幸の間に生まれ、叔父の島津斉彬の養女となり、続いて近衛忠熙の養女、徳川13代将軍・徳川家定の御台所となりました。結婚2年目で夫が急死し、未亡人となっても大奥で存在感を示し、江戸城に最後まで留まりました。

年	歳	学歴・職歴(各項目ごとにまとめて書く)
1853	17歳	薩摩藩主・島津斉彬の養女となって源篤子を名乗る。
1855	19歳	公家の近衛忠熙の養女となって藤原敬子(すみこ)と改名。
1856	20歳	徳川家定の正室となり、篤姫と呼ばれる。
1858	22歳	夫の家定と、義理の父である島津斉彬を亡くし、落飾して天璋院を名乗る。薩摩との関連が薄くなったため、次の将軍には慶喜ではなく家茂に味方する。第14代将軍が家茂に決定。
1862	26歳	家茂(義理の息子)の妻として天皇家から皇女和宮が大奥入りする。大奥のしきたりにしたがわない和宮との間で嫁姑戦争勃発。
1866	30歳	家茂死去。15代将軍慶喜即位。仲よくなった和宮と共に慶喜の大奥改革に反対する。
1868	32歳	江戸無血開城が決定。大奥の女性もすべて江戸城から出なければならなくなったが、昔いじめられた瀧山と最後まで抵抗する。
1883	46歳	脳溢血で倒れる。意識が回復しないまま病死。

●徳川家定と結婚するが、すぐに死別してしまう

13代将軍、徳川家定には妻が二人いた。しかし跡継ぎがいないまま二人とも病死してしまったので、家臣の島津《しまづ》忠剛《ただたけ》の娘である篤姫に白羽の矢が立てられた。この時代、親が結婚相手を決めるのは当たり前のことだった。しかも相手は徳川家の将軍だから断るなどできるはずもない。

1853年（嘉永6年）8月21日。篤姫は薩摩から江戸へと旅立つことになる。同年10月23日に江戸に到着するも、ペリーの再来航や京都御所炎上といった事件が起きて結婚どころではなくなってしまい、延期となる。さらに1855年（安政2年）には江戸で「安政の大地震」と呼ばれる地震が発生し、またしても結婚は延期。

江戸に着いてから3年も待たされたが、翌年1856年になると急に結婚話が進みだす。こうして同年12月18日、篤姫は家定の妻となった。ちなみに義父がもたせた嫁入り道具を運ぶのに、6日もかかったという話が残っている。

「顔も知らない相手と結婚なんて……」と篤姫が結婚を悲観していたかというと、そうでもないらしい。篤姫は犬の狆《ちん》が好きで飼いたかったのだが、犬が苦手な家定に配慮して猫を2匹飼うことにしたという話がある。それぞれに、ミチ姫、サト姫と名付けてかわいがっていたようだ。家定も篤姫のことを愛していたようで、自分でつくったカステラを食べさ

せたりしていた。仲睦まじい二人の様子は周囲にも広く知られていて、跡継ぎが生まれるのを楽しみにされていた。

しかし幸せは長くは続かなかった。1858年（安政5年）8月14日、家定が亡くなってしまう。わずか1年8カ月で二人の結婚生活は終わってしまったのだ。

●出家して天璋院を名乗り、和宮《かずのみや》と共に家を守るため戦う

夫を亡くした篤姫は出家して天璋院と名乗り、「私が徳川の家を守らなきゃいけない！」と決意する。14代将軍の徳川家茂《いえもち》は、血のつながりはないものの天璋院を母と呼んで慕っていた。その家茂が当時の天皇の妹、和宮と結婚すると、天璋院と和宮の間で嫁姑の戦いが起きる。おたがいの生きてきた世界が違いすぎたゆえの衝突だった。しかし、しだいに二人の距離は縮まっていき、たがいがかけがえのない存在となっていく。家茂が亡くなった後などは、和宮が「天璋院様がいなくなったら私は生きていけない」といったほどだ。

やがて大政奉還が成されると、天璋院を薩摩に戻そうとする動きがあった。しかし天璋院は「私はすでに徳川の女、江戸城を離れる気はない！」とつっぱねた。天璋院は薩摩へ、和宮は朝廷へ徳川家を守るための長い嘆願書を書いて送った。そのおかげで徳川家の人間は死刑を回避。将軍家ではなくなった徳川家を天璋院はその後も支え続け、1883年（明治16年）に永眠した。

井伊直弼

Ii Naosuke

閉鎖的だった幕末の世を開国に導き誤解から志半ばで散った大老

容姿 年をとってから抜擢されたせいか、年齢より老けて見えるそうです。	
性格 聡明で謙虚。場を得ると雄飛するタイプです。	
幼少期の様子 自分の不遇さを嘆くことなく、世捨て人のようになりながらも趣味に没頭。凝り性で能面づくりや茶の一派を興すなど、風流に生きつつ、国学や禅などを学んでいました。	
金運 食べるには困らない程度の扶持はあったので、趣味に没頭できました。	**交友関係** 南紀派の老中たちやブレーンとして長野主膳。一橋慶喜を推す一派とは対立していました。
トラウマ 長期間の部屋住み生活かも。	**趣味** 茶道、和歌、禅、鼓、能、槍など多趣味。
家庭環境 15人兄弟の下から2番目。兄弟は多かったものの、長い間の部屋住みであまり交流はありませんでした。	**仕事ぶり** 信念をもって突き進みました。自分が正しいので反対派は処刑しても構わないという考えです。
恋愛関係 正室は丹波亀山藩主・松平信豪の次女・昌子。ほかに3人の側室	**家族** 正室、側室との間に4男2女をもうけました。
人生の目標 人にはおのおの天命がある。	**死因** 銃撃を受け、めった刺しにされた上で斬首。

特技・得意技等

彦根藩主となったとき、藩金15万両を領民に分配しました。先民を愛し、施しを忘れない姿勢を示したことで評判となり、のちに私が死罪とした吉田松陰も、藩主就任後の私を「名君」と評しているほどです。また、茶道にのめりこみ『茶湯一会集』を記しました。この巻頭に書かれた「一期一会」が、茶道の心得として広まりました。

本人希望記入欄

俺だって本当は開国なんてしたくなかった!!

記入上の注意　1：数字はアラビア数字で、文字はくずさず正確に書く。
2：※印のところは、該当するものを○で囲む。

履歴書

ふりがな　いい　なおすけ		
氏名　**井伊 直弼**		
生年月日 1815年10月29日	没年月日 1860年3月3日(満44歳)	※ ㊚・女
出身 近江・彦根城二の丸(滋賀県彦根市金亀町)		
立場　彦根藩第15代藩主、幕府大老	あだ名　チャカポン、井伊の赤鬼	

概要

名門井伊家の14男として生まれ部屋住みの身となりました。兄の世子が夭折したため、残っていた私が養子となり、兄が亡くなると彦根藩主になりました。江戸に出仕すると大老となり、第14代家茂様誕生を後押し。開国と攘夷派でもめる幕府内で開国を主導しました。

年	歳	学歴・職歴(各項目ごとにまとめて書く)
1832	17歳	三の丸尾末町の埋木舎にて300俵の捨て扶持をもらって部屋住み生活となる。のちにブレーンとなる長野主膳と知り合う。
1850	35歳	兄の死に伴い、第15代彦根藩主となる。
1853	38歳	黒船来航。幕閣より対応策を問われて「臨機応変に対応すべきだ」とお茶を濁す。
1857	42歳	次期将軍を巡り、一橋派と南紀派で対立が深くなる。南紀派の筆頭として一橋派と対立。
1858	43歳	大老に就任。勅許を得ないまま独断で「日米修好通商条約」を締結。家定の後継者問題でも、一橋慶喜を退けて紀伊藩主の慶福を強引に14代将軍・家茂とする。水戸藩などを中心に反対の声があがったため、これを封じるために「安政の大獄」を開始。
1860	44歳	「安政の大獄」を続行。しかし、3月に登城するところを暴徒に襲われて惨殺。

●家督を継ぐことさえ絶望的な14男の大出世

彦根藩（滋賀県）藩主の井伊家は、戦国時代に徳川四天王として活躍した井伊直政を藩祖とする名家だ。徳川家からの信頼も厚いため、井伊直弼も順調な出世街道を歩んだ……と思いきや、そうではない。直弼の父で11代藩主の井伊直中《なおなか》には、なんと15人もの息子がいた。直弼はその14男だったのだ。これでは家督を継ぐことさえ絶望的。井伊家の家督は3男の直亮《なおあき》が継ぎ、残りの兄弟は跡継ぎのいないほかの大名家の養子に出されることになる。

とはいっても、数が多すぎる。11男の直元《なおもと》は、12代藩主になった3男の直亮の養子になるなど、今の価値観では無茶すぎる対応もあった。そして直弼はというと、庶子だったこともあって、どこにも引き取り手がなかった。15男の弟でさえ養子先が見つかったのに、これは屈辱的だったことだろう。きっと「親父の野郎、生ませすぎなんだよ」と嘆いたに違いない。

そんな直弼は、引き取り手が見つからないまま過ごしていた城内の屋敷に、「埋木舎《うもれぎのや》」という、残り物のような名前をつけていた。それでも自暴自棄にならなかったことが、直弼の命運を分けた。埋木舎で禅や国学、さらに茶道、和歌、鼓《つづみ》（楽器）を徹底的に極めること13年。「チャカポン（茶・歌・鼓）」というあだ名をつけられていた直弼に、チャンスが巡ってくる。11男の直元が病死したために、唯一残っていた直弼が、兄・直亮の養子となり、その兄が亡くなったため彦根藩15代藩主となったのだ。

●本当は天皇の許可を取ろうとしたのに惨殺される

やがて大老に就任した直弼は、1858年（安政5年）に日米修好通商条約を結ぶ。これは朝廷の許しを得ないまま勝手に調印したことなので、尊王攘夷派の志士たちが「皇室を軽く見ている」と非難。こうした反対派を弾圧したのが、「安政の大獄」で、直弼は公家、幕臣、志士たち100人以上を処罰した。

これだけ見ると完全な暴君だが、少し誤解がある。じつは直弼は日米修好通商条約を結ぶ際、「俺の独断で調印するからな！」と押し通したわけではない。むしろその逆で、幕臣たちとの会議の席では「朝廷の許しがいるでしょ？」と、下手に出ているのだ。それに賛同したのは若年寄の本多忠徳《ただのり》のみで、ほかは勅許《ちょっきょ》（天皇の許可）の必要なしという考えだった。こうして数に押された直弼は、不本意ながらも勅許を取らずに調印してしまう。

その結果、安政の大獄の恨みもあり、1860年（万延元年）の「桜田門外の変」で、尊王攘夷派の志士たちから襲撃を受けてしまった。直弼の乗った駕籠が銃撃され、駕籠の上からめった刺しにされ、引きずり出されて首をはねられた。あまりにもムゴすぎる仕打ちだ。直弼の心中はきっと「だから俺、いったじゃん」だったことだろう……。

徳川慶喜

Tokugawa Yoshinobu

徳川幕府最後の将軍
その素顔は趣味に生きるケイキ様

容姿
端正な顔立ちの有能な官吏タイプ。蟄居中と江戸城落城時にはひげも月代も伸び放題で憔悴しきっていました。

性格
酒癖が悪く不意のトラブルに弱くてキレやすいところもあります。

幼少期の様子
気が強く、父親からお灸をすえられて指がただれても「つまらない読書よりも痛いほうがましだ」と暴言をはいたことがあります。

金運 蟄居中は貧乏でしたが基本お金持ち。引退後も手当が出ていました。	**交友関係** 松平春嶽、勝海舟、孝明天皇、ほか旧幕臣たち
トラウマ 児童虐待の可能性？	**趣味** カメラ、狩猟、釣り、囲碁、謡曲など多趣味。
家庭環境 12人兄弟の7男だが、序列では長男の次。養子に出されてからも父子の仲はよかったです。	**仕事ぶり** 攘夷思想をもっており、朝廷との関係を保ってきました。就任前の仕事ぶりは評価されます。
恋愛関係 正妻は一条美賀子。ほか複数の側室がいました。	**家族** 明治になってから側室との間に10男11女をもうけました。
人生の目標 なんとか徳川家を存続。	**死因** 肺炎による心臓麻痺と老衰。

特技・得意技等
酒癖が悪く、兵庫開港のときに雄藩と参預会議を行ないましたが、事前の示しあわせを無視して鎖国を主張。二条城で家茂らと酒宴中に、会議がなかったことになったと聞かされ、島津久光、松平慶永、伊達宗城ら参預を引き連れて公家の中川宮の邸に押しかけて散々に罵倒したことがあります。

本人希望記入欄
最初から僕のいうとおりにしていれば、こんなことにはならなかったのに……。

記入上の注意　1：数字はアラビア数字で、文字はくずさず正確に書く。
2：※印のところは、該当するものを〇で囲む。

履歴書

ふりがな	とくがわ　よしのぶ
氏名	徳川 慶喜

生年月日	没年月日	※
1837年9月29日	1913年11月22日(満76歳)	男・女（男に丸）

出身	
茨城県水戸市	

立場	あだ名
第15代将軍	ケイキ様、ネジアゲ

概要

水戸藩主・徳川斉昭と正室・吉子女王の間に生まれました。一橋家に養子に入り一橋慶喜となり、一時失脚しますが将軍後見職となって幕政改革を行ないました。29歳で15代将軍となると、大政奉還を行ない、約260年にわたる徳川政治を終わらせました。

年	歳	学歴・職歴(各項目ごとにまとめて書く)
1847	10歳	一橋家を相続し、名を一橋慶喜とする。
1855	18歳	一条忠香の養女・美賀子と結婚して参議になる。
1859	22歳	前年の将軍継承争いに敗れ、失脚。隠居謹慎を命じられる。
1862	25歳	一橋家を再相続し、将軍後見職となる。
1863	26歳	朝議参預就任。禁裏御守衛総督などを歴任し、御所の守護の統括に当たる。
1866	29歳	将軍家茂が死去したのに伴い、15代将軍に就任。
1867	30歳	大政奉還し征夷大将軍を辞職。
1868	31歳	薩摩藩の挑発により鳥羽・伏見の戦いを始める。薩長の近代化した軍制と、錦の御旗を前に苦戦し、将兵を置いて一人だけ江戸に逃げ帰る。解任されて駿府(静岡県)で謹慎。
1869	32歳	明治政府から謹慎解除。その後叙勲されるも静岡で隠棲。
1898	61歳	皇居と名を変えた江戸城で、30年ぶりに明治天皇に拝謁し名誉回復。
1913	76歳	11月22日に死去。勲一等旭日桐花大綬章を授与。

●260年続いた徳川幕府最後の将軍の在位は1年間

1866年（慶応2年）12月5日に15代将軍となった徳川慶喜。兵庫の開港や、フランス軍事顧問団を招いて幕府の戦力の向上を狙う、といった改革を推し進める。しかしこの頃、幕府を倒そうとする動きが活発になっていた。

そんなとき、武力衝突を避けたい土佐藩（高知県）から接触があった。将軍が天皇に政権を返し、一大名となって天皇のもとで列藩会議を行なうという、新しい政治の仕組みを提案されたのだ。「このまま武力衝突をするより、新しい仕組みのなかで発言力をもてる立場に就いたほうがよいのではないか」と思ったのか、慶喜は大政奉還を決意する。1867年（慶応3年）10月のことだった。こうして1年にも満たない短い期間で、将軍生活は終わりを告げる。

しかしそれですんなり「はいそうですか」とはいかなかった。鳥羽・伏見で旧幕府側と薩摩藩の戦闘が起こり、慶喜は大坂城から江戸へと逃げる。「部下を置いて自分だけ逃げた卑怯者」と思うかもしれないが、実際は戦闘が続いて大勢の命が失われることや、朝敵とみなされることを嫌って、大坂城を後にしたのだという説もある。慶喜は江戸に戻った後、紆余曲折あったものの江戸城を明け渡し、自身は水戸で謹慎生活を送ることになった。その後、静岡へと移り住み、そこで30年ほど過ごす。

●意外と快適だった……かもしれない悠々自適な隠居生活

将軍の地位も権力もなくし、静岡の邸宅で生活することになった慶喜。さぞ悔しい思いをしていたのではないかと思われがちだが、じつはそうでもなかったようだ。

慶喜は非常に多趣味な人物で、日々をその趣味に費やして生活していたようだ。狩猟、弓道、西洋画、刺繍、乗馬に囲碁や謡曲、晩年にはカメラで写真撮影をするためにしょっちゅう出かけていた。謹慎中、外に出られない気を紛らわすために、開成所《かいせいじょ》（幕府の洋学教育研究所）の中島鍬次郎《なかじまくわじろう》という人物に油絵を習っていたという話もある。

このとき慶喜はまだ30代前半。その若さで趣味に生きる隠居生活は、現代人からすればなんともうらやましい話にも思える。

大晦日《おおみそか》だろうと正月だろうと、気が向きさえすれば狩猟に出かけて夜まで帰ってこなかったり、洋食を好んで食べたりというかなり自由奔放な日々だったようだ。「豚を好んで食べる一橋」という意味が込められた「豚一」なんてあだ名まで付けられていた。

もともと西洋文化に対する理解があったので、人力車や自転車、自動車はもちろん、電話、蓄音機など、新しいものが登場するとすぐに購入するか、利用したりする姿が見られていた。また自分の立場が危ういものだと理解していたのか、政治的な発言などはいっさいしなかった。地元の人には「ケイキ様」と呼ばれて慕われていた記録が残っている。

勝海舟

Katu Kaishu

江戸の町を第一に考えて行動した「粋」な幕府の重臣

容姿 小柄でなで肩。月代(さかやき)を剃(そ)らず髷を結っていたため、明治に入って髷を落としてもあまり変化に気付いてもらえませんでした。	
性格 飄々としてテキトー。細かいことにはこだわらないがつねに大局を見つめているタイプ。	
幼少期の様子 11代将軍家斉の孫の初之丞の遊び相手として一橋家に呼ばれたことがあります。	
金運 金銭には無頓着。資金難でも龍馬に金策させました。	**交友関係** 佐幕派、討幕派共に顔が広いです。
トラウマ 9歳のときに狂犬に睾丸をかまれて高熱に苦しんで以来の犬嫌い。	**趣味** 剣術、禅、操船、蘭学、酒、女。
恋愛関係 7歳まで父の実家の男谷家で育ちました。破天荒な父親の放任主義で自由な考えをもつようになりました。	**仕事ぶり** やるべきことはやるが文句が多いかな。自慢も多いです。
恋愛関係 正妻の民子のほか、世間にバレた妾が5人。	**家族** 民子との間に2男2女、妾との間に2男3女をもうけ、総勢4男5女の面倒を民子に見させました。
人生の目標 自分の価値は自分で決める。	**死因** 入浴後のブランデー一気飲みによる脳溢血。

特技・得意技等

咸臨丸でアメリカに渡ったとき、最上位は軍艦奉行の木村喜毅だったのに、木村がアドミラル(提督)、私がキャプテン(艦長)と紹介されたためそのままになってましたけど、アレ、よかったんですかね?

本人希望記入欄

敵は多ければ多いほどおもしろい。コレデオシマイ(亡くなるときの最後の言葉)。

記入上の注意　1:数字はアラビア数字で、文字はくずさず正確に書く。
2:※印のところは、該当するものを○で囲む。

履歴書

ふりがな	かつ　かいしゅう
氏名	勝海舟
生年月日	1823年1月30日
没年月日	1899年1月19日(満75歳)
※	㊚・女
出身	江戸・本所亀沢町(東京都墨田区両国)
立場	幕臣
あだ名	麟太郎、氷川の大ホラ吹き

概要

無役の貧乏旗本から抜擢され、海軍伝習所で航海術を学んで渡米。帰国して海軍の増強に力を入れるが更迭されました。薩長の進軍を止めるために交渉役に選ばれ、江戸無血開城を成し遂げ、最後まで徳川家の存続に奔走しました。明治に入ってからも新政府に登用されました。

年	歳	学歴・職歴(各項目ごとにまとめて書く)
1855	32歳	異国応接掛附蘭書翻訳御用(オランダ語通訳)となる。
1860	37歳	咸臨丸の教授方取り扱いとして渡米。日本人乗組員による初の太平洋横断。
1862	39歳	軍艦奉行並に昇進。
1864	41歳	神戸海軍操練所を設立し、同時に私塾を開いて広く操船術を教える。作事奉行次席軍艦奉行に昇進。従五位下安房守に任官。
1865	42歳	神戸海軍操練所閉鎖。軍艦奉行を更迭される。
1866	43歳	復帰して長州征伐の停戦交渉を担当。長州の説得に成功したものの、慶喜が勅命による停戦を強行したため、怒って江戸に引きこもる。
1868	45歳	復帰して軍事総裁として全権を委任され、薩摩の西郷隆盛と会談。江戸城無血開城を成し遂げる。
1869	46歳	名前を安芳に改める。新政府の外務大丞、兵部大丞に任官。
1899	75歳	風呂上がりにブランデーを飲んで脳溢血。翌々日の1月21日に死去。

●全58巻のオランダ語辞典を筆写する驚異の集中力

勝海舟は幼い頃の知り合いについて、「蔵前の商人と、兵学の先生と、借金取り」と語っている。ここからわかるとおり、非常に貧しい家に育った。

そのうえ勉強に対する意欲が強く、蘭学医からオランダ語辞典を借りて、それを2冊に書き写していた。なぜ2冊なのか。勝にいわせるとこうだ。「2冊書き写すと、1冊は売って金にできるだろ」。

つまり勉強用に1冊、売却用に1冊用意したわけだ。その辞典はなんと全58巻。すべて書き写したのだから、おそるべき集中力だ。当然オランダ語はペラペラになった。

その集中力は剣術の修業についても発揮されている。勝は浅草の道場に通っていたのだが、師範から毎晩王子権現に参拝することを命じられ、それを実行している。浅草から王子までは、往復で約16キロ。稽古の後、たとえ雪が降っていようとその距離を走り、さらに王子権現でも打ち込みをしていたという。

当然その腕前はめきめき上達していった。ほかの先輩たちを追い抜いて、21歳の若さで免許皆伝となった。

こうした努力の末、教養と剣術を身につけた勝は、やがて幕府の重臣となっていく。その働きのなかで最も有名なのが、「江戸城無血開城」だろう。

●男と男の対談で決定……ではなかった江戸城無血開城

大政奉還後の1868年（明治元年）、新政府軍と旧幕府軍の間に「鳥羽・伏見の戦い」が勃発する。新政府軍は旧幕府軍を次つぎと退け、ついに江戸を包囲。江戸の町が戦火にさらされる直前、勝は新政府軍参謀の西郷隆盛のもとに乗り込み、江戸城を無血開城に導いた。血なまぐさい事件が目立つ幕末において、美談とされるエピソードだ。

江戸への総攻撃が予定されていたのは、同年3月15日。勝と西郷の会談は13日と14日。西郷が勝の男気にほれて、「よし、明日の総攻撃は中止！」と決めた……わけではない。勝ファンにとっては残念な話だが、じつはこれ、もっと前から決まっていたことだった。

薩摩藩の大久保利通は2月の時点で、江戸城や武器などの引き渡しを条件に、徳川慶喜の助命を認めようとしているし、勝の前に山岡鉄舟も西郷のもとへ行き、江戸開城の交渉を行なっている。勝と西郷の会談は、あくまでその最終調整にすぎなかったのだ。むしろ勝は交渉に失敗した場合、みずから町に火を放って新政府軍を蹴散らす焦土作戦を考えていたほど。とはいっても、ちゃんと庶民を逃がすための算段も考えていた。いざというときのことを考えて行動できる、用意周到な男だった。そんな勝が死に水（人生最後に口にする水）に選んだのはブランデーだった。下戸にもかかわらずだ。そしてあの有名な言葉「コレデオシマイ」といって病死する。破天荒な男の「粋」な最期といえるだろう。

近藤勇

Kondo Isami

尽忠報国を掲げて京都の警護を担当した新選組の局長

容姿 男らしくガッシリ体型。口は大きく目はつぶら。人前に出たときの迫力とカリスマ性は十分といわれております。	
性格 知勇兼備で冗談も飛ばす。頼まれると断れない親分肌の性格です。	
幼少期の様子 深夜に盗賊が押し入ったとき、うまく捕らえたことから、冷静で度胸があると思います。	
金運 道場主で出稽古による収入も多いが、食客が多く基本的には経営難。新選組になってからも同様。	**交友関係** 試衛館の門弟・食客たち、松平容保。
トラウマ 赤穂浪士にあこがれていたため、新選組の羽織を忠臣蔵風に。	**趣味** 剣術ひと筋。
家庭環境 実家の宮川家、近藤家の実家の嶋崎家、そして近藤家と3家の世話になりました。	**仕事ぶり** 経営手腕に優れ、統率力も高いです。
恋愛関係 妻のつねとは3年だけの結婚生活。京都では複数の妾を囲っていました。	**家族** 正妻つねとの間に娘たま。複数の妾との間に2男1女。ほかに隊士の谷三十郎の末弟を養子にして周平を名乗らせました。
人生の目標 将軍様を守るのが武士の勤め。	**死因** 斬首。

特技・得意技等

げんこつを口のなかに出し入れする芸をもっています（尊敬する加藤清正がやっていたらしい）。妻のつねとは見合い結婚で、ひと目見て気に入りました。美人は不貞が多い。彼女は美人ではないが性格がよさそうです。

本人希望記入欄

「今宵の虎徹は血に飢えておるわい」なんて、さむいセリフいってません。

記入上の注意　1：数字はアラビア数字で、文字はくずさず正確に書く。
　　　　　　　2：※印のところは、該当するものを○で囲む。

履歴書

ふりがな　こんどう　いさみ		
氏　名　近藤　勇		
生年月日 1834年?月?日	没年月日 1868年4月25日(満33歳)	※ 男・女
出身 武蔵野国·多摩上石原村(東京都調布)		
立場　新選組局長、甲陽鎮撫隊隊長	あだ名　局長、勝ちゃん、近藤さん	

概要

多摩の豪農・宮川久次郎の3男として生まれました。15歳で天然理心流の試衛館に入門し、盗賊退治を師匠の近藤周助に認められ養子となり道場を継ぎました。その後、将軍警護の浪士組に道場の門人など7名を連れて参加するも、分離して新選組を創設。

年	歳	学歴・職歴(各項目ごとにまとめて書く)
1849	15歳	試衛館に入門。近藤周助の養子となる。
1860	26歳	清水徳川家家臣・松井八十五郎の娘つねと結婚。
1861	27歳	天然理心流4代目を襲名。府中六所宮にて野試合を行なう。
1863	29歳	清河八郎の呼びかけに応じて浪士組に参加するため京に上る。しかし、浪士組が江戸に帰ることになり、芹沢鴨ら13名と協力し「壬生浪士組」を結成。八月十八日の政変で活躍し「新選組」と改名。
1864	30歳	池田屋事件発生。20名以上の志士が集まる池田屋に4人で斬り込んで殲滅する。
1867	33歳	分離独立した伊東甲子太郎ら御陵衛士を油小路事件で粛清。その後、伏見街道で御陵衛士の残党に狙撃され負傷する。
1868	33歳	甲陽鎮撫隊隊長として組織再編。甲州へ出陣するも敗北して多数の脱退者を出す。その後、新政府軍に包囲されて降伏。偽名を使うも看破され、板橋刑場で斬首される。首は京に運ばれてさらされた。

●家に押し入った泥棒を冷静さで撃破した15歳の少年

幕末の京都には、倒幕を掲げる過激な尊王攘夷派が跳梁《ちょうりょう》していた。それらを取り締まるために組織されたのが、有名な剣客集団、新選組だ。尽忠報国《じんちゅうほうこく》を掲げ、弱体化していく幕府のために命を賭して戦う。近藤勇はそんな新選組の局長だった。

近藤はもともと武家ではなく、宮川家という裕福な百姓の家に生まれた。15歳頃、家に泥棒が入ってきたことがある。そのとき近藤は、こっそり物陰から飛びかかろうとする兄を止めてこういった。「奴らは仕事を終えて帰るときが一番油断する。だからそこを突こう」。その作戦は見事に成功して、泥棒を撃退することができた。

天然理心流の道場、試衛館《しえいかん》の当主だった近藤周助《しゅうすけ》はその話を伝え聞き、「なんという度胸と冷静さだ！　ぜひ養子にほしい！」とおおいに評価した。そうして、能力をかわれて近藤家の養子となる。

こうして周助から試衛館を継いだ近藤は、のちに上洛する14代将軍徳川家茂の警護隊として「浪士組」に参加。浪士組の一部は京都守護職、松平容保の配下に入り、「新選組」と名乗るようになる。

近藤はここで考え方の違いから局長の芹沢鴨《せりざわかも》を殺している。対立勢力を排除して自分がトップに立った。

●ツワモノぞろいだった剣客集団、リーダーの腕前は

自分の「グー」を口に突っ込めるという謎の特技をもっていた近藤。これは尊敬していた戦国武将の加藤清正もできたといわれており、「つまり俺は清正公なのだ！」と吹聴していたという。そんな近藤は、はたしてどれほどの強さだったのか。よく新選組のトップ3として挙がるのは、沖田総司、永倉新八、斎藤一の3人。そこに近藤の名前はない。

しかもこんな話まである。近藤が当主を務めていた試衛館は田舎道場で、入門してくるのは武器をもったことがない素人同然の人間がほとんど。それでも道場破りがやってくることがある。そのとき近藤は、わざわざ江戸三大道場の一つ「練兵館《れんぺいかん》」から応援を呼んで、道場破りの相手をしてもらっていた。こうしたことから、「近藤は弱い」と見る向きもある。

だが、それはあくまで竹刀での話だ。新選組を題材にした娯楽作品でよく使われる「今宵の虎徹《こてつ》（近藤の剣）は血に飢えている……」の名言どおり、真剣を使った戦いではかなり強かったと思われる。その根拠となるのが、新選組による尊王攘夷派の粛清事件、「池田屋事件」だ。このとき近藤は先鋒として踏み込んだ。沖田が肺病の発作で、藤堂が額を切られて戦線離脱するなか、近藤は最後まで獅子奮迅の戦いを見せている。受け取った報奨金は沖田、永倉、藤堂が20両なのに対して、近藤は30両ももらった。「いや、局長だからじゃないの？」という人に対しては、近藤局長の虎徹が唸《うな》りをあげるだろう。

土方歳三

Hijikata Toshizo

局長近藤勇の片腕として汚れ仕事を引き受けた新選組の副長

容姿	
色白で長身の美青年。オシャレには気を遣います。防具もシャレたものにこだわり、洋装もいち早く取り入れました。	
性格	
合理主義者で柔軟な思考をもちます。便利なものはまず試してみます。	
幼少期の様子	
幼少時には風呂から上がると、よく裸のまま家の柱で相撲の稽古をしていました。美少年なのに乱暴だと周囲にいわれていました。	
金運 少年期は不運。新選組発足後はボチボチです。	**交友関係** 近藤勇、山南敬介ら新選組隊士。
トラウマ 不明。	**趣味** 俳句。
家庭環境 多摩の豪農、土方家10人兄弟の末っ子。	**仕事ぶり** 公私共に隊士の手本になるように、上に立つ者として厳しくありたいと思っています。
家庭環境 とにかくモテます。	**家族** 生涯未婚。姉ののぶと仲良し。
人生の目標 武士になりたい。	**死因** 戦死。死期を悟り、戦地箱館から自分の髪の毛を多摩の家族の元へ届けさせました。

特技・得意技等

天然理心流道場、中極意目録などさまざまな流派のクセがあり、実戦では滅法強かったです。斬り合いのとき、足下の砂を相手にぶつけてひるんだ隙に斬り伏せたり、首を絞めて絞殺したり。とにかく、勝てば官軍でしょう。

本人希望記入欄

自分の前世は織田信長。その生まれ変わりだと信じています。

記入上の注意　1：数字はアラビア数字で、文字はくずさず正確に書く。
2：※印のところは、該当するものを○で囲む。

履歴書

ふりがな　ひじかた　としぞう

氏名　**土方 歳三**

生年月日	没年月日	※
1835年？月？日	1869年5月11日（満34歳）	男・女（男に丸）

出身
東京・多摩郡石田村（東京都日野市石田）

立場　幕末期の幕臣、新選組副長

あだ名　鬼の副長

概要

多摩の豪農・土方家10人兄弟の末っ子として生まれました。実家は裕福でしたが両親が早くに亡くなり、次兄の喜六と、その妻・なかによって養育されたため、経済的に苦しい少年期を送りました。少年時代から武士になりたいと周囲に語っていました。

年	歳	学歴・職歴（各項目ごとにまとめて書く）
1845	10歳	江戸上野の「松坂屋いとう呉服店」（現在の松坂屋上野店）へ奉公に上がる。
1851	16歳	松坂屋上野店の支店である江戸伝馬町の木綿問屋に奉公に上がる。この頃、天然理心流に入門し、近藤と知り合う。
1859	24歳	天然理心流に再入門。
1863	28歳	新選組が発足する。近藤勇と共に局長を務めた水戸藩の芹沢鴨らを暗殺。副長に就任。
1864	29歳	池田屋事件で功績をあげる。
1867	32歳	新選組元隊士・伊東甲子太郎の結成した御陵衛士にスパイとして斎藤一を送り、近藤暗殺計画を未然に防ぎ、仲間であった伊東、藤堂平助を暗殺し御陵衛士を壊滅させる。
1868	33歳	鳥羽・伏見の戦いに惨敗。箱館政府陸軍奉行並に選出される。
1869	34歳	蝦夷に上陸し、数名残った新選組隊士と共に新政府軍と戦い、絶命。

●局中法度に背く者は容赦なく粛清。怖すぎる鬼の副長

前の項目で紹介した近藤勇が当主を務めていた試衛館道場には、沖田総司、永倉新八、藤堂平助など、のちに新選組の主要メンバーとなる人物が大勢出入りしていた。土方歳三もそのうちの一人だ。多摩《たま》郡（現神奈川県）石田村の百姓の子として生まれた土方は、昔から侍になるという夢をもっていた。実家秘伝の「石田散薬」という薬を売り歩きながら、剣術修業を行なう毎日。ある日、姉の嫁ぎ先にあった道場で、出稽古に来ていた近藤勇と知り合いになる。近藤とは年齢が一つしか違わないことから意気投合し、試衛館に入門。やがて近藤と一緒に、新選組の創立メンバーとなった。

新選組の副長になった土方は、「鬼の副長」の名で恐れられていた。新選組には『局中《きょくちゅう》法度《はっと》』という厳格なルールがあり、それを定めたのが土方だった。「士道に背くことはしない」「新選組から脱走しない」「お金の貸し借りはしない」といった内容で、それに反した者は容赦なく切腹を申しつけられるか、粛清された。

さらに尊王攘夷派の古高俊太郎《ふるたかしゅんたろう》を拷問して、仲間の志士たちが池田屋で京都に火を放つ計画を立てていることを白状させたのも、土方だ。その際の拷問は、逆さづりにした古高の両足に五寸釘を打ち込み、その上に火を灯したロウソクを突き刺すという、むごすぎるものだった。その所業は、まさに鬼といえるだろう。

●ラブレターの山を送りつけて自慢するモテ男

このように、怖すぎる土方からはちょっと考えられないことだが、女性に関するエピソードがやたらと多い。17歳の頃には、奉公に出されていた松坂屋という呉服店で、年上の女中を妊娠させて追い出されている。これはあくまで一説だが、それでも女好きでモテまくっていたのは事実らしい。

試衛館に出入りしていたときも、ついでに吉原通いをしていたほど。しかもこのとき、遊ぶ金ほしさに、剣の師匠である近藤周助にお金の無心までしている。のちに『局中法度』で「お金の貸し借りをしたら切腹だよ」と定めた男とは思えない姿だ。あまりの女遊びを見かねた家族から、三味線屋のお琴という女性と婚約させられるのだが、土方は「将来武士になりたいから」という理由で破棄している。お琴は一人娘だったので、もし結婚していたら土方は三味線屋を継いでいたかもしれない。

モテ具合は新選組に入ってからも変わらなかった。ある日、天然理心流の門下生たちのところに、京都の土方から大きな荷物が届いた。中身はぎっしり詰められた土方を慕う女性たちからのラブレターで、わざわざ自慢するために送りつけたのだ。しかも「報国の、心わするる、婦人かな」と書いた句まで添えられていた。つまり「モテすぎて国に尽くす気持ちも忘れそうだぜ」といっているのだ。鬼の副長なんだよね……？

坂本龍馬

Sakamoto Ryoma

日本を洗濯するという志を掲げて脱藩しながらも奔走した幕末の英雄

容姿 オールバックでくせ毛。少々タレ目で、写真に写るときは両手を懐に入れ、左手を隠すように組むなどすることが多いです。	
性格 柔軟な思考をもち、行動力に溢れます。	
幼少期の様子 気が弱くていじめられっ子でした。母が亡くなったときは心が荒れていたのか、仁王像に石を投げて、棒でたたいて腕を落とすという、とんでもないイタズラをしたものです。	
金運 実家は比較的裕福。脱藩後は金に困っていましたが、うまく立ちまわりました。	**交友関係** 中岡慎太郎や武市半平太ら同郷の志士たちをはじめ、勝海舟や西郷隆盛など非常に顔が広いと思います。
トラウマ 不明。	**趣味** 姉の乙女に手紙を書くこと。
家庭環境 兄が一人と、姉が3人。三女の姉、乙女とは非常に仲がよく、頻繁に手紙のやりとりをしていました。幼い頃に母は亡くなりました。	**仕事ぶり** 非常に行動力あふれる性格で、不可能といわれていた薩長同盟を成し遂げたのが最大の功績です。会社運営にも長けています。
恋愛関係 短命のうえ、各地を奔走していたにもかかわらず、3人の恋人がいました。	**家族** 姉に似た性格のお龍と結婚。子供をつくる前に殺されたため、直系の子孫はいません。
人生の目標 日本を開国させ、強い海軍を整備すること。	**死因** 京都の近江屋で暗殺。

特技・得意技等

偽金づくりを提案したことがあります。薩摩藩ではすでに偽金がつくられており、「これを土佐藩でもつくっておかないと、いざというときに資金不足で苦しむ」と藩に申し入れました。戊辰戦争の帰結後にそれが大量に流通し、市場は大混乱に陥りました。

本人希望記入欄

日本を洗濯しちゃるぜよ。

記入上の注意　1：数字はアラビア数字で、文字はくずさず正確に書く。
2：※印のところは、該当するものを○で囲む。

履歴書

ふりがな　さかもと　りょうま 氏名　**坂本 龍馬**		
生年月日 1835年11月15?日	没年月日 1867年11月15日(満32歳)	※ ㊚・女
出身　土佐国土佐郡上街本町一丁目 (高知県高知市上町一丁目)		
立場 脱藩浪人	あだ名　あだ名はとくにないが、才谷梅太郎などの変名は多い	

概要

土佐藩の郷士、坂本八平と妾の間に次男として生まれました。母が非常に大好きだったためか、母を亡くしてからは、もともと暗かった性格がさらに暗くなったといわれます。寺子屋も辞めましたが、姉の乙女によって学問や剣術を指導してもらいました。昔はいじめられっ子でした。

年	歳	学歴・職歴(各項目ごとにまとめて書く)
1853	18歳	剣術修業のために江戸に出て、北辰(ほくしん)一刀流の道場に入門する。ペリーの来航後は、佐久間象山の塾に入門する。
1861	26歳	何度か江戸と土佐を行き来した後、土佐勤王党に加入する。
1862	27歳	土佐勤王党を離脱し、脱藩。勝海舟のもとを訪れて、門下生となる。
1864	29歳	勝と共に計画していた神戸海軍操練所が完成する。池田屋事件、禁門の変に操練所の生徒が参加していたことから、幕府に圧力をかけられて閉鎖。
1865	30歳	勝の使者として薩摩藩へ行き、西郷隆盛と面会する。薩摩藩の援助を受けて「亀山社中」を設立。薩長同盟成立のために奔走する。
1866	31歳	薩長連合の盟約に立ち会う。その直後、寺田屋で幕府の襲撃を受ける。幕府の第二次長州征伐に長州側として戦う。
1867	32歳	亀山社中を海援隊にあらためて隊長になる。大政奉還の後、京都の近江屋で中岡慎太郎と会合していたとき、何者かに踏み込まれて暗殺される。

古代
平安
鎌倉
室町
戦国
江戸
幕末
近代

●脱藩直後は兄のおかげで、すねかじり生活を送る

1862年（文久2年）、坂本龍馬は土佐藩（高知県）を脱藩して浪人になった。幕末で最も有名なヒーロー、龍馬の活躍はここから始まる。脱藩した目的は、尊王攘夷派や開国派などが激しく争っていた日本を「洗濯」して、近代化に導くことだ。脱藩する1年前までは、旧知の仲の武市半平太《たけちはんぺいた》が尊王攘夷を掲げて組織した「土佐勤王党《とさきんのうとう》」に籍を置いていたのだが、日本をよりよくしたいという龍馬の熱意は、土佐のなかだけでは収まりきらなかった。

当時の日本は、今と違って旅行の自由がなかった。藩に申請して通行手形をもらわなければ、各所に設置されている関所を抜けることができない。当たり前だが、脱藩浪人になった龍馬は、土佐藩に「通行手形がほしいぜよ」なんていえるわけがない。では、どうやって全国を飛びまわっていたのか。最初はやはり、裏街道や抜け道を使って江戸に入ったのだろう。その後、薩摩藩（鹿児島県）の庇護を受けるようになってからは、薩摩藩士としての変名で手形を発行してもらったといわれている。

経済面では当初、兄の権平《ごんぺい》から仕送りをもらっていたらしい。龍馬は郷士《ごうし》という下級武士の家に生まれたが、本家筋が豪商だったのでほかの郷士の家ほど苦しい生活をしていたわけではなかった。「みんながあってこその俺じゃき」といったかどうかは知らないが、

とにかく龍馬は脱藩しても、周囲の助けのおかげで自由に動きまわることができたのだ。

●人生の師匠となる勝海舟を殺すつもりはなかった

脱藩して江戸にやってきた龍馬は、当然ながら土佐藩邸に身を寄せることもできない。だから北辰《ほくしん》一刀流の千葉定吉《さだきち》の道場に住まわせてもらうことにした。かつて龍馬が剣術修業で江戸にやってきたとき、世話になった場所だ。千葉定吉には攘夷思想にかぶれた重《じゅう》太郎《たろう》という息子がいた。重太郎はいう。「開国論者の悪党に、勝海舟っていう奴がいるんだけど、そいつを殺そうぜ」。こうして龍馬は重太郎と一緒に、勝のもとへ行く。

龍馬と重太郎を前にした勝が、「お前さんたち、俺を斬りに来たんだろう?」とつぶやくシーンは、ドラマなどでもおなじみだ。しかし重太郎はともかく、龍馬は本当に最初から勝を殺す気だったのか。その答えはおそらく「ノー」だ。本当に殺す気なら、出合い頭に斬りかかっているはず。龍馬はおそらく、相手の出方次第では斬るというつもりで、勝の開国論を聞いたのだ。その結果、勝の語る日本の未来に希望を見出した龍馬は、「弟子にしてほしいぜよ」と申し出た。こうして勝と龍馬の師弟関係が生まれる。

ちなみに龍馬はこの後、脱藩の罪を許されるのだが、そのとりなしをしたのが勝だ。勝は土佐藩主、山内容堂《やまうちようどう》のもとへ行って、龍馬を許してやってほしいと懇願した。容堂は勝が下戸なのを知っていながら、「まあ一杯やれ」と酒を差し出す。それを一気に飲み干した勝を見て、容堂は龍馬の脱藩を許したという。師弟愛が感じられるエピソードだが、龍馬はこの後、土佐からの帰国命令を拒否して、またもや脱藩浪人の身になっている。

●薩長同盟は討幕目的の軍事同盟……ではない

勝のもとで海外貿易や海軍整備の重要性を学んだ龍馬は、1866年（慶応2年）、同じ土佐出身の脱藩浪人、中岡慎太郎《しんたろう》と協力して、薩長同盟を実現させる。薩摩と長州の両藩は、1863年（文久3年）に起きた「八月十八日の政変」で薩摩藩が京都から長州藩を追い出して以来、敵対関係にあったのだ。

龍馬がその両者を和解させたことで、薩摩藩と長州藩は「よし。ケンカはやめて、討幕のために力を合わせよう！」と熱い握手を交わし、時代はいっきに討幕へと加速した……と思っている方も多いだろう。龍馬最大の偉業ともいわれる薩長同盟は、通説では討幕目的の軍事同盟となっているが、じつは近年になって別の説が有力視されつつある。

なんとこの同盟が結ばれた会談の場では、記録が取られていなかった。ただの口約束でしかなかったのだ。さすがにそれではまずいということで、のちに長州藩の桂小五郎が、立会人の龍馬に会談の内容を箇条書きにした手紙を送って、署名をもらっている。

しかしその手紙では、討幕についていっさい触れられていない。気になる内容は、幕府に征伐されそうになっている長州藩を、薩摩藩が援助すること。そして朝廷を牛耳るようになった一会桑《いちかいそう》政権（一橋家、会津藩、桑名藩の三者で構成された政権）の打倒について書かれている。つまり薩長同盟の成立時点では、討幕に関する意見はかわされていなかったのだ。一時は同盟締結の場に龍馬自身がいなかったとする説もあったが、さすがにこれは否定されている。龍馬も草葉の陰から「おったわ！」と叫んでいることだろう。

●近江屋を襲った暗殺者に、とばっちりで殺される

大政奉還後の1867年（慶応3年）、龍馬は近江屋で中岡と話し込んでいるところを、何者かの襲撃を受けて暗殺されてしまう。龍馬も中岡も薩長同盟を実現させた立役者なので狙われたのだと思われるが、ここにおもしろい説がある。なんと龍馬は、とばっちりで殺されたというものだ。

争いを好まず、江戸の無血開城を訴えていた龍馬とは対照的に、中岡は武力による討幕を目指していた。中岡がつくった陸援隊は、そのために浪士たちで組織されたものだった。当然、新選組や京都見廻組《みまわりぐみ》からは危険視されていたはず。だから暗殺者は中岡を殺すために近江屋へ押し入ったという。事実、額を斬られただけの龍馬と違って、中岡は全身をめった刺しにされている。それでも、即死した龍馬と違い、中岡はその後2日も生きていたのだからすごい。このとき龍馬は帯刀していなかったらしいが、もし刀をもっていれば、洗濯されてパリッとした日本を見ることができたのかもしれない……。

西郷隆盛

Saigo Takamori

その人柄には龍馬や勝もほれ込んだ
スケールの大きな薩摩藩の巨人

容姿 身長180センチ、体重100キロ。世間では「肥満体」と呼ばれています。目が大きく、黒目がちです。	
性格 おおらかで正義感が強いです。忍耐強く、トラブルでも動ぜずどっしりと受け止めるタイプです。	
幼少期の様子 子供の頃から体が大きく、信望がありました。家計を助けるため魚捕りに励んでいました。	
金運 流罪の際、西郷家の土地・家財は没収。以降、明治2年まで役職手当しかもらっていません。維新の功でもらった金で鹿児島に屋敷地を購入した程度。	**交友関係** 島津斉彬、大久保利通、小松帯刀、坂本龍馬、勝海舟、板垣退助、村田新八、西郷従道などです。
トラウマ 10歳のとき、右腕内側の神経を斬られ、刀が握れなくなったこと。	**趣味** ダイエットを兼ねた狩猟、釣り。
家庭環境 父・吉兵衛、母・マサ、祖父母、7人兄弟の貧しい大家族です。23歳のとき、祖父母、父母を亡くし、私が家督を継ぎました。	**仕事ぶり** 私利私欲を捨て国家のため猛烈に働きます。ピンチにはより大きなリーダーシップを発揮します。
恋愛関係 壮年期は愛人を囲ったり、祇園の芸妓と浮名を流したりしたこともありました。とにかく太った女性が好きでした。	**家族** 奄美大島の島妻との間に1男1女。いと（糸子）との間に3男。島妻との間に生まれた子供はいとが引き取りました。
人生の目標 薩摩藩の改革、強い日本の建国。	**死因** 西南戦争で自刃。

特技・得意技等

好物は、甘いものと脂身のついた豚肉です。流刑先でフィラリアに感染。この後遺症を患っていたので、晩年は陰嚢が人の頭大にふくれあがっていました。

本人希望記入欄

世間に出ているおいどんの写真は、亡くなったのち、想像で描かれたものでごわす。実際はもっと痩せておるでございもす。

記入上の注意　1：数字はアラビア数字で、文字はくずさず正確に書く。
2：※印のところは、該当するものを○で囲む。

履歴書

ふりがな　さいごう　たかもり

氏名　**西郷 隆盛**

生年月日	没年月日	※
1827年12月7日	1877年9月24日（満49歳）	男・女（男に丸）

出身　薩摩国鹿児島城下加治屋町
（鹿児島県鹿児島市加治屋町）

立場	あだ名
薩摩藩士、明治政府参議、陸軍大将	西郷どん、大西郷

概要

薩摩藩の下級藩士の長男として生まれました。奄美大島での潜居、流罪などの挫折を経験後、薩摩藩のリーダーとして「薩長同盟」の締結、王政復古を成し遂げ、江戸総攻撃を前に江戸城無血開城を実現しました。新政府では参議として多くの政策を施行しました。

年	歳	学歴・職歴（各項目ごとにまとめて書く）
1844	17歳	郡方書役助として出仕する。
1858	31歳	入水自殺を試みるが未遂。幕府の追っ手から逃れるため、奄美大島で潜居生活を始める。
1861	34歳	藩に呼び戻されるが、島津久光の逆鱗に触れ、沖永良部島へ流罪、入牢する。
1864	37歳	赦免召還され、軍賦役（軍事司令官）となる。「禁門の変」で長州軍を撃退する。
1865	38歳	幕府の征長出兵命令を拒否する。
1866	39歳	長州藩・桂小五郎と面談し、「薩長同盟」を結ぶ。
1868	41歳	「戊辰戦争」を東征大総督参謀として指揮。江戸城無血開城を実現する。
1870	43歳	鹿児島藩大参事（副知事）に就任する。
1871	44歳	明治政府の参議に就任し、「廃藩置県」に尽力する。
1873	46歳	陸軍大将に就任。「征韓論」で大久保や木戸と決裂し、帰郷する。
1877	49歳	「西南戦争」に敗れ、城山で自刃する。

●右腕を斬られても友達同士のケンカは止めてみせる

幕末に薩摩藩（鹿児島県）の実質的な指導者となる西郷隆盛は、幼少の頃からその才覚を表していた。薩摩藩には「郷中《ごじゅう》」という学校のような自治組織があり、西郷もそこで学んでいたのだが、ある日、郷中の仲間同士がケンカを始めた。それも刀を抜いての本気の争いだった。西郷は臆せず仲介に入った結果、右腕の神経を斬られてしまう。結果、刀が握れなくなり、武士として生きていくことが絶望的になった。

その代わりといってはは申しわけないが、得たものも多かった。仲間たちからの絶大な信頼と、学問で身を立てようとする姿勢だ。やがてその人柄と学力を見出した薩摩藩主の島《しま》津斉彬《づなりあきら》は、西郷を側近に取り立てる。ここから西郷の政治家人生がスタートした。

1864年（元治元年）、軍賦役という軍隊の指揮官に任命されると、京都で挙兵した長州藩の軍勢を「禁門の変」で撃退。その後、坂本龍馬の仲介で、長州藩と同盟を結び、大政奉還に導く。1868年（明治元年）、新政府軍と旧幕府軍で「鳥羽・伏見の戦い」が起きて戊辰戦争が始まると、西郷は新政府軍参謀として戦い、旧幕府軍を打ち破った。その後、江戸に追い詰めた旧幕府軍に総攻撃をかけようとしたところ、勝海舟と会談したことをきっかけにそれを中止。龍馬も勝も、スケールが大きく柔軟な対応ができる西郷の人柄を評価していたとされている。

●珍芸で笑いをとったり、下痢でトイレにこもったり

西郷の人柄を表している豪快なエピソードは数多い。たとえば薩長同盟が結ばれた後、両藩志士たちで開かれた懇親会のときだ。先日まではおたがい憎しみあっていた敵同士。酒の入った席では、「余興」と称してどちらともなく刀を抜く場面があった。そこで立ち上がった西郷が、「おいどんの余興はこれでごわす」といい、自分の巨根を取り出して陰毛を火であぶった。あまりのバカバカしさに、両藩の志士は笑って刀を収めたという。

また、龍馬を自宅に招いたとき、西郷の家は屋根に穴が開いており、雨漏りしていた。夫人の糸子《いとこ》が「お客様を迎えるのに雨漏りしていたら格好悪いから修理してほしい」と頼んだのに対して、西郷は「日本全国を見ろ。うちだけが雨漏りしてるわけじゃないし、別によか」といって放置した。隣室でそれを聞いていた龍馬は、そのスケールの大きさに感心したという。

そのいっぽうで、妙に繊細な一面もある。西郷は写真を撮られそうになると極端に嫌がったのだ。有名な肖像画も、弟と従兄弟の顔から想像で描かれたものだ。糸子夫人も「うちの人はこげな顔じゃなか!」といったので、似ていないらしい。また、ストレスとプレッシャーからくる下痢をよく起こして、トイレにこもることも多かったという。豪快でありながら繊細という点も、西郷が好かれる理由なのかも。

古代 平安 鎌倉 室町 戦国 江戸 幕末 近代

大久保利通

okubo toshimichi

親友を討たねばならなかった悲劇
つねに冷静に国のことを考え抜いた男

容姿 当時としては長身(175〜178センチ)。鋭い眼光。維新後は口ひげを生やし、威厳のあるたたずまいから近寄りがたい印象を与えていたようです。頭髪は整髪料でセットします。	
性格 沈着冷静の現実主義者。あまり笑わず無口。目的のためなら手段は選ばず、私情も交えません。	
幼少期の様子 胃が弱くて武術はさっぱりでしたが、学問は大好きでした。同じ町内の西郷隆盛と一緒に遊びました。	
金運 青年期に極貧生活を経験しましたが、金銭には執着せず、私財は蓄えていません。	**交友関係** 薩摩藩の西郷隆盛、小松帯刀、島津久光のほか、岩倉具視、木戸孝允ともつきあっています。
トラウマ 不明	**趣味** 囲碁、西洋の食器集め。
家庭環境 開放的な家庭でした。父・利世、母・ふく、妹のきち、すま、みね。妹たちには優しい兄でした。	**仕事ぶり** 妥協を許さない。目標を立てたらどんな手を使ってもかならず達成します。
恋愛関係 妻・満寿(ます)との夫婦仲は睦まじかったですが、東京に愛人が一人いました。	**家族** 妻・満寿との間に5男1女、愛人ゆうとの間に3男。家庭では子煩悩な父親でした。
人生の目標 日本国の改革。	**死因** 6人の士族に襲われ刺殺。

特技・得意技等

明治に入ってから「西洋かぶれ」の傾向が強くなり、パンやコーヒー、紅茶を好んで食しました。ヘビースモーカーで、複数のパイプを愛用していました。

本人希望記入欄

昭和時代に世間を騒がせた「ロッキード事件」(1976年)において贈賄罪で有罪となった、元丸紅専務・大久保利春は私の孫にあたります。

記入上の注意　1:数字はアラビア数字で、文字はくずさず正確に書く。
2:※印のところは、該当するものを○で囲む。

履歴書

ふりがな　おおくぼ　としみち 氏名　**大久保 利通**		
生年月日 1830年8月10日	没年月日 1878年5月14日（満47歳）	※ ㊚・女
出身　薩摩国鹿児島城下高麗町 （鹿児島県鹿児島市高麗町）		
立場　薩摩藩士、 明治政府大蔵卿	あだ名　陰の大久保	

概要

薩摩藩士の長男として生まれました。若い頃は尊王攘夷派でしたが、時勢を読んで倒幕派に転向。藩の実力者となり、長州藩と「薩長同盟」を結びました。倒幕派公家と共に「王政復古のクーデター」を計画し実行。維新後は政治の実権を握り、近代日本の基礎を築いたと自負しています。

年	歳	学歴・職歴（各項目ごとにまとめて書く）
1846	16歳	藩の記録所書役助（補助的な役職）として出仕する。
1849	19歳	藩の家督相続争い「お由羅騒動」に巻き込まれ、免職・謹慎処分となる。
1853	23歳	斉彬が藩主となって謹慎が解かれ、記録所に復職。蔵役（倉庫管理担当）に命じられる。
1862	32歳	小納戸頭取に昇進し、藩の権力者・島津久光の側近となる。
1866	36歳	幕府の第二次長州征伐に反対し、島津久光に薩摩藩の出兵拒否を進言する。
1867	37歳	公家の岩倉具視と組んで「倒幕の密勅」を得る。 クーデターを実行し、明治天皇に「王政復古の大号令」を発令させる。
1868	38歳	明治政府の参議に就任。「版籍奉還」を実施する。
1869	39歳	「廃藩置県」を断行。西郷隆盛に御親兵を組織させ、諸藩の反抗に備える。
1873	43歳	内務省を設置し、初代内務卿に就任。
1877	46歳	九州で大規模な士族反乱「西南戦争」が勃発。京都で政府軍を指揮する。
1878	47歳	5月14日、紀尾井坂で士族に暗殺される。

●みずからを逆境に追い込んだ島津久光に取り入る策士

大久保利通が19歳の頃、薩摩藩（鹿児島県）のお家騒動に巻き込まれて父親は流罪、利通は職を失ってしまう。次の藩主が島津斉彬か島津久光《しまづひさみつ》かで問題になり、久光派が先手を打って利通の父たち斉彬派の人間を追放したのだ。

それによって利通は極貧生活を送ることになるのだが、腐ることもなく学問に励んだ。満足に食事もできない利通を不憫《ふびん》に思った親友の西郷隆盛は、「どうしても空腹が我慢できんときは、おいどんの家にあがって勝手に飯を食え」といったらしい。二人の仲のよさがよくわかる話だ。

お家騒動から数年、島津斉彬が藩主になると、利通も復職し、父も罪を許される。未来は明るいものと思われたが、藩主になって7年後に斉彬が病死してしまう。次に実権を握ったのは、あの島津久光。利通にとっては父を流罪にされ、極貧生活を送る羽目になった因縁の相手だ。利通の仲間も久光を嫌っており、一触即発といった状態だった。

だが利通はどこまでも冷静だった。藩に反対しても潰されるのがオチだ。それは一度経験して理解している。そこで利通は久光に取り入り、内部から変えていくことにした。己を殺し、どう動くことが最善かを常に考えていたのだ。その策は成功し、利通は異例の出世街道を歩むことになる。藩の中心人物にまでなり、政治に関わっていくことになる。

●親友の西郷隆盛と決別し、戦う覚悟を決める

幕府が倒され、新政府が樹立されると、利通は参議に就任した。岩倉使節団として海を渡り、欧米の進んだ社会を視察した利通は、国を強くするためには産業の発展が必要不可欠だと考えるようになる。ところが、留守を預かっていた隆盛は武力で韓国を開国させる「征韓論」に傾いていた。利通の主張と平行線になり、最後には隆盛と袂《たもと》をわかってしまう。

また版籍奉還や廃藩置県などを通じて国の仕組みが変わっていくなかで、士族（かつての武士）の不満が爆発。あろうことか隆盛がその先頭に立ち利通のいる新政府と真っ向からぶつかってしまった。1877年（明治10年）に起きた日本最後の内戦、西南戦争だ。

隆盛とは文字通り同じ釜の飯を食った仲。このときの利通の心中はどのようなものだったか。1873年（明治6年）に書かれた遺書に「残念ながら決心した」との一文がある。「征韓論」で隆盛と衝突し、士族たちから恨まれることを覚悟して書かれたものだった。戦争にまでなるとは予想していなかっただろうが、国のため、親友とも戦わなければいけないという利通の「決死の覚悟」が見える。西南戦争は隆盛の自害という最悪の結果で幕を下ろす。常に冷静だった利通もこのときばかりは悲しんだという。西南戦争終結翌年の1878年（明治11年）、利通も暗殺されて世を去った。死の直前、利通は隆盛からの手紙を読んでいたといわれている。未来を夢見て戦った親友二人の悲しい最期だった。

吉田松陰

Yoshida Shouin

知ることで見えてくることがある
偉人を輩出した松下村塾の塾長

容姿 汚れた着物に何日も洗わない頭髪。痩せこけた頬。容姿の説明なら、これくらいで十分でしょう。	
性格 基本的に純粋で素朴ですが、誤っているものには徹底的に糾弾し、行動で示します。自身の思想が一番大事で、それを証明するために戦います。	
幼少期の様子 勉強が楽しくて仕方なかったです。大人から「天下の英才」と呼ばれてきましたが、特別に気にすることもなく、今日に至ります。	
金運 もともと金をためようという発想がないのです。	**交友関係** 桂小五郎、久坂玄瑞、高杉晋作、伊藤博文、山縣有朋ほか門下生。
トラウマ 意味がわからん。	**趣味** 読書、執筆。趣味が仕事であり、私の生き方です。
家庭環境 母・滝、兄・梅太郎、妹・芳子、弟・敏三郎たちと暮らしております。みんな私のことを心配しているようです。	**仕事ぶり** 口調は激しくて毒舌だが、これは真剣だからです。学問の情熱のため寸暇を惜しんで弟子に語り続けます。
恋愛関係 興味がない。	**家族** 独身です。
人生の目標 自身の思想の体系化。	**死因** 斬刑。

特技・得意技等

どこでも講義。牢獄「野山獄」に投獄されたときは、まわりの囚人に孟子の講義をしてやったぞ。勉強になったことだろう。

本人希望記入欄

死んで己の志が永遠になるのなら死んでもかまわない。

記入上の注意　1:数字はアラビア数字で、文字はくずさず正確に書く。
　　　　　　　2:※印のところは、該当するものを○で囲む。

履歴書

ふりがな	よしだ　しょういん
氏　名	吉田 松陰
生年月日	1830年8月4日
没年月日	1859年10月27日(満29歳)
※	男・女 (男に丸印)
出身	長州藩萩城下松本村(山口県萩市)
立場	「松下村塾」主宰、思想家、教育者
あだ名	二十一回猛士

写真提供:国立国会図書館デジタル化資料

概要

萩で私塾「松下村塾」を開いている教育者です。老中の暗殺計画を企てたことが幕府の耳に入り、江戸へ送られました。私が正直に計画を話したところ、死刑の判決が出ました。それでも、「理論だけではなく実行が大事」と、これまで門下生にいい続けてきたので本望です。

年	歳	学歴・職歴(各項目ごとにまとめて書く)
1850	20歳	九州へ遊学。その後、江戸で佐久間象山に師事する。
1851	21歳	通行手形なしで多藩に行くという脱藩行為を行なう。
1852	22歳	脱藩の罪で士籍を奪われる。
1853	23歳	長崎に寄港していたロシアの軍艦で密航しようとするが、失敗。
1854	24歳	伊豆下田港に停泊中のポーハタン号へ近づき、密航を訴えるが拒否され、幕府に自首する。
1855	25歳	生家で軟禁状態となり、講義を開始する。「松下村塾」を開塾。
1858	28歳	老中首座の暗殺を計画する。これが幕府に伝わり、捕らえられる。
1859	29歳	斬刑により死亡。

●知識への飽くなき欲求。9歳で明倫館《めいりんかん》の家学教授見習いに

1830年（天保元年）8月4日、長州藩の萩（山口県）で生まれた吉田松陰。5歳のときには叔父のところへ養子に行くことになる。義父の吉田大助は吉田家に代々伝わっている山鹿流《やまがりゅう》兵学を修めていた。当然、松陰もこれを継ぐことになる。しかし養子になった翌年に義父を亡くしてからは義父の弟、文之進《ぶんのしん》から教育を受けた。

松陰はめきめきと頭角を現し、9歳になると藩の学校、明倫館で家学教授見習いとして人に教える立場にまでなった。9歳といえば小学3年生だ。この時点で松陰がどれほど頭がよかったのかがわかる。小学生が教壇に立つなんて、漫画でしか見たことない。

その後、松陰は山田右衛門という海外事情に通じた人物から世界のことを教えられる。同時期に『外夷小記《がいいしょうき》』と呼ばれる小冊子を入手。この小冊子には清で起きたアヘン戦争の経過などが記されていた。大きな衝撃を受けた松陰は、ここからしだいに世界に目を向けていくことになる。

日本がどういう状況に置かれているのか、ほかの国はどうなっているのか。興味の尽きない松陰は20歳頃になると明倫館を辞め、みずからの目で確認するために遊学の旅に出る。九州の長崎では停泊中のオランダ船に乗り込むことができ、さらに平戸では葉山佐内《はやまさない》、山鹿万助《やまがまんすけ》らに師事した。1851年になると弘前藩（青森県）が外国船に砲撃される事件が

起きた。もちろん松陰は弘前に行きたがり、事の重大さを理解していた藩もそれを許可したが、旅行に必要な手形の発行が遅れてしまう。「手形が来るのなんて待ってらんねえ！」と思った松陰は脱藩の覚悟をしてまで出発してしまった。のちに江戸に戻ってきた松陰は処罰として、郷里で謹慎を命じられる。だがここでも松陰の知識欲は止まらない。謹慎中に、『日本書紀』をはじめとした歴史書を片っ端から読破していったのだ。

●肌身で外国の侵略を感じ取り、松下村塾を立ち上げる

世界を自分の目で見る必要を感じた松陰は、浦賀沖に来航したペリーの黒船に密かに乗り込み、海外へ連れて行ってくれるよう頼んだ。しかしあっさり断られ、松陰は今度は牢屋に入れられてしまう。牢屋に入っていた1年間で松陰は600冊もの本を読み、囚人相手に講義をしていたという。このとき松陰がハマっていたのが儒教の「孟子」で、「国家にとって最も大切なのは民である」という思想に共鳴した。そしてその民をないがしろにしている、と松陰の目に映った江戸幕府に対して不満をもち始める。肌身で外国の脅威を感じていたからこそ「なんとかしなきゃいけない！」という思いが強かったのだろう。

やがて牢屋を出た松陰は、叔父が開いていた塾を引き継ぎ、多くの生徒を教えることになる。これが高杉晋作や久坂玄瑞《くさかげんずい》、山縣有朋《やまがたありとも》や伊藤博文など、のちの世を一変させる人物たちを輩出することになる、あの松下村塾の始まりだった。

松平容保

Matsudaira Katamori

徳川家には絶対に仕えるといった家訓を守って会津を失った藩主

容姿 幕末の三大美男子の一人ともいわれております。京都守護職時代、私が宮中に参内する日は女官がそわそわしていたといううわさを聞きました。	
性格 真面目で正直。が、怒らせると怖いです。	
幼少期の様子 小さな頃から利発で将来を期待されました。	
金運 堅実でしたが、京都守護職になったことで新選組の維持費など出費がかさみました。	**交友関係** 孝明天皇、徳川家定、徳川家茂、徳川慶喜、高須4兄弟、新選組などと交友がありました。
トラウマ 会津家訓15カ条	**趣味** 和歌
家庭環境 父の松平義建と義父の松平容敬は兄弟。自身も兄弟と仲がよかったです。	**仕事ぶり** 真面目ながらも周囲に流されやすい。
恋愛関係 正室の敏姫を失ってから、加賀前田家の禮姫を後妻に迎える予定でしたが、その後の戦争でタイミングを逸して婚約解消。ほかに複数の側室がいました。	**家族** 正室との間に子供はなく、二人の側室が7男2女を産みました。また、水戸の徳川斉昭の息子喜徳を養子として家督を継がせました。
人生の目標 徳川家を守るのが会津の使命。	**死因** 肺炎をこじらせて死亡。

特技・得意技等

明治に入ってから政治への参加を呼びかけられたこともありましたが、「余のために死んでいった者たちは数千人は下らず、家族は数万人にもなる。その彼らを差し置いて、自分だけが栄達することなどできない」と断りました。ただ、華族になっても困窮していたため、昔の家臣のカンパで生活していました。

本人希望記入欄

孝明天皇とは本当に仲がよかったのに。朝敵呼ばわりって本当に失礼だと思います。

記入上の注意　1：数字はアラビア数字で、文字はくずさず正確に書く。
　　　　　　　2：※印のところは、該当するものを○で囲む。

履歴書

ふりがな	まつだいら　かたもり
氏名	松平 容保
生年月日	1835年12月29日
没年月日	1893年12月5日(満57歳)
※	男・女（男に丸）
出身	江戸・四谷高須藩邸(東京都新宿区四谷)
立場	会津藩第9代藩主
あだ名	会津侯、芳山(号)

概要

美濃高須藩主・松平義建の6男として生まれました。会津藩主になっていた叔父の容敬に請われて養子となり、会津藩の家督を継ぎました。京都守護職として京の治安を守り、新選組を支援。徳川家に忠節を尽くすいっぽうで天皇からの信頼も得ました。

年	歳	学歴・職歴(各項目ごとにまとめて書く)
1852	17歳	会津藩主となる。
1862	27歳	再三辞退したにもかかわらず京都守護職となる。
1863	28歳	浪士隊として集まった近藤勇ら13名を「壬生浪士組」として支援。八月十八日の政変で薩摩藩と共に長州藩を京都から追い出す。
1864	29歳	京都守護職を辞めて陸軍総裁となるも、ふたたび京都守護職に復帰。京都に侵攻してきた長州軍を撃退する(禁門の変)。
1867	32歳	大政奉還。
1868	33歳	鳥羽・伏見の戦いから逃げ出す将軍慶喜につきあって大坂から江戸に。東北25藩による奥羽越列藩同盟の盟主となって会津戦争に参加。その後降伏して鳥取藩預かりとなる。
1871	36歳	東京に移住。
1880	45歳	日光東照宮の宮司となる。のちに上野東照宮祠官、二荒山神社宮司も兼務。
1893	57歳	肺炎で死亡。正三位に昇叙される。

●人生を決定づけてしまった会津の家訓15カ条

松平容保が治める会津藩（福島県西部）には、15カ条の家訓があった。軍備を怠ってはならない。兄を敬い、弟を愛せ。話し合いの場では、思っていることをそのまましゃべってもよい……といったような内容だ。そのなかでも、最初に記されているのが次の一文になる。「大君に対して一心に仕え、勤めること。もしこれを裏切るようなことがあれば、そんな者は私の子孫ではない」。

つまり徳川将軍家に絶対的に仕えろ、というものだ。この家訓ができた背景には会津松平家の初代藩主、保科正之の出生が関係している。じつは彼は2代将軍徳川秀忠の息子だったのだ。正室の子ではなかった正之は、信濃高遠藩（長野県）の保科正光のところへと養子に出される。

そして保科正之はのちに会津藩の藩祖となり、15カ条の家訓を残す。その出生を知ると、なるほどそういうことかと納得できるだろう。会津藩を治める身となった容保も、実直にこの家訓を守ろうとした。しかしそれがのちの彼の人生を決定づけることになる。

●まさかの慶喜の逃亡から、会津若松城での籠城戦へ

1862年（文久2年）、容保に京都守護職を任せたいという話が舞い込んできた。前

年に妻を亡くし、そのせいか体調を崩して寝込むことも多かった容保は、最初はこれを断った。そもそも会津から京都は遠すぎたのだ。

しかし、何度もその話はもってこられ、しまいには「初代藩主が存命なら、喜んで引き受けてくれたはずだ」とまでいわれてしまう。ここで家訓が思い出される。将軍家に仕えることこそ第一義だと。こうして引き下がることができなくなってしまった容保は、京都守護職を引き受けることになった。そして京都の新選組を自分の配下に置く。新選組の活躍もあり、なんとか京都の治安維持を勤めていた容保だったが、1868年（明治元年）、「鳥羽・伏見の戦い」の最中に、大坂城にいた慶喜が江戸へ逃げ帰ってしまう。こうして京都で治安維持をしていたはずの容保は、いつの間にか「幕府の中心人物＝朝敵」とみなされるようになってしまった。

大政奉還後に慶喜が隠居しても、討幕派の武力行使は止まらない。例の15カ条の家訓があるので、「もう慶喜公に仕える幕府軍じゃないんだよ！」ということもできない。結局は会津まで逃げ延び、そこの若松城で籠城戦をすることになる。約1カ月も戦ったが、最後には降伏。家老の萱野長修《かやのながはる》が腹を切ることで、容保は生き延びることができた。

1880年（明治13年）になると日光東照宮の宮司に任命される。多くの人がこの頃の容保を訪ね、戊辰戦争や京都守護職時代の話を聞いていたようだが、容保はいっさい語らずに、沈黙を保っていたようだ。いろいろ思うところがあったのだろう。

高杉晋作

Takasugi Shinsaku

奇兵隊をつくった男は
カッとなると何をしでかすかわからない

容姿

身長160センチで痩身。切れ長の目は「クール」と呼ばれます。目立つことが好きなので、背中に般若の顔がついた着物を着たり、長刀を地面にひきずって歩いたりしました。

性格

わがままで激情・直情型で攻撃的です。金銭感覚は破綻しており、女好きで宴会好きですね。

幼少期の様子

病弱でしたが、気性は激しかったですね。とにかく負けず嫌いでした。

金運 金銭感覚は破綻しています。お金があるとドンチャン騒ぎをしてしまうので貯金はありません。	**交友関係** 桂小五郎、久坂玄瑞、伊藤博文、井上馨、山縣有朋など長州藩の皆さんと坂本龍馬。
トラウマ 顔に残った天然痘のあと(あばた)。	**趣味** 宴会と詩作。
家庭環境 温和な父・小忠太、母・みち、妹の武、栄、光と穏やかに暮らしました。	**仕事ぶり** 経費の使い方はデタラメ。しかし現状を打破する突破力に優れています。
恋愛関係 妻・まさがいますが、江戸の芸妓・小三と浮名を流したほか、愛人・うのとは四国で潜伏生活を送りました。	**家族** 妻・まさとの間に1男。
人生の目標 おもしろきことなき世をおもしろく。	**死因** 肺結核。

特技・得意技等

剣術は柳生新陰流の免許皆伝。実戦では少し長い刀を愛用しました。
マゲを切ってザンギリ頭にしたとき、桂小五郎さんから「晋作、出家したのか?」と聞かれたけど、その髪型は西洋文明に近づきたいという私の決意表明です。

本人希望記入欄

坂本龍馬が見せびらかしているリボルバーは、じつは私が上海で購入し、彼に贈ったもの。龍馬が大切に使ってくれているのでうれしいです。

記入上の注意　1:数字はアラビア数字で、文字はくずさず正確に書く。
2:※印のところは、該当するものを○で囲む。

履歴書

ふりがな たかすぎ しんさく		
氏　名 **高杉 晋作**		
生年月日 1839年8月20日	没年月日 1867年4月14日(満27歳)	※ 男・女
出身 長門国萩城下菊屋横丁(山口県萩市)		
立場 長州藩士	あだ名 あずき餅、鼻輪を通さぬ暴れ牛	

概要

長州藩士の長男として萩に生まれました。「松下村塾」で吉田松陰先生の教えを受け、尊王攘夷運動に加わり、暴れまわりました。「奇兵隊」を結成したのは私です。功山寺挙兵で藩内の俗論派を討ち、第二次長州征伐でも功績をあげましたが、その後、肺結核のため療養生活を余儀なくされました。

年	歳	学歴・職歴(各項目ごとにまとめて書く)
1852	13歳	藩校「明倫館」入学。柳生新陰流剣術を学ぶ。
1857	18歳	吉田松陰主宰「松下村塾」へ入塾する。
1858	19歳	藩命で江戸へ遊学する。
1860	21歳	山口町奉行井上平右衛門の次女・まさと結婚する。
1861	22歳	藩命で上海へ渡航し、見聞を広める。
1862	23歳	久坂玄瑞、伊藤博文らと英国公使館焼き討ちを行なう。
1863	24歳	身分を問わない志願兵による「奇兵隊」を結成する。
1864	25歳	脱藩の罪で投獄後、謹慎処分となる。 下関戦争の講和会議の担当に抜擢される。 功山寺挙兵で軍艦3隻を無血で奪取する。
1866	27歳	長崎に出向き、蒸気船「丙虎丸」を購入し、それに乗船して下関に乗りつける。 藩の海軍総監に就任し、第二次長州征伐で功績をあげる。
1867	27歳	下関で療養中、肺結核で亡くなる。

●わずか1年で一目置かれる存在になった負けず嫌いの男

高杉晋作は16歳の頃、長州藩（山口県）の学校である明倫館に通っていた。しかし当時の晋作にとって学問は退屈で、剣術にばかり励んでいたようだ。先に松下村塾に入塾していた盟友の久坂玄瑞《くさかげんずい》からは、「剣術ばかりしてないで、学問に打ち込めよ」とたしなめられていた。

そして18歳頃に松下村塾へと通い始め、そこで吉田松陰と出会うのだ。やってきたばかりの晋作は、とても未熟だった。もともとカッとなりやすい性格でもあったし、学問より剣術が好きな男だった。そこで吉田松陰は久坂玄瑞のほうをほめることで、競わせた。まんまとそれに乗っかった晋作は猛勉強を始め、1年後にはほかの塾生も一目置く存在になったという。玄瑞と共に「松下村塾の双頭」と呼ばれるまでになったのだ。

だからといって性格まで大人しくなったわけではなかった。同塾の仲間、山縣有朋は「いつ彼が暴れ出して、自分まで腹を切らなきゃいけないことになるかと、常にヒヤヒヤしていた」と語っている。

●戦うのは武士だけにあらず。奇兵隊《きへいたい》の結成

師である吉田松陰の死後、藩の命令で上海へと渡ることになった晋作は、そこで西洋諸

国の支配に喘《あえ》ぐ清の姿を目の当たりにした。ここで尊王攘夷の決意が固まったのだ。危機感をもった晋作は帰国後すぐに藩に武力強化を訴えるが、あっさりと却下されてしまう。「やってられっか！　おめーらがやらねーなら自分でやらぁ！」と晋作は江戸へ出て、仲間と共にイギリス公使館の焼き討ちという、とんでもないことをしでかす。この後、晋作は藩に10年の休暇を申請し、頭を剃《そ》って「東行《とうぎょう》」と名乗り、下関で読書に没頭するようになる。

1863年（文久3年）になると、長州藩が外国船を砲撃する事件が勃発。長州藩はもちろん反撃を受けることになるのだが、ここで藩は晋作を呼び戻して下関防衛の任に当たらせた。

そこで藩の武士たちによる軍隊が役に立たなかったことを知り、晋作は「身分も階級も関係なく、力のある人材」を広く募った。その結果集まった参加者はじつにさまざま。農民や町民はもとより神社の神官や僧侶、相撲取りまで集まったという。内訳は下級武士が50パーセント、農民が40パーセント、町民が5パーセント、そして寺社関係が5パーセントだった。これは「正式な兵隊（正兵）」に対する「奇兵」と呼ばれ、ここに奇兵隊が結成されたのだ。この奇兵隊は下関での戦闘や、のちに起こる1866年（慶応2年）の第二次長州征討などでも大活躍を果たすほか、藩の実権を奪うためにも活躍。幕府側に傾きかけた長州藩の意見を尊王攘夷へと引き戻すためにもおおいに役に立った。

古代　平安　鎌倉　室町　戦国　江戸　幕末　近代

桂小五郎

Katsura Kogorou

次つぎと名前を変えて生き延びた剣を抜かない剣豪「逃げの小五郎」

容姿

身長175センチ前後。剣術で鍛えた筋肉質の身体と物腰のやわらかさから、自分でいうものナンですが、女性によくもてます。維新後は、西洋人をまねて横分けにしました。

性格

温厚で慎重。後輩の面倒見がいい。責任感が強く、問題を一人で抱え込むことが多い。

幼少期の様子

病弱でしたが、いたずら好き。10代に入ってからは英才として注目されました。

金運 お金に困ったことはないですが、私財を蓄えることもなかったです。	**交友関係** 大久保利通、高杉晋作、坂本龍馬、伊藤博文、井上馨、岩倉具視など。
トラウマ 名家の出身であること。	**趣味** 変装、改名、逃走、潜伏。
家庭環境 父・和田昌景、母は後妻で異母姉が二人います。7歳で桂家の養子となるが、その後、和田家へ戻りました。	**仕事ぶり** 勤勉で誠実。部下思いでリーダーシップがあります。個性派ぞろいの長州藩をまとめました。
恋愛関係 京都の芸妓・幾松（いくまつ［松子］）が恋人。維新後、正妻とする。	**家族** 妻・松子との間に子供はなく、3人の養子を迎えました。実子に娘の好子がいますが、母親は内緒です。
人生の目標 幕末は倒幕、維新後は国の制度づくり。	**死因** 心血管障害。胃がんだったのかもしれません。

特技・得意技等

京都で三味線持ちの「源助」に化けて花街で幕府の動向を探っていたとき、新選組の隊士に怪しまれたことがありました。そのときは芸者の君尾さんに「おい、源助、このグズ」といってもらい、助かりました。

本人希望記入欄

明治政府では、板垣退助ら急進改革派と大久保利通の専制主義の板ばさみとなり、ずっと胃が痛い状態が続きました。

記入上の注意　1：数字はアラビア数字で、文字はくずさず正確に書く。
2：※印のところは、該当するものを○で囲む。

履歴書

ふりがな　かつら　こ　ごろう

氏　名　**桂 小五郎**

生年月日	没年月日	※
1833年6月26日	1877年5月26日（満43歳）	㊚・女

出身
長門国萩城下呉服町（山口県萩市）

立場	あだ名
長州藩士、明治政府・内務卿	逃げの小五郎

概要

長州藩の藩医の家に生まれました。桂小五郎は通称です。逃げまわって生き延び、薩摩藩と「薩長同盟」を結び、倒幕の中心メンバーとして活躍しました。新政府樹立後、木戸孝允に改名。明治政府では、庶政全般の責任者となり、参与や文部卿などを兼務しました。でも、心身共に疲れました。

年	歳	学歴・職歴（各項目ごとにまとめて書く）
1849	16歳	吉田松陰に兵学を学ぶ。
1852	19歳	江戸へ遊学し、神道無念流の剣術道場・練兵館で修業。塾頭になる。
1858	25歳	江戸藩邸勤務となる。
1862	29歳	京都留守居役に就任する。
1864	31歳	「禁門の変」により、京都で潜伏生活に入る。
1866	33歳	薩摩藩・西郷隆盛と面談し、「薩長同盟」を結ぶ。
1868	35歳	明治政府の総務局顧問兼外国事務掛に就任する。
1871	38歳	参議に就任。岩倉使節団の全権副史として海外視察に出る。
1874	41歳	参議を辞職し、宮内省出仕となる。
1875	42歳	参議に復帰する。
1877	43歳	心血管障害により死去。

●和田から桂、そして新堀、廣江から木戸になる

桂小五郎は1833年（天保4年）、長州藩（山口県）の藩医、和田昌景の次男である和田小五郎として生まれた。小さい頃は、川に潜って行き来する船をひっくり返して遊ぶという、腕白な少年だったらしい。そのとき怒った船頭から櫂《かい》で頭を殴られたことがある。泣き出すかと思われたが、小五郎は川から上がると血を流す頭を押さえながらニヤリと笑ったそうだ。額に残る三日月型の傷跡は、このときにできたものだった。

7歳になると、隣の桂家の末期養子（家を途絶えさせないため養子を迎えること）となり、桂小五郎と名乗る。ここで初めて名前が変わる。年を取るとほかに寛治や準一郎といった通称を使っていた。さらに幕府に指名手配されていたときなどは、新堀松輔や廣江孝助と名乗っていたこともあった。

池田屋騒動から命からがら逃げ延びて帰藩すると、藩主が「木戸」姓を与えた。ここから木戸姓を使い、木戸寛治と名乗る。坂本龍馬の斡旋によって西郷隆盛と薩長同盟を結んだときは、この木戸寛治の名を使っていた。そしてのちに木戸孝允を名乗ることになる。

このように、桂小五郎から木戸孝允になるまでは、かなりの数の名前を使っていたのだ。ややこしいので、ひとまずこの項目では小五郎で統一しておく。しかしこれほど名前をコロコロ変えられると、まわりにいた人間もきっと困惑したに違いない。久しぶりに会った

人から、「やあ桂さ……ああ、今は木戸寛治さんでしたっけ。え、孝允?」といわれたこともあっただろう。

●剣豪だが師匠の教えを守り、剣を抜かなかった

小五郎は成人すると江戸へ自費で留学することにした。そこで江戸三大道場の一つ、練兵館の斎藤弥九郎《やくろう》を師に、神道無念流《しんとうむねんりゅう》を学ぶことになる。めきめきと剣の腕を上げた小五郎だったが、ここで最も大切な教えに出会った。

「兵は凶器といえば、その身一生用うることなきは大幸というべし」。つまり「刀は凶器、それを使わずにいられるということは一生の幸せ」という意味だ。練兵館では剣術を教えながら、剣を抜かないことの大切さも説いていたのだ。剣豪と呼ばれた小五郎も、この教えを死ぬまで守り、幾度となく危機に陥りながらも剣を抜かなかった。

なかでも有名なエピソードが、新選組に同行を求められたときのものだろう。小五郎が新選組に連れられて行く途中に「ちょっと漏れそうだからウンコさせてくれ」といって、その場で大便をしだした。あまりの臭いに隊士が少し離れると、その隙に逃げ出したという。それだけ聞くとひどくかっこ悪い。剣豪とまで呼ばれた小五郎なら、斬り合いになってもなんとか逃げ延びることはできたかもしれない。しかし彼は師の教えを守り、できる限り剣を抜かないように逃げまわった。そしてついたあだ名が「逃げの小五郎」だった。

一見、情けなく聞こえるこのあだ名も、そういった背景を知ると信念を感じられる、名誉あるものだと思えないだろうか。まあ、それでも大便をしながら逃げまわる姿は格好いいとはいいがたいが。

●のちに夫人となる幾松《いくまつ》のおかげで新選組をやりすごす

幕府側に追われる身となった小五郎は、藩に逃げ帰ることなく情報を収集するために素性を隠して京都に残った。そのときに小五郎を支えたのが芸妓《げいぎ》であり恋人の幾松だった。あるとき、酒を買いに出た幾松が新選組の見まわりを見つける。このままでは部屋に隠れている小五郎が見つかると思った幾松だが、逃がしている時間もない。そこで小五郎を長《なが》持《もち》（衣服を収納する木箱）に隠して、その前で三味線を弾き始めた。

やがてやってきた近藤勇らが部屋を検《あらた》め始める。残すところは長持だけ。近藤が長持に手を伸ばそうとしたとき、幾松は「調べてもいいですが、これだけ部屋を荒らしておいて、もしそのなかに誰もいなかったら、腹を切ってわびてくれますか」と啖呵《たんか》を切った。この度胸に感心した近藤は「いや、悪かった」といって帰ったという。

その後、紆余曲折を経て二人は結ばれ、木戸松子として小五郎と生涯を共にした。どのようなことからも逃げ延びた「逃げの小五郎」だが、幾松には捕まってしまったということか。

第八章　近代

明治天皇

Meiji Tennou

西洋風の君主として振る舞いつつも意外に古風だった好みや私生活

容姿
謁見した者からは色が浅黒いという評価があるようです。散髪脱刀令が出された後は断髪して、西洋風の髪型にしました。

性格
つねに改革を求める革新的な性格だと思います。プライベートにおいては庶民的な思考のはず。

幼少期の様子
<u>夜中宮中に大勢の藩士がなだれ込んできたとき、ひきつけを起こして倒れてしまった</u>ことがあります。しかし即位後は堂々としたものと評価されています。

金運 生まれたときから困りませんでしたが、質素な生活を好みます。	**交友関係** 公家全般。
トラウマ 不明。	**趣味** 乗馬、和歌、詩吟など多趣味。
家庭環境 腹違いの兄妹はいますが、血のつながりのある者はいません。父孝明天皇の第一皇子は生まれてすぐ亡くなりました。	**仕事ぶり** 青年時代は公家の傀儡(かいらい)のイメージがあったようですが、新体制に入ってからは積極的な改革を行ないました。
恋愛関係 正室のほかに5人の側室がいます。	**家族** 正室との間に子供はなく、側室との間に皇子5人、皇女10人をつくりました。皇子の一人がのちの大正天皇。
人生の目標 日本を近代国家へ。	**死因** 糖尿病の悪化から尿毒症を併発して病死。

特技・得意技等
<u>大酒飲みで、宮中ではよく宴会を開いていました。</u>糖尿病になってからも飲み続けたのがまずかったのでしょうか……。写真嫌いですが、撮影時にカメラマンが私に触れても快く許しました。

本人希望記入欄
なるべく写真は撮ってほしくないですね。

記入上の注意　1：数字はアラビア数字で、文字はくずさず正確に書く。
　　　　　　　2：※印のところは、該当するものを〇で囲む。

履歴書

ふりがな　めいじてんのう

氏名　**明治天皇**

生年月日	没年月日	※
1852年9月22日	1912年7月29日(満59歳)	男・女 (男に丸)

出身
京都・京都御苑内(旧中山邸)

立場	あだ名
第122代天皇	天皇陛下

概要

第121代孝明天皇の第二皇子として生まれました。母は権大納言・中山忠能の娘、慶子。皇太子時代から討幕派の公卿に囲まれており、討幕派の教育を受けました。歴代天皇のなかでも、早い時期となる15歳で即位。即位時は若年のため、摂政が置かれていたようです。

年	歳	学歴・職歴(各項目ごとにまとめて書く)
1867	15歳	孝明天皇の崩御により皇位継承。王政復古の大号令を発布。
1868	16歳	五箇条の御誓文を発し、新政府の樹立を宣言する。年号が明治に。東京遷都を行ない、無血開城をした江戸城に入る。
1869	17歳	版籍奉還を勅許し、各大名に対し領地と領民の返還を求める。
1871	19歳	廃藩置県を実施し、中央集権体制を確立する。
1879	27歳	前アメリカ大統領グラントと会談。
1889	37歳	大日本帝国憲法発布。日本で初めて天皇の権限を明記した憲法で、のちに続く立憲君主制国家の基盤となる。
1894	42歳	清に宣戦布告。本意に反しての行動といわれている。自身も戦争指導のため、広島の大本営に入る。
1911	59歳	開国以来の不安要素だったアメリカ、イギリス各国との不平等条約の改正を完了させ、日本を列強の一国に押し上げる。
1912	59歳	持病だった糖尿病の悪化による合併症により崩御。

●『三国志』のキャラで好きだったのは張飛《ちょうひ》

明治天皇といえば、顔には立派なひげを蓄え、勲章のついた大礼服に身を包んだ肖像写真が有名だろう。一部ではよく知られた話だが、じつはこれ、写真ではなく外国人版画家のエドアルド・キヨッソーネが描いた肖像画を撮影したものだった。

明治天皇は写真を嫌い、洋服を着るのも嫌っていた。西洋人がもち込んだ物を嫌ったのだ。無理もない、父の孝明《こうめい》天皇は攘夷主義者であり、「幕府を潰して西洋人なんか追い出せ！」という尊王攘夷運動の高まりのなかで少年期を過ごしたのだから。

孝明天皇は1867年（慶応3年）に急死し（暗殺説もある）、明治天皇はわずか15歳で即位した。後年にはザンギリ頭で軍服を着た西洋風の君主として振る舞い、スマートな印象のある明治天皇だが、若い頃は無骨なキャラを愛したようで、宮中に『三国志』の豪傑・張飛の肖像を掲げていたという。張飛といえば、『三国志』のなかでもケンカは強いが頭のほうはイマイチという乱暴者だ。明治天皇は、維新の元勲のなかでもとくに西郷隆盛を頼りにしていたというから、西郷と張飛のイメージを重ねていたのかもしれない。

豪傑にあこがれた明治天皇だが、成長後は日清戦争のおり、「今度の戦争は大臣の戦争であり、朕《ちん》の戦争ではない」と苦言をもらした。さらに、日露戦争中は旅順攻略に触れて、「ああ兵を殺すようではじつに困る」と語ったという。個人としては勇猛果敢を理想としながらも、国民が戦いで傷つくのは嫌っていたのだ。

●女官とお風呂！　じつは続けていた昔ながらの日常生活

明治天皇の私生活は記録が乏しいが、当時は日常のあらゆる作業が宮中女官の手で行なわれていた。たとえば、入浴時も一人でゆっくり浸かることはなく、３人の女官が体を清めた。しかも宮中ではとかく「ケガレ」を嫌う。そこで「不浄」な下半身を洗う役は、上半身を洗う役よりも身分が低かったという。なお、湯船には下半身のみ浸かる半身浴が通例だった。下半身が触れた湯が上半身にかかるのを避けたためだ。

一事が万事この調子だから、宮中では多数の女官が働いていた。こうした女官のなかには、天皇に見初められて側室になる者も少なくない。じつは明治天皇の実母も、孝明天皇に仕えた中山慶子《よしこ》という女官で、公卿の娘という家柄だが皇后ではなく側室だった。さらに、大正天皇の母も柳原愛子《なるこ》という女官で皇后ではなく側室だった。

このように、西洋風の軍服姿のイメージとは裏腹に、私生活では古くからの習慣を続けた明治天皇だが、その治世下で新たにつくった家族の習慣が一つある。神前結婚式だ。じつは、神主が司会をする神道式の結婚式は、キリスト教の結婚式を参考に明治時代につくられたものだ。最初の神前結婚式を行なったのは、明治天皇の皇太子で、のちに大正天皇となった嘉仁《よしひと》親王。１９００年（明治33年）のことだった。

伊藤博文

Ito Hirobumi

長州が生んだ日本の立憲政治の父は
公職のトップにして好色のトップ

容姿 若い頃から額は広かったです。明治政府の要職に就いたのは20代後半でしたが、すでに老け顔でした。それ以降、ずっとひげを蓄えたままです。	
性格 向上心が旺盛で出世欲が強いです。陽気で明るい性格で、好みの女性はかならず口説きます。	
幼少期の様子 家は貧しかったですが、勉強は好きでした。身分の低さを気にして育ちました。	
金運 維新までは貧乏でしたが、明治政府の要職に就いてからは豊かになり、大きな資産を築きました。	**交友関係** 木戸孝允、高杉晋作、井上馨(かおる)、山縣有朋、岩倉具視など
トラウマ 幼い頃の貧乏暮らし。	**趣味** 芸者遊び。
家庭環境 父・十蔵、母・琴子とも健康ですが、収入が少なくて苦しい暮らしを強いられました。兄弟はいません。	**仕事ぶり** 明るく元気に猛烈に働くタイプです。英語が得意なので外交官や通訳もできます。
恋愛関係 愛人の数は数えられません。	**家族** 妻・梅子との間に2女、養子1男、愛人との間にできた子供のうち認知したのは2男のみです。
人生の目標 日本国を近代国家へ導くこと。	**死因** ハルビンで射殺。

特技・得意技等

大磯の別荘を本邸にしてからは、護衛をつけず一人でふらりと農家に立ち寄っては、米麦の値段や野菜の出来具合を聞いたりもしました。下関のふぐ料理が好きで、当時の山口県知事に食用の解禁を命令したのは私です。

本人希望記入欄

性欲の強さは生きる力に通じていると思っています。

記入上の注意　1:数字はアラビア数字で、文字はくずさず正確に書く。
2:※印のところは、該当するものを○で囲む。

履歴書

ふりがな	いとう ひろぶみ
氏名	伊藤 博文
生年月日	1841年9月2日
没年月日	1909年10月26日（満68歳）
※	男・女（男に丸印）
出身	周防国熊毛郡束荷村字野尻（山口県光市束荷字野尻）
立場	長州藩士、内閣総理大臣
あだ名	好色総裁、よろしいの御前

概要

百姓の家に生まれ、貧乏暮らしを経験しました。吉田松陰先生主宰「松下村塾」で一緒に学んだ高杉晋作さん、久坂玄瑞さんにあこがれ、尊王攘夷運動に励んだのち、討幕運動に加わりました。藩の経費で英国へも留学しました。明治政府では要職に就き、初代内閣総理大臣にまで出世しました。

年	歳	学歴・職歴（各項目ごとにまとめて書く）
1854	13歳	父が伊藤家の養子となり、親子で足軽になる。
1857	16歳	松下村塾に入塾し、吉田松陰の教えを受ける。
1862	21歳	英国公使館焼き討ちに参加、国学者・塙忠宝(はなわただとみ)を暗殺する。
1863	22歳	士分に取り立てられ、英国へ留学する。
1864	23歳	外国艦隊との講和に藩の通訳として参加。高杉晋作の挙兵に駆けつける。
1868	27歳	明治政府で外国事務掛に就任後、兵庫県知事となる。
1869	28歳	大蔵少輔に就任する。
1871	30歳	岩倉使節団に副仕として参加。欧米諸国を訪問する。
1878	37歳	内務卿に就任する。
1885	44歳	初代内閣総理大臣となる。
1905	64歳	韓国総監に就任する。
1909	68歳	ハルビン駅で暗殺される。

●農民から武士に成り上がった初代総理大臣

小学校卒の農民から総理大臣になった田中角栄は「今太閤」と呼ばれたが、明治時代の「元祖・今太閤」が初代総理大臣の伊藤博文だ。維新の元勲には下級の武士が多いが、なかでも伊藤博文はもともと農民で、幼児期から武家の奉公人として働いていた。

少年期には、真冬に主《あるじ》から使いに出され、途中で自分の家の前を通ったので「ラッキー、ちょっと暖まって行こう」と寄ったら、母親に「何サボってんのよ！」と怒鳴られたという話がある。なかなかの苦労人なのだ。だが、12歳のとき、父が長州藩士である伊藤家の養子に入り、自動的に息子の博文（当時の名は利助）も武士に昇格した。

武士の端くれとなった伊藤は、藩による江戸湾の警備任務に志願。さらに16歳のとき松下村塾に入門し、高杉晋作や桂小五郎こと木戸孝允ら長州の志士たちの弟分となる。21歳頃には「異人どもを追い出せ！」と高杉らと共に英国公使館の焼き討ちに参加、勤王派に敵視された国学者の塙忠宝《はなわただとみ》を暗殺するなど、血なまぐさいテロ活動にも手を染めた。それが後年、巡り巡って自分が暗殺される結果になったのだから皮肉な話だ。

●青年期のイギリス留学資金は公金横領！

伊藤ら志士たちは単なる異人嫌いではなく、敵である西洋人からもちゃんと学ぼうとしたのがポイントだ。1863年（文久3年）、22歳の伊藤は井上馨《かおる》らと共にイギリスに留学する。恩師の吉田松陰も海外渡航を志しながら刑死したので、「ああ、先生が来られなかったロンドンだ」と感慨深かったはずだ。だが、じつは出国手段は密航だった。

密航でも到着後の滞在費は必要だ。それはどうしたかというと、なんと藩の武器調達用の資金に手をつけた。まあ、実際には藩の上層部も黙認していたらしいが、公金の横領だ。そこまでしての渡航だったが、幕府の長州征伐を知って半年ほどで帰国する。

明治維新後、伊藤は27歳で兵庫県知事に就任。でも、なんでいきなり兵庫？　これは神戸で外国の軍人と旧備前藩士が衝突した「神戸事件」をずばっと調停した手腕を買われてのことだ。外国人との交渉には留学経験が生かされたといえる。

以降の伊藤は、内務卿、工部卿、宮内卿といった大臣クラスの要職を歴任。さらに国会開設を求める自由民権運動の高まりを受け、みずからヨーロッパを視察して内閣制度と憲法を研究。1885年（明治18年）に伊藤は初代総理となる。まさに明治版・今太閤といえる大出世で、しかもこのとき44歳だから、現在の基準で考えるとかなり若い。

●保守派からたたかれまくった明治憲法

さて、教科書的なお約束の説明では、自由民権運動を進めた大隈重信らは議会が主導権をもつイギリス風の民主的な憲法を目指したが、伊藤は「とにかく皇帝（天皇）が一番エラい」という権威的なプロシア（ドイツ）風の憲法草案をつくった、というのが通説だ。ただし、これはあくまで戦後の憲法との比較で、つまり現代からの視点。

伊藤が大日本帝国憲法と立憲政治による内閣制度を築こうとしていた当時は、むしろ、まったく逆方向からさんざんな非難を受けた。すなわち、復古的な宮内省の幹部から「内閣制度？　なんじゃそりゃ、律令制の時代から伝統ある太政官制を壊すのか！」「なぜ天皇陛下の親政としない？　伊藤は西洋かぶれだ！」とたたかれたのだ。

現代との比較で、大日本帝国憲法は抑圧的だったと思われがちだが、大正時代にも尾崎行雄らのリベラル派は「護憲運動」というものを行なっている。

当時はむしろ、大日本帝国憲法が、藩閥や軍の独裁を制限して議会政治を保障するものだったのだ。このため、昭和10年代には、軍部独裁を批判する意図で伊藤博文ヨイショ本が刊行されている。

伊藤は最後、朝鮮独立運動の志士である安重根《あんじゅうこん》に暗殺された。戦後の価値観では、伊藤も日本の帝国主義的な拡大を図っていたとみなされる。

だが、日露戦争の時期は、同じ長州閥のなかでも、陸軍のボス山縣有朋が「ロシアなんぞぶっ潰せ！」とイケイケの強硬派なのに対し、文官の伊藤は「いやいや、今の日本の国力じゃ無理はいかんよ」という慎重派だった。このように、見方によって伊藤の評価は180度変わる。

●手をつけた女は芸者から伯爵夫人に13歳の娘まで

総理といえば公職のトップだが、維新の元勲のなかで伊藤は好色でもトップだろう。伊藤は21歳のとき最初の妻すずと結婚するが、ほどなく芸者の梅子に手を出して二人目の妻に迎える。梅子は亭主の浮気にはかなり寛容で、伊藤は次つぎと女遊びをくり返した。

青年期の伊藤は大隈重信とも女の取り合いをして、気まずい状況になったが、西郷隆盛が「何をつまらんことを」と叱ったという話もある。さすが西郷どん！ と思うところだが、西郷は男性（僧の月照）と心中未遂の過去があるなど、衆道趣味があったという説もあるので、それを考えるとこの対応も少しビミョーだが。

伊藤が手をつけた女には名前の知られたセレブもいた。たとえば、岩倉具視の娘だった戸田極子《きわこ》伯爵夫人だ。「鹿鳴館の華」と呼ばれたアメリカ留学帰りの貴婦人で、彼女は宮中顧問官を務めた戸田氏共《うじたか》の妻だったから、当然ながら不倫だ。

はたまた、華族女学校の教授を務めた下田歌子も伊藤の愛人だったといううわさが根強い。貞淑な良妻賢母教育を説いていた下田は、その文才から「明治の紫式部」とも呼ばれた。伊藤は、舞台女優として海外でも人気を博した川上貞奴《さだやっこ》のパトロンでもあった。貞奴は元芸者なのだが、彼女が13歳のとき最初の客になったのは伊藤だったといわれる。現代なら「このロリコンめ！」というツッコミが避けられない話だろう。

福沢諭吉

Fukuzawa Yukichi

西洋の思想と文化を広めつつも武士の生き方にこだわった教育者

容姿 一万円札の肖像画で有名です。	
性格 努力を好む勤勉な性格で、好奇心も旺盛です。	
幼少期の様子 神仏を信ぜず、神社にいたずらをしていました。当時は読書が苦手だったのです。	
金運 成人後は塾運営のほか、幕府で通訳の仕事をしたり、ベストセラーを生み出したりしていたので、割と裕福だったかな。	**交友関係** 勝海舟とは不仲でしたが、多くの有力者と懇意にしていました。大隈重信は葬儀の際に涙を浮かべて献花にやってきました。
トラウマ 身分制度。	**趣味** 読書、著述、居合いの稽古。
家庭環境 兄とは非常に仲がよく、蘭学を学び始めたのも兄の勧めでした。	**仕事ぶり** 政治家になることも勧められたが、教育者としての立場を貫きました。
恋愛関係 妻以外の女性とはほとんど縁がなかったです。	**家族** 中津藩士の娘、錦と結婚し、9人の子供をもうけました。
人生の目標 身分などにしばられない新しい思想を説くこと。	**死因** 脳出血による病死。

特技・得意技等

現代の教育者では考えられないことですが、幼少時からお酒を飲んでいました。ときには朝から飲むこともあり、若い頃は収入のほとんどを酒代につぎ込んでいました。

本人希望記入欄

人は努力次第で高みを目指せます。

記入上の注意　1：数字はアラビア数字で、文字はくずさず正確に書く。
2：※印のところは、該当するものを○で囲む。

履歴書

ふりがな　ふくざわ　ゆきち		
氏名　福沢 諭吉		
生年月日 1834年12月12日	没年月日 1901年2月3日（満66歳）	※ ㊚・女
出身 摂津国大坂堂島浜（大阪府大阪市福島区福島）		
立場　教育者、 慶應義塾創設者	あだ名 先生	

概要

中津藩（現大分県中津市）が大坂に置いていた蔵屋敷で、下級藩士の百助と妻の於順の間に生まれました。幼い頃は勉強が嫌いで、14歳頃から本を読むようになりました。本当にバチが当たるのかと、神社にいたずらをするなど、ヤンチャな少年でした。

年	歳	学歴・職歴（各項目ごとにまとめて書く）
1836	2歳	生まれてすぐに父を亡くし、母子共に中津藩へ帰国する。
1854	20歳	蘭学を学ぶため長崎へ向かう。
1858	24歳	適塾で塾頭になった後、中津藩の命により江戸で蘭学塾を開く。独学で英語を学び始める。
1860	26歳	幕府の遣米使節に同行し、咸臨丸で渡米する。
1861	27歳	幕府の遣欧使節に通訳として同行し、パリやロンドンなど、ヨーロッパ各地を訪問する。
1864	30歳	幕府の外国方翻訳局に出仕。
1866	32歳	当時の欧米の様子を書いた『西洋事情』を出版。ベストセラーとなる。
1868	34歳	塾を芝に移転し、「慶應義塾」と名付ける。
1872	38歳	『学問のすゝめ』を出版。350万部を売り上げる。
1890	56歳	慶應義塾に大学部を発足させる。
1901	66歳	脳出血で死去。

●幼児期から大酒飲みの「人を斬ったことがない剣豪」

今でこそ慶応大学といえばオシャレな学生が集まっているイメージがあるが、その創設者たる福沢諭吉は、意外に古風で硬派な男だった。有名な『学問のすゝめ』では「天は人の上に人を造らず人の下に人を造らずと云へり」と書いた福沢だから、「サムライなんか古いぜ」と考えていたと思われがちだ。しかし、じつは居合いの達人で、明治維新後も稽古を欠かさなかった。ただし、これは自己修練のためで一度も人を斬ったことはない。

福沢の武士道への思いは複雑だ。幕末期、中津藩（大分県中津市）に生まれた福沢は反骨心旺盛な少年だった。武士としては下級の家柄なので藩内では見下されていたが、当時の侍が「身分が下の商人のところに行くのはカッコ悪い」と、顔を隠して買い物に行くのを「バカじゃねえの」と考え、堂々と顔をさらして買い物に行ったりしている。

また、幼少期から酒好きで、最初に「節酒」を始めたのが13歳のときだった。そう、「飲酒」ではない。「節酒」、つまり酒の量を控えることを始めたのが13歳なのだ。しかも「禁酒」ではないときてる！

そんな福沢だが、14歳頃から勉学に打ち込み始める。長崎・大坂で蘭学を学んだのち、横浜の外国人居留地を訪れたことをきっかけにまったくの独学で英語を学んだ。

幕末期の江戸幕府は意外に柔軟で、西洋の学問に通じた人間は貴重だったから、武士としては身分の低かった福沢でもかまわずアメリカへの使節団に加えた。福沢は続いて幕府の遺欧使節団にも参加、西洋文化の紹介者として活発に働くことになる。

●近代主義者と思いきや意外に忠義心は強かった

1868年（慶応4年）、福沢は慶應義塾《けいおうぎじゅく》を創設。江戸では幕府残党の官軍のドンパチが続くなか、それを気にも止めず、英書講読の授業を続けたという。

そんな福沢だが、1894年（明治27年）に勃発した日清戦争は熱烈に支持した。というのも、アジアを離れ、近代化してヨーロッパ諸国の仲間入りをするべきだという「脱亜《だつあ》入欧《にゅうおう》」を唱えていた福沢にとって、清と日本の戦争は、旧態依然の封建国家と文明的な近代国家の戦いに見えたからだ。

このように、西洋の学問を広め、近代化を促し続けた福沢だが、古くさい幕府による支配体制をひたすら嫌っていたかといえば、そう単純でもない。晩年の1901年（明治34年）には『瘦我慢《やせがまん》の説』という論文で、幕臣から新政府の協力者に転じた勝海舟と榎本武揚をズバズバと批判している。勝も榎本も、幕府への忠義心より自分の才能を日本国のため生かす合理主義的判断を採ったといえる。だが、福沢は自分のような身分の低い人間も能力で評価してくれた幕府に恩義を感じていたのだ。そのためか、新政府への参加を誘われても断っている。

古代
平安
鎌倉
室町
戦国
江戸
幕末
近代

大隈重信

Okuma Shigenobu

薩長藩閥との衝突にもテロにも屈せず
じつに80歳手前で政権の座に返り咲く

容姿 身長180センチ。威圧感があります。若い頃からオデコは広く、口はいつも「へ」の字に結んでおりました。気難しい顔ですが、これが私の顔なのです。	
性格 有言実行タイプ。負けず嫌い。でも、九州男児らしく陽気で明るい性格です。	
幼少期の様子 スポーツは苦手でしたが、勉強は得意でしたよ。でも、おかしいと思ったことには反抗しましたね。	
金運 これまでに一度も金に困ったことはありません。	**交友関係** 板垣退助、副島種臣、伊藤博文、井上馨ほか多数。
トラウマ そんなもの、ありません。	**趣味** メロン栽培、早稲田大学野球部の試合観戦。
家庭環境 上士の家柄だったので、何不自由なく育ちました。	**仕事ぶり** 繊細で大胆。案件はいつも同時進行。老いてもエネルギッシュです。
恋愛関係 たくさん恋愛しましたぞ。私にも青春がありました。	**家族** 実子は最初の妻・美登との間に1女あるだけ。養子1男。2番目の妻・綾子との間に子供はいません。
人生の目標 高齢まで働くこと。早稲田大学を世界一の大学にすること。	**死因** 胆石症。

特技・得意技等

日本最初の鉄道が新橋・横浜間に建設された際、軌間を1メートル67センチに決めたのは私です。これが現在のJR在来線の軌間です。

本人希望記入欄

総理退任時の年齢78歳6カ月は歴代総理大臣のなかで最高年齢だそうです。

記入上の注意　1：数字はアラビア数字で、文字はくずさず正確に書く。
2：※印のところは、該当するものを○で囲む。

古代
平安
鎌倉
室町
戦国
江戸
幕末
近代

履歴書

ふりがな	おおくま　しげのぶ
氏名	大隈 重信
生年月日	1838年2月16日
没年月日	1922年1月10日(満83歳)
※	男・女（男に丸）
出身	佐賀城下会所小路(佐賀市水ケ江)
立場	佐賀藩士、早稲田大学創始者、第8代内閣総理大臣
あだ名	築地の梁山泊、総長、大隈翁

概要

佐賀藩士の長男として生まれ、藩校を退学して尊王派として活動しました。明治政府で要職に就くも辞任し、早稲田大学を創設して、初代総長になりました。政界に復帰してから第8代内閣総理大臣に就任するなど、高齢になっても現役の政治家として活躍しました。

年	歳	学歴・職歴(各項目ごとにまとめて書く)
1855	17歳	藩校「弘道館」退学。
1865	27歳	藩校英学塾「到遠館」の教頭格となる。
1867	29歳	徳川慶喜に「大政奉還」を進言する計画を立て京都へ行くも、捕まって送還される。
1868	30歳	明治政府の事務方に就く。
1873	35歳	参議兼大蔵卿に就任する。
1881	43歳	参議を辞任する。
1882	44歳	東京専門学校(現早稲田大学)を開設する。
1888	50歳	外務大臣に就任する。
1898	60歳	第8代内閣総理大臣に就任する。
1907	69歳	早稲田大学総長に就任する。
1914	76歳	第2次大隈内閣発足。第17代内閣総理大臣となる。
1922	83歳	胆石症で死去。

●ニートの息子のために早稲田大学を設立!?

世に親バカは多いが、大隈重信が早稲田大学を設立したのは、息子（養子）の再就職のためだったという説がある。早稲田大学の初代校長は、大隈の息子の大隈英麿《ひでまろ》だ。

もともと大隈は佐賀藩出身で、藩主の鍋島直大《なべしまなおひろ》が倒幕に不徹底だったため、新政府では薩摩・長州閥より低い地位に甘んじていた。結局、１８８１（明治14年）に起きた「明治14年の政変」で、大隈は薩長藩閥の有力者と衝突して政府から下野する。このとき外務省にいた英麿も職を辞任し、ニートになってしまった。大隅はそんな息子のため、早稲田大学の前身となる東京専門学校を設立して校長にさせたというのだ。

なんたる公私混同！　という気がするが、英麿は14歳からアメリカに留学していたエリートだ。学識ある人物が貴重だった明治期、その才能を生かさないのはもったいない話で、官職を辞めたなら民間の教育者となるのは、まあ妥当だろう。

転んでもタダでは起きない男だった大隈は、学校経営のかたわらで立憲改進党を創立。伊藤博文との駆け引きを経て政界に復帰した。外務大臣となった大隈は不平等条約の改正を目指したが、治外法権の撤廃の代わりに外国人判事を導入するという妥協的な策で国粋主義者の反発を受ける。このため１８８９年（明治22年）、大隈は壮士の来島恒喜《くるしまつねき》に爆弾を投げつけられて右足を失った。来島は直後に自決、大隈は「蛮勇ながら感心なヤツだ」

と語ったという。この余裕の態度、大隈もただ者ではない。

●「たとえ話」で崩壊から一転、大成功の第2次大隅内閣

大隈は二度、首相になっている。とくに、1898年（明治31年）の第1次大隈内閣は、「隈板内閣《わいはん》」と通称され、板垣退助の自由党と手を組んだ最初の薩長藩閥によらない政党内閣だ。しかし、この隈板内閣、わずか4カ月で倒れてしまう。

その発端は理不尽なものだ。文相の尾崎行雄が「もしも日本が共和制だったら、三井や三菱のような金持ちが大統領になってしまうぞ」と演説。何やらアメリカのトランプ大統領みたいな話だが、もちろん「たとえ話」だ。ところが、「天皇陛下が統治するこの日本で『共和制だったら』とは何事か!?」と帝国議会で非難を受ける。大隈は尾崎を辞職させようとしたが、板垣は尾崎をかばい、閣内での内紛のため政権は崩壊した。

だが、大隈の政治生命はかんたんには終わらなかった。1914年（大正3年）には、76歳の高齢で首相の座に返り咲く。その経緯は奇妙なもので、大隈と敵対してきた長州閥のボス山縣有朋が、原敬らの政友会が政権の座に就くのを阻むため大隈を推したのだ。その直後に第一次世界大戦が勃発、主戦場のヨーロッパから遠く離れていた日本は好景気にわき、中華民国にはドイツ領青島《チンタオ》の権益を日本が引き継ぐことを認めさせるなど、第2次大隈内閣はイケイケだった。なんとも運の浮き沈みの激しい男だ。

板垣退助

Itagaki Taisuke

土佐が生んだ自由民権運動の指導者は
もともとはバリバリの武闘派だった

容姿
顔は細面で、体は痩身。ひげを生やした壮年以降の顔は、米国のリンカーン大統領に似ていると思います。

性格
一度決めた信念は曲げません。行動力もあります。現実主義者です。

幼少期の様子
とにかくやんちゃ坊主でしたね。隣町の後藤象二郎とは一緒によく遊びましたよ。

金運 自宅を売って自由民権運動の資金にあてがうくらいですから、お金には縁がありません。	**交友関係** 後藤象二郎、大隈重信、副島種臣、江藤新平、中江兆民などです。薩長閥の人とは深いつきあいはないですね。
トラウマ ケンカに負けて帰ると母に叱られたこと。	**趣味** 相撲観戦。
家庭環境 実家の乾家は名家の上士なので、大きな家でのびのびと暮らしました。	**仕事ぶり** 好きなことに情熱をもって挑んできました。私利私欲はありません。
恋愛関係 結婚４回という回数が示すように、「恋愛＝結婚」というタイプ。４番目の妻・絹子は３番目の妻・鈴がまだ元気な頃に自宅に住まわせました。	**家族** ４人の妻との間に５男５女をもうけました。台所は火の車でした。
人生の目標 自分が死んでも自由民権運動が永遠に続くようにしておくこと。	**死因** 公表していません。

特技・得意技等
「退助」という名前は長い間、私のニックネームだったんです。本名は乾正形（まさかた）です。戊辰戦争の際、板垣正形に改名し、明治に入ってから板垣退助に統一したのです。

本人希望記入欄
4番目の妻・絹子とは長い間、愛人関係にありましたが、3番目の妻が亡くなって4年後に正妻としました。男のけじめだと思ったからです。

記入上の注意　1：数字はアラビア数字で、文字はくずさず正確に書く。
2：※印のところは、該当するものを○で囲む。

履歴書

ふりがな	いたがき　たいすけ
氏　名	板垣 退助

生年月日	没年月日	※
1837年4月17日	1919年7月16日（満82歳）	男・女

出身
高知城下中島町（高知県高知市本町通2丁目）

立場	あだ名
土佐藩士、自由民権運動の思想家、内務大臣	じつは「退助」があだ名なのです。

概要
土佐藩上士の家に生まれ、尊王攘夷活動に夢中になりました。薩摩藩と「薩土密約」を交わした後、討幕挙兵に向かい、「戊辰戦争」では官軍の仲間に入りました。明治政府が誕生してからは、もっぱら自由民権運動に力を入れています。「板垣死すとも自由は死せず」の名言も残しました。

年	歳	学歴・職歴（各項目ごとにまとめて書く）
1856	19歳	藩から処罰が下され、外出禁止となる。
1861	24歳	江戸留守居役兼軍事御用に就任し、江戸勤務となる。
1867	30歳	京都で薩摩藩の西郷隆盛と「薩土密約」を結ぶ。
1868	31歳	「戊辰戦争」勃発と共に土佐藩迅衝隊を率いて京都へ向かう。
1869	32歳	明治政府の参与に就任する。
1871	34歳	参議に就任する。
1873	36歳	参議を辞任し、自由民権運動を開始する。
1874	37歳	愛国公党を結成し、民選議員の設立を建白する。
1882	45歳	暴漢に襲われ、負傷する。
1898	61歳	大隈重信内閣に内務大臣として入閣。
1919	82歳	死去。

●自由民権運動の目的は「国民みんな武士にする」

学校で「自由民権運動のリーダー」として教えられる板垣退助は、リベラルで穏健な人物と思われることが少なくない。だが、じつはかな〜り戦闘的な男でもあった。

国家主義団体の玄洋社《げんようしゃ》を率いた頭山満《とうやまみつる》の『明治十年戦争の翌年、板垣退助との交渉』という回想手記によれば、1878年（明治11年）に頭山と面談した板垣は、民権を唱える理由として「いやしくも日本国民たるものは四民ことごとくが武士でなくてはならぬ。何者であろうと皆兵にせなくちゃならぬ」と語ったという。

そう、明治維新は薩摩や長州などの下級武士がリードし、庶民は「維新？　何それ」というのが実情だったけれど、フランス革命やアメリカ独立戦争は国民が兵士となって戦い、みずからの手で新国家を築き守った。板垣は、四民平等とは武士を庶民に引き下げることではなく、逆に農民や商人も新たな武士に育てることだと考えていたのだ。

幕末期の板垣は、土佐藩内での立場上、幕府との争いを避けようとする公武合体派に属していたが、内心では熱烈な勤王派だった。1868年（慶応4年）の戊辰戦争では、東《とう》山道《せんどう》先鋒総督府参謀という官軍の要職に就き、新選組の近藤勇が率いた甲陽鎮撫隊を破っている。新選組の残党と正面から刃を交えたバリバリの武闘派だったのだ。

明治維新後に参議となった板垣は、1873年（明治6年）、西郷隆盛と共に「力ずくでも朝鮮を開国させろ！」という征韓論を主張。板垣、どうも戦争好きな男だったような気がしてしょうがない。

●アッサリ否定した「板垣死すとも自由は死せず」の真相

大久保利通らと衝突して下野した板垣は、「薩長の野郎ども、威張りくさって」と自由民権運動を始める。その最大の目的は議会の開設だが、これは庶民の間から起きたムーブメントというより、薩長藩閥と敵対する土佐や肥前、あるいはかつて佐幕派に属していた士族が中心だった。要するに、形を変えた武士同士の戦いでもあったのだ。

板垣は生涯を通じて敵が多かった。薩長藩閥と対立しつつ、自由党の内部でも派閥争いが多かったからだ。1881年（明治14年）には、岐阜で政府支持派の暴漢に襲撃された。このとき「板垣死すとも自由は死せず」と叫んだという話が有名すぎて勘違いされがちだが、板垣は死んでない。この発言は新聞記者の脚色で、後年には当時のことをみずから「アッと思うばかりで声も出なかった」と証言している。なんとも正直な男ではないか。

1898年（明治31年）には、初の政党内閣である大隈重信内閣に内相として入閣するが、寄り合い所帯の政権ゆえ内紛が多くて活躍できず、ほどなく政界を引退する。晩年の板垣は清貧の生活を送りつつ、国技館に通って相撲観戦に興じたという。老いてもなお、青年期の戦闘的な性格から、男と男のぶつかり合いに熱中していたのだろうか。

陸奥宗光

Mutsu Munemitsu

政府を敵にまわした「出戻り大臣」
ケンカは苦手でも外交交渉は強かった

容姿 175センチの痩身。彫りが深く、日本人離れしたルックスです。	
性格 口が達者で、誰にでも意見します。正しいと思ったことは口にするタイプです。	
幼少期の様子 父の後妻の子だったので、家庭的には恵まれない幼少時代でした。また、体が丈夫ではなかったので、武術より学問が好きでした。議論は得意でしたよ。	
金運 維新まではギリギリの生活でしたが、明治政府の要職に就いて以降、お金に困ることはありませんでした。	**交友関係** 坂本龍馬、伊藤博文、三条実美、後藤象二郎、黒田清隆、西園寺公望など。
トラウマ 8歳のとき、父が失脚して貧乏になったこと。	**趣味** 洋書を原文で読むこと。獄中ではイギリスのベンサムの著書を翻訳しました。
家庭環境 父は伊達宗広で、母・政子はその後妻です。上に兄が5人もいます。この家にはなじめませんでした。	**仕事ぶり** 妥協しない交渉力と英語力がセールスポイントです。仕事は強気で攻めます。
恋愛関係 先妻・蓮子が亡くなる前から新橋の芸妓・小鈴と愛人関係になっていました。私は再婚して嫉妬深くなりました。	**家族** 息子二人、娘二人をもうけましたが、娘二人は私より早く逝きました。
人生の目標 敬愛する坂本龍馬の夢を継ぐこと。	**死因** 肺結核。

特技・得意技等

私の英語力は宣教師として長崎に来ていたフルベッキの家にボーイとして住み込み、マリア夫人から学びました。ええ、マリア夫人と男女の関係はありませんでしたよ。

本人希望記入欄

日本の外交はもっと強気でいきましょう。私はつねに「こんなとき、坂本龍馬ならどうするか」と考えながら交渉してきましたよ。

記入上の注意　1：数字はアラビア数字で、文字はくずさず正確に書く。
2：※印のところは、該当するものを○で囲む。

履歴書

ふりがな　むつ　むねみつ 氏名　**陸奥 宗光**		
生年月日 1844年7月7日	没年月日 1897年8月24日(満53歳)	※ ㊚・女
出身 紀伊国(和歌山県和歌山市)		
立場　「海援隊」副長格、外交官、外務大臣	あだ名　カミソリ陸奥、カミソリ大臣	

概要

紀州藩士の名家に生まれましたが、若くして家出同然で江戸に出ました。勝海舟の「神戸海軍操練所」に入り、坂本龍馬と出会って以降、「亀山社中」「海援隊」と転職。維新後はおもに外交畑で活躍。一度投獄されていますが、出獄後に政界へ復帰。不平等条約の改定に全力を注ぎました。

年	歳	学歴・職歴(各項目ごとにまとめて書く)
1858	14歳	江戸に出て、儒学者・安井息軒に師事するも破門される。
1864	20歳	神戸海軍操練所に入る。
1865	21歳	坂本龍馬が結成した「亀山社中」に参加する。
1867	23歳	亀山社中改め「海援隊」副長格となる。
1868	24歳	坂本龍馬暗殺の黒幕とおぼしき紀州藩士を襲撃し、「天満屋事件」を起こす。明治政府で外国事務局御用掛に就任する。
1869	25歳	兵庫県知事に就任する。
1878	34歳	山形監獄に投獄。のち宮城監獄へ移される。
1884	40歳	出獄後、欧州へ留学する。
1888	44歳	駐米公使兼駐メキシコ公使に就任する。
1892	48歳	第2次伊藤内閣で外務大臣に就任する。
1897	53歳	肺結核で死去。

●逃げるは恥だが（遊郭通いには）役に立つ

明治時代、外交上での最大の課題は不平等条約の改正だった。何しろ、貿易の関税は西洋列強の言い値で決定、日本で外国人が悪さしても外国人判事のえこひいき判決で無罪が横行……この状況を終わらせたのが、外務大臣の陸奥宗光だ。

よく知られているとおり、明治政府は長州閥と薩摩閥が要職を独占した。後世で人気の高い坂本龍馬が新政府にいても、活躍の余地は乏しかっただろう。こうしたなか、陸奥は紀州藩（和歌山県）出身で、坂本がつくった海援隊出身者という異色の経歴だ。いや、ミもフタもなく言えば、海援隊で唯一の出世頭かもしれない。

幕末期、14歳で江戸に出てきた陸奥（青年期の名は伊達《だて》陽之助《ようのすけ》）は相当の遊び人で、儒学者の安井息軒《そっけん》の門下に入るが、吉原の遊郭通いにふけった。「戦うなんてまっぴら」という性格で、人ごみの間をすり抜けて逃げるのを得意としたという。

そんな陸奥だが、兄の五郎の影響で尊王攘夷運動に参加、坂本龍馬や長州藩の伊藤博文らと親しくなる。ケンカは嫌いな男だったが、坂本の暗殺後は「下手人は『いろは丸事件』で坂本さんにへこまされた三浦《みうら》休《きゅう》太郎《たろう》に違いない！」と思い込んで三浦を襲撃、三浦の警護についていた新選組とも戦った。それほど坂本を慕っていたのだ。

明治維新後、陸奥は外国事務局御用掛《ごようがかり》に就任して外国とのさまざまな交渉に当たり、地租改正局長などを務めた。薩摩、長州、土佐以外の人間では異例の抜擢だ。

●藩閥打倒へのスカウトをあっさり棒に振る

そのまま陸奥はとんとん拍子に出世して外務大臣になった……わけではない。1877年（明治10年）に西南戦争が起きると、それに呼応した土佐立志社の反乱計画に陸奥も名を連ねた。なるほど、坂本の教え子の陸奥が「新政府なんか薩長の独裁じゃねえか！　こんなもんはぶっ潰せ」と思っていたとしてもおかしくない。

が、実際のところは政府の官憲に捕縛されるまで知らぬ存ぜぬを通し、食事も喉を通らぬほどにビクビクして過ごしたという。やっぱり肝の小さい男だったようだ。

陸奥は5年間の獄中生活を送ったが、出所後は故郷の紀州で英雄扱いされた。それぐらい世間では薩長藩閥への不満が強かったのだ。そこで土佐の同志たちは陸奥を自由民権運動に誘ったが、陸奥はそれを断り、なんと伊藤博文の説得を受けて政府に復帰する。

陸奥は裏切り者の権力亡者だったのか？　おそらく、仲間への義理よりも、長期的視野で日本国のため自分の才能を生かすことを選んだのだろう。陸奥は伊藤に勧められたヨーロッパ留学で西洋の法制度を徹底的に学んだのち、1894年（明治27年）から、イギリスを皮切りに各国との条約改正を実現させる。さらに日清戦争後は下関条約で日本の権益確保を図ったが、この大仕事からわずか2年後に世を去った。

古代
平安
鎌倉
室町
戦国
江戸
幕末
近代

東郷平八郎

Togo Heihachiro

ツッコミ屋から寡黙な将軍に転じた日露の天王山「日本海海戦」の立役者

ファッション

軍服の写真が有名ですが、普段は和服でした。海軍では外国港に寄ることも多いので、身なりには気を遣っております。体格は小柄でしたが、若い頃は美男だったほうです。

幼少期の様子

10代の頃は、仲間内で話をしているとかならず人の発言にツッコミを入れるおしゃべりだったので、大久保利通先輩などにさんざん叱られました。

性格

不言実行。少年期のおしゃべりを反省してのことです。

トラウマ イギリス留学時代は言葉も通じず、黄色人種だからとバカにされましたね。	**交友関係** 海軍では多くの者に慕われました。
家庭環境 薩摩藩士。子孫は侯爵家となりました。	**趣味** 囲碁と盆栽、書道も得意でした。
恋愛関係 若い頃はモテたほうです。	**仕事ぶり** 大国ロシアを破った海軍将官として、海外でも高く評価されております。
人生の目標 忠君愛国。帝国海軍の名誉を守る。	**死因** 病死。喉頭癌や気管支炎などを患っておりました。

特技・得意技等

日本海海戦のとき、旗艦「三笠(みかさ)」の艦橋の下には厚さ14センチの装甲に覆われた司令塔がありましたが、あえて艦橋の外で指揮をいたしました。ただの蛮勇ではありません。将官を艦橋と司令塔に分散させるリスク回避策です。それに、あの司令塔は視界が悪かったですからね。ところが皮肉にも、被弾したとき私は無傷だったのに、司令塔にいた参謀たちは負傷してしまいました。

本人希望記入欄

日本海海戦のときの「丁字戦法」が有名ですが、じつは、あれは正確には「イ」の字に近いです。

記入上の注意　1：数字はアラビア数字で、文字はくずさず正確に書く。
2：※印のところは、該当するものを○で囲む。

履歴書

ふりがな	とうごう へいはちろう
氏名	東郷 平八郎
生年月日	1847年12月22日
没年月日	1934年5月30日（満86歳）
※	男・女（男に丸印）
出身	薩摩国鹿児島郡加治屋町（鹿児島県鹿児島市）
立場	薩摩藩士、海軍元帥
あだ名	東洋のネルソン

概要

薩摩藩士の家に5男1女の4男として生まれました。幕末には15歳で薩英戦争に参加、明治維新後はイギリスに留学し、航海術などを学んでおります。日清戦争では巡洋艦「浪速」の艦長を務め、日露戦争では連合艦隊司令長官を務めました。戦後は伯爵に叙され、のちに侯爵となりました。

家族

東郷家は桓武平氏の末裔にあたります。父の東郷実友（さねとも）は郡奉行などを務め、西洋嫌いの攘夷主義者でした。長兄の実猗（さねなが）は西南戦争で西郷軍に与しましたが、明治の中頃まで生き延びました。弟の実武（さねたけ）は戊辰戦争のおりに病死しております。

年	歳	学歴・職歴（各項目ごとにまとめて書く）
1863	16歳	薩英戦争に参加。
1871	24歳	イギリスに留学。
1878	31歳	イギリスより帰国。海軍中尉から大尉に昇進。
1894	47歳	巡洋艦「浪速」艦長として、緒戦の豊島沖海戦、黄海海戦などに参加。
1904	57歳	連合艦隊司令長官として日露戦争に参加。
1905	58歳	日本海海戦でロシア海軍のバルチック艦隊を撃滅。
1913	66歳	海軍元帥となる。
1914	67歳	東宮学問所総裁となり、裕仁（ひろひと）親王（のちの昭和天皇）の教育を担当。
1930	83歳	ロンドン海軍軍縮会議を巡り、海軍内の軍縮反対派の後見人役となる。
1934	86歳	喉頭癌などの悪化により東京の自宅にて死去。死の直前に侯爵に叙される。

●おしゃべり少年を寡黙に変えた苦い留学体験

帝国海軍の重鎮・東郷平八郎は無口かつ慎重な男だった。それだけに、日露戦争のクライマックスたる日本海海戦で、「皇国ノ興廃コノ一戦ニアリ、各員一層奮励努力セヨ」という東郷の力強い訓辞にシビレた将兵は多かったはずだ。

ところが、少年時代の東郷ときたら、人が何かいえば「そういうちょりますがね」とばかりにツッコミを入れる無駄口の多い若者だった。とはいえ、東郷の生まれた薩摩は「男は黙って戦うべし」という気質、大久保利通などは東郷を煙たがったという。

そんな東郷が一転、寡黙な男に変わったキッカケが、1871年（明治4年）からのイギリス留学だ。周囲は言葉もろくに通じない異国人ばかり、しかも東郷は当時すでに23歳で、入学したベルネー海軍予備校ではほかの同期生より10歳近く年上だ。おまけに、当時のイギリスでは黄色人種は思い切りコケにされていた。東郷は「やーい、このチャイニーズ野郎♪」とからかわれ、「違うわい、ジャパニーズじゃ！」といい返すというベタなやりとりをくり返し、親しい友人もできず、口数も少なくなっていった。

帰国後の東郷は、いっきに華々しく海軍中枢の大幹部に抜擢された……わけではない。ひたすら現場の指揮官を務め、1884年（明治17年）の清仏戦争や1893年（明治26年）のハワイ政変への艦隊派遣、日清戦争などで経験を重ねる。1904年（明治37年）

に日露戦争が勃発する前、東郷が連合艦隊の司令長官に任命されたのは、地味な現場経験の豊富さと国際法の知識、そして慎重な性格のもち主と思われたがゆえだ。

●女学校を訪れたら「元帥ともあろう者が」とたたかれる

日本海海戦の劇的な勝利後、地味で無口な東郷提督は、乃木大将とともどもいっきに国民的英雄となった。立派な人間を「神」にしてしまうのは日本の伝統。さっそく東郷神社の創建が計画されたが、東郷本人は「ワシはまだ生きとるわい！」と怒ったという。実際に東郷神社が築かれたのは、東郷の死後の1940年（昭和15年）のことだ。

乃木大将もそうだが、存命中から神格化されすぎて珍妙な事件も起きている。東郷が近所にあった大妻高等女学校を軽くふらりと訪れたら、新聞には「東郷元帥ともあろうお方が、一介の女学校を正式訪問するとは何事か！」といった調子の投書が届いたという。要するに、「ウチには東郷さんは来てくれないのに」という妬みだったようだ。

晩年の東郷は、1930年（昭和5年）のロンドン海軍軍縮条約で、日本の海軍力が米英より低く抑えられたことに不満を抱いていた。これは当時、軍人には参政権がなく、外交条約は文官が勝手に決めた面が強かった点も関係している。ただし、東郷は条約の締結後、海軍力がアメリカより不利になった以上、日米間に不戦条約を結ぶべきだとも語っていたという。過去の戦勝経験におごらず、最後まで慎重な男だったのだ。

乃木希典

Nogi Maresuke

名将とも愚将ともいわれる人格者
多くの無念を抱えたまま死を遂げた軍神

ファッション 軍人となって以降は、ほとんどつねに軍服姿です。日露戦争後は、白いひげを伸ばしていながら「子供のような顔」と呼ばれました。	
幼少期の様子 幼少時は虚弱でおとなしい子供でした。10歳のとき一家で江戸の藩邸から長州に帰りましたが、言葉も江戸弁が抜けずにいじめられたものです。おかげで父からは徹底的に鍛えられました。15歳のときには家出して、松下村塾を創設した玉木文之進（ぶんのしん）先生に入門しましたが、先生も厳しく、しばらくは野良仕事ばかり命じられておりました。	
性格 何事も努力あるのみ。古風な性格といわれます。	
トラウマ 西南戦争では軍旗を奪われました。誠に遺憾の限りであります。	**交友関係** 児玉源太郎（こだまげんたろう）、川上操六（そうろく）など。長州閥だけでなく薩摩閥の軍人とも友好的な関係でした。
家庭環境 家系は長州藩士。日露戦争で息子を二人も亡くしたのは痛恨です。	**趣味** 漢詩。
恋愛関係 妻が一人。殉死のときも運命を共にしました。	**仕事ぶり** 成果は誇りませぬ。非難は甘んじて受けましょう。
人生の目標 忠君愛国。	**死因** 自決。明治天皇の大葬の日に日本刀で切腹いたしました。

特技・得意技等

部下には無理も命じましたが、自分に厳しい態度を取るのが信条です。たとえば、町で電車に乗ってもかならず座らずに立っておりましたが、兵隊や下級の将校が乗り合わせた場合「大将閣下が座らないのだから」と、みんな座るのを遠慮するという事態になってしまいました……。

本人希望記入欄

多くの人が私を手本にしようとしましたが、自分では至らぬ軍人だと思っておりました。

記入上の注意　1：数字はアラビア数字で、文字はくずさず正確に書く。
2：※印のところは、該当するものを○で囲む。

履歴書

ふりがな　のぎ　まれすけ 氏名　乃木 希典		
生年月日 1849年11月11日	没年月日 1912年9月13日（満62歳）	※ ㊚・女
出身 江戸麻布日々窪（東京都港区六本木）		
立場　長州藩士、陸軍大将	あだ名　乃木大将	

概要

長州藩士ですが、江戸藩邸で生まれました。幕末期は報国隊に属し、明治維新後は陸軍少佐として西南戦争に参戦しました。その後はドイツに留学し、日清戦争では第2師団長を務め、さらに日露戦争では第3軍司令官として旅順攻略に当たりました。戦後は伯爵となりましたが、元帥号は辞退しました。

家族

乃木家は侍医の家系でしたが、父の乃木希次（まれつぐ）は医学より武芸に秀でた男で、厳しく育てられました。兄弟は兄が二人おりましたが、早世していたので、私が嫡子となりました。下には弟が二人、妹も二人おりました。

年	歳	学歴・職歴（各項目ごとにまとめて書く）
1861	12歳	長府藩の集童場に入学。
1864	15歳	集童場の有志らと共に報国隊（ほうこくたい）に参加。
1870	21歳	陸軍少佐として任官。
1877	28歳	西南戦争に参加して西郷軍と戦闘。
1887	38歳	川上操六と共にドイツに留学。翌年に帰国。
1895	46歳	日清戦争に第1旅団長として参加、のちに第2師団長に就任。
1896	47歳	台湾総督に就任。
1904	55歳	日露戦争に第3軍司令官として参加。ロシア軍の旅順要塞攻略を担当。
1907	58歳	軍籍のまま学習院の院長を兼任。裕仁（ひろひと）親王（昭和天皇）の教育に当たる。
1912	62歳	明治天皇崩御に伴い、自宅にて殉死。

●天皇の孫にも遠慮はしなかった質素と努力の人

結局のところ、乃木大将は名将だったか？　それとも愚将だったのか？

「旅順《りょじゅん》攻略で敵のロシア軍より死傷者を大量に出しておいて、名将はないだろ！」

「いや、乃木の指揮は当時の正攻法で、ほかの将軍が指揮しても同じだったよ！」

この論争、現在に至るまでダラダラ続いているが、日露戦争中の評価はどうだったのか。旅順攻略で2万人もの死傷者が出ていた当時、指揮官の乃木の家には投石が相次ぎ、軍には乃木の切腹を求める手紙も多数届いた。

明治天皇の侍従だった日野西資博《ひのにしすけひろ》の回想によれば、明治天皇も「乃木も、アー人を殺しては、どもならぬ」と嘆いたという。

それが戦勝となるや一転、みんなが乃木を英雄視したのだから皮肉なものだ。だが、これは乃木自身、勝典《かつすけ》と保典《やすすけ》という二人の息子を戦死させたことへの同情も大きかった。

加えて、乃木が自分にとても厳しく、質素と努力を重んじる人格者だったのは事実だ。日露戦争中の司令部では、夏は蚊帳があっても入らず、冬は火鉢があっても使わなかったといわれている。

戦後に学習院の院長となった当時、乃木が幼児期の裕仁親王（昭和天皇）に、雨の日も馬車には乗らずに歩いて通学することを勧めた話はよく知られている。

●旅順を悔やみ続けた本人の手を離れ暴走する乃木神話

問題は、いくら乃木個人が立派な人物とはいえ、「乃木さんを見習え！」という価値観が広まりすぎたことだ。乃木の死後、１９１５年（大正４年）には『乃木式』という教育雑誌が創刊されたが、内容はひたすら厳しいスパルタ教育だったので、同誌の内容を真に受けた親や教師に「うへぇ」と閉口した子供も少なくなかった。

戦後になって、小説『坂の上の雲』で知られる司馬遼太郎のような、「乃木なんか愚将だよ」という人々が出てきたのは、かつて乃木が神格化されすぎた反動だろう。

しかし、等身大の乃木は、愚物ではないが欠点のない神でもなかった。意外にも、幼児期は泣き虫の虚弱ないじめられっ子で、父からは厳しく鍛えられた。１８７７年（明治10年）に西南戦争に参加したとき、軍旗を奪われたことを生涯恥じていたことは有名だ。その後しばらくは自暴自棄になり、「あれでも軍人か？」といわれるほど酒色にふけった時期もある。１９０４年（明治37年）に日露戦争が起きる前には４度も休職しており、その時期はひたすら地味ぃ～に野良仕事にいそしんでいた。

日露戦争後、乃木はかつての西南戦争と旅順攻略の不面目を恥じて自死を望んだが、明治天皇に「朕の死後にせよ」といわれ、そのとおりの最期を遂げた。不器用ながらも義務をまっとうして生涯を終えた古武士、それが乃木の実像だったのではないか。

岩崎弥太郎

Iwasaki Yataro

ビールから戦艦武蔵までつくった
大財閥「三菱」を一代で築いた海運王

ファッション

長崎にいた頃は外国商人になめられないように洋服も買いましたが、似合わないといわれ、和服で通しました。なお、ご存じ三菱のマークは土佐藩主山内家の家紋をもとにしております。

幼少期の様子

家は7人家族なのに履物が2、3足ぐらいしかないほど極貧でした。イタズラ好きな子供で、近所の墓場で「鬼火が出た」と大騒ぎになったことがありますが、じつはこれ、私が中身をくり抜いたかぼちゃにロウソクを入れて置いておいたものです。

性格

大胆不敵。機を見るに敏。転んでもタダでは起きない。

トラウマ

若い頃に一度、郷士の身分を失ったときは惨めでした。

交友関係

後藤象二郎は商売の最大の協力者でした。坂本龍馬も仕事の先輩です。

家庭環境

実家は武士としては最下層でしたが、子孫は大財閥の一族となりました。

趣味

漢詩が得意で、12歳のとき藩主に詩を献上しています。

恋愛関係

妻のほかに妾が6人ほど、なじみの芸者もたくさんおりました。

仕事ぶり

自転車操業でも長期的視野ではかならず利益を上げております。

人生の目標

商売でお国に尽くす。

死因

胃癌。胃は慢性的に悪く、酒の飲みすぎがたたりましたね。

特技・得意技等

洋行帰りの渋沢さんに比べて古くさい保守的な経営者と思われがちですが、欧米人や、帝国大学、慶應義塾卒の若手も大量に雇いました。まあ、渋沢さんも出資していた共同運輸との価格競争の時期は、従業員を酷使して海難事故も多発したので、ずいぶんたたかれましたが……。

本人希望記入欄

後世の零戦（ぜろせん）や戦艦武蔵（むさし）は三菱の製品ですが、三菱鉛筆はウチと無関係の会社です。

記入上の注意　1：数字はアラビア数字で、文字はくずさず正確に書く。
2：※印のところは、該当するものを○で囲む。

履歴書

ふりがな　いわさき　やたろう

氏名　**岩崎 弥太郎**

生年月日	没年月日	※
1834年12月11日	1885年2月7日（満50歳）	男・女（男に丸）

出身
土佐国安芸郡井ノ口村一ノ宮（高知県安芸市）

立場	あだ名
土佐藩士、実業家	海運王、海坊主

概要

土佐藩の下級武士の長男として生まれました。本名は岩崎敏といいます。幕末に藩が運営する開成館（かいせいかん）のもとで海運業に関わり、明治維新後に九十九（つくも）商会を設立、のちに三菱（みつびし）商会と改名します。

家族

父の岩崎弥次郎は地下浪人という武士のなかでも最下層の身分で、普段は農業に従事しておりました。母の美和は働き者かつ倹約家で、青年期の貧乏時代を切り抜けられたのは母のおかげです。弟の弥之助（やのすけ）は勉強のできる上品な男で、自分の死後は弥之助に事業を継がせております。

年	歳	学歴・職歴（各項目ごとにまとめて書く）
1847	13歳	高知の藩校に入学。
1856	22歳	庄屋との訴訟事件により入獄。
1858	24歳	吉田東洋（とうよう）の門下生となり、後藤象二郎（しょうじろう）と知り合う。
1859	25歳	土佐藩のもとで海運業に携わり、長崎に出張。
1867	33歳	土佐藩が設立した開成館に参加。
1870	36歳	開成館と海援隊の事業を引き継ぎ九十九商会を設立。
1874	40歳	台湾出兵の軍事輸送を国から受命。
1877	43歳	西南戦争での軍事輸送を国から受命。
1882	48歳	三井系の共同運輸との運賃値下げ競争を開始。
1885	50歳	政府の仲介により共同運輸と調停。胃癌のため東京の六義園別邸で死去。

●悪評すらも利用して40億の大借金を跳ね返す

終戦直後、三菱《みつびし》財閥の総資産は現代の貨幣価値で約120兆円もあったという。だが、三菱の創始者たる岩崎弥太郎の事業は巨額の借金からスタートしている。

幕末期、岩崎は土佐藩が運営する海運業者・商社の開成館《かいせいかん》に関わっていた。明治維新後、藩が解体されると開成館の所有する船舶と業務を引き継ぐが、これは藩が討幕運動のための武器調達やら何やらで抱えていた40万両近くもの負債とセットだった。当時の米の価格から幕末の1両が現在の1万円ぐらいとすれば、その額は40億円近い。

ところが、世間の人々は土佐藩の負債について知らなかったので、「岩崎は殿様をだまして藩の資産を奪い取った不届き者だ！」とうわさされる。岩崎はこれを逆に利用した。自分の会社に巨額の負債があるのを隠し通したまま、「そのとおり、この岩崎はうまいことやって巧みに稼いだ商売じょうずですぞ」と吹聴し、三菱商会の名を広めたのだ。

もともと岩崎の家は郷士という、武士のなかでも最底辺の立場。しかも、青年期には地元の庄屋ともめて、一時的に郷士の身分まで失っている。しかしその後、藩政改革を志す吉田東洋《とうよう》の門下に入り、のちに家老となる後藤象二郎《しょうじろう》とも知り合う。そこから、武器の買い付けや土佐の産品の売買などを通じて商才を磨き、坂本龍馬が設立した海援隊の経理も担当した。そんな経歴があったからこそ、無謀とも思えるチャレンジができたのだろう。

●汽船の運賃を10分の1まで下げた価格破壊の元祖

火中の栗をあえて拾うのが岩崎のビジネスセンスだ。明治維新後の1874年（明治7年）、台湾に漂着した琉球の漁民が殺されたことをキッカケに台湾出兵が起きる。このとき兵員や物資の輸送を依頼された国有企業の日本国郵便蒸気船会社は、「そんなリスクの大きい仕事はできんよ」と尻込みするが、岩崎は喜んで三菱商会で請け負う。

1877年（明治10年）の西南戦争でも、「戦争こそ大もうけのチャンスじゃ！」とばかりに軍事輸送を担当。政府側と西郷軍側で合わせて1万3000人以上もの戦死者を横目に、岩崎は4200万円におよんだ軍事予算のなんと約3分の1を手にする。

岩崎のなりふり構わぬ商売の真骨頂が、1882年（明治15年）から始まった三井系の共同運輸との値下げ競争だろう。三菱と共同運輸は熾烈《しれつ》に客を奪い合い、岩崎ははじめ5円50銭だった東京～神戸間の運賃を、最終的にはなんと55銭まで下げた。通信費の価格破壊をくり返してきたソフトバンクの孫正義社長も裸足で逃げ出す勢いだ。

当然、三菱も三井も採算割れで共倒れ寸前となるが、岩崎はこっそり共同運輸の株を買い取り、のちに共同運輸は三菱商会と合併して日本郵船となる。岩崎が死去したのは共同運輸との調停が成立した2日後、岩崎の弟の弥之助《やのすけ》は亡き兄について、「彼が三途の川で乗った船には、きっと三菱の旗がはためいていたに違いない」と語ったという。

渋沢栄一

Shibusawa Eiichi

500以上の企業設立を手がけ財界に君臨した「日本資本主義の父」

容姿 シルクハットにステッキが似合う紳士です。	
性格 商売人らしく、時流に合わせることができる柔軟な思考をもっています。近代化のために努力は惜しまないです。	
幼少期の様子 父の仕事を手伝いながら、『論語』などの本を読み、多くの知識を得ました。	
金運 家が豪農だったため、昔から裕福でした。	**交友関係** 政財界に顔が広いです。
トラウマ 身分制度。	**趣味** 不明。
家庭環境 父と仲がよく、昔から仕事に付き添っていました。	**仕事ぶり** 幼少時から働き者。維新後は500社以上の会社の設立に関わるスーパー実業家です。
恋愛関係 19歳のときに結婚しましたが、42歳で妻と死別。その翌年には再婚しました。	**家族** 最初の妻、千代との間に歌子、琴子、篤二の3人が生まれる。後妻、兼子との間に武之助、正雄、愛子、秀雄の4人が生まれました。
人生の目標 日本を欧米のような近代国家にすること。	**死因** 老衰。

特技・得意技等

数多くの一流企業の設立に関わりましたが、個人的な利益を求めることは嫌いです。設立した企業の役職を長く務めたり、株式を保有して企業を支配したりすることもなく、多くの実業家と違い、財閥をつくりませんでした。

本人希望記入欄

すべては日本の近代化のためにやったことで、私個人の利益は欲しません。

記入上の注意　1：数字はアラビア数字で、文字はくずさず正確に書く。
2：※印のところは、該当するものを○で囲む。

古代
平安
鎌倉
室町
戦国
江戸
幕末
近代

履歴書

ふりがな	しぶさわ　えいいち
氏名	渋沢 栄一
生年月日	1840年2月13日
没年月日	1931年11月11日（満91歳）
※	㊚・女
出身	武蔵国榛沢郡血洗島村（埼玉県深谷市血洗島）
立場	幕臣、大蔵省官僚、実業家
あだ名	とくになし

概要

藍染の原料となる藍玉を製造・販売する豪農の長男として生まれました。父は市郎右衛門、母はエイ。子供の頃から一人で買い付けに出かけていたため、商売の才能が養われていきました。

年	歳	学歴・職歴（各項目ごとにまとめて書く）
1863	23歳	尊王攘夷集団「天朝組」を結成し、過激なテロ計画を企てる。
1864	24歳	従兄弟の説得により計画中止し、天朝組を解散する。京都で一橋慶喜の家臣と出会い、一橋家に仕える。
1866	26歳	慶喜が江戸幕府将軍となり、同時に幕臣に取り立てられる。
1867	27歳	パリで開かれる万国博覧会に参加するため、幕府の遣欧使節団の一員としてヨーロッパへ渡る。そこで欧州文化を見て衝撃を受ける。
1869	29歳	前年に帰国し、新政府の要請により大蔵省へ出仕する。
1873	33歳	大蔵省を辞職。ここから本格的に実業家の道を歩み始める。第一国立銀行の創立を指導する。その後、紡績、鉄道、海運など、さまざまな企業の設立に関わり、経営を指導する。日本最初の近代的福祉施設、東京市養育院を設立。
1916	76歳	この頃から社会福祉事業を中心とした活動を始める。
1931	91歳	死去。

●じつは尊王攘夷のテロリスト崩れだった財界の巨人

「日本資本主義の父」と呼ばれた渋沢栄一の業績をあげればキリがない。設立を手がけた企業は、第一国立銀行、王子製紙、キリンビール、東京ガスなど、なんと500社を超える。ところが、そんな財界の巨人も売国奴呼ばわりを受けたことがあった。

1892年（明治25年）、東京で水道設備の工事が始まったとき、渋沢は調査会で「日本製の水道管？　そんなの無理、外国製にしなさい」と強弁した。現在でこそ、みんな「メイド・イン・ジャパン」といえば高品質と思っているが、当時の日本の工業水準はお話にならないほど低かったのだ。渋沢の判断は結果的に正しかったが、外国の水道業者から金をもらっていたとうわさされ、それを真に受けた国士に命を狙われたという。

もっとも、この程度、渋沢には取るに足らない出来事だったろう。何しろ渋沢自身、じつはテロリスト崩れだった。幕末の武蔵国《むさしのくに》（埼玉県）で染料の材料などを手がける豪農の家に生まれた渋沢は、23歳のとき尊王攘夷運動の過激派「天朝組《てんちょう》」を結成して討幕運動に参加、まず手はじめに地元の高崎城の襲撃をはかった。

しかし、従兄弟に説得されて「天朝組」は解散。その後、京都で知り合った一橋慶喜（のちの徳川慶喜）の臣下となる。「オイオイ、尊王攘夷派が幕臣になったのかよ？」と突っ込まれるところだが、慶喜は幕府内の改革派だ。それに両者とも、身分にとらわれず、新しいものは積極的に取り入れる考えで、気が合ったのだろう。渋沢は幕府の遣欧使節団に参加してヨーロッパに渡り、最新の西洋のビジネスの知識を吸収、その間に幕府はなくなってしまうが、帰国後は渡欧経験を生かして数かずの事業を興した。

●完全無欠な経営者の唯一の失敗は……2代目の教育

明治から戦前まで、現代よりもはるかに貧富の格差が大きかっただけに、財閥のボスは左翼ばかりでなく軍人にまで憎まれた。しかし、渋沢は私腹を肥やさず積極的に慈善事業などを行ない、晩年にはノーベル平和賞の候補にまでなっている。

ケチのつけどころがなさそうな成功をつかんだ渋沢だが、明らかに失敗した点がある。後継者の育成だ。渋沢の息子の篤二《とくじ》は中学校中退のボンクラで、芸者遊びなどにふけってばかりいた。父は幼児期から仕事で忙しく、実母は早くに死去し、異母兄弟に囲まれながら過度に将来を期待された篤二は、相当なプレッシャーのなかで育ったはずだ。「親父に比べればオレなんかゴミさ」と思っていたのかもしれない。歪《ゆが》む気持ちも少しわかる。

結局、渋沢は1913年（大正2年）に当時39歳だった篤二を廃嫡して、まだ17歳だった孫の敬三に渋沢家を継がせると決定する。敬三はもともと動物学者志望で、後年には民俗学者としても活動したが、第一銀行総裁を経て大蔵大臣も務めた。渋沢家としては、孫の育成には成功したのだから結果オーライだったのかもしれない。

高橋是清

Takahashi Korekiyo

借金と事業失敗で磨いた経済感覚で昭和恐慌と戦った苦労性の大蔵大臣

ファッション 若い頃からまるまるとしていたので「ダルマ」と呼ばれました。かっこいい洋装を愛用しておりましたが、普段着は和服です。	
幼少期の様子 横浜のヘボン先生の塾では英語だけでなく医学も教えていましたが、私が捕まえてきた猫を先生が解剖するのを見て、さすがに怖くなって医学のほうはやめました。10歳頃の話です。	
性格 多少のことではへこたれないタフさと明朗さが売りです。	
トラウマ アメリカ留学時代の奴隷体験は辛かったですね。	**交友関係** 政界では、同じ政友会に属した原敬、犬養毅らが盟友です。
家庭環境 足軽の家の養子。息子の是賢（これかた）も、貴族院議員、農商業省の官僚となりました。	**趣味** 事業です。米相場、牧場経営、銀山開発などに手を出しましたが、結局失敗しました。
恋愛関係 若い頃はずいぶん女遊びに興じました。	**仕事ぶり** 私が暗殺されなければ、日本は昭和初期の不況を脱していたともいわれます。
人生の目標 理財でお国のために働く。	**死因** 暗殺。皇道派の青年将校に射殺された。

特技・得意技等

大の酒好きでしたが、そのため人望を集めたこともあります。九州の唐津（からつ）で英語教師をしていたときは、吐血するほどに飲んで「先生はすごかばい！」と生徒から尊敬されました。そのときの年齢ですか？　18歳ですよ、当時はそれぐらいで酒豪なのが当然。大臣になってからも、じつは国会の会議の最中にお酒を飲んでました。

本人希望記入欄

私を撃った青年将校らにきちんとした経済学の知識が乏しかったのが残念です。

記入上の注意　1：数字はアラビア数字で、文字はくずさず正確に書く。
2：※印のところは、該当するものを○で囲む。

履歴書

ふりがな　たかはし　これきよ 氏　名　**高橋 是清**		
生年月日 1854年閏7月27日	没年月日 1936年2月26日（満81歳）	※ ㊚・女
出身 江戸芝中門前町（東京都港区芝大門）		
立場　日本銀行総裁、首相、蔵相	あだ名　ダルマさん	

概要

仙台藩の足軽・高橋家の養子として育ちました。幕末にアメリカへ留学、帰国後は文部省の官僚となりますが、途中で農商務省に転じます。その後は日本銀行に入って総裁まで務め、政界に転じて首相を１回、蔵相を6回も歴任しましたが、志半ばでテロに倒れました。

家族

実父の川村庄右衛門（しょうえもん）は幕府の御用絵師で、狩野派の風景画を得意としたそうです。実母のきんは魚屋の娘で、父の家で働いていた女中でした。生後間もなく高橋家に養子に出されましたが、じつは養父となった高橋是忠（これただ）も養子です。高橋家ではおばあちゃんの喜代子さんにかわいがられて育ちました。

年	歳	学歴・職歴（各項目ごとにまとめて書く）
1864	10歳	横浜にいた米国人医師ヘボンの私塾に入門。英語を学ぶ。
1867	13歳	渡米するが、奴隷に売られ重労働をしながら苦学。
1869	15歳	初代の文部大臣となった森有礼の家で働く。
1873	19歳	文部省の職員となる。のちに東大の英語教師も務めた。
1881	27歳	農商務省の職員に転じる。
1892	38歳	日本銀行に就職。
1905	51歳	貴族院議員になる。日露戦争の戦費調達に従事。
1921	67歳	原敬首相の急死により、大蔵大臣から内閣総理大臣に就任。
1934	80歳	岡田啓介内閣の大蔵大臣に就任（蔵相経験は6度目）。
1936	81歳	二・二六事件で皇道派青年将校の襲撃を受け、暗殺される。

●昭和経済の立役者、出発点は奴隷同然の使用人

昭和初期、二・二六事件の青年将校の最大の失敗は、高橋是清を殺したことだという話がある。1934年（昭和9年）、高橋は通算6度目となる大蔵大臣に就任。ときに80歳だった。そんなヨボヨボのじいさんに何ができたんだ？　というなかれ。高橋の財政センスは抜群だった。

平成不況より悲惨な世界恐慌のなか、巧みにデフレ脱却を実現させただけでなく、同時に国債発行を引きしめて無制限なインフレに進んでしまうのも抑えていた。さらに、軍事予算の削減も図っていたのだから、高橋が生きていれば、日本が戦争に進まなかった可能性は十分にある。

そんな高橋の経済感覚を磨いたのは、当人の金に関しての多くの失敗体験だったのかもしれない。何しろ高橋ときたら、詐欺被害、借金、事業に失敗して破産……とくり返し痛い目ばかり見ている。

まず、高橋は少年期にわずか13歳でアメリカに留学したが、ホームステイ先の人間とトラブルになり、「これに名前を書け」といわれてサインしたのが、よりによって奴隷労働の契約書だった。アメリカは南北戦争が終わったばかりの1860年代で、まだ人身売買の習慣があったのだ。高橋は住み込み使用人としてこき使われながら苦学する。

●借金まみれで餓死寸前、38歳でようやく更生

帰国後、英語教師となった高橋は、後輩3人が借金を抱えていると聞き、「ひとまずオレが代わりに払ってやる」と太っ腹なところを見せる。ところが、そのお礼に連れて行ってもらった芸者屋にはまりすぎて職を失う羽目に。しかも当面のつもりで肩代わりした借金はそのまま残った。その金額、現在の貨幣価値でなんと1千万円近い。

高橋は19歳で文部省の職員となるが、牧場経営や米相場にも手を出して失敗を重ねる。しかし、まるで懲りなかった。農商務省に転じたのち、職を放り出して南米のペルーで銀山開発に取り組む。「今度こそ一攫千金だ!」と思ったが、じつはその鉱山はすでに涸《か》れた廃坑だった。こんな調子だから、借金まみれで家族は餓死寸前という状況に。

38歳で日銀に就職した高橋は、ようやく真価を発揮する。日露戦争のおりには巧みに戦時外債をかき集め、のちに政界に転じてからは山本権兵衛内閣などで蔵相を歴任した。

苦労人の高橋は、金の使い方にこだわりがあった。地方の景気が悪いと聞き、安易に「よし、ハコモノや道路をつくれ!」という政治家は多い。だが、高橋は「無駄な公共事業をやっても地方にお金が落ちるのは一時だけ、本当の救済は難しい」と考えていた。じつに健全ではないか。高橋も農村の救済を考えていたが、じっくり時間をかけて行なうもくろみだった。青年将校たちが、それを理解できていなかったのが悔やまれてならない。

夏目漱石

Natsume Soseki

立身出世にも博士号にも背を向けて
文筆だけで生きた江戸っ子の個人主義者

ファッション

身なりにはこだわらなかったほうです。後世の千円紙幣ではきれいな顔に描かれてますが、じつは、幼児期に疱瘡(ほうそう)を患っていたためあばた顔でした。

幼少期の様子

生後間もなく古道具屋の家に里子に出され、当時は籠に入れられて毎晩店先に放置されていたので、それを見た姉がずいぶん不憫に思ったそうです。9歳で実家に戻されましたが、実の父母が高齢だったので、はじめはおじいちゃんとおばあちゃんだと思い込んでいました。

性格

権威は嫌い、組織も嫌いなので、文学博士号は返上しました。おかげで気難し屋といわれますが、家族と弟子たちは放り出しませんでした。

トラウマ 英国の倫敦では本当に孤独でした。	**交友関係** 親友の正岡子規は早世してしまいましたが、多くの弟子に慕われました。
家庭環境 生まれは名主の息子。子供は2男5女もいました。	**趣味** 漢詩と山水画。これは小説とはまったく別腹の表現活動です。
恋愛関係 妻は一人。ケンカは絶えませんでしたが、最後まで離婚しませんでした。	**仕事ぶり** 教師の仕事は辞めましたが、新聞連載小説はサボりませんでした。
人生の目標 小さくなって懐手(ふところで)して暮したい。	**死因** 胃潰瘍。43歳のときにも一度、伊豆の修善寺で大量吐血して死にかけています。

特技・得意技等

講演で私の話がわからなかったという人がわざわざ自宅に来たときは、懇切に話をし直してやりました。また、愛読者のなかには「自筆の俳句を書いてくれ」といっぽう的に頼む厚かましい人もいましたが、無視せず丁寧に断りの返答を出しました。最近はSNSというのがあるそうですが、対応が大変そうだから、ちょっと気乗りしないですねえ。

本人希望記入欄

則天去私。

記入上の注意　1:数字はアラビア数字で、文字はくずさず正確に書く。
2:※印のところは、該当するものを○で囲む。

履歴書

ふりがな　なつめ　そうせき 氏名　**夏目 漱石**		
生年月日 1867年1月5日	没年月日 1916年12月9日（満49歳）	※ ㊚・女
出身 江戸牛込場下横町（東京都新宿）		
立場 教師、作家	あだ名 「漱石」が筆名 （本名は夏目金之助）	

概要

生まれも育ちも江戸っ子です。東京帝国大学に進学後、四国の松山と九州の熊本で教師を務め、英国に留学後、東大で英文学者として教鞭をとりました。この時期に書いたのが最初の小説作品『吾輩は猫である』です。その後、東大を退職して朝日新聞社に入社し、専属作家となりました。

家族

5男3女の末っ子で、父の夏目小兵衛（こへえ）直克（なおかつ）は地元の名主、つまり武士ではなく町人のなかの顔役でした。当時としては高齢でできた子だったので「面目ない」と思われたそうです。兄のうち３人は私が青年期の頃、次つぎと早世してしまいました。

年	歳	学歴・職歴（各項目ごとにまとめて書く）
1884	17歳	東京大学予備門予科に入学。
1888	21歳	第一高等中学校本科第一部に入学。正岡子規（まさおかしき）と俳句に興じました。
1895	28歳	英語教師として四国の松山に赴任。
1900	33歳	文部省の指示により英国に留学。慣れない海外生活でノイローゼになりました。
1902	35歳	英国より帰国。
1903	36歳	東京帝国大学で英語教師となる。
1905	38歳	文芸誌の『ホトトギス』に小説『吾輩は猫である』を寄稿。
1907	40歳	東大を辞任。専属作家として朝日新聞社に入社。
1916	49歳	『明暗』の執筆中、持病の胃潰瘍が悪化したため自宅にて死去。

●21世紀を100年先取ったニート文学の元祖

「何故働かないって、そりゃ僕が悪いんじゃない。つまり世の中が悪いのだ」

どこのニートだよ？　とツッコミを入れたくなるこの言葉、夏目漱石の代表作『それから』の主人公、長井代助《ながいだいすけ》の台詞だ。日本も列強の末席に入った明治の末、裕福な家庭に生まれた代助は、働きもせずブラブラと過ごして自己正当化に明け暮れる――このような青年を描いた漱石は、まさに現代を100年先取る感性をもつ作家だった。

なんといっても漱石は、生まれついての江戸っ子で都会人だ。四国の松山で教師として働いた当時の経験をもとに書かれた『坊っちゃん』を、みんな痛快な学園ドラマと勘違いしているが、よく読めば、私生活のプライバシーもなく、劇中の校長や赤シャツ先生みたいな地元のプチ権力者に誰も逆らえない田舎世間への嫌悪感があふれている。

そんな気難し屋の漱石、幼児期から家庭にも職場にもなじめなかった。生後間もなく里子に出され、9歳で実家に戻ったが、実の両親とは他人行儀な仲のまま成長する。

東京帝国大学に進学したのち、英文学を学ぶうちに正岡子規と親友になり、1900年（明治33年）にイギリスに留学。英文学者だから「やった！　あこがれのロンドンだ」と思ったかといえば、そんなことはない。言葉も通じない体格の大きな白人に囲まれた孤独な生活を送るうちに精神を病んで帰国、この留学中に親友の子規は病死してしまう。

帰国後は東大の英語教師となるが、組織も権威も嫌いだった漱石は結局、エリート学者の地位を捨て、作家一本で食っていく道を選ぶ。ただし、フリーランスではなく朝日新聞の専属作家で、『こころ』『三四郎』など代表作のほとんどは新聞連載小説だ。

●博士号返上後の願望は引きこもりライフ？

作家として大成後、漱石は文部省から文学博士号を授与されるが、「べらんめえ、オレは博士なんてガラじゃねえよ」と返上。じつは、すでに留学中から、漱石は妻の鏡子への手紙で「おまえはおれの女房なんだから、そんなくだらない博士の夢なんぞ見てはいけないし、そんなものだからえらいんだなどと誤解してはいけない」と書いている。

権威を嫌った個人主義者の漱石は、日露戦争の勝利後、「これで日本も一流の大国の仲間入りだぜ」という気分になっていた日本人にもどこか冷ややかだった。1911年（明治44年）に行なった「現代日本の開化」という講演では、日本が自力のみで近代化したかのような得意顔をすることを「虚偽でもある。軽薄でもある」と痛烈に戒めている。

いっぽう、晩年のエッセイ『文士の生活』では、「小さくなって懐手して暮したい」と書いている。まさに厭世《えんせい》的な引きこもり願望だ。しかし、冒頭に触れた『それから』のラスト、世の中をナメたような生き方をしていた代助は、家を追い出されて仕事を探しに行く羽目になる……漱石は、人生そう安楽には生きられないこともよく理解していた。

西園寺公望

Saionji Kinmochi

「ノーブレス・オブリージュ」を実践
軍部に抵抗した最後のキングメーカー

ファッション
留学経験ですっかりヨーロッパになじんだので、わりとハイカラ趣味ですね。宮中では初めて洋服で参内したので怒られたこともあります。

幼少期の様子
小さい頃、3歳年下の明治天皇からは、よく一緒にお絵かきする相手に呼ばれました。公家の跡継ぎだったので幼児期から古典の英才教育を受けましたが、漢文や史書が好きで、和歌のほうはあんまり興味なかったですね。

性格
争いを好まず、身分が低くても優秀な人士とは積極的に交流しました。

トラウマ
とくにありませんが、私の晩年は世の中が物騒なほうに進んで不本意でしたね。

交友関係
同じ公家のほか、政界では原敬ら政友会の文官政治家、海外にも友人は多かったです。

家庭環境
公家。西園寺家は毛利家から迎えた養子の八郎が継ぎました。

趣味
食通です。フランス料理から和食の庶民的メニューまでおいしい物なら何でもいけます。

恋愛関係
わりとモテるほうです。生涯独身で正妻はいませんでしたが、内縁の妻が4人ほどいました。

仕事ぶり
外交ではがんばりましたが、内政では指導力が足りなかったといわれます。

人生の目標
高貴な者の責務を果たす。

死因
老衰。頭は衰えていませんでしたが、風邪を引いた後、眠ったまま死去しました。

特技・得意技等
とにかく読書家で、外国の書物をよく原文で読んでおりました。80代の高齢になっても、フランス語のマルクス主義の文献を読んでおりました……もっとも、この本は全8巻だったのですが、難しくて最初の1冊しか読み通せませんでした。この話、私の死からずいぶん後に陛下（昭和天皇）も語り草にしていたそうで、少し恥ずかしいですね。

本人希望記入欄
本当に育ちのよい人間は権威をひけらかさないものです。

記入上の注意　1：数字はアラビア数字で、文字はくずさず正確に書く。
2：※印のところは、該当するものを○で囲む。

履歴書

ふりがな	さいおんじ　きんもち		
氏名	西園寺 公望		
生年月日	1849年10月23日	没年月日 1940年11月24日（満91歳）	※ 男・女
出身	山城国京都（京都府京都市）		
立場	公家、内閣総理大臣、元老	あだ名	お寺さん

概要

公家の徳大寺家に生まれ、2歳のとき西園寺家の養子となりました。戊辰戦争に参加後、フランスに留学し、自由民権運動を進めた中江兆民らと交友をもちます。公務ではドイツ公使、外相、枢密院（すうみついん）議長、首相などを務めました。

家族

率直に申しましてセレブ一族です。実父の徳大寺公純（きんいと）は東山天皇の5代目の孫に当たり、幕末には公武合体派でした。兄の実則（さねつね）は内大臣を務め、明治天皇の侍従長となっております。弟の友純（ともいと）は財閥の住友家へ養子に行きました。もう一人の弟の威麿（たけまろ）は立命館大学の理事を務めております。

年	歳	学歴・職歴（各項目ごとにまとめて書く）
1868	19歳	山陰道鎮撫（ちんぶ）総督として戊辰戦争に参加。
1871	22歳	フランスに留学。
1881	32歳	中江兆民と共に『東洋自由新聞』を創刊。
1885	36歳	オーストリア=ハンガリー帝国公使に就任。以後、ドイツ帝国公使兼ベルギー公使などを歴任。
1894	45歳	伊藤博文内閣に文部大臣として入閣。のちに外相も兼任。
1906	57歳	内閣総理大臣に就任。
1911	62歳	2度目の内閣総理大臣就任。
1919	70歳	第一次世界大戦後のパリ講和会議に全権として出席。
1940	91歳	静岡県興津町の別荘で死去。

●天皇の親類が自由民権運動の宣伝役に

西園寺公望は生まれながらのセレブだ。何しろ6代前のご先祖は江戸時代中期の東山天皇ときている。西洋では「高貴な身分の人間こそ人々のため働くべし」という考え方がある。ノーブレス・オブリージュと呼ばれるものだ。西園寺はこれを地で行った。

青年期にフランスに留学した西園寺は、同じく日本から来ていた中江《なかえ》兆民《ちょうみん》と親しくなる。留学先では祖国での身分の差など関係なかった。帰国後、１８８１年（明治14年）に西園寺は中江と共に『東洋自由新聞』を創刊。なんと公家が自由民権運動の協力者になったのだ。新聞の内容はさして過激なものではなかったが、保守的な岩倉具視や三条《さんじょう》実美《さねとみ》から「何をやっとるんじゃ！」と叱られ、新聞社を辞めることになる。西園寺は幼児期から面識のあった明治天皇に直談判を申し出たが、これは実現しなかったらしい。

官職に転じた西園寺は、外国公使などを経て政界入りする。当時、目や耳の不自由な人間はまったく役立たず扱いだったが、西園寺は文部大臣に就任すると障害者教育に力を入れた。そればかりか、みずから兵庫県にあった「新平民」の学校を訪れている。新平民って何？　というと、いわゆる被差別部落出身者のことだ。庶民にはまだまだ彼らをさげすむ人が多かった時代だが、高貴な身分の西園寺には差別意識などまるでなかった。

明治時代の末、西園寺は伊藤博文が結党した政友会の総裁となり、続いて首相の人選を左右する元老に就任。その基本方針は、薩長藩閥の影響を退け、議会政治を定着させることだった。なんとも逆説的なことに、皇室とも血縁ある西園寺こそが、政界ではリベラル派の後見人だったのだ。山縣有朋と松方正義《まつかたまさよし》の死後、西園寺は最後の元老となる。

●家庭内でも政界でも不本意な事態となった晩年

権威を嫌った西園寺は家庭生活もフリーダムで、生涯を通じて正式には結婚せず、内縁の妻が何人かいた。ところが、70代の高齢になって綾子と悦子という二人のお気に入りの女中が衝突、ドロドロの争いの末にやむなく悦子のほうを追い出すことになる。

伊藤博文もべらぼうな女好きだったが、こちらは正妻が浮気に寛容だったのでトラブルが少なかった。しかし、西園寺の場合はなまじ正妻を置かずに複数の女を抱えていたから、「西園寺家を仕切るのはアタシよ！」と愛人同士の争いになったという次第。

家庭内だけでなく、政界でも晩年の西園寺は厳しい立場に置かれた。西園寺は1930年（昭和5年）のロンドン軍縮条約の批准を支持したが、このため軍部の恨みを買う。

この条約の背景には、第一次世界大戦後、ヨーロッパ列強が「もう戦争はこりごりだ」というムードになっていた点がある。西園寺ら国際協調派の文官政治家はこうした空気に合わせようとしたが、国内の軍人は不満タラタラだった。それが五・一五事件、二・二六事件という形で暴発し、西園寺は戦争に向かう不穏な状況下で最期を迎える。

山本五十六

Yamamoto Isoroku

部下には「やってみせ」の精神を体現
最前線で最期を遂げた非運の提督

ファッション わりとオシャレなほうでした。海外勤務も多く、欧米人からバカにされないように気をつける必要もありましたからね。背は低いほうですが、体格はがっしり型です。	
幼少期の様子 父は老いてから息子ができたのを恥じていて、親子仲はよくありませんでした。小学校では首席で通しましたが、家に金がないので進学を反対され、「学費は将来、立派な人間になって返します」といって奨学金を受け、中学に進学させてもらいました。	
性格 合理主義者で臨機応変。なんでもみずから率先。	
トラウマ 日露戦争で左手の指を2本失ったことは、若い頃、少しコンプレックスでした。	**交友関係** 部下にはわりと慕われました。
家庭環境 長岡藩士の家系。子供は2男2女いました。	**趣味** 将棋。酒より甘い物が好きです。
恋愛関係 妻の礼子のほかに、千代子というなじみの芸者をかわいがっていました。	**仕事ぶり** 指揮官としては敵軍からも賞賛されております。
人生の目標 忠君愛国。海軍の近代化を目指す。	**死因** 戦死。前線視察のおりに搭乗機が撃墜されました。

特技・得意技等

海軍大尉だった当時、一度にみかんを47個も食べて盲腸炎になりました。それで手術を受けることになったのですが、あえて「麻酔をかけないでくれ」と頼みました。切腹したらどれぐらい痛いか試してみたかったんです。武士の血を引く軍人ですからね。

本人希望記入欄

靖国では、ミッドウェーで死んだ多聞丸(山口多聞)から「え、山本さん、もう来たの？　早いよ」と驚かれました。

記入上の注意　1:数字はアラビア数字で、文字はくずさず正確に書く。
2:※印のところは、該当するものを○で囲む。

履歴書

ふりがな	やまもと　いそろく	
氏名	山本 五十六	
生年月日 1884年4月4日	没年月日 1943年4月18日（満59歳）	※ 男・女（男に○）
出身	新潟県古志郡長岡本町（新潟県長岡市）	
立場 海軍大将、連合艦隊司令長官	あだ名 とくにありません。	

概要

長岡藩士の家に生まれました。海軍兵学校を卒業後、日露戦争に参加。その後はアメリカ駐在武官などを務めました。海軍ではいち早く航空戦力に着目し、航空本部長となっています。アメリカとの戦争には乗り気ではなかったものの、開戦後は連合艦隊司令長官として全力を尽くしました。

家族

父の高野貞吉（さだよし）は小学校の校長を務めました。父が56歳のときに生まれたので「五十六」と、なんとも安易な命名をされてます。兄弟は多く、自分は6男です。31歳のとき長岡の名門・山本家を継ぎましたが、山本家は一度断絶した状態だったので、養父に当たる男性は不在でした。

年	歳	学歴・職歴（各項目ごとにまとめて書く）
1901	17歳	海軍兵学校に入学。
1904	20歳	海軍兵学校を卒業。少尉候補生となる。
1905	21歳	巡洋艦「日進（にっしん）」乗員として日露戦争に参加、日本海海戦で負傷。
1915	31歳	海軍少佐に昇進。山本家の家名を継ぐ。
1919	35歳	アメリカ駐在任務。ハーバード大学に留学。
1929	45歳	ロンドン海軍軍縮会議に参加。海軍少将に昇進。
1935	51歳	海軍航空本部長に就任。
1939	55歳	連合艦隊司令長官に就任、第1艦隊司令官も兼任。
1941	57歳	日米開戦に向けてハワイ攻撃計画を立案させる。
1943	59歳	乗機がソロモン諸島のブーゲンビル島上空で撃墜され戦死。

●40歳を過ぎてみずから飛行機の操縦にもチャレンジ

山本五十六の名前が、「父親が56歳のときにできた子だったから」という話は有名だ。父が老いてからできた子はかわいがられるパターンが多いが、山本はそうではなかった。父の貞吉は「こんな歳で子ができて恥ずかしい……」と考え、しかも孫のほうに将来を期待していたので、少年期の山本は父からずいぶん邪険にされたという。

ところが、貞吉の孫の力《ちから》は病のため24歳で早世。貞吉は「お前なら死んでもよかったのに」といったという。なんともヒドい親父だ。しかし、山本は小学校から優等生で、海軍兵学校に2番という非常に優秀な成績で入学してみせた。これには、さすがに父も考えを改めざるをえなかったようだ。

冷遇されて育ったためか、山本は謙虚な男だった。後年には「やってみせ　言って聞かせて　させてみて　ほめてやらねば　人は動かじ」という言葉を残したが、この「やってみせ」をよく象徴するのが、１９２４年（大正13年）に霞ヶ浦航空隊に着任したときの話だ。当時すでに40歳にもなりながら、年下のパイロットに混じって飛行機の操縦を習い、練習機ぐらいなら一人で飛ばせるようになった。

その経験で「うわあ、着陸ってこんなに難しいのかよ」と痛感。空母の着艦用設備を使いやすくするよう命じている。

●海軍を辞めてモナコでギャンブラーになる⁉

山本は航空隊での勤務ののち、アメリカ駐在武官を務めた国際通だった。しかし、意外と刹那的なところもあったようだ。1930年（昭和5年）のロンドン海軍軍縮会議では、財政の負担から海軍に妥協を求めた大蔵官僚の賀屋興宣《かやおきのり》（のちの蔵相）を、「黙れ、鉄拳が飛ぶぞ！」と怒鳴りつけている。軍縮会議の後、海軍内のゴタゴタに嫌気がさした山本は、「もう海軍なんかやめてモナコに行ってギャンブラーになる」といい出し、海軍内で親友だった堀悌吉《ていきち》がなだめたという。実際に山本は賭け事には強かった。

アメリカの国力をよく理解していた山本は日米開戦に反対したが、もし戦争になれば、先手を打つしかないとも考えていた。それがハワイ米海軍基地への奇襲だ。開戦の1年前から準備を進め見事に成功させる。しかし、その後山本本人は戦局が傾くなか、前線視察中の1943年（昭和18年）4月、乗機を狙われて戦死した。

大戦後半の悲惨な戦局に関わらなかった山本は、後世でも好意的な評価が多いが、一つビミョーな置きみやげを残している。連合艦隊首席参謀を務めた黒島亀人《かめと》は、変人としてしられていたが、その発想の奇抜さに目をつけた山本が特別に抜擢している。この黒島が山本の死後に軍令部第二部長となり、特攻作戦を積極的に進めたのだ。もし山本が生きていれば、「黙れ、鉄拳が飛ぶぞ！」といって特攻をやめさせていたのだろうか……。

東条英機

Tojo Hideki

私欲はないが几帳面すぎてウザがられた
ブラック企業「帝国陸軍」の経営者

ファッション とくにこだわりはありません。ほとんど軍服で過ごしました。	
幼少期の様子 父の方針で学習院初等科に通いました。同級生の多くは良家の子女なので人力車で送り迎えされましたが、自分は歩いて登校しています。負けん気が強く、上級生相手にもケンカを辞さない子供でした。恥ずかしながら、当時の成績は40人中で30番台と下のほうです。	
性格 几帳面で努力家と呼ばれたいっぽう、大局観が乏しいとも評されました。小まめな役人気質ということですかね。	
トラウマ 父からは、陸軍内の長州閥への恨みをかな〜り聞かされました。	**交友関係** 鈴木貞一（ていいち）、佐藤賢了（けんりょう）らの将官。満州で働いた甘粕（あまかす）正彦（まさひこ）は目をかけてやった後輩です。
家庭環境 父親も軍人、息子たちも軍人や軍事技術者として働きました。	**趣味** とくにないです。
恋愛関係 愛妻家です。芸者をはべらすような軍人は尊敬できません。	**仕事ぶり** 軍人としては有能で「カミソリ」と呼ばれましたが、国政では非難も多く受けました。
人生の目標 忠君愛国。	**死因** 絞首刑。敵軍に殺されたので戦死です。

特技・得意技等

とにかく筆まめで、部下の報告は片っ端からメモに記しましたね。それをさらに、年月順、事項別、備忘録の3種類の手帳に書き写していました……ところが、こういう小まめさが、陸軍や政府の一部の人間から嫌がられたようです。

本人希望記入欄

戦後に首相となった岸信介君は、途中まで自分が育ててやったようなもんですよ。彼の統制経済の才能には助けられましたが、最終的には物別れになってしまいました。

記入上の注意　1：数字はアラビア数字で、文字はくずさず正確に書く。
2：※印のところは、該当するものを○で囲む。

履歴書

ふりがな　とうじょう　ひでき		
氏名　東条 英機		
生年月日 1884年12月30日	没年月日 1948年12月23日(満63歳)	※ 男・女 (男に丸)
出身 東京府麹町区(東京都千代田区)		
立場 陸軍大将、内閣総理大臣、参謀総長	あだ名 東条上等兵、ケンカ屋	

概要

陸軍軍人の家に生まれました。関東軍参謀長などを経て、第2次近衛内閣で陸軍大臣となります。対米開戦やむなしという空気のなかで首相となり、参謀総長も兼任しました。しかし、戦局は打開できず、敗戦後はA級戦犯として処刑されてしまいました……無念の限りです。

家族

父の東条英教(ひでのり)は盛岡藩士で、優秀な軍人でした。しかし、陸軍の主流だった長州閥とそりが合わず、大将まで昇進できませんでした。母の千歳は福岡出身でお寺の娘です。兄が二人おりましたが、早くに亡くなりましたので、父からは将来を期待されて育ちました。

年	歳	学歴・職歴(各項目ごとにまとめて書く)
1904	20歳	陸軍士官学校に入学。
1905	21歳	陸軍士官学校を卒業。少尉として任官。
1912	28歳	陸軍大学校に入学。
1921	37歳	駐在武官としてドイツに赴任。
1933	49歳	陸軍少将に昇進。陸軍省軍事調査部長に就任。
1940	56歳	第2次近衛内閣に陸軍大臣として入閣。
1941	57歳	首相に就任し、日米開戦を決断。のちに陸相、内相、参謀総長なども兼任。
1944	60歳	戦局悪化の責任を追及され、首相を退陣。
1945	61歳	敗戦直後に自決を図るが失敗。占領軍に戦犯として拘束される。
1948	63歳	巣鴨拘置所にて処刑される。死から30年後の1978年に靖国神社に合祀。

●近衛文麿が投げ出した首相に嫌々就任

大東亜戦争（太平洋戦争）の敗戦後、その全責任を押しつけられた東条英機は、まことに貧乏くじを引かされた男というよりない。東条は日米開戦にも乗り気でなかったし、私利私欲のない真面目な男だった。ただし、器が大きかったかはちょっとビミョーだ。

少年期の東条は、同じく軍人だった父の英教から「ワシは陸軍を仕切ってる長州閥の意地悪のせいで出世できなかったんじゃ」といわれて育つ。陸軍に任官してからは「親父の無念を晴らしてやるぞ！」とばかりに、ひたすら地道に努力を重ねた。

昭和の初期、陸軍内の佐官将校グループ「一夕会《いっせきかい》」に参加して頭角を現した東条は、満州に駐留する関東軍で憲兵司令官や参謀長を務める。1937年（昭和12年）に日中戦争が勃発して以降、中華民国を支援するアメリカとの関係が悪化する状況下で、東条は近衛《このえ》文麿《ふみまろ》内閣の陸軍次官となり、さらに陸軍大臣として入閣した。

近衛は、中国大陸からの撤兵を求めるアメリカと、これを断固拒否する陸軍との板挟みで頭を抱え、「やっとられんわ」と政権を放り出す。かくして、1941年（昭和16年）10月、東条が首相を任された。このときは、当の東条自身が「えっ、自分が首相っすか?」と一番驚いていたという。宮中は東条に陸軍を抑える役割を期待したが、アメリカ側は「満州事変以降にぶん取った占領地は全部手放せ！」と要求。当時の日本の国内世論が納得できる状況ではなく、東条個人は気が進まないまま開戦へと進む。

●庶民の家のゴミ箱をあさってドン引きされる

以降の東条は、陸相、内相、外相、参謀総長などの要職を一人で兼任。別に権力欲のためではない。責任感が強すぎて「人に任せてどっしりかまえる」ということができなかったのだ。軍や政府だけでなく庶民の生活にも口を挟み、みずからわざわざ町中のゴミ箱をのぞいて「この大根の切れはし、まだ食えるのではないか？」などという始末。こうした細かさゆえ、陸軍内でライバルだった石原莞爾《かんじ》からは「東条上等兵」と呼ばれた。

東条は直属の部下には面倒見がよかった。職場で課長ぐらいなら尊敬できる上司だが、経営者になると、現場に細かく口出しして悪意がないままブラック企業にしてしまうタイプだったのかもしれない。実際、東条が「生キテ虜囚ノ辱メヲ受ケズ」という戦陣訓を出したら、「捕虜になるより自決せよ」というのが暗黙の義務になってしまった。

そんな東条を嫌ったのは、何も左翼の反戦主義者だけではない。すでに戦時中から、水面下で和平交渉を図っていた宮中関係者、文官の政治家、海軍および陸軍の有力者の間でも「東条を降ろさなきゃ日本が滅ぶ」という声が高まり、東条を暗殺する計画まであった。

ただし、敗戦後の東条は汚名と責任から逃げなかった。戦後、昭和天皇は近衛文麿の中途半端さを非難したが、東条を悪くいわなかった。それがせめてもの救いだろうか。

古代
平安
鎌倉
室町
戦国
江戸
幕末
近代

吉田茂

Yoshida Sigeru

憲兵隊にも占領軍にも屈しなかった
貴族的な高慢さが売りの遅咲き宰相

ファッション
外交官ですから身だしなみには気を遣いましたね。和服のときはきれいな白足袋を愛用しました。こだわりのアイテムといえば舶来品の葉巻です。

幼少期の様子
吉田家は大金持ちだったので、「若様」なんていわれて貴族の坊ちゃんみたいに育ちました。小学生に当たる時期は全寮制の塾で学んでおりましたが、11歳のときに養父が急に亡くなりまして、巨額の遺産を相続することになりました。

性格
何でもハッキリいう。失礼な奴と武力で人をしたがわせる奴は嫌いです。貴族趣味といわれました。

トラウマ 70歳も手前の年齢になって憲兵隊に捕まったのは辛かったです。	**交友関係** 鳩山一郎など自民党草創期の面めん。マッカーサー元帥にもお世話になりました。
家庭環境 実家は土佐藩士。息子の寛も外交官として活躍しました。娘婿の麻生太賀吉は実業家です。	**趣味** 若い頃は乗馬に熱中しました。庶民の娯楽では落語も好きです。
恋愛関係 63歳のとき妻の雪子を亡くし、妾で元芸者の喜代を後妻に迎えております。	**仕事ぶり** 自民党と戦後日本はワシがつくった。
人生の目標 日本の国際的地位の回復と文民政治の定着。	**死因** 心筋梗塞。眠るように息を引き取りました。

特技・得意技等
即興の受け答えは得意なほうでしたよ。一度、コートを着たまま街頭演説に立ったら「外套(がいとう)は脱げ、有権者に失礼だぞ」といわれたので、「これが本当の外套演説です」と答えてやりました。

本人希望記入欄
孫の(麻生)太郎にも英国紳士らしいスタイルを教えましたが、今ではあのファッションセンスが受け入れられず、ちょっと残念ですな。

記入上の注意　1:数字はアラビア数字で、文字はくずさず正確に書く。
2:※印のところは、該当するものを○で囲む。

履歴書

ふりがな	よしだ しげる
氏名	吉田 茂

生年月日	没年月日	※
1878年9月22日	1967年10月20日(満89歳)	㊚・女

出身	東京府神田駿河台(東京都千代田区)
立場	外交官、首相
あだ名	ワンマン宰相

概要

土佐藩士の息子に生まれました。長く外交官として働き、外務次官、駐英大使などを歴任しましたが、戦時中は「親米英派」とみなされていじめられましたな。戦後は一転、外相を経て通算7年も首相を務めました。率直に申しまして、自民党はワシがつくったも同然です。

家族

実父の竹内綱(つな)は、板垣退助の盟友で自由民権運動の壮士でした。兄弟は5男5女と多く、自分は5男です。3歳のとき横浜で貿易商をしていた吉田健三の養子となります。妻の雪子は維新の元勲だった大久保利通の孫に当たり、妻の父で内大臣も務めた牧野伸顕(のぶあき)にはかなり目をかけてもらいました。

年	歳	学歴・職歴(各項目ごとにまとめて書く)
1906	28歳	東京帝国大学を卒業。外務省に就職、清国の天津に赴任。
1919	41歳	第一次世界大戦後のパリ講和会議に随員として参加。
1928	50歳	田中義一内閣で外務次官に就任。
1936	58歳	駐英大使に就任。
1939	61歳	外務省を退官。
1945	67歳	秘密裏に和平工作に関わるが憲兵隊に拘束される。敗戦直後、外務大臣に就任。
1946	68歳	内閣総理大臣に就任。外務大臣も兼任。
1963	85歳	政界を引退。
1967	89歳	神奈川県大磯の邸宅で死去。国葬を受ける。

●獄中生活が一転「立派な平和主義者」扱いに

現代まで続く戦後日本の枠組みをつくったといえる吉田茂は、かなり「しぶとい」男だった。総理大臣に就任したのは68歳と遅めで、しかも、その1年前には刑務所に入っていた。さすがに獄中の当人も、1年後に総理になっているとは思わなかっただろう。

じつは、戦前の時点ですでに吉田は隠居も同様の「終わった」身分だった。駐英大使を務めた吉田は、昭和天皇と同じくイギリスびいきだったので、「日独伊三国同盟? そんなもんはやめておけ」という態度を取ったが、軍からは受け入れられなかった。そうして失意のまま、1939年(昭和14年)に61歳で外務省を退官している。

以後は悠々自適な老後を送るつもりだったが、戦局が悪化すると、近衛文麿元首相らと共に水面下で和平工作に関わる。憲兵隊は吉田ら親英米派官僚、海軍の穏健派などを「ヨハンセン・グループ」と呼んで警戒した。そのまんま「吉田を中心とする反戦グループ」という意味である。膝の力が抜けそうなネーミングセンスだ。

かくして1945年(昭和20年)4月、吉田は憲兵隊に拘束されて投獄されてしまう。だが、1カ月ほど後に釈放されると、獄中のことを「一生に一度は入ってみるのも、よいところだよ」と語ったという。いやはや、豪胆というよりない。

敗戦後は一転、政界や官界の大物が戦争協力者として占領軍ににらまれるなか、吉田は憲兵に拘束されて収監されたことから、「立派な平和主義者だ」とGHQの信用を勝ち取ることになる。逮捕経験が政界での地位につながったとは、皮肉な話だ。

●若い頃から高慢さきわまる！　通勤手段は白馬!?

戦後に政界入りするまでの吉田は、多くの辛酸をなめたといわれる。まあ、それも間違ってはいないが、家は金持ちで青年期から偉そうな高慢きわまりない性格だった。

もともと吉田は土佐藩士の竹内家に生まれたが、3歳のとき横浜で貿易商をしていた吉田健三《けんぞう》の養子となる。ところが、11歳のとき養父が急死。現在の価値で数十億円の遺産が転がり込んだので、気ままなセレブ生活を送った。28歳で外務省に入ると白馬に乗って通勤し、堂々と先輩職員を馬上から見下ろしたという。当時の自家用馬は高級外車なみのぜいたく品だ。後年にはヌケヌケと「僕はもっぱら親の財産を減らすことに精進してきた。養家の財産を殖やす養子なんて不届き至極じゃないか」と述べている。

吉田の高慢さを象徴するのが、1916年（大正5年）に寺内正毅《まさたけ》首相から「秘書官にならんか？」と誘われたときの話だ。まだ一介の外交官だった吉田は「総理なら務まりますが、秘書官は務まりません」と答えてのけた。寺内が激怒したのはいうまでもない。

1930年（昭和5年）に吉田はイタリア大使となるが、ムッソリーニ首相の執務室を訪れたところ、ムッソリーニは笑顔で出迎えるどころか、机についたまま書類から顔もあげなかった。おかげでイタリアのファシスト政権がすっかり嫌いになった吉田は、仕事の大部分を部下に押しつけ、自分は自動車で観光旅行に興じたという。

この手の吉田の図太さを示すネタは数限りない。だが、それぐらいの男でなければ、敗戦後、圧倒的な力をもつ占領軍と対等には渡り合えなかったともいえる。

●急遽《きゅうきょ》座った首相のイスでその後の日本を決定づける

終戦直後、吉田はまず外務大臣として入閣した。国会では元文部大臣の鳩山一郎《はとやまいちろう》が率いる自由党が第一党になるが、戦前の鳩山は軍に同調していた時期があったので、公職追放を受ける。そこで急遽、「吉田君、ちょっとオレの追放が解除になるまで頼むわ」とピンチヒッターを振られるが、吉田はそのまま通算7年も首相の座に居座ってしまった。

吉田のおもな施策は、日本国憲法の公布と施行、サンフランシスコ講和条約への調印、自衛隊の創設などだ。同時に、政権の人事権を一手に握って自民党の基礎を築き、のちの首相となる池田勇人《はやと》、佐藤栄作、田中角栄らを育てた。

もともと自民党内では「米軍の占領が終わったら日本国憲法はさっさと改正」というのが基本方針だった。アメリカ側も1950年（昭和25年）に朝鮮戦争が起きたことから、日本の本格的な再軍備に期待していた。だが、戦時中に軍からいじめられた吉田は、自衛隊の拡大を抑え、旧軍の上級将校が入隊することを制限した。おかげで吉田はタカ派の恨みを買い、講和条約が発効して米軍の占領が終わった１９５２年（昭和27年）には、元陸軍参謀の服部卓四郎《たくしろう》らが吉田茂の暗殺と鳩山の首相擁立を計画していたという。

こうした反面、吉田が軍隊と同じぐらい嫌ったのが共産主義だ。戦時中の吉田は、軍の進める統制経済が、実質的にソ連の一党独裁と似た「天皇制を維持した共産主義」になることを恐れた。イギリス流の自由な議会政治を理想とした吉田としては、軍隊も共産主義も、個人の自由を圧殺する物という意味では同じ穴のムジナとみなしていたのだ。

●「バカヤロー」で衆議院解散、生涯ユーモアも忘れない

吉田の首相在任中は、しつこく取材しようとしたカメラマンに水をぶっかける、国会で野党議員に「バカヤロー！」と怒鳴って衆議院が解散になる、などエピソードにこと欠かない。そこからうかがえるのは「オレはお前ら一般ピープルとは違うんだよ！」という高慢な態度だが、ハッキリものをいうところは庶民から愛された。

85歳で神奈川県の大磯《おおいそ》に隠居して以降も、自民党の幹部や各国のＶＩＰが「大磯参り」をくり返したのは有名な話だ。イギリスのアレクサンドラ王女が大磯を訪れたおりには、悪天候で富士山が見えなかったが、吉田は「富士山は女性なので、王女のようなお美しい方と競うのを遠慮したんですよ」となだめたという。生涯ふてぶてしい態度を通した吉田だが、このように機転の利くユーモアセンスのもち主でもあった。

人物索引

参考文献

『超ビジュアル！ 日本の歴史人物大事典』矢部健太郎 監修（西東社）
『超ビジュアルで学ぶ！ 歴史人物ベスト300』小和田哲男 監修（宝島社）
『ここまでわかった！ 古代豪族のルーツと末裔たち』「歴史読本」編集部 編（新人物往来社）
『ザビエルの同伴者 アンジロー 戦国時代の国際人』岸野久 著（吉川弘文館）
『ビジュアル大図解 教科書に出てくる歴史人物・文化遺産2 古代・飛鳥時代』鎌田和宏 監修（学研教育出版）
『ビジュアル百科 日本史1200人 1冊でまるわかり！』入澤宣幸 著（西東社）
『よんで しらべて 時代がわかる ミネルヴァ日本歴史人物伝 大久保利通』安田常雄 監修（ミネルヴァ書房）
『よんで しらべて 時代がわかる ミネルヴァ日本歴史人物伝 聖徳太子』山岸良二 監修（ミネルヴァ書房）
『伊藤博文 近代日本を創った男』伊藤之雄 著（講談社）
『伊藤博文の青年時代 欧米体験から何を学んだか』泉三郎 著（祥伝社）
『一冊でわかる イラストでわかる 図解日本史100人』 成美堂出版編集部 編纂（成美堂出版）
『院政 もうひとつの天皇制』美川圭 著（中央公論新社）
『学研まんが NEW日本の歴史 別巻 人物学習事典』 大石学 監修（学研教育出版）
『桓武天皇 造都と征夷を宿命づけられた帝王』西本昌弘 著（山川出版社）
『ミネルヴァ日本評伝選 岩崎弥太郎 商会之実ハ一家之事業ナリ』武田晴人 著（ミネルヴァ書房）
『吉田松陰と松下村塾の志士100話』山村竜也 著（PHP研究所）
『教科書が教えてくれない18禁の日本史』下川耿史 著（宝島社）
『元老西園寺公望 古希からの挑戦』伊藤之雄 著（文春新書）
『現代語訳 渋沢栄一自伝 「論語と算盤」を道標として』 渋沢栄一 著（平凡社）
『古代天皇誌』千田稔 著（東方出版）
『江戸の蘭学』（宝島社）
『最澄と空海 日本仏教思想の誕生』立川武蔵 著（KADOKAWA）
『坂本龍馬99の謎』「歴史の真相」研究会 著（宝島社）
『史話 日本の古代 第五巻 聖徳太子伝説 斑鳩の正体』和田萃 編（作品社）
『マンガ＋おもしろい解説で楽しく学ぶ！ 歴史人物・できごと新事典』下向井龍彦 監修（受験研究社）
『邪馬台国と卑弥呼の事典』武光誠 著（東京堂出版）
『女帝と道鏡 天平末葉の政治と文化』北山茂夫 著（講談社）
『将門記を読む』川尻秋生 編集（吉川弘文館）
『小学総合的研究 わかる社会 歴史人物 できごと』旺文社 編集（旺文社）
『少年少女日本の歴史 鎌倉幕府の成立』児玉幸多 著（小学館）
『詳説日本史B』笹山晴生、佐藤信、五味文彦、高杢利彦 著（山川出版社）
『織田信長 その虚像と実像』松下浩 著（サンライズ出版）
『人と思想193 陸奥宗光』安岡昭男 著（清水書院）
『人物叢書 坂上田村麻呂』高橋崇 著（吉川弘文館）
『人物叢書 山本五十六』田中宏巳 著（吉川弘文館）
『人物叢書 菅原道真』坂本太郎 著（吉川弘文館）
『人物叢書 藤原道長』山中裕 著（吉川弘文館）
『人物叢書 平清盛』五味文彦 著（吉川弘文館）
『図説 吉田松陰 幕末維新の変革者たち』木村幸比古 著（河出書房新社）
『図説 地図とあらすじでわかる！ 日本書紀と古代天皇』 瀧音能之 監修（青春出版社）
『清少納言と紫式部 和漢混淆の時代の宮の女房』丸山裕美子 著（山川出版社）
『藤原道長の日常生活』倉本一宏 著（講談社）
『日本の歴史 おもしろ英雄伝 卑弥呼から新井白石まで』 楠木誠一郎 著（毎日新聞社）
『日本の歴史7 鎌倉幕府』石井進 著（中央公論新社）
『敗者の日本史3 摂関政治と菅原道真』今正秀 著（吉川弘文館）
『白河法皇 中世をひらいた帝王』美川圭 著（角川学芸出版）
『物語で楽しむ 歴史が変わったあの一瞬1 古代編』平泉隆房、平泉紀房 監修（教育画劇）
『戦争の日本史4 平将門の乱』川尻秋生 著（吉川弘文館）
『別冊太陽 日本のこころ228 徳川家康 没後四百年』小和田哲男 監修（平凡社）
『幕末維新の個性7 高杉晋作と奇兵隊』青山忠正 著（吉川弘文館）
『明治の巨人 岩崎弥太郎』砂川幸雄 著（日本経済新聞出版社）
『明治天皇という人』松本健一 著（毎日新聞社）
『明治天皇の一日 皇室システムの伝統と現在』米窪明美 著（新潮社）
『歴史をつくった女性大事典1 古代～近世の巻』服藤早苗 監修（学研教育出版）
『聯合艦隊司令長官 山本五十六』半藤一利 著（文藝春秋）

ほか、多数の書籍およびWebサイトを参考にしています。

監修者
矢部健太郎（やべ けんたろう）

1972年、東京都生まれ。國學院大學文学部教授。専門は日本中世史および戦国・織豊期の政治史・公武関係史。國學院大學大学院文学研究科日本史学専攻博士課程後期修了、博士（歴史学）。防衛大学校人文社会科学群専任講師を経て、現職。おもな著書に『豊臣政権の支配秩序と朝廷』『関ヶ原合戦と石田三成』（ともに吉川弘文館）、『関白秀次の切腹』（KADOKAWA）、監修に『超ビジュアル！ 日本の歴史人物大事典』『超ビジュアル！ 日本の歴史大事典』『超ビジュアル！ 幕末・維新人物大事典』（すべて西東社）などがある。

あの偉人《いじん》たちにも黒歴史《くろれきし》!?
日本史《にほんし》100人《にん》の履歴書《りれきしょ》

2017年3月18日　第1刷発行

監　修／矢部健太郎
発行人／蓮見清一
発行所／株式会社 宝島社
〒102-8388
東京都千代田区一番町25番地
電話／編集：03-3239-0928
営業：03-3234-4621
http://tkj.jp
印刷・製本／図書印刷株式会社

Printed in Japan
ISBN978-4-8002-6605-7